Weidenberg, Postkarte vor 1917

Projekt „MYRTEN FÜR DORNEN“
– Geschichte(n) aus Weidenberg 1919–1949

Alltagsleben und Kirchenkampf in einer oberfränkischen Marktgemeinde

Eine kirchen- und ortsgeschichtliche Chronik in den Zeiten von Pfarrer Georg Redenbacher

Folge 2:

„LICHT UND SCHATTEN DER NEUEN ZEIT“
– Alltags-Erleben und Kirche in Weidenberg in der Vorahnung der Katastrophe

1. „Wo sind denn die Ritter?“
– Georg Redenbacher (1880–1951) – Ein Original von Pfarrer, schrullig, kauzig, leutselig, souverän

2. „Beim Marktbrand nicht mit verbrannt“
– Geschichte der Kirchen Weidenbergs, der Gemeinde und ihrer Pfarrer anhand der Epitaphien und neuer Recherchen

3. „Arbeit, Wohlstand und Armut bei den ‚Gaasla‘“
– Soziales Leben, Beruf und Gewerbe in Weidenberg bis 1919

4. „Als Weidenberg Kurort werden wollte“ – Pfarrer Redenbacher und der Verschönerungsverein Weidenberg
– Ein Durchgang durch die Geschichte der Marktgemeinde Weidenberg 1903-2013

ANHANG: Über den Verfasser und seine Bücher

Literatur- und Quellenliste „Myrten für Dornen“ Folge 2

Gesamtplan des Projektes „Myrten für Dornen“

Jürgen-Joachim Taegert

LICHT UND SCHATTEN DER NEUEN ZEIT
– Alltags-Erleben und Kirche in Weidenberg in der Vorahnung der Katastrophe –

Projekt „MYRTEN FÜR DORNEN"
– Geschichte(n) aus Weidenberg 1919–1949 –

Folge 2

Die Bücher dieser Folge:

Bibliografische Informationen der Deutschen Nationalbibliothek:
Die Deutsche Nationalbibliothek verzeichnet diese Publikation in der Deutschen Nationalbibliothek; detaillierte bibliographische Daten sind im Internet über http://dnb.dnb.de abrufbar.

Bearbeitung, Design und Layout:
Jürgen-Joachim Taegert, Kirchenpingarten

Verlag Eckhard Bodner – 92690 Pressath

ISBN: 978-3-947247-16-5

Herstellung: BoD – Books on Demand, Norderstedt

Vorwort

Die Hitlerzeit gehört zu den sperrigsten Themen jeder Geschichtsbetrachtung. Bis heute wehrt sich diese kurze Epoche gegen ihre Einordnung in den „normalen" Gang von Geschichte. Kein Wunder, haben die 12 Jahre nationalsozialistischer Herrschaft mit dem Holocaust und vielen anderen Verbrechen, wie der bewussten Auslösung des Zweiten Weltkrieges, geschichtliche Spuren von solcher Tiefe hinterlassen, denen vielleicht nur noch der „Holodomor", der Völkermord Stalins an den Ukrainern durch bewussten „Hungertod" in den Jahren 1931-33 und seine weitere Auslöschungspolitik am eigenen Volk vergleichbar ist.

Die Deutschen, die als Erwachsene diese Zeit selbst miterlebt hatten, waren danach so sprachlos, dass es eine Generation dauerte, bis die Geschichte dieser Zeit wenigstens ansatzweise geschrieben werden konnte. Noch heute, drei Generationen nach den Ereignissen, gibt es vielerorts Tabus und auffallende Leerstellen der Forschung.

Das Geschichtsprojekt „Myrten für Dornen" will mithelfen, für den Bereich der Marktgemeinde WEIDENBERG solche blinden Stellen aufzuarbeiten. Insofern ist es auch eine Ergänzung zum Buch „Spurensuche Frankenpfalz" des gleichen Verfassers, das bereits wichtige Abschnitte über die Weidenberger Geschichte enthält.

Das auf sechs Folgen angelegte neue Projekt hat seinen historischen Schwerpunkt in der Beschreibung der ereignisreichen 30 Jahre von 1919-1949, in denen Pfarrer GEORG REDENBACHER in WEIDENBERG wirkte. Es greift aber bei der Betrachtung der geschichtlichen und soziokulturellen Entwicklungslinien weit darüber hinaus. So werden auch die Anfangszeit der Weidenberger Kirchen und die früheren Lebensverhältnisse der Einwohner eingehend in Blick genommen. In diese Untersuchungen fließen Erkenntnisse aus intensiven Quellenstudien in den einschlägigen Archiven ein, das sind: Kirchenarchiv Weidenberg, landeskirchliches Archiv Nürnberg, Marktarchiv Weidenberg, Staatsarchive Coburg und Bamberg und Bundesarchiv Berlin. Dazu kommen unveröffentlichte Forschungsergebnisse von NORBERT SACK und HARALD STARK und Rechercheergebnisse aus zahllosen Zeitzeugeninterviews.

„Leitfossil", „Leuchtturm" und roter Faden dieses Projektes ist das evangelische Bekenntnismarterl auf der Bocksleite über WEIDENBERG, das die gebürtige Lessauerin MARGARETE SCHILLING im Jahr 1937, im fünften Jahr von Hitlers Herrschaft und am Höhepunkt des Kirchenkampfes, stiftete. Es formuliert in seinen aufgesetzten bzw. eingemeißelten alttestamentlichen Bibelversen einen leidenschaftlich vorgetragenen Widerspruch gegenüber dem totalitären Anspruch des nach göttlicher

Allmacht heischenden Diktators Adolf Hitler und ruft auf zum Vertrauen gegenüber einem Gott, der auch der Menschenverachtung eines vermeintlich Tausendjährigen „Dritten" Reichs Grenzen setzt. Dieses bewegende und wohl weltweit einzigartige Zeichen des „kleinen Widerstandes von unten" im Dritten Reich, das bereits in der ersten Folge des Geschichtsprojektes „Myrten für Dornen" neben anderen unumgänglichen Weidenberger Geschichtsquellen ausführlich vorgestellt wurde, ist der Ausgangspunkt einer spannenden und exemplarischen Zeitreise in die bislang kaum erforschte jüngere Geschichte des oberfränkischen Marktortes WEIDENBERG.

Die vorliegende zweite Folge dient im Wesentlichen der Spurensuche nach der Lebensgeschichte des Protagonisten GEORG REDENBACHER und seiner Amtsvorgänger bis zurück in die Anfänge der Weidenberger Kirchengeschichte. Beleuchtet werden insbesondere auch die sozialen und gesellschaftlichen Umstände, unter denen die Geistlichen wirkten. Auch wenn die evangelische Kirchengemeinde WEIDENBERG stets eine „pflegeleichte" Gemeinde gewesen zu sein scheint, wird doch deutlich, wie belastend der Dienst und der Alltag für die Geistlichen war. Sie mussten ja alle Kriege, Katastrophen, Krankheiten und politischen Herausforderungen mit durchleben und durchleiden. WEIDENBERG war stets eine „arme" Gemeinde, die sich den Eintritt in die neue Zeit mühsam erarbeiten musste. Doch gab es immer engagierte Bürger, wie Pfarrer REDENBACHER selbst, die z.B. im Verschönerungsverein für die Ortsentwicklung Vorbildliches geleistet haben.

Die weiteren Folgen des Projektes beleuchten in Lebensbildern den Alltag der Menschen in WEIDENBERG in der Zeit von Pfarrer GEORG REDENBACHER 1919-1949 samt der vorausgehenden Sozial- und Kulturgeschichte des Marktortes und insbesondere den Aufstieg und das Wirken der Nationalsozialisten in Weidenberg bis Kriegsende, den Kirchenkampf und die ersten Nachkriegsjahre.

Die durchgängig verwendete Methode ist die „Geschichtsaneignung von unten", die der möglichst sachlichen und nachvollziehbaren Darstellung des einzelnen Lebensschicksals Vorrang einräumt vor einer allgemeinen Zeitanalyse. Die gründlich recherchierten Lebensbilder der vorgestellten Personen werden aber stets im Kontext der jeweiligen Zeitgeschichte betrachtet.

So entstehen über diese kontaminierte Zeit doch auch versöhnliche Bilder voller Mitmenschlichkeit, die zeigen, dass diese Generation nicht ohne Glauben und ohne Gott war. Insbesondere war das Bemühen aller meiner Zeitzeugen einhellig, den Opfern nachträglich eine Stimme zu geben und ihnen das Menschenrecht zuzusprechen. In dieser verständnisbereiten Liebe ist sicher das Geheimnis zu suchen, wie das Schweigen zwischen den Generationen überwunden werden kann.

Jürgen Taegert – Kirchenpingarten 2018

INHALT:

ERSTES BUCH:

„WO SIND DENN DIE RITTER?“ – Georg Redenbacher (1880–1951),
ein Original von Pfarrer, schrullig, kauzig, leutselig, souverän

ZWEITES BUCH:

„PFARRERSEIN IN WEIDENBERG – EIN BESCHAULICHES LEBEN?“
Geschichte der Kirchen Weidenbergs, der Gemeinde und ihrer Pfarrer anhand der Epitaphien und neuer Recherchen

DRITTES BUCH:

„ARBEIT, WOHLSTAND UND ARMUT BEI DEN GAASLA"
– Soziales Leben, Beruf und Gewerbe in Weidenberg bis 1919

VIERTES BUCH:

„ALS WEIDENBERG KURORT WERDEN WOLLTE“
– Pfarrer Redenbacher und der Verschönerungsverein Weidenberg (Ein Durchgang durch die Geschichte der Marktgemeinde Weidenberg 1903-2013)

ANHANG:

LICHT UND SCHATTEN DER NEUEN ZEIT
– Alltagsleben in der Vorahnung der Katastrophe –

1. „WO SIND DENN DIE RITTER?"
– Georg Redenbacher (1880–1951), ein Original von Pfarrer, schrullig, kauzig, leutselig, souverän

GEORG REDEBACHER, Gemälde von Hans Rabenstein

ERSTES BUCH:

„Wo sind denn die Ritter?“

Georg Redenbacher (1880–1951), ein Original von Pfarrer, schrullig, kauzig, leutselig, souverän

INHALT

Genugtuung am Ende der Dienstzeit 1949

Am 7. Mai 1948 berichtet Kreisdekan Oberkirchenrat KARL BURKERT, der ein Jahr zuvor sein neues Amt angetreten hat, an den Evangelisch-Lutherischen Landeskirchenrat in MÜNCHEN[1]:

„In der eingehenden Sitzung des vollzählig erschienenen Kirchenvorstandes Weidenberg gestern, am Himmelsfahrtstag, kam eindeutig der Wunsch zum Ausdruck, Pfarrer Redenbacher auch über sein 68. Lebensjahr hinaus wegen seiner außerordentlichen körperlichen und geistigen Frische im Amte zu belassen. Seine Predigten werden nicht minder geschätzt, wie seine treue Seelsorge.

Ich sprach anschließend ... noch gründlich mit Pfarrer Redenbacher und überzeugte mich selbst von seiner auffallenden Frische. Er selbst hat den Wunsch und die Bereitschaft, über das 68. Lebensjahr hinaus noch zu arbeiten. Ich kann dieses Anliegen nur unterstreichen, nachdem ich Pfr. Redenbacher mit seinen vielseitigen Interessen und in seiner für sein Alter ungewöhnlichen Frische und in seiner ernsten Berufsauffassung kennengelernt habe. Obwohl Weidenberg als ein unkirchlicher Ort verschrieen ist, wird Pfarrer Redenbacher dortselbst offenbar allgemein geschätzt; denn es war auffällig, mit welcher Ehrerbietung er, als er mit mir durch die am späten Feiertag stark belebten Straßen ging, von Jung und Alt gegrüßt wurde.

Ich halte es angesichts des gegenwärtigen Pfarrermangels und der unzweifelhaften Tatsache der Rüstigkeit Redenbachers für nicht richtig, ihn mit der Vollendung des 68. Lebensjahres in den Ruhestrand zu versetzen und könnte dem nicht zustimmen ... Burkert."

Zu frisch für den Ruhestand mit 69:
GEORG REDENBACHER 1949

[1] Landeskirchliches Archiv Personalakt Gg. Redenbacher, blau, 570-I

Ein unsensibler Vorgesetzter: Dekan EUGEN GIEGLER

Sechs Wochen zuvor hatte der damalige Bayreuther Dekan Dr. EUGEN GIEGLER, der später Dekan in NÜRNBERG und Kreisdekan in MÜNCHEN wurde, beim Landeskirchenrat die Ruhestandsversetzung von Pfarrer REDENBACHER in WEIDENBERG beantragt, mit der Behauptung, die Gemeinde werde ausgesprochen vernachlässigt. Daraufhin hatte Kreisdekan BURKERT den Auftrag erhalten, persönlich mit Pfarrer REDENBACHER wegen einer Ruhestandsversetzung zu sprechen und sich ein eigenes Bild von ihm zu machen.

BURKERT hatte von der persönlichen Begegnung mit REDENBACHER und der Gemeinde einen völlig anderen Eindruck gewonnen, als es in der verächtlichen Herabsetzung durch den wenig einfühlsamen GIEGLER zum Ausdruck kam. Deshalb hatte er vorsichtshalber den kompletten Personalakt Redenbachers durchgesehen. Danach fühlte er sich in seinem Verdacht bestätigt: Es gab in diesen dienstlichen Unterlagen *eine bestimmte Art von Beurteilungen, die stark voneinander beeinflusst schienen* und die wie bewusste Versuche des Mobbing wirkten. Sie zeichneten von REDENBACHER das Bild eines introvertierten streitsüchtigen Sonderlings, der nur seinen eigenen Interessen lebt. Zu diesem Bild hatte zuletzt auch der Kollege HELLMUT HEIM beigetragen, der seit Sommer 1945 auf der I. Pfarrstelle amtierte und mit Redenbachers Wesen nicht zurechtkam.

Dieser letztgenannte Pfarrer fiel leider auch sonst durch Intrigen in der Gemeinde auf. Im haltlosen Entnazifizierungsverfahren, das der im Herbst 1945 gegründete CSU-Ortsverein WEIDENBERG mit Hilfe brauner Seilschaften im Jahr 1946 gegen den politischen Konkurrenten, den damaligen SPD-Bürgermeister und Steinmetz-Fabrikanten CHRISTIAN SCHILLER angestrengt hatte, war HEIM als jemand in Erscheinung getreten, der an der damaligen Rufmordkampagne gegen SCHILLER beteiligt war. Auch beim Vorstand des CSU-Ortsvereins tauchte sein Name auf, obwohl die Pfarrer damals gehalten waren, sich nicht in die Politik einzumischen[2].

Nun war HEIM derjenige gewesen, der Dekan GIEGLER die Stichworte von der „fast toten Gemeinde Weidenberg“ geliefert hatte, welches die Gemeinde sei, „die zu

---

[2] Mehr dazu im Kapitel „Mit Ost-Spionen und alten Seilschaften zum neuen Aufbruch? – Die Entnazifizierung 1946-48 und der holperige Neustart der Parteien-Demokratie in Weidenberg“ in der sechsten Folge des Projektes „Myrten für Dornen“: „Untergehen und Aufstehen – Der Alltag unter Kriegsbedingungen und das Danach“

Ein einfühlsamer Kreisdekan:
OKR Karl Burkert bei der Weihe der Friedenskirche Wildenheid 1955

der größten Sorge Anlass gibt" und der die Abberufung Redenbachers ins Spiel gebracht hatte.

Burkert versuchte der Sache auf den Grund zu gehen. Er fand in den Redenbachers Personalakten tatsächlich Kritikpunkte, die sich durchzogen, so *„die Tatsache, dass Redenbacher seit Jahren keine Pfarrkonferenzen mehr besucht"*. Dies *„begründet er damit, dass er sich nach seinen Auslassungen über die Frage des Duells und nach der heftigen Kontroverse, die auf seine seinerzeitigen Artikel erfolgt sind, nicht der Ironie der Kollegen aussetzen wolle, und auch darunter leide, dass hier der Dissensus so stark zum Ausdruck komme. Seine Ausführungen über dieses wie über einige andere Gebiete zeigten, dass sich Redenbacher offenbar in Grundsätzliches so verlieren kann, dass seine Gedankenführung ungewöhnlich wird und schrullenhaft auf nicht wenige Menschen wirkt. Aber irgendein Grund, ihn deshalb an der Fortführung seines Amtes über das 68. Lebensjahr hinaus zu hindern, liegt nicht vor."*

Mit dieser schallenden Ohrfeige für den Dekan beweist Burkert seine Menschenkenntnis und gibt eine zeitlose Antwort auf die Frage, wie die Kirche umgehen soll mit einem Seelsorger, der ein Original von Pfarrer ist, schrullig, kauzig, leutselig, souverän. Der weise Oberkirchenrat gibt seiner Kirche damals den Tipp, solche Leute so lange wie möglich im Dienst zu behalten.

Wie es 30 Jahre zuvor begonnen hatte

Abschiedspläne in Schottenstein 1918

Gibt's da auch Ritter"? fragt die kleine LYDIA und kuschelt sich eng an den Papa, der zur Freude seiner Kinder für ein paar kurze Urlaubstage von seinem freiwilligen Dienst als Lazarettseelsorger an der Westfront an seinen bisherigen Dienstort SCHOTTENSTEIN heimgekehrt war. Er sitzt in seinem bequemen ledernen Ohrensessel, den er von seinem geliebten Großvater WILHELM REDENBACHER geerbt hat und blättert in den winzigen Büchlein von EINFALT und REBLITZ über die Weidenberger Geschichte, die er sich hat schicken lassen.

Eben hat LYDIA erfahren, dass die Familie schon in zwei Monaten von SCHOTTENSTEIN wegziehen soll. Sie wird an einen anderen Ort übersiedeln, mit einer schönen Kirche, wo der Papa weiter Dienst tun will, und mit einem großen Pfarrhaus, wo die Familie wohnen wird. Und da wird es auch einen weitläufigen Garten geben, wo man sich richtig austoben und Abenteuer erleben kann. WEIDENBERG heißt dieser Ort, ein spannender, aussagekräftiger Name für Kinderohren.

„Backfisch": *So malte GEORG REDENBACHER seine Tochter LYDIA im Jahr 1930*

Natürlich kann LYDIA sich noch nicht wirklich vorstellen, was das heißt: „wegziehen". Von dem vertrauten urigen Ort SCHOTTENSTEIN mit seinen einst drei Adelsschlössern wegziehen und von der alten Kirche, die mit ihrer schlanken Spitze und ihren vier Turmerkern drumherum wie eine kleine Krone weit ins Land hinaus schaut; wo man geboren und getauft ist und wo man seine Freunde hat. Das große, alte Haus verlassen, wo einem jedes Knistern im Gebälk und jedes Knarren der Dielen vertraut ist. Die Menschen verlassen, die man, weil der Ort nur Einwohner hat, alle kennen kann und deren gemütlich-rauer fränkischer Dialekt einem täglich in den Ohren klingt. Die grüne Hügellandschaft am westlichen Hang des breiten Itztales verlassen, wo man weit in den lieblichen Wiesengrund des Flüsschens Itz hinauf- und hinunterschauen kann, und wo einem von Norden her die ganze mystische Majestät der Veste COBURG breit entgegenleuchtet.

Jeden Baum, jeden Strauch kennt man hier. Hier war der schlimme Krieg weit weg, von dem auch die Kinder damals jeden Tag hören, hier hat man als Kind seine eigenen großen Abenteuer erlebt, um sich die Welt zu erobern. Diesen Ort zu verlassen kann man sich als Kind eigentlich nicht vorstellen. Aber man will ja tapfer sein und nach vorne schauen.

LYDIA ist jetzt vier Jahre alt und neugierig, gesprächig und gescheit. Sie kann sich noch gut an den Kuchen erinnern, den ihr die Mutter zum Geburtstag extra gebacken hat. Das war ja erst vor ein paar Wochen, am 23. Juli. Und das war etwas Besonderes, weil jetzt schon das vierte Jahr Krieg war, und weil an vielen Grundnahrungsmitteln bitterer Mangel herrschte. Doch vier Kerzen thronten damals auf ihrem Gugelhupf, die durfte sie alleine ausblasen und sich dann auch ihr großes Stück vom Kuchen abschneiden.

Doch seit diesem Tag haben die Eltern so geheimnisvoll getan, wenn der Vater mal kurz zu Hause war, haben oft hinter der vorgehaltenen Hand getuschelt, wenn die Kinder in der Nähe waren, und bedeutungsvolle Blicke ausgetauscht. Auch hat die Post immer wieder dicke Umschläge gebracht, mit größeren und kleinen Schriften darin, wie den Büchlein, in denen der Papa gerade las.

Und dann war Anfang Oktober ein grauer Briefumschlag mit der Post gekommen. Den musste die Mutter alleine öffnen, weil der Papa noch bei seinen „Kameraden“ war, wie er die Verwundeten mit einem warmen Unterton in der Stimme nannte, die er jetzt im Lazarett im flandrischen Ort LOKEREN seelsorgerlich betreute. Hierhin hatte sich seine „Train“-Bataillon zurückziehen müssen, also die Versorgungseinheit, zu der auch seine Sanitätskolonne gehörte.

Redenbacher als kaiserlicher Militärseelsorger

Seit April 1918 war REDENBACHER nun schon als Feldgeistlicher des kaiserlichen Heeres eingesetzt. Er hätte dieses Amt nicht übernehmen müssen; die Pfarrer waren vom Militärdienst freigestellt. Aber mit dem Fortschreiten des Krieges hatte REDENBACHER doch auch ein persönliches Zeichen setzen wollen. Gerade weil er jedes bewusst herbeigeführte Blutvergießen als dem Christentum zuwiderlaufend brandmarkte, so nahm er doch das Geschick der Soldaten in diesem sinnlosen Völkermorden ernst, die ja in seinen Augen nur Opfer einer verfehlten Politik der kaiserlichen Regierung und einer verdorbenen Moral des Volkes waren.

Auf seine charakteristische Weise hatte er sich aber anders entschieden als sein späterer Kollege auf der I. Weidenberger Pfarrstelle, HOFMANN THEODOR HOFFMANN. Dieser war als Theologiestudent, anders als REDENBACHER, Mitglied in einer schlagenden Verbindung gewesen und hatte dort auch die typischen „Schmisse“ von blutigen Mensuren davongetragen, die in der damaligen Gesellschaft wie Zeichen einer besonderen gehobenen Kaste wirkten. Für diesen damals fast 30-Jährigen war es nur logisch, sich bereits bei Kriegsbeginn freiwillig bei der kämpfenden Truppe zu melden, obwohl die Bayerische Landeskirche das bei ihren Geistlichen damals nicht duldete. Er hatte deshalb seinen Status als Predigtamtskandidat für diese Zeit beenden müssen, um sich nachher wieder neu zu bewerben. Er wurde damals Offizier.

Anders REDENBACHER. Für ihn kam nur eine Funktion als Militärseelsorger infrage. Auch diese Geistlichen wurden ja dringend gebraucht, insbesondere in den überbelegten Lazaretten an der Westfront. Man erwartete von ihnen nicht nur Trost für die unzähligen Verwundeten, sondern auch die Wiederherstellung der Kampfmoral, die unter dem andauernden Trommelfeuer über den Schützengräben und neuerdings durch den Einsatz von Giftgas enorm litt. Dazu kam die große Sorge der Soldaten um die hungernden Angehörigen daheim, die seit den ersten Kriegstagen an den gravierenden Versorgungsmängeln durch fehlende Importe, Arbeitslosigkeit und Geldmangel verzweifelten.

Mit Kreuz und Uniformmantel: *Georg REDENBACHER als Lazarettseelsorger 1918 in Belgien*

Zunächst war REDENBACHER als Feldgeistlicher seit April 1918 im Kriegslazarett Abtlg. 64 in der französischen Stadt LILLE nahe der Grenze zu Belgien eingesetzt. Zu dieser Zeit hatte bei der deutschen Militärführung noch Optimismus geherrscht. Denn die USA, die am 6. April 1917 in den Krieg eingetreten waren und damit den von Deutschland eröffneten uneingeschränkten U-Bootkrieg beantwortet hatten, verfügten anfangs nur über eine kleine Berufsarmee. So waren sie zunächst zu einem entscheidenden Eingreifen an der Westfront noch nicht in der Lage. Diese Zeit hatte die deutsche Seite nutzen wollen, die infolge der russischen Revolution freien Kräfte an die Westfront nach Frankreich und Belgien zu verlegen. Hier hatten die Deutschen nun über rd. 3,5 Millionen Soldaten zusammengezogen, etwa gleichviele wie der internationale Gegner, und so hatten sie ab März 1918 versucht, eine Entscheidung zu erzwingen.

Ihnen waren auch manche Durchbrüche durch die erstarrte Front gelungen; sie hatten dabei auch etliche Gefangene machen können. Doch zunehmend hatte sich das einst so stolze kaiserliche Heer als völlig erschöpft erwie-

Überfordertes Transportwesen: *Deutsche „Train"-Brigade in Belgien 1918*

sen; auch der Nachschub, der oft nur über einen primitiven Fuhrpark mit requirierten Pferdegespannen verfügte, litt unter immer größeren Schwierigkeiten, die notwendigen Hilfsgüter zu bekommen und nach vorn zu bringen.

Im Sommer 2018 hatte sich das Blatt endgültig gewendet. Britische Panzer hatten am 8. August die Westfront durchbrochen. Diese Waffe war in Deutschland völlig unterschätzt worden. Insgesamt circa 6000 Panzer haben die Alliierten in diesem Krieg produziert, die Deutschen dagegen ganze 20! Dieser neuen Waffe hatten die Deutschen nichts entgegenzusetzen gehabt.

Ende September 2018 hatte auch LILLE geräumt werden müssen. Redenbachers Sanitätseinheit hatte ihr neues Quartier in der belgischen Mittelstadt LOKEREN in Ostflandern bezogen. Auch das Hauptquartier der Obersten Heeresleitung lag zu dieser Zeit ebenfalls in Belgien, aber weiter östlich im Kurort SPA im Bereich der grünen Ardennenwälder; hier weilte auch Kaiser WILHELM II., aber er ahnte noch nicht oder wollte es vielleicht auch nicht wahrhaben, dass es die letzten Wochen seiner Herrschaft sein würden.

In ein paar Tagen wollte REDENBACHER noch einmal versuchen, kurz nach Hause zu fahren. Er hatte eine Bewerbung bei der Bayerischen Landeskirche laufen für eine Pfarrstelle in WEIDENBERG, welche die Weichen für die weitere Zukunft der Familie neu stellen sollte und auf deren Beantwortung er wartete. Ihm war es deshalb wichtig, daheim in SCHOTTENSTEIN seinen Dienst zu ordnen.

In BERLIN bemühte sich währenddessen seit Ende September die deutsche Regierung um Friedensverhandlungen, leider bis dahin vergeblich.

Eine Stellenzuweisung vom letzten Bayerischen König

Einen besonderen Siegelstempel trug der Brief, den MARGARETE REDENBACHER an diesem Tag im Namen ihres Mannes öffnete.

Der runde Stempel mit dem Lämmlein und dem Kreuz sei das Dienstsiegel der Kirche, erklärte die Mutter ihren neugierigen Kindern und ergänzte bedeutungsvoll:

„Im Namen seiner Majestät“:
Königliche Ernennungsurkunde für GEORG REDENBACHER vom 25.9.1919

„Der Brief ist vom König“. Freilich, nur die Erwachsenen konnten lesen, was da in Sütterlinschrift geschrieben stand:

Im Namen seiner Majestät des Königs: Laut allerhöchster Entschließung vom 25ten September 1918 haben seine Majestät König Ludwig III. von Bayern sich allergnädigst bewogen befunden, die II. protestantische Pfarrstelle in Weidenberg, Dekanat Bayreuth, dem Pfarrer Georg Redenbacher in Schottenstein, Dekanat Michelau, zu verleihen …

Mutter war froh, dass jetzt Klarheit herrschte, sagte aber noch nichts. Aber als der Papa kurze Zeit später nochmals nach Hause kam, spürten die Kinder gleich, dass etwas in der Luft lag. Denn seit der Brief gekommen war, war die Mutter aufgekratzt. Und nun schien auch der Vater nicht mehr so brummig, wie die Familie ihn in den zurückliegenden Jahren öfter erlebt hatte. Er hatte auch immer häufiger die Dekanatskonferenzen in MICHELAU geschwänzt, deren Besuch eigentlich zur Dienstpflichten gehörte. Denn er hatte sich, wie er sagte, über manches geärgert. Nun aber wirkte fröhlich.

Dann hatte er seine beiden Kinder beiseite genommen und ihnen gesagt: „Wir ziehen um“. Die Ältere, RUTH, hatte nicht gleich verstanden, was der Papa gemeint hat. Sie war jetzt sieben Jahre alt und fühlte sich entsprechend groß. Sie hatte einen Tag nach ihrer kleinen Schwester LYDIA ihren Geburtstag gefeiert, und auch ihr hatten das „Gretchen“ – wie der Papa zärtlich die Mutter nannte, obwohl sie ja eigentlich MARGARETA hieß – einen Kuchen gebacken. Aber auch der Tochter RUTH hatten die Eltern bis dahin nichts gesagt.

Nun stand sie neben Papas Sessel, und der Vater hatte seinen linken Arm um sie gelegt. RUTH hatte Schwierigkeiten mit dem Hören, deshalb machten sich die Eltern auch Gedanken wegen der Schule, die jetzt beginnen sollte. Der Ohrenarzt hatte bei ihr eine beginnende „Otosklerose“ diagnostiziert, eine Verknöcherung im Innenohr;

dagegen gab es kein Mittel; die Krankheit konnte zu einer völligen Ertaubung führen. Man würde bald ein Hörgerät brauchen, das war freilich recht teuer und auch unförmig, nichts, was man sich als Kind so wünscht.

„Mein Beethoven", hatte der Vater deshalb manchmal scherzhaft zu ihr gesagt, wenn sie wieder einmal etwas nicht gleich verstand. Er hatte ihr erklärt, dass auch diese berühmte Musiker LUDWIG VAN BEETHOVEN, dessen Musik der Vater so liebte und gern auch auf der Geige oder am Klavier ausprobierte, unter derselben Erkrankung gelitten hat, und dass er trotzdem ein großer Mann geworden war. Der Vater hatte dabei wohlweislich verschwiegen, wie tief BEETHOVEN unter seinem Schicksal gelitten hatte, das würde seine Tochter schon noch früh genug lernen. Aber er tröstete sich und auch sie: RUTH konnte schon als Kind gut zeichnen und gestalten.

„Die kommt ganz nach ihrem Papa", sagten alle. Der stand ja öfter an der Staffelei, mit den Malerpinseln in der Hand, und malte zur Entspannung eine Landschaft, ein Stillleben oder Personen wie seine Kinder, die er immer mal wieder portraitierte. Und RUTH wusste schon in diesem zarten Alter auch von sich selbst ganz felsenfest, dass sie einmal Malerin werden wollte. Da ist es ja nicht schlimm, wenn man nicht so gut hört dachte sie.

Als sie dann später im Zweiten Weltkrieg tatsächlich an der technischen Hochschule in München Kunstpädagogik studierte, merkte sie doch rasch, dass ihr hochgradiger Hörverlust ein echtes Berufshindernis für die Pädagogik war und dass man als freie Künstlerin einem Hungerleiderberuf nachgeht, sodass man ein Leben lang von anderen Menschen abhängig bleibt. Das machte ihr dann doch zu schaffen.

Doch solche Gedanken waren jetzt noch ferne. „Wir werden umziehen", hatte der Vater wiederholt, und das beschäftigte auch sie nun viel mehr.

Natürlich versuchte GEORG REDENBACHER alles, um seinen Töchtern den Übergang zu erleichtern. Er dachte, ich muss etwas finde, was auch im neuen Ort so wie in SCHOTTENSTEIN ist, oder vielleicht sogar noch interessanter. Was interessiert Kinder, die dem Märchenalter noch nicht entronnen sind? Natürlich Schlösser und Geschichten von Leuten, die in solchen Schlössern wohnen.

Damit waren in SCHOTTENSTEIN die Kinder großgeworden. Von drei Schlössern und Rittern und adligen Fräulein war in den Erzählungen immer die Rede. Auch wenn 1634 im Dreißigjährigen Krieg viel vom Ort und zwei der drei Schlösser zerstört worden waren, so kamen doch deren sichtbare Reste aus Erdwällen, Mauern und Scheunen der Fantasie der Kinder entgegen; im Geist ließen sie daraus gewaltige Burganlagen entstehen. Und im „Mittleren Schloss", das unweit der Kirche mit seinem massiven Gewölbe und dem Fachwerkobergeschoss mit seinem Rundturm die Schottengasse beherrschte, wohnten gar noch richtige Adlige. Wenn es auch

Fantasieanregend: *Mittleres Schloss in Schottenstein*

nicht mehr die alten Schlossherren SCHOTT aus dem frühen Mittelalter waren, denen der ganze Ort mitsamt seiner alten Burg den Namen Schottenstein verdankte, so genügte dieses Wissen doch, um sich als kleines Mädchen ein Leben als ein von Rittern umworbenes adliges Schlossfräulein vorzustellen.

So hatte REDENBACHER im Schottensteiner Schloss schon mal einen Anknüpfungspunkt, um für seine beiden Töchter zu den drei Schlössern eine Brücke zu schlagen, die es laut Auskunft in dem kleinen Heftchen, das der Weidenberger Pfarrer JOHANNES MICHAEL EINFALT gut zwanzig Jahre zuvor verfasst hatte, in WEIDENBERG gegeben hat und noch gab.

Auch das übrige Milieu stimmte: Auch WEIDENBERG war damals noch ein Bauern- und Handwerkerdorf, wie es SCHOTTENSTEIN war, nur ein bisschen größer. Auch etliche Gasthöfe mitsamt Familienbrauereien gab es in WEIDENBERG wie in SCHOTTENSTEIN, wo man mal gemütlich einkehren konnte. Und nicht zuletzt gab es am Obermarkt diese große Schule, die vor 10 Jahren im modernen „Jugendstil" der Zeit gerade erst neu gebaut worden war, da würde das Lernen Spaß machen. Genügend Anknüpfungspunkte also, um den Töchtern den neuen Dienst- und Wohnort schmackhaft zu machen. Und um das Gespräch mit der kleinen LYDIA auf ihre neugierige Frage „Gibt's da auch Ritter"? ein wenig abzukürzen, antwortete REDENBACHER mit einem etwas leichtfertigen Ja.

„Widersetzlich und widerspenstig"

Aber warum wollten die Eltern überhaupt weg aus SCHOTTENSTEIN? Das würde den Kindern nicht so leicht begreiflich zu machen sein, betraf es doch weniger die äußerlichen Umstände des Lebens, über die es wenig zu kritisieren gab, als vielmehr die berufliche Sphäre des Vaters und dabei besonders die Beziehungsebene zu Vorgesetzten und Kollegen.

Alte Wehrkirche in reizvoller Lage:
ST. PANKRATIUS in Schottenstein

GEORG REDENBACHER predigte eigentlich gern als Pfarrer in der ehrwürdigen, ortsbeherrschenden PANKRATIUSKIRCHE. Sie war bereits im Jahr 1354 erstmalig erwähnt worden. Den spätgotische Turm krönten noch immer die vier behelmten Türmerstübchen aus dem Mittelalter. Das Kirchenschiff war im Jahr 1703 völlig neu im lichten Stil der Barockzeit gebaut worden. Kurze Zeit später war auch eine wohl klingende Barockorgel eingebaut worden. Für das gottesdienstliche Leben, das REDENBACHER stets am Herzen lag und für das er als leidenschaftlicher Prediger auch ein gewichtiges Wort bereitstellen konnte, herrschten also gute Voraussetzungen.

Aber es gab ein persönliches Problem, mit dem er wiederholt zu kämpfen hatte: REDENBACHER stellte sich manchmal durch sein unkonventionelles Verhalten selbst ein Bein. Er schuf sich gern eigene Regeln. Dazu hatte er viel vom Eigensinn seines Großvaters WILHELM REDENBACHER geerbt, der als Volksschriftsteller und als bekennender Protestant in Bayern hochgeachtet war.

Der Enkel konnte einmal erkannte Prinzipien unerbittlich verfolgen. Dabei ging es ihm aber nie um das leere Prinzip an sich oder um den eigenen Vorteil. Vielmehr war stets ein allgemeines Menschenrecht im Spiel, um das er stritt, sei es das Recht zum Gebrauch der Vernunft, die freie Entfaltung der Persönlichkeit, die Unversehrtheit der Person, der unbeeinflusste Zugang zum Glauben oder die ungestörte religiöse Andacht. Kein Wunder, dass er von Anfang an mit seiner Kirche in Konflikt geriet und bei seinen Vorgesetzten und Kollegen auf den verschiedenen Ebenen der Kirche aneckte.

So hatte ihm bereits im Verlauf seiner Vikarszeit, die er bewusst zur Unterstützung seines vielbeschäftigten und gesundheitlich angeschlagenen Vaters in VELDEN in der Hersbrucker Schweiz absolviert hatte, das Münchner kirchliche Konsistorium „Widersetzlichkeit, Eigenmächtigkeit und widerspenstiges Verhalten“ vorgeworfen. REDENBACHER hatte seinem Vater den ganzen Sonntagsschul-Unterricht abgenommen. Dabei hatte er es aber gewagt, vom geltenden Lehrplan für den Religionsunterricht abzuweichen. Ihm waren wohl von Anfang an die geistige Anregung der Schüler und die gute Stimmung im Unterricht wichtiger, als die Durchsetzung der deutschen Tugenden Disziplin, Ordnung, saubere Heftführung oder Auswendiglernen. Deshalb hatte man ihm „Pflichtversäumnisse" unterstellt und für den Fall, dass er künftig nicht fügsam sei, die Abberufung angedroht[3].

Der junge Vikar hatte sich aber von dieser Vermahnung damals so verletzt gefühlt, dass er umgehend beim Konsistorium einen Antrag auf Beurlaubung gestellt hatte. Er wollte offensichtlich einen gewissen Abstand zwischen sich und die wenig verständnisvolle Kirchenleitung bringen und hatte sich am 21. Juli 1908 zunächst beim unierten Oberkirchenrat in BERLIN zum Auslandsdienst im Pfarramt in der Großstadt MIDDLESBROUGH in Nordostengland beworben. Eine zweite Bewerbung ging an die Evangelische Kirche in Österreichisch A. u. H. B. (Augsburgischen und Helvetischen Bekenntnisses) um die Übernahme einer Vikarsstelle in der Bergmannsstadt ST. JOACHIMSTHAL in Böhmen, heute JÁCHYMOV, das damals noch zur österreichischen k. u. k. Monarchie gehörte.

Das ehemalige KONRADSGRÜN hieß seit der systematischen Silbererzförderung im 16. Jh. nach dem Hl. Joachim ST. JOACHIMSTHAL und liegt am steilabfallenden Südhang des Erzgebirges, nicht weit vom Grenzübergang von OBERWIESENTHAL und GOTTESGAB - BOŽÍ DAR nach KARLSBAD. Hier wurde einst der „Joachimstaler" geprägt, von dem der Taler (und der Dollar) seinen Namen hatten. Im Jahr 1523 hatten die Einwohner die Reformation angenommen und standen seither in stetem Konflikt mit dem Katholizismus der Habsburger Landesherrn. Trotz der Rekatholisierung und Vertreibung seit 1621 war aber doch eine starke evangelische Minderheit am Ort geblieben, der durch das Toleranzpatent von Kaiser JOSEF II. ein gewisser Spielraum geboten war. Auch besaß die Stadt durch das kaiserliche Privileg von 1898 den Titel „Kaiserliche königliche freie Bergstadt Sanct Joachimsthal".

Der Vikars-Diakonus von St. JOACHIMSTHAL des Evangelischen Pfarramtes KARLSBAD hatte das Evangelische Konsistorium in MÜNCHEN um Unterstützung der „schwer ringenden" Evang. Kirche in Österreich gebeten. Vier Predigtstationen waren dort zu betreuen und 3-4 Schulstationen. Das Presbyterium hatte REDENBACHER wegen der Dringlichkeit auch gewählt, die Münchner hatten aber mit Konsistorialentschließung vom 26. November 1908 zunächst wegen angeblichen Eigenbedarfs abgelehnt. Doch dem Vikar war es mit einem Brief vom 5. Dezember 1908 doch gelungen, die Landeskirche zur Zustimmung zu bewegen, mit der Begründung, dass sie für die Übernahme solcher Diasporavikariate ja selbst geworben hätte. Die kirchliche Zustimmung war aber befristet bis zum 1. Januar 1910.

---

[3] LKArchiv, Vermahnung des Konsistoriums, 6 Seiten in Sütterlin, vom 20.6.1908.

Ein hübsches Paar: *Verlobung von GEORG REDENBACHER und MARGARETE BEYERLEIN 1909*

Doch bereits am 20. April 1909 hatte REDENBACHER aus JOACHIMSTHAL an das Konsistorium eine schriftliche Bitte gerichtet um „die Erlaubnis, sich zu verehelichen". Er hatte sich in diesem Jahr mit der der 18-jährigen MARGARETE BEYERLEIN aus NÜRNBERG verlobt.

Noch bis in die 60-er Jahre des 20. Jh. hinein hatte die Bayerische Landeskirche die seltsame Vorstellung, dass Vikare unverheiratet und kinderlos zu sein hätten, während sie als Pfarrer aber natürlich verheiratet sein und Familie haben sollten. Wie man mit dieser „Lücke" umgehen sollte, war jedem selbst überlassen. Sie zu umgehen, war damals anscheinend schwierig. Denn als die Landeskirche das Heiratsgesuch dieses Vikars erwartungsgemäß ablehnt, wiederholt REDENBACHER gut ein halbes Jahr später seinen Antrag zur Heiratserlaubnis, diesmal ergänzt mit der Bitte, ihn bereits ab 1. Dezember dieses Jahres wieder in der Bayerischen Landeskirche zu beschäftigen. Das Presbyterium KARLSBAD habe ihm zu diesem Termin vorzeitig gekündigt, ihm aber das Zeugnis ausgestellt, dass er „in seiner Eigenschaft als Seelsorger eine allseitige Achtung und Wertschätzung erworben hat".

Tatsächlich ist so endlich ein Weg für die Heiratslizenz der Landeskirche[4] gefunden: REDENBACHER wird am 4. Dezember 1909 zum Pfarrer in SCHOTTENSTEIN

---

[4] Eigentlich war seit 1876 durch das „Gesetz über die Beurkundung des Personenstands und der Eheschließung" das alte Feudalrecht der Ehegestattung abgeschafft und grundsätzlich die Ehefreiheit eingeführt worden. Nur noch Heiratswillige beim Militär und in einigen Berei-

im Dekanat MICHELAU ernannt und ist damit „heiratsberechtigt“, er zieht am 1. Februar 1910 allein in das Pfarrhaus ein und stellt im Sommer dieses Jahres nun zum dritten Mal seinen Antrag auf Zustimmung zur Verehelichung. Diesmal erhält er endlich das kirchliche Plazet und kann am 30. August 1910 seiner geliebten Braut MARGARETE das Jawort geben.

Redenbachers Vater, der aus NÜRNBERG gebürtige Pfarrer ADOLF ANDREAS REDENBACHER, ist jetzt 65 Jahre alt, freut sich aber, trotz seiner gesundheitlichen Probleme mit seiner im Jahr 1854 geborenen Frau HELMA, geb. LANGHEINRICH, die aus BAYREUTH stammt, an der Hochzeit teilnehmen zu können. Auch die Schwiegereltern, der Oberbahnverwalter JOHANN MARTIN BEYERLEIN aus ROTH und die 46-jährige MARIA LUISE, geb. WIRTH aus BURGBERNHEIM, sind mit der Partnerwahl des jungen Paares einverstanden.

Für die Genehmigung eines 14-tägigen Urlaubs vom 1.-14. September 1910 „zwecks Ausführung einer Hochzeitsreise“ tun sich aber erneut hohe Hürden auf. REDENBACHER muss seinem Antrag eine Beurteilung durch seinen neuen Chef, Dekan KREß aus MICHELAU, beigeben, der ihm auch den nötigen Fleiß bei der theologischen Fortbildung und Sorgfalt bei seinen Predigten bescheinigt, die REDENBACHER „regelmäßig schriftlich“ ausarbeite. Außerdem gebe er sich Mühe, „den Jugendunterricht ersprießlich zu erteilen“. Im Äußeren erledige er auch seine Amtsgeschäfte „pünktlich“. „Seiner Gemeinde selbst“ biete er aber „wenig mehr“. Der Dekan sieht ihn in der „Gefahr, ein Sonderling zu werden, der sich ... auf sein Haus zurückzieht“. So halte er sich auch von den Pfarrkonferenzen vollständig fern und beschränke den Umgang mit den Amtsbrüdern auf das Allernotwendigste. Der diesbezügliche Vorhalt anlässlich der Visitation sei „eindruckslos“ geblieben. – Trotz dieser etwas zwiespältigen Beurteilung darf REDENBACHER seinen Urlaub nehmen.

Schon im folgenden Jahr, am 24. Juli 1911, können die Eheleute die Geburt ihres ersten Kindes melden. Sie taufen das Mädchen auf den wohlklingenden Namen **RUTH** WILHELMINE MARGARETHA MARCELLA ELEKTRA. Während die beiden Beinamen den Müttern Referenz erweisen, spiegeln die folgenden Namen wohl eher die musikalische Begeisterung Redenbachers wider: „Marcella“ ist eine im Jahr 1907

---

chen der Beamtenschaft, sowie in der Evang. Kirche benötigten eine Heiratserlaubnis. Diese Ausnahmen wurden auch im Jahr 1900 noch in das BGB und 1938 in das deutsche Ehegesetz übernommen. Durch ein neues Ehegesetz von 1946 wurden diese Ausnahmen aber endgültig abgeschafft. Dennoch tat sich die Kirche noch lange mit der Praxis der Ehen ihrer Geistlichen schwer, fürchtete sie doch, dass durch den „falschen“ Partner die Arbeit des Mannes, bzw. das kirchliche Bekenntnis Schaden leiden könnte.

uraufgeführte Oper von UMBERTO GIORDANO, und „Elektra" ist das damals hypermoderne und teilweise atonale Gemeinschaftswerk von HUGO V. HOFMANNSTHAL und RICHARD STRAUß, das im Jahr vor Redenbachers Eheschließung seine Uraufführung erlebte.

Mit der kritischen Beurteilung durch den Dekan kündet sich aber nun das Problem an, das sich dann durch alle seine kirchlichen Beurteilungen zieht und das erst sein oberster Chef am Ende seiner Dienstzeit, Kreisdekan KARL BURKERT, relativiert. Redenbachers Art, Themen recht grundsätzlich zu diskutieren, rief Konflikte hervor. Diese Grundsätze waren breitgestreut und betrafen ebenso den moralisch-ethischen Bereich, wie den theologisch-liturgischen oder den kirchenpraktischen. In der Bestimmtheit, mit der er manche dieser Themen diskutierte, ist bei ihm auch kein Wandel von der Jugend bis in die Spätzeit seines Dienstes erkennbar. Vielmehr, wenn er mit seinen Argumenten nicht zum Ziel kam, zog er sich lieber zurück, als seinen Grundsatz preiszugeben oder einen Kompromiss einzugehen.

Ein Visionär, der den Gebrauch von todbringenden Waffen stigmatisiert

Ein solcher Streitpunkt, der bei ihm bereits in der Studentenzeit wurzelt, betraf die Praxis des Duells. So hatte sich REDENBACHER als junger Student in ERLANGEN in einer Studentenverbindung aktiv gemeldet, wie das schon seit 100 Jahren viele Studenten taten, um beim Studium in einer fremden Stadt nicht allein zu sein. Er hatte aber, anders als sein hochverehrter Großvater, der als Theologe ohne Bedenken in die schlagende Burschenschaft Bubenruthia in ERLANGEN eingetreten war, bewusst eine nichtschlagende Verbindung gewählt, nämlich den Erlanger Wingolf, weil er den Gebrauch einer scharfen Waffe und die Inkaufnahme von Verletzungen des Fechtgegners für unvereinbar hielt mit dem Evangelium.

Diese nicht schlagende studentische Verbindung hatte in Erlangen im Jahr 1850 eine örtliche Aktivitas gegründet, also kurz nach der fehlgeschlagenen Revolution von 1848, von der man die Demokratisierung Deutschlands erhofft hatte. Der Wingolf verstand sich als eine bewusst christliche Studentenverbindung und brachte das auch mit seinem biblisch-griechischen Wahlspruch zum Ausdruck: Δι' ἕνος πάντα (Di henos panta!) – „Durch Einen, nämlich Christus, Alles!"

Mit seiner Aktivmeldung übernahm REDENBACHER auch das Prinzip dieser Verbindung und verteidigte die Ablehnung von Duell und Mensur. Das war in der Studentenschaft kein Problem. Es gab zwar manchen wechselseitigen Spott, wie den: ‚Du Schwert an meiner Rechten, du glaubst, ich wollte fechten; allein, ich tu das nit, ich bin ein Wingolfit'. Dennoch konnten sich die Studenten gegenseitig akzeptieren

Verführung zum Suicid? *Hermann Hesse, „Unterm Rad" 1906*

Anders war das aber im Kreis der Pfarrkollegen. Da konnte in der Diskussion über das Prinzip rasch eine unangenehme Prinzipienreiterei entstehen. Genau das war in Redenbachers früher Schottensteiner Zeit um 1911/12, also noch vor dem Ersten Weltkrieg, geschehen. Ein aufsehenerregendes Ereignis hatte genau zu dieser Zeit den Anlass gegeben, die öffentliche Diskussion in Deutschland emotional stark aufzuladen, das „Schülerduell auf dem Uhufelsen" nahe Rudolstadt. Es wurde damals vor allem in den Zeitungen breit dargestellt und diskutiert.

Es war ein „nervöses Zeitalter", in dem sich in der Literatur lebensmüde Jünglinge finden, etwas in Robert Musils Roman „Verwirrungen des Zöglings Törleß", der im Jahr 1906 erschien, oder in Hermann Hesses Erzählung „Unterm Rad" vom gleichen Jahr. War es Ursache oder Wirkung, jedenfalls häuften sich auffallend Schülerselbstmorde.

Oberhalb des Dorfes Eichfeld liegt im waldreichen Schaalbachtal westlich der thüringischen Residenzstadt Rudolstadt der Steinberg, auch „Uhu" genannt; er hatte seinen Namen von der dort brütenden seltenen Vogelart erhalten. Heute ist das Areal rund um den Uhuberg ein striktes Naturschutzgebiet. Um diese Zeit damals war es noch ein beliebtes Wanderziel. Gleichwohl ist die genaue Stelle für die folgende Begebenheit[5] trotz einer erhaltenen Tatortskizze nicht mehr zu klären.

Am frühen Morgen des 17. Oktober 1911 holt der 18-jährige Gymnasiast Rudolf Ditzen seinen Freund Hanns Dietrich von Necker an dessen Wohnhaus, einer Villa an der heutigen Schlossstraße ab. Der junge Mann hinterlässt einen Abschiedsbrief an seine Mutter Emma. Beide machen sich auf den Weg nach Eichfeld und dann hinauf zum Plateau des Berges. Unterwegs sprechen sie noch über gemeinsame Erlebnisse, scherzen und machen gar noch künftige Theaterpläne.

Doch die Stimmung kippt; ihr Entschluss, gemeinsam zu sterben, stand unverrückbar fest. Letzte Zigaretten werden geraucht. Dann suchen sie eine für ihren Zweck geeignete Waldlichtung. Sie wollen ein Duell vortäuschen und dabei ihrem

[5] Info nach http://www.literaturland-thueringen.de/artikel/hans-fallada-in-rudolstadt/das-duell-auf-dem-uhufelsen/

jungen Leben gemeinsam ein Ende setzen. Sie haben vorbereitete Duellkarten in den Taschen, die als Kampfesursache angeben: „Duell wegen Beleidigung einer Dame“. Ein inszenierter Streit vor Zeugen am Tag zuvor sollte das Vorhaben glaubhaft machen. Ihre Herzen haben sie mit einer Schleife bzw. einer Blume als Ziele markiert. Die unhandlichen Kurzgewehre haben sie bei einem Oberst zum angeblichen Schießen ausgeliehen.

Auf ein gemeinsames Kommando feuern sie, doch verfehlen einander. Beim zweiten Versuch sinkt VON NECKER blutend zu Boden. Sein Freund habe ihn um einen weiteren finalen Schuss gebeten, behauptet DITZEN später. Necker ist tot, erschossen von seinem Freund. Danach richtet dieser den Revolver auf sich selbst und trifft auch sich selbst zweimal, bleibt aber bei Besinnung. Schwer verletzt schleppt er sich den Berg wieder hinunter; ein Bauer findet ihn zufällig. In einer Gastwirtschaft in EICHFELD wird er notdürftig versorgt und dann in das Krankenhaus nach RUDOLSTADT gefahren. Gegen die ärztliche Prognose überlebt er. Wegen Unzurechnungsfähigkeit wird er in eine Nervenheilanstalt eingeliefert. Dieser junge Mann wird später unter dem Künstlernamen HANS FALLADA einer der bekanntesten deutschen Schriftsteller. Viele fragten damals besorgt: Grassiert ein neues „Werther-Fieber“?

Auch REDENBACHER ist zutiefst erschüttert. Hatte nicht auch die Kirche versagt, dass sie zu wenig gegen die gesellschaftlich geduldete Praxis des Duells angepredigt hatte? Steckt nicht in der Duldung von scharfen Waffen und Blutvergießen nicht stets auch der Keim zum leichtfertig vom Zaun gebrochenen Krieg?

Wie Recht REDENBACHER mit dieser visionären Warnung hatte, würde sich ja bereits drei Jahre später zeigen. Die Folgen des leichtfertig bejubelten Ersten Weltkrieges würden alles erdenkliche Maß übersteigen; und den bereits eine Generation später vom Zaun gebrochenen Zweiten Weltkrieg würde die verspätete Einsicht nicht mehr verhindern können.

Für REDENBACHER war deshalb die fehlende kirchliche Stellungnahme zum Duell von noch grundsätzlicherer Bedeutung für die Glaubwürdigkeit der christlichen Botschaft, als es dann im Dritten Reich der Kirchenkampf war, der ja die geistliche Mitte meines Geschichtsprojektes „Myrten für Dornen“ bildet.

Dieses Thema lässt REDENBACHER nicht ruhen. Unter dem frischen Eindruck des Duell-Dramas vom Uhufelsen ergreift er auf der Pfarrkonferenz in SCHOTTENSTEIN am 6. November 1911 das Wort. Vorangegangen ist ein Vortrag zum Thema „Umgang mit Suizid – „Kirchliche Beerdigung der Selbstmörder“. Unter Zeitdruck – manche Kollegen wollen zum Zug zur Heimfahrt im Itzgrund – fällt sein Redebeitrag recht scharf aus: REDENBACHER geißelt das Duell, das in dieser Zeit häufig unter

Gymnasiasten vorkomme, auch als eine Form von Selbstmord, gegen den man anarbeiten müsse. Er fordert, dass Geistliche keinen Verbindungen angehören sollen, die das Duell sanktionieren und erinnert an die Praxis der katholischen Kirche, die das Duell grundsätzlich ächtet und auch die Mitgliedschaft in schlagenden Verbindungen damals mit Exkommunikation bedroht.

Als Dekan KREß diesen Beitrag entrüstet als „Taktlosigkeit sondergleichen" zurückweist und das Duell als Privatsache des einzelnen bezeichnet, steigert REDENBACHER seine Kritik: Die Zugehörigkeit von Geistlichen zu einem Verein, der den Zweikampf gutheiße, sei so wenig Privatsache wie etwa, „wenn der Geistliche einem Verein beitreten würde, welcher Päderastie [also „Liebe von älteren zu jungen Männern"] gutheiße; hier Sünde gegen das 6., dort gegen das 5. Gebot".

Protest flammt auf. Dekan KREß droht, den Raum zu verlassen. REDENBACHER will zur Beruhigung Öl auf die hochgehenden Wogen gießen: „Ich möchte ganz entschieden betonen, dass mir persönliche Angriffe, von welchen Herr Dekan Kreß spricht, ganz fern gelegen sind. Mir ist es nur um die Sache zu tun. Ich bedauere, dass ich einen Missklang in die Versammlung gebracht habe."

Dass hier kein „Sonderling", sondern ein Visionär sich damals zu artikulieren versucht hat, der aber nicht verstanden wurden, sieht man, wenn man Redenbachers Gedankenkette weiterdenkt: Die katholische Kirche verbietet das Duell und exkommuniziert, um die Ernsthaftigkeit ihres Glaubensanliegens zu unterstreichen, nicht nur die Täter, sondern auch schon die, die mit dem Gedanken der Anwendung solcher Waffen spielen. Die evangelische Kirche dagegen begegnet dem Gedanken der Anwendung von Waffen, die den Gegner verletzen oder töten können, mit Gleichgültigkeit. Von hier geht die Gedankenlinie direkt zu Adolf Hitler, der nach seinen eigenen Fronterfahrungen stets „Krieger" geblieben ist und von Anfang an unverhohlen auf Rache an den Kriegsgegner in einem erneuten Krieg spekuliert. Ihn bringen in den 20-er Jahren vor allem die Protestanten im Coburger und Bayreuther Land nach oben, ihn wählen dann auch 1932 und 1933 vor allem Protestanten. Der implizite Vorwurf des Verrats an der Friedensbotschaft Jesu, den Redenbacher am Beispiel des Duellwesens seiner Kirche macht, besteht zu Recht und wird von der Kirche bis heute schöngeredet.

Das hat damals aber noch keiner verstanden. Die Frage, ob man heute einsichtiger oder schlauer ist, besteht zu Recht. Redenbachers Konflikt mit dem Pfarrerkollegium vertieft sich jedenfalls damals. Seitdem meidet REDENBACHER den Besuch von Pfarrkonferenzen. Dieser Vorgang gerät auch vor das Münchner Konsistorium und landet nach so nach manchem Hin und Her in seinem Personalakt.

Redenbachers Streitlust ist damit nicht verraucht. Es bleibt nicht der einzige Konflikt seiner Schottensteiner Dienstzeit.

Gewissensbisse beim Abendmahl

Am 1. September 1914, also genau einen Monat nach dem Kriegseintritt Deutschlands, wird GEORG REDENBACHER vom Münchner Konsistorium um Mitteilung seiner Spendenformel fürs Abendmahl gebeten. Der Landeskirche ist zu Ohren gekommen, dass dieser Pfarrer bei der Austeilung der Abendmahlsgaben Brot und Wein andere Worte verwendet, als sie damals (und heute) in der Kirche üblich sind. Mit der Lehre von der „Konsubstantiation" bringt die evangelische Theologie ja zum Ausdruck, dass die Gläubigen mit dem Mund den Leib und das Blut Jesu Christi „in, mit und unter" den Gaben von Brot und Wein empfangen, zur Vergebung der Sünden. Die Protestanten glauben an die „Realpräsenz" Jesu, also seine Anwesenheit beim Abendmahl, ohne dass eine „Wandlung" der Gaben (Transsubstantiation), wie in der katholischen Liturgie, vollzogen werden muss. Als Spendeworte sieht das Evangelische Gottesdienstbuch vor: „Christi Leib – für dich gegeben; Christi Blut – für dich vergossen"; es kann auch heißen: „Das Brot des Lebens – für dich; der Kelch des Heils – für dich".

Manchmal verwenden Pfarrer auch eine längere Formel, die sie dann bei der Austeilung auf verschiedene Kommunikanten verteilen: „Nimm hin und iss, das ist der wahre Leib unseres Herrn Jesu Christi, für Dich gegeben, zur Vergebung der Sünden. Der stärke Dich, und erhalte Dich im rechten Glauben zum ewigen Leben, Amen." – „Nimm hin und trink, das ist das wahre Blut unseres Herrn Jesu Christi, für Dich vergossen zur Vergebung der Sünden. Das stärke Dich und erhalte Dich im rechten Glauben zum ewigen Leben, Amen."

REDENBACHER hatte aber seit seiner Vikarszeit die Sorge, dass Gemeindeglieder die Spendeworte missverstehen und Brot und Leib, bzw. Wein und Blut Christi gleichsetzen könnten, obwohl sie doch faktisch etwas ganz verschiedenes sind. Zugleich suchte er einen Weg, die sakramentale Einheit der Gaben und der Person des Gebers trotz ihrer substantiellen Verschiedenheit zu betonen. Er hatte deshalb bis dahin eine Formel verwendet, die er wohl bei seinem Vikariat in JOACHIMSTHAL kennengelernt hatte, denn in seiner Spendeformel spiegeln sich Einflüsse des „Helvetischen" Bekenntnisses, das in dieser einstigen Region der Evangelischen Kirche in Österreich vorherrschte.

REDENBACHER pflegte deshalb beim Abendmahl zu sagen und teilte das auch der Kirchenleitung auch mit: *„Nimm hin und iss zum Gedächtnis an den Leib unseres Herrn Jesu Christi, für unsere Sünden in den Tod gegeben. Derselbe stärke und erhalte dich im rechten Glauben zum ewigen Leben."* – *„Nimm hin und trink zum Ge-*

dächtnis an das Blut unseres Herrn Jesu Christi, vergossen zur Vergebung für unsere Sünden. Dasselbe ...“

Die Kirche reagiert angesäuert, wagte doch hier jemand, gegen die liturgische Ordnung zu verstoßen. In ihrer Sitzung am 16. September 1914 beschließen die Herren Oberkirchenräte, gegen Pfr. REDENBACHER solle wegen seiner Eigenmächtigkeit und Widersetzlichkeit das Disziplinverfahren eingeleitet werden. Das wird dem königlich-protestantischen Konsistorium Bayreuth mit dem nachfolgenden strengen Schreiben mitgeteilt:

Im Namen seiner Majestät des Königs von Bayern.

Betreff: Verhalten des Pfarrers Redenbacher in Schottenstein.

Gegen Pfarrer Redenbacher wolle wegen seiner Eigenmächtigkeit und Widersetzlichkeit das Disziplinarverfahren eingeleitet werden. Vor allem aber wolle ihm eröffnet werden, dass wir ihm jede Abendmahlshandlung unbedingt verbieten, wenn er dabei eine andere als die in der landeskirchlichen Agende vorgeschriebene Spendenformel anwendet. Er hat binnen drei Tagen zu erklären, ob er fortan das heilige Abendmahl nach der agendarischen Vorschrift zu spenden bereit ist. Für den Fall einer verneinenden Antwort ist ihm hiermit die Verwaltung des Abendmahls überhaupt untersagt und hat das königliche Dekanat für Stellvertretung in dieser Hinsicht auf seine Kosten zu sorgen. Wir erwarten über diesen Punkt Bericht. Königlich protestantisches Oberkonsistorium. Bezzel

REDENBACHER lenkt ein. In einem ausführlichen Brief an die Kirchenleitung legt er die Gründe für sein Handeln dar, das ihm sein Gewissen befohlen habe. Er habe aber zwischenzeitlich eine Befragung in der Gemeinde zur Stichhaltigkeit seiner Bedenken veranstaltet, aber festgestellt, dass seine Sorge, das Abendmahl könne missverstanden werden, unberechtigt sei. Deshalb *„gibt der Unterfertigte, ohne sein Gewissen zu beschweren, die Erklärung, fortan das hl. Abendmahl nach der agendarischen Vorschrift zu spenden.“*

Dieses Versprechen reicht der Kirchenleitung nicht. Sie möchte dem Querkopf ein für alle Mal die Flausen austreiben und verurteilt ihn am 2. November 1914 disziplinarisch. Es erfolgt ein Verweis mit Eintrag in Qualifikationsliste, aber ohne Gebühren, wegen „Widersetzlichkeit gegen Anordnung der Kirchenbehörde“.

Der Konflikt ist so zwar ausgestanden, schlägt sich aber nun auch in seiner Beurteilung nieder. Er sei „ein verschlossener Charakter, rechthaberisch“, erfährt man da. Außeramtliches sei tadellos, bescheinigt ihm sein Dekan; aber er fügt bei: „Amtliches nicht tadelfrei“ und gibt ihm die Gesamtnote III[6].

---

[6] Personalakten Redenbacher, 570/3 (hellbeige).

Doch so schnell beugt sich REDENBACHER seiner Kirche nicht, die ihn nicht verstehen will.

Eine Vision vom Umdenken der Deutschen nach dem Kriegsende

Gut zwei Jahre später, mitten im Krieg, äußert REDENBACHER sich sogar öffentlich und gedruckt. Im Deutschen Pfarrerblatt am 2. Januar 1917 erscheint unter seinem Namen ein ausführlicher Artikel mit der Überschrift: „Fort mit dem Klingelbeutel!"

Hinter dieser prosaisch und im Hinblick auf die Kriegssituation weltfremd erscheinenden Überschrift verbirgt sich, wie meist bei Redenbachers Konfliktthemen, ein geistliches und auch wieder visionäres Anliegen, wenn auch in ein sehr unkonventionelles Gewand gekleidet. In diesem Jahr spitzte sich ja auf den weltweiten Kriegsschauplätzen die Lage entscheidend zu. Deutschland verkündete am 1. Februar 1917 den uneingeschränkten U-Bootkrieg. Die Antwort der USA war der Kriegseintritt, der infolge der enormen Ressourcen dieser Supermacht sehr bedrohlich war. Doch REDENBACHER ignorierte alle diese beunruhigenden Entwicklungen und nahm schon das Kriegsende in Blick.

Bereits seit dem Herbst 1915 hatten ja in den großen Städten lange Schlangen vor Geschäften und Marktständen zum Alltag gehört. Die Behörden empfanden solche „Lebensmittelpolonaisen" durchaus als Warnsignal; denn hier konnten sich durchaus Zellen des Protests und unliebsame Störungen der öffentlichen Ordnung entwickeln. Diese Sorge vor Unruhen hatte sich bald als berechtigt erwiesen. Hungerkrawalle waren im gesamten Deutschen Reich erstmals aufgewallt und rissen seitdem bis zum Kriegsende nicht mehr ab. Frauen begannen, für „Frieden und Brot" zu demonstrieren, sie plünderten Lebensmittelgeschäfte und stürmten Rathäuser. Weil Krawalle dieser Art im geordneten Kaiserreich undenkbar waren, schritten Polizeibeamte immer wieder mit übertriebener Härte ein und provozierten so einen gesteigerten Zorn der hungernden Menschen.

Der Winter 1916/17 war schließlich als „Steckrübenwinter" in die Geschichtsbücher eingegangen, weil in Stadt und Land die gute alte Futterrübe als Rohstoff und Ersatz für vieles herhalten musste[7]. Dieser Hunger hatte seither seine eigenen Gesetze geschaffen, gegen die alle Vorschriften und Sanktionen nichts mehr ausrichten konnten. Die Spannung zwischen Arm und Reich war seitdem spürbar gewachsen. „Alles wird für die Reichen, für die Besitzenden reserviert", empörten sich bald immer mehr Betroffene.

---

[7] Vergl. dazu auch die Beschreibung im Kapitel „Ferien ohne Heimkehr – Gestrandet bei der Kinderlandverschickung" in der sechsten Folge des Projektes „Myrten für Dornen": „Untergehen und Aufstehen" – Der Alltag unter Kriegsbedingungen und das Danach".

Frauen und Mädchen mussten nun in Munitionsbetrieben schuften, unter zum Teil gefährlichen Bedingungen; immer wieder ereigneten sich schwere Unfälle. Hier im Bereich der Rüstungsindustrie hatte es im Jahr 1916 auch die ersten „wilden Streiks" gegeben, die von den Gewerkschaftsleitungen nicht geplant waren; denn in einem Schulterschluss der Solidarität hatte man seit Kriegsbeginn auf Arbeitsniederlegungen bewusst verzichtet; die Streikenden konnten also weder mit finanzieller noch mit moralischer Unterstützung rechnen.

Diese Antikriegsstimmung erhielt im März 1917 durch den Beginn der Russischen Revolution starken Auftrieb. Die Ereignisse im Zarenreich wurden von der Bevölkerung beim täglichen Schlangestehen vor den Lebensmittelgeschäften besprochen. Viele, nicht nur REDENBACHER, knüpften daran ihre Hoffnungen auf ein baldiges Ende des Krieges und die Überwindung des Elends.

All diese weit verbreiteten Emotionen teilte wohl auch REDENBACHER als wacher Zeitgenosse, als er seinen Artikel im Pfarrerblatt mit einer weitreichenden Vision begann: *„Nach dem Krieg soll eine neue Zeit für unser Vaterland anbrechen, eine Zeit der Veredelung auf allen Lebensgebieten. Auch auf kirchlich-religiösem Gebiet."*

Der Geistliche war also der Überzeugung, dass dieser Krieg für die Menschen ein Reinigungsbad darstelle, das überall die „Erweckung religiösen Lebens" nach sich ziehe und auch im Gottesdienst vom Oberflächlichen und von der Gedankenlosigkeit zu mehr „Aufrichtigkeit und Andacht" führe. Darum stellt er die Frage, was geschehen könne, um die gottesdienstliche Andacht zu heben. Ins Visier gerät ihm dabei eine Petitesse wie der Klingelbeutel.

Ein wenig dramatisch schildert er, wie der in Betrachtung versunkene Fromme durch den vorgehaltenen Klingelbeutel aus seiner Andacht gerissen und so an unfromme Gedankenlosigkeit gewöhnt wird. Außerdem werde er wider den Sinn des Evangeliums zu Geben *genötigt.* Ein Unbekehrter könnte dadurch von einem Sinneswandel abgeschreckt werden. Nicht zuletzt werde auch der Einsame um seine Andacht gebracht.

So balanciert der redegewandte REDENBACHER hier auf dem schmalen Grat zwischen humorvoller Ironie und ernsthaftem Appell, vermag aber doch sein eigentliches visionäres Anliegen, nämlich die Bußwirkung dieses entsetzlichen Krieges, nicht recht zum geistlichen Punkt zu bringen. Es scheint gleichwohl so, als ob REDENBACHER dieses Thema dann auch in seiner Weidenberger Zeit im Dekanat BAYREUTH weiter verfolgt hat, wie wir einem entsprechenden Hinweis seines späteren Amtsbruders FÖRSTER und der Bestätigung durch seine Enkelin entnehmen dürfen.

Betrachtet man also Redenbachers „Erfolge" in SCHOTTENSTEIN, so dürfte der Ertrag nach seiner eigenen Einschätzung eher gering gewesen sein. Aber REDENBA-

CHER ist nach Beurteilung seines Vorgesetzten „gesund, kräftig, gut begabt, auch für die schönen Künste", hat „gute Kenntnisse, verwendet viel Zeit auf Malen und Musizieren, neigt nach der modernen Richtung, sucht in der Predigt „dem Text gerecht zu werden". Sein „Vortrag ist frisch, die Stimme wohlklingend", im Unterricht ist er gewandt", – gute Voraussetzungen also für einen Neustart nach sieben Jahren Amtsdauer in SCHOTTENSTEIN.

Dienstantritt mit Hindernissen

Doch dem angeordneten Dienstantritt zum 1. Dezember 1918 steht die aktuelle Entwicklung des politischen Tagesgeschehens entgegen. Noch herrscht Krieg. Die Anbahnung von Friedensverhandlungen hat nichts gebracht. Doch WILHELM II., der sich weiterhin im Hauptquartier der Obersten Heeresleitung im belgischen Spa aufhält, spielt auf Zeit, er scheint gar nicht gewillt, den Krieg als verloren anzusehen. Im Gegenteil, anscheinend will er mit seiner Flotte, die im Kriegshafen Wilhelmshaven so lange untätig gelegen hatte, noch einmal zu einem großen Coups ausholen.

Die Matrosen, die bislang stillhalten mussten, fühlen sich missbraucht. Am 29. Oktober kommt es zu ersten Befehlsverweigerungen. Wie ein Flächenbrand breitete sich die revolutionäre Stimmung über ganz Deutschland aus[8]. Den Kaiser kümmert das nicht. Das Bündnis der Gegner hat am 6. November endlich Waffenstillstandsverhandlungen zugesagt, die nach dem Dafürhalten des Kaisers günstig für Deutschland ausgehen müssten. WILHELM II., blind für die tatsächliche Lage, hofft, an der Spitze der bald frei werdenden Fronttruppen ins Reich zurückkehren und die Revolution gewaltsam niederschlagen zu können. Doch damit steht in der der Führung ziemlich allein.

Denn in BERLIN hat man – den drohenden militärischen Zusammenbruch vor Augen – inzwischen im Oktober 1918 hastig einen glaubwürdigen Regierungschef für die anstehenden Waffenstillstandsverhandlungen gesucht und scheinbar in MAX VON BADEN, den Erbprinzen des Großherzogtums Baden, den richtige Mann gefunden. Weil er im In- und Ausland einen guten Ruf genoss und seinerzeit auch gegen den uneingeschränkten U-Boot-Krieg die Stimme erhoben hatte, hoffte man, dass er vom mächtigsten Mann des gegnerischen Bündnisses, dem US-amerikanischen Präsidenten WOODROW WILSON akzeptiert werden würde, obwohl es eigentlich

[8] Vergl. zur Marinerevolte und zum Kriegsende meine Darstellung in „Die Kima und ihr Lutz 1909–1945 (I) – Das Schweigen durchbrechen" das Kapitel über die kaiserliche Marine, S. 81-89.

nicht als passendes Gleichnis für die angestrebte Demokratisierung erschien, ausgerechnet einen Adligen zum Kanzler zu wählen.

Immerhin bewies Prinz MAX VON BADEN Mut. Über den Kopf des Kaisers hinweg und ohne ihn zu befragen verkündigte er dessen Thronverzicht, wie es der amerikanische Präsident gefordert hatte. Er schaffte vollendete Tatsachen, indem er in seiner Erklärung behauptete: „Der Kaiser und König hat sich entschlossen, dem Throne zu entsagen." Für sein eigenes Amt als Übergangskanzler kündigte er an, „noch so lange im Amte" zu bleiben, „bis die mit der Abdankung des Kaisers, dem Thronverzicht des Kronprinzen des Deutschen Reiches und von Preußen und der Einsetzung der Regentschaft verbundenen Fragen geregelt sind." Am selben Tag riefen PHILIPP SCHEIDEMANN von der SPD und KARL LIEBKNECHT vom Spartakusbund die Republik aus.

Fahnenflüchtiger Kaiser: *WILHELM II. nach seinem Grenzübertritt am 10. Nov. 1918 in den Niederlanden*

Als die Erklärung im deutschen Hauptquartier im belgischen SPA bekannt wurde, wusste WILHELM II., dass seine Hoffnung auf die Loyalität seiner Offiziere vergeblich gewesen war. Er verwarf den Plan zu einem „Marsch auf Berlin" oder zu einem Freitod „im Felde", sondern ergriff in der Nacht vom 9. auf den 10. November mit seinem Hofzug die Flucht über die Grenze in die Niederlande. Das kam einer Fahnenflucht gleich und kostete ihn endgültig die Sympathien seiner Militärs.

Bei einem Adligen in AMERONGEN fand der abgesetzte Kaiser Aufnahme. Im folgenden Jahr erwarb er im benachbarten DOORN das Schlösschen der BARONESSE HEEMSTRA DE BEAUFORT und ließ es für sich und seine Familie herrichten. Ihm gelang es erstaunlicherweise auch, den wichtigsten persönlichen Familienbesitz nach DOORN kommen lassen. Angeblich sollen es 59 Eisenbahnwaggons gewesen sein, die Möbel, Kunstwerke und Erinnerungen in das neue Domizil brachten, darunter Gemälde von Künstlern bis ins 19. Jahrhundert; Moderneres war dem Abgedankten zuwider. Bis zu seinem Tod 1941 hatte er hier ein gutes Leben.

Seit dem 11. November 1918 ruhten die Waffen. Doch der pflichtbewusste GEORG REDENBACHER wollte seine verwundeten Kameraden im Lazarett nicht allein lassen. So dauerte es noch bis zum 16. November, bis er wieder zu seiner Familie nach SCHOTTENSTEIN zurückkehren konnte.

An einen termingerechten Stellenantritt zum 1. Dezember 1918, wie ihm die Ausschreibung in der Juli-Ausgabe des kirchlichen Amtsblattes vorgesehen hatte, war natürlich unter diesen besonderen Umständen nicht zu denken. Die Stimmung dieser Tage schwankte zwischen revolutionärem Übermut und düsterer Zukunftsangst. Auf den Straßen und in den Eisenbahnzügen herrschte völliges Chaos durch das Millionenheer heimkehrender Soldaten. Dennoch beginnt die Familie jetzt ihre Sachen zu packen. Die Gefühle sind zwiespältig.

Bereits am 7. November 1918, also vier Tage vor dem Waffenstillstand, hatte inzwischen in München einer kleinen Schar von Linksoppositionellen um den unabhängigen Sozialdemokraten KURT EISNER (1867-1919) in einem Handstreich den bayerischen König LUDWIG III. gestürzt. Er hatte fünf Jahre regiert. Die Verlegenheit für die Evangelische Kirche in Bayern bestand darin, dass der König qua Amt der „Summus Episcopus“ dieser Landeskirche war. Diese war nun ihres Oberhauptes beraubt und wartete voll Sorge auf die weitere Entwicklung.

Drei Wochen vor dem tatsächlichen Kriegsende, am 20. Okt. 1918, hatte der amtierende Präsident des königlichen protestantischen Oberkonsistoriums in MÜNCHEN in einer Erklärung, die er auf allen lutherischen Kanzeln Bayerns unmittelbar nach der Predigt verlesen ließ, ahnungsvoll seine tiefe Besorgnis über die weitere Entwicklung auch für die Kirche zum Ausdruck gebracht[9]: *„In Tage ernstester Entscheidungen ist unser Vaterland eingetreten und vielleicht auf lange hinaus bestimmen sich seine Geschicke ...“.*

VEIT hatte bemängelt, dass viele trotz des furchtbaren Krieges „den Ernst der Zeit nicht verstanden“ hätten. Das Verständnis für die „edelsten Güter“ des Volkes und erst recht für die ewigen Güter sei verwischt und verdunkelt. Angesichts der endlosen Opfer und Entbehrungen habe sich eine „Verdrossenheit und Müdigkeit“ breit gemacht, „die nach nichts verlangt als nach Ruhe“. Wie es schon REDENBACHER gut ein Jahr zuvor in seiner Vision im Pfarrerblatt gefordert hat, hatte auch VEIT für die Gesellschaft einen Geist bewusster innerer Einkehr und Umkehr erbeten. Dieser schien mit der neuen Herrschaft des erklärten Pazifisten und Schriftstellers EISNER durchaus greifbar. Seine Ziele, die sofortige Beendigung des Krieges und die Umwandlung des Staatswesens in eine parlamentarische Demokratie, erreichte er er-

---

[9] Mehr dazu im Abschnitt „Die Gemeinde durch die Zeit führen“ im anschließenden Kapitel „Pfarrer – Wesen aus einer anderen Zeit?“

staunlicherweise ohne ernsthaften Widerstand und völlig unblutig. Das nahmen viele mit Erleichterung zur Kenntnis. Sie ahnten noch nicht das schlimme Ende, das dieses hoffnungsvolle Projekt bereits am 21. Februar 1919 nimmt, als rechtsgerichtete Kreise diese Revolution vereiteln wollen. Der völkisch-nationalistische Offizier ANTON GRAF VON ARCO AUF VALLEY ermordet EISNER. Reichswehr und Freikorps liquidieren jeden, der im Verdacht steht, ein Roter zu sein. Es gibt wohl über 1.000 Tote. Einer der Spitzel der Reichswehr ist der Gefreite Adolf Hitler, der bei dieser Mission seine Redegabe und seine zukünftige Partei, die DAP, entdeckt und übernimmt ...

So ist REDENBACHER damals froh, einen neuen Aufbruch wagen zu können und sieht deshalb dem Kommenden gefasst entgegen.

Mit Bahn und Pferdewagen: *Möbeltransport 1918*

Den Umzug zu organisieren ist nicht einfach. Zwar gibt es theoretisch auch damals schon Umzugsfirmen, die mit den primitiven Kraftfahrzeugen der Zeit solche Umzüge durchführen könnten. Doch das gab es nur in Friedenszeiten, und das konnten sich auch nur die wenigsten leisten. Also blieb nur die Bahn. Alles musste in Kisten und Containern verpackt und per Fuhrwerk die fünf Kilometer zum Bahnhof MEMMELSDORF geschafft und in Güterwagen verstaut werden. Dann ging es auf dieser erst 1913 eingeweihten Nebenbahn von DIETERSDORF nach BREITENGÜßBACH und weiter auf der Hauptstrecke über BAMBERG nach BAYREUTH. Dort wartete zum Glück ebenfalls eine Nebenbahn, die es bereits seit 1896 gab und die täglich drei Zugpaare nach WEIDENBERG bereithielt.

Es war also kein ganz leichtes Unterfangen, zu dem die Familie REDENBACHER sich schließlich mit ihren beiden kleinen Töchtern in den kalten Tagen des Dezember 1918 auf den Weg machte. Für die kleine LYDIA endete diese Reise mit einer herben Enttäuschung. Hatte nicht der Vater versprochen, dass es in WEIDENBERG Ritter gäbe? Wo sind denn die Ritter? Natürlich hatte die Vierjährige erwartet, dass sie am Bahnhof zu ihrer Begrüßung bereit stehen. Aber in Wirklichkeit – kein Ritter weit und breit!

Der Vater kann die Situation retten: „Warte nur – in der Kirche". Und tatsächlich, als sie noch am gleichen Tag an Papas Hand in die eiskalte Kirche eilt, da steht sie ihm wirklich gegenüber: dem Weidenberger Paraderitter ADRIAN V. KÜNSBERG. Seitdem ist LYDIA ein Weidenberger Kind.

Pfarrer – Wesen aus einer anderen Zeit?[10]

Redenbachers beschauliche Steckenpferde

Viele Menschen betrachten Pfarrer als Wesen aus einer anderen Zeit. Sie beurteilen ihr Dasein als biedermeierlich, beschaulich und geruhsam. Mancher stellt sich vor, so ein Pfarrer muss lediglich einmal in der Woche eine Predigt halten und frönt die übrige Zeit seinen geistlichen Studien oder seinen Hobbys.

Zugegeben, auch GEORG REDENBACHER hatte seine Steckenpferde, sogar recht ausgefallene: Er sammelte z.B. exotische Schmetterlinge. Im Treppenhaus des II. Pfarrhauses in WEIDENBERG hingen Vitrinen voll von aufgespießten Schmetterlingen aus aller Welt. Stolz zeigte er seinen Konfirmanden seine umfangreiche Sammlung mit all diesen filigranen Flügeltieren aus Übersee.

Schalk im Schafspelz:
GEORG REDENBACHER war 30 Jahre lang Pfarrer in Weidenberg

Als naturliebender Pfarrer schätzte er aber auch den Obstanbau. Den Grund-Erwerb hatte Pfarrer LUDWIG KRIEG, einer seiner Amtsvorgänger, gut 60 Jahre zuvor vollzogen; er hatte hier Ablösungskapitalien aus dem Brand des alten Pfarrhauses investiert. Seitdem erstreckte sich hinter dem II. Pfarrhaus unterhalb der grünen Terrassen des Oberen Schlosses

[10] Für die folgende Lebens- und Personenbeschreibung von Pfarrer GEORG REDENBACHER werden, neben Zeitzeugenaussagen von Gemeindegliedern und Angehörigen, vor allem seine Personalakten im Landeskirchlichen Archiv herangezogen, insbesondere die Bände LK 2452, LK 570 I-III, LKR 50-513, KrDek 51-01 und PfrA Weidenbg 52-002. Weitere Quellen sind an den jeweiligen Stellen vermerkt. Für die Zurverfügungstellung der Predigttexte und meisten Bilder danke ich den Enkeln, insbesondere Frau Dr. med. GABRIELE STAUFENBIEL und Dr. med URSULA BRAUN.

eine riesige Wiese mit manchen konventionellen Streuobstbäumen, die bis fast zur Kantorsgasse reichte; an der Pflanzung des Obstes, das dort heute wächst, war auch REDENBACHER beteiligt.

Eines Tages nahm er wieder einmal den Spaten in die Hand und hub im Pfarrgarten neue Löcher aus. Zur Überraschung seiner Haushälterin setzte er aber nicht bekannte oder ortstypische Obstbäume, wie etwa den Weidenberger Spindling, jene süße, saftige und aromatische gelbe Pflaume, die es seit Jahrhunderten nur hier gibt; die Weidenberger wussten aus ihrem gelben Schatz die leckersten Gaumenschmeichler zu bereiten: Mus, Marmelade oder Schnaps, und auch REDENBACHER schätzte eigentlich dieses Obst.

Aber diesmal hatte er sich in seiner unerschrockenen und unorthodoxen Art etwas ganz anderes ausgedacht, etwas noch viel Exotischeres, was eigentlich gar nicht in Oberfranken zu Hause ist, sondern was man eher aus dem Heiligen Land und aus Geschichten der Bibel kennt: Maulbeerbüsche und -bäume. Einem Aufruf der Hitler-Regierung folgend, wollte er nämlich mit der Zucht von Seidenraupen beginnen. So wollte er seinen Beitrag leisten zur Selbstversorgung Deutschlands mit Rohstoffen. Seidenraupen haben nun mal Maulbeerblätter zum Fressen gern. Die Konfirmanden durften seinerzeit mithelfen, diese Tierchen mit den frisch gezupften Maulbeerblättern zu füttern.

Daneben war GEORG REDENBACHER aber auch ein Freund der Musen und ein Liebhaber der schönen Künste. Er malte gern. Und er sang mit Vergnügen, auch lauthals am offenen Fenster. Er spielte auch mehrere Instrumente, Geige, Trompete, Klavier.

Wenn er zu Fuß seine Seelsorgebesuche auf die Dörfer machte, dann durfte die kleine Enkelin URSULA ihn begleiten. Dann lernte das Mädchen unterwegs viele Lieder kennen, die der Opa ihr mit seiner wohlklingenden Baritonstimme vorsang. Nicht umsonst hatte er die ersten beiden Jahre seiner Gymnasialzeit im Internat des Windsbacher Knabenchors verbracht, als sein Vater Pfarrer in CADOLZBURG war. Danach hatte die Familie nach VELDEN im Pegnitztal gewechselt; und von hier aus hatte der junge GEORG dann täglich mit der Bahn nach BAYREUTH fahren müssen, um sich am dortigen Gymnasium weiterzubilden und auf das Abitur vorzubereiten.

Auch war REDENBACHER ein fantasievoller Geschichtenerzähler. Wenn er mit seiner Enkelin unterwegs war zu den vielen Dörfern, Weilern und Einöden seines Pfarrsprengels, für die er verantwortlich war, verstand er die Zeit geschickt abzukürzen, indem er sich unterwegs spannende Geschichten für das Kind ausdachte.

Das Geigenspiel hatte GEORG wohl schon als Jugendlicher in der Zeit von 1890-92 begonnen, als er in WINDSBACH Chorschüler war. Das Klavierspiel hatte er sich später mit recht beachtlichem Erfolg selber beigebracht. Immer wenn Gäste im Haus waren – und das war häufig der Fall – gehörten musikalische Darbietungen zum Programm. Die jüngere der beiden Töchter, die im Kriegsjahr 1914 geborene LYDIA, war eine hervorragende Pianistin und begleitete ihren Vater, wenn er die Geige auspackte.

Auch nahm er gern den Ölpinsel in die Hand. Dann arbeitete er an einem seiner zahlreichen Bilder, die im Wohnzimmer auf der Staffelei standen. Zeitzeugen glauben sich erinnern zu können, dass er seine Wohnung insbesondere mit großen, selbst gemalten Fjordlandschaften geschmückt hat, die auf die Betrachter aber eher düster gewirkt hätten. Es existierten aber auch zahlreiche Portraits, die einen ganz anderen lebenszugewandten Eindruck vermitteln.

Ein Selbstportrait, in dem er sich bereits als junger, noch etwas nachdenklich und tiefgründig dreinblickender Mann mit Bärtchen gemalt hatte, fand sich zumindest als originalgroßes fotografisches Faksimile des örtlichen Fotografen in der Sakristei der St. Michaelskirche, wo auch andere Aufnahmen von Pfarrern an die früheren Stelleninhaber erinnern. REDENBACHER dachte bei seiner Hinterlassenschaft aber wohl eher an die zahlreichen gemalten Epitaphien in der Kirche, die vom Leben solcher früheren Geistlichen erzählen und deren Betrachtung ihn selbst immer sehr bewegt hatte. Selbstkritisch erachtete er sich aber in der Malerei nur als einen versierten Dilettanten, dem wohl auch ein Studium der Künste nicht über das Mittelmaß hinaus geholfen hätte.

Epitaph seiner Zeit: *der junge GEORG REDENBACHER im Selbstbildnis*

Immerhin lebt das lebendige Bild seiner beiden Töchter RUTH und LYDIA, das in der Sommerstimmung des Jahres 1926 entstand, von einem impressionistischen Pinselstrich, mit dem sich REDENBACHER vor den Künstlern seiner Zeit nicht verstecken muss. Vom Erzieherischen her betrachtet ist bei diesem Gemälde auch auffallend, dass die beiden Heranwachsenden in ihren leichten Som-

Begabter Dilettant: *GEORG REDENBACHER malte im Jahr1926 in Weidenberg seine Töchter RUTH (li.) und LYDIA*

merkleidern, mit Federballschlägern in der Hand, zwar gut bürgerlich, aber keineswegs überbehütet oder verklemmt wirken, wie man das bei Pfarrerskindern angesichts des starken Über-Ichs ihrer Väter vielleicht befürchten müsste.

In seiner älteren, der im Jahr 1911 geborenen Tochter RUTH lebte die künstlerische Begabung des Vaters fort. Aber ihre schon im Kindesalter diagnostizierte Hörbehinderung durch eine Otosklerose hatte sich, wie befürchtet, weiter verstärkt und ihr so den Zugang zur Kunstpädagogik verschlossen. Und auch freiberuflich hatte sie später nur begrenzten Erfolg. Sie versuchte zwar später, sich als Bildhauerin, Malerin und als Inhaberin eines kleinen Modegeschäfts in München durchzuschlagen, musste aber zeitlebens die Unterstützung aus der Pfarrwitwen- und waisenkasse der Evangelischen Kirche in Bayern in Anspruch nehmen. Sie hat nach dem frühen Tod der Mutter im Jahr 1935 deren Epitaph und nach dem Tod des Vater 1951 das gemeinsame elterliche Grab auf dem Weidenberger Friedhof gestaltet.

Zu Redenbachers Vorlieben zählte auch gutes Essen und Trinken, das konnte man auch bald an der Figur des einstmals ranken Mannes ansehen. Doch weil er ein unterhaltsamer Gesellschafter war, lud man ihn immer wieder gern ins Haus ein.

Dem Ausgleich und der notwendigen körperlichen Bewegung dienten die Wege zum Angeln an der Steinach und zu anderen kleineren Bächen des Fichtelgebirges. Mit der Angelrute über der Schulter und dem Spazierstock in der Hand steuerte er

Zeit für Beschaulichkeit: *Typisches Biedermeier-Bild – CARL SPITZWEG, Sonntagsspaziergang*

dann seine Fischplätze an, während die damalige Haushälterin CHRISTIANE BRATENGEYER nach Aussagen von Zeitzeugen in seinem Schlepptau den Fischeimer trug, aus dem bei jedem Schritt das Wasser schwappte. Diese Haushaltshilfe war Nachfolgerin von ANNA SCHMIDT aus WEIDENBERG, die als erste Hilfe bereits während der schweren Krankheit der geliebten Ehefrau „Gretchen" ins Haus kam und dann nach deren allzu frühen Tod den Haushalt besorgte. Sie blieb einige Zeit, bis sie selbst eine Familie gründete, und wurde dann von Frl. BRATENGEYER aus Laineck abgelöst.

Wenn REDENBACHER zu seinem Fischwasser unterwegs war, hielt er auch immer wieder gern bei Grundstücken von Gemeindegliedern an und pflegte das nachbarschaftliche und seelsorgerliche Gespräch über den Gartenzaun.

Das alles erscheint als ein beschauliches Pfarrerleben, wie aus einem Bilderbuch des Biedermeier, das an Carl Spitzwegs berühmtes Bild „Sonntagsspaziergang" erinnert, – doch war es wirklich ein so beschaulicher Spaziergang?

Mit Grenzen umgehen – die Kräfte einteilen

Viele Laien können sich die weitgespannten Anforderungen an einen Pfarrer gar nicht vorstellen, die in so unterschiedlichen Bereichen, wie Seelsorge und Gottesdienst, Unterricht, Aufsicht und Verwaltung ohne viel Zeit zur jeweiligen Umstellung zu leisten sind. Vor allem in Jahreszeiten, die andere gern zum Ausspannen nutzen, wie zu Ostern oder zu Weihnachten, sind im Pfarramt gottesdienstliche Höchstleistungen zu erbringen. Die Arbeit kann aber auch durch die Anhäufung von Kasualien und als selbstverständlich erwarteten Vertretungsaufgaben so ausufern, dass Pfarrer des Öfteren an die Grenzen ihrer Leistungsfähigkeit kommen, ja dabei sogar schwer krank werden.

GEORG REDENBACHER hat solche Strapazen in WEIDENBERG nicht nur einmal erlebt. Vielmehr wurde die dienstliche Überlastung mit fortschreitender Amtsdauer während der Zeit des Dritten Reichs und auch noch danach zur Regel, die er aber mit bewundernswerter Gelassenheit annahm. Er hatte nie Angst vor der Häufung von seelsorgerlicher Arbeit. Er liebte seinen Beruf, und er betrachtete das Pfarrersein als eine wirkliche Berufung, sodass er am Ende sogar noch eine Heraufsetzung seines Pensionsalters auf 70 Jahre durchsetzte. Solange Gott seine Hand über ihn hielt, wollte er seine Arbeit nach Kräften tun, das war seine Maxime.

Besonderheiten bei der Bewerbung für Weidenberg

GEORG REDENBACHER war einer der letzten evangelischen Geistlichen, die noch vom katholischen bayerischen König LUDWIG III.[11] als dem „summus episcopus“ der Evangelischen Kirche in Bayern ernannt worden waren. Er trat zum Jahresanfang 1919 in WEIDENBERG sein Amt an. Als er sich im Sommer des vierten Kriegsjahres des Ersten Weltkrieges von seiner bisherigen Pfarrstelle in SCHOTTENSTEIN wegmeldete und nach WEIDENBERG bewarb, war er natürlich neugierig zu erfahren, was ihn in hier wohl Besonderes erwarten würde.

Auf Urlaub von der Westfront, wo er in Ostfrankreich und Belgien als Militärseelsorger eingesetzt war, hatte er in der Juliausgabe des kirchlichen Amtsblatts[12] die Ausschreibung dieser Pfarrstelle entdeckt und dabei gelesen, dass die K. prot. II. Pfarrstelle WEIDENBERG im Dekanat BAYREUTH frei sei und man sich bis 15. August 1918 dafür bewerben könne. Aufzugstermin sei der 1. Dez. 1918.

Natürlich ist für eine Familie damals wie heute eine wichtige Frage: Was für Einkünfte würde man haben, und wie würde die Wohnung beschaffen sein?

Eine Neuregelung der Besoldung der bayerischen Pfarrer war zwar schon lange überfällig und seit dem Jahr 1913 auch geplant, aber sie war zu dieser Zeit noch nicht vollzogen. Die Pfarrer erlebten gerade den Übergang vom bisherigen „Pfründesystem“ zum allgemeinen Geldbesoldungssystem. Das heißt, der Stelleninhaber hatte es noch mit Stiftungserträgnissen der unterschiedlichsten Art zu tun, den sg. Pfründen, um deren Eingang er sich großenteils als auch noch selber kümmern musste. Diese Erträge konnten je nach Pfarrstelle sehr unterschiedlich sein.

So hatte die Ausschreibung für WEIDENBERG als „fassionsmäßig“, d.h. zu dieser Stelle gehörig, eine Fülle kleiner und kleinster Einkünfte mit der jeweiligen Jahressumme aufgezählt: Aus der Staatskasse bar 56,25 M, aus der Kirchenstiftung 5,79 M, Zinsen 206,26 M, freie Wohnung im Pfarrhaus 34,29 M, aus 2,1 TgW Äckern und 12,81 TgW Wiesen 181,91 M, aus Dienstverrichtungen 280,88 M, herkömmliche

[11] Dieser Sohn des Prinzregenten Luitpold regierte von 1913-1918 als „Ludwig III., von Gottes Gnaden König von Bayern, Pfalzgraf bei Rhein, Herzog von Bayern, Franken und in Schwaben etc. etc.“

[12] Nr. 22-1918 vom 12. Juli 1918.

Gaben 41,18 M. In der Summe waren also mit 806,56 M brutto zu rechnen, von denen als Lasten 21,39 M abgingen, sodass ein Reinertrag von 785,15 M blieb. Dazu sollte noch die staatliche „Aufbesserungszulage" kommen, bei deren Berechnung aber 3 M vom Fassionseinkommen gekürzt würden. Außerdem bekam jeder Pfarrer zu jener Zeit eine „Kriegsteuerungszulage" von einmalig 200 M und eine Kinderzulage von 20 M für jedes Kind.

Ein Vergleich anderer Pfarrstellen im gleichen Amtsblatt zeigt für SCHNABELWAID einen höheren Reinertrag von 962,20 M, für die Stadtstelle GUNZENHAUSEN II 1294,69 M und für das Stadtvikariat ASCHAFFENBURG 1800 M. Eine sogar rd. 2 ½ mal so hohe Besoldung wie in WEIDENBERG kann der Bewerber für die Stadtstelle WEIBOLDSHAUSEN-WEIßENBURG mit 2111 M erwarten, nicht viel weniger in der Stadtstelle ERLANGEN-ALTSTADT mit 1791,66 M oder bei der Hauptkirche NÖRDLINGEN mit 2033,74. Dagegen findet die Stelle ROTHENBURG St. Jakob III trotz der erheblich besseren Besoldung gegenüber WEIDENBERG von immerhin 1214,36 M zu dieser Zeit trotz Wiederholung der Ausschreibung keinen Bewerber.

Angesichts so unterschiedlicher Einkünfte wird also deutlich, dass es nicht finanzielle Gründe allein sind, wenn sich ein Geistlicher auf eine bestimmte Stelle bewirbt, sonst würden sich in unserm Fall ja alle nach WEIBOLDSHAUSEN oder NÖRDLINGEN bewerben. Vielmehr gibt es anscheinend noch andere Kriterien, die eine Pfarrstelle, vielleicht sogar trotz niedriger Besoldung, reizvoll machen. Solche Kriterien werden in der weiteren Beschreibung der Stelle genannt. Sie beginnen bei der Ortslage und der Ausstattung von Ort und Wohnung.

Klassizistischer Bau auf spätgotischem Gewölbe: *Das II. Weidenberger Pfarrhaus*

Danach liegt WEIDENBERG auf 460 m Höhe, hat einen Arzt und eine Apotheke. Das II. Pfarrhaus, das mit seiner Hauptseite nach Südwesten liegt, bietet Raum für eine mittlere Familie. Der bauliche Zustand ist wohl befriedigend, das obere Stockwerk, das auf alten Mauern ruht und in dem die Familie wohnt, ist seit dem Brand von 1852 massiv in Sandstein neu aufgebaut.

Am 30. Juli 1852 war in der Holzlege des Zeugmachers GEBHARD ein Feuer ausgebrochen, welches damals auch das II. Pfarrhaus in Asche legte. Dabei verbrannten fast die ganze Habe des Pfarrers LUDWIG KRIEG sowie die Akten der II. Pfarrstelle. Beim fast zwei Jahre währenden Wiederaufbau war nur das Obergeschoss aus Sandstein neu gebaut worden. Im Keller und im Erdgeschoss waren noch die alten mehrstöckigen Gewölberäume erhalten geblieben. Das deutet auf ein hohes Alter dieser Bausubstanz, die bis ins 16. Jh. zurückweist[13]. Das Haus muss also lange vor dem großen Marktbrand von 1770 entstanden sein; denn solche statisch überholten Konstruktionen hätte man in der Rokokozeit bei einem Neubau ganz sicher nicht wieder angewendet. Auf dieses steinerne Untergeschossen war ursprünglich ein Geschoss aus Fachwerk oder gänzlich aus hölzernen Blockbohlen aufgesetzt und mit Holzschindeln eingedeckt worden, was aber Bränden einen leichten Ansatzpunkt bot.

Notwendige Instandsetzungsarbeiten sollen bis zum Stellenantritt von Pfarrer REDENBACHER erledigt sein.

Als Problem wird in der Ausschreibung ehrlich angegeben, dass die Räume des Erdgeschosses, in denen sich vor allem die Amtsgeschäfte und die Konfirmandenarbeit vollziehen, zeitweise Feuchtigkeit anziehen. Hier gebe es zwei heizbare Zimmer, ein Gewölbe, Küche, Speise, Keller und Abort. Im ersten Stock sind vier heizbare sowie ein unbeheizbares Zimmer, dazu ein Abort. Im Dachraum befindet sich ein Bretterverschlag.

Von einem Badezimmer ist in der Ausschreibung nicht die Rede. Immerhin befinde sich je eine Wasserleitung im Hause und in der Waschküche. Außerdem gibt es im Haus schon 14 elektrische Brennstellen; das ist erfreulich, nachdem es die erste elektrische Beleuchtung in WEIDENBERG überhaupt erst seit dem Jahr 1896 gibt. Mancher verwendet zu dieser Zeit immer noch Petroleumlampen.

Die Pfründegrundstücke, aus denen sich das Gehalt des Pfarrers speist, sind bis 1918 verpachtet, haben also relativ sichere Erträgnisse. Die Kirchengemeinde verfügt sogar über ein Fischwasser, das aber bis 1920 verpachtet ist; doch spitzt Pfarrer

---

[13] **Die Zweite Pfarrstelle** entstand spätestens um 1540, wahrscheinlich aber schon im 15. Jh. aus der Verbindung der Frühmesse mit dem vom Pfarrer an den Kaplan abzuführenden Betrag. Sie betraf also den Dienst an der frühgotischen ST. MICHAELSKIRCHE und an der älteren ST. STEPHANSKAPELLE. Die Inhaber wurden zunächst als Frühmesser, Diakone oder Kapläne bezeichnet, später dann als II. Pfarrer. Daher hatte das heutige Pfarrgässchen damals den Namen „Kaplansgässchen“.

Nachrichten über das II. Pfarrhaus gibt es aber erst seit 1597, als sich Kaplan GALLUS („Hahn“, 1592-1606) über seine Wohnung beschwert, die über ihm und seiner schwangeren Frau einzustürzen drohe.

REDENBACHER hier besonders die Ohren, denn Fischfang ist ja eines seiner Steckenpferde.

Außerdem gehörte zu dieser Stelle ein riesiger Garten; ihn hatte Pfarrer KRIEG seinerzeit aus Ablösungskapitalien für die II. Pfarrstelle um den stolzen Betrag von 1053 fl. gekauft.

GEORG REDENBACHER erfährt aus der Ausschreibung noch, dass die Kirche mit 24,5 m Lände und 14,5 m Breite recht groß ist. Ihre Akustik (damals ja noch ohne Lautsprecher!) gilt als nicht gut, sie erfordert kräftige Stimme. Doch hat der Bewerber damit keine Probleme. Die Sakristei, in der ja auch Kirchenvorstandssitzungen oder Bibelstunden stattfinden, ist immerhin heizbar.

Das Ganze wirkt zwar nicht direkt abschreckend, aber auch nicht so anziehend, dass man sich hier unbedingt bewerben müsste. Wenn Pfarrer REDENBACHER auf diese Ausschreibung hin dennoch dem Landeskirchenrat gegenüber sein Interesse bekundet, dann dürften dafür andere Gründe eine Rolle spielen, über die wir an dieser Stelle aber nur Mutmaßungen anstellen können.

Eine bewusste Entscheidung für die II. Pfarrstelle

Eine Vorentscheidung hatte REDENBACHER von vornherein getroffen: Er will nur auf einer II. Pfarrstelle arbeiten; dort erhofft er sich weniger Verwaltungsarbeit und dafür mehr Zeit für den unmittelbaren Dienst am Menschen.

Er hatte sich wohl von den Erfahrungen seines Vaters ANDREAS REDENBACHER erschrecken lassen, der nach seiner Zeit auf der II. Pfarrstelle von ARZBERG, wo der Sohn GEORG geboren wurde, die Alleinverantwortung in CADOLZBURG und dann vor allem im schwierigen Pfarramt VELDEN hatte, das noch an den Folgen des Eisenbahnbaues 1872-77 durch das Pegnitztal zu knabbern hatte. GEORG REDENBACHER, der von 1902-1908 bewusst sein Vikariat beim Vater in VELDEN absolvierte, um

Eltern als positive und negative Vorbilder:
HELENE und ADOLPH REDENBACHER

Bahnbau für moralischen Verfall verantwortlich gemacht:
Station Velden um 1900

ihn angesichts seiner angeschlagenen Gesundheit zu unterstützen, spürte noch die Nachwehen dieses Bahnbaus, durch welchen diese Landschaft aus ihrer beschaulichen Stille in den Strom der neuen Zeit gerissen worden war.

Die Klagen der Veldener Pfarrchronik[14] spiegeln den zähen Antimodernismus der Landbevölkerung, wenn sie den damaligen Bahnbau allgemein für eine Abnahme der Religiosität und des kirchlichen Lebens verantwortlich machten. Die „zuchtlose, liberale Zeitströmung" bereite „dem Fleische freie Bahn" – welch ein hintersinniges Wortspiel! So habe „der entsetzlich schwierige und langsame Eisenbahnbau im Pegnitzthale die Massen von allem Höheren, Göttlichen und auch Menschlichen entfremdet".

Besonders schlecht weg kommen im Urteil der christlichen Schreiber die Arbeiter, die zum großen Teil aus Italien stammten und von daher ihre Erfahrung im Tunnel- und Brückenbau mitbrachten, der jetzt im eng gewundenen, von Kalkfelsen umsäumten Pegnitztal erforderlich war. Diese meist dunkelhaarigen temperamentvollen jungen Leute ohne Anhang müssen in ihrer neuen, streng behüteten Umwelt allerhand Wirbel verursacht haben. Die „Geld suchenden und von der Hand in den Mund lebenden Arbeiter, ihr wüstes wildes Leben an den Werktagen und Sonntagen, ihr Aufenthalt in der Gemeinde und ihre Beherbergung in fast allen Häusern ... musste für Velden und die ganze Umgebung schlimme Folgen haben und den Wunsch der kirchlich Gesinnten bestärken: ‚Wenn sie doch alle wieder fort wären!'"

Dass darüber hinaus die Seelenzahl der Gesamtgemeinde damals innerhalb von fünf Jahren von 1760 auf 1909 Seelen anwuchs, erklärt ANDREAS ADOLF REDENBACHER – der seit 1.4.1892 Pfarrer in VELDEN war – mit dem „überwiegend protestantischen Bahnpersonal der Stationen Rupprechtstegen, Velden, Neuhaus und Ranna."

[14] Aus dem Sonderdruck zur „Kirchengeschichte Velden" von Pfr. GERHARD WOLF 2004.

Viel Vertretungsarbeit in Weidenberg

Während Georgs Mutter HELENE, die eine gebürtige Forstmannstochter aus FLOSSENBÜRG war, ihren Sohn, der VELDEN als 12-Jähriger erstmals kennenlernte, geduldig und nachhaltig in die Begegnung mit der wald- und wasserreichen Karstlandschaft ringsum den Ort einführte, schien es dem kleinen GEORG damals wohl mit Recht so, als hätte der Vater nie Zeit für die Familie und auch zu wenig Zeit für die Seelsorge, das wollte der Sohn unbedingt anders machen.

Wie sehr er sich in dieser Hinsicht aber bei dieser Stellenwahl täuschte, wurde GEORG REDENBACHER erst nach vielen Jahren klar. Praktisch alle zeitgleichen Kollegen auf der I. Pfarrstelle in WEIDENBERG hat er schließlich über einen kürzeren oder längeren Zeitraum hinweg vertreten und ihren Dienst mit tun müssen. Am längsten traf ihn diese Aufgabe in der Zeit nach dem Ende des Kirchenkampfes, als die von Pfarrer THEODOR HOFFMANN angeführten „Deutschen Christen“ in Oberfranken resignierten. Da meldete sich HOFFMANN kurz vor Beginn des Zweiten Weltkrieges erneut zum Militär, wie schon einmal im Ersten Weltkrieg, und ab dem Jahr 1943 verließ er die Evangelische Kirche ganz. Da hatte REDENBACHER sechs Jahre hindurch allein die Arbeit von beiden Pfarrstellen. Und die hohen Zahlen an gefallenen Soldaten forderten daheim alle Kräfte der Seelsorge an den Angehörigen.

Angesichts dieser langen Vertretungsphasen, über die er nie jammerte, verleitete REDENBACHER seinen Kreisdekan zu der kopfschüttelnden Frage, warum er sich nie selbst auf die I. Pfarrstelle gemeldet habe. Wiederholt habe ihn der Landeskirchenrat im Lauf seiner Amtszeit um Übernahme dieser Pfarrstelle gebeten, so zuletzt im Jahr 1948; stets habe er abgelehnt.

Als REDENBACHER im Krieg dann fast zusammenbrach und sich dann im Winter auch noch ein Bein brach, nahm er immerhin dankbar das Angebot von Kuren und Aushilfen durch andere Kollegen an.

Wenn er sich also in der Tragweite des Dienstes auf der II. Stelle so täuschte, was war dann der wahre Grund für diese Bewerbung nach WEIDENBERG? Gerade weil er doch das seelsorgerliche Gespräch so ernst nahm, hätte er ja ahnen können, was es bedeutet, sich um die 30 Orte, Weiler und Einöden kümmern zu müssen, die zum Weidenberger Kirchspiel bis in die Frankenpfalz hinein gehören, noch dazu, wenn man kein Auto zur Verfügung hat, sondern in diesem hügelreichen Land alle Wege zu Fuß machen muss.

Nach Auskunft der Enkelin URSULA, die bis zum Tode Redenbachers mit im Hause lebte, hat der Großvater nie ein Auto gehabt. Im Krieg sei das unmöglich gewesen und nach dem Krieg habe das Geld gefehlt. Auch Kutsche oder Fahrrad oder Skier habe es nicht gegeben; er habe alles zu Fuß erledigt - oder mit der Bahn.

Doch vielleicht war ihm durch seinen Geburtsort ARZBERG im Raum des nördlichen Fichtelgebirges wirklich eine Liebe zum markgräflichen Oberfranken mit seiner berg- und waldreichen Landschaft und knorrigen evangelischen Bevölkerung eingegeben. Vielleicht sah er im südlichen Fichtelgebirge nun auch den Wald wieder, den er in seiner Jugend von VELDEN aus ausgiebig durchstreift hatte. Und vielleicht war ihm der Flair der markgräflichen Sandsteinbauten und Kirchen, die ihm in WEIDENBERG auf Schritt und Tritt begegneten, auch vom Ende seiner Gymnasialausbildung noch lebendig, die er, nach seiner Zeit im Windsbacher Internat, in BAYREUTH abschloss, wohin er täglich von VELDEN mit dem Zug fuhr. Auch Erinnerungen an die erlebnisreichen Studiensemester in der Markgrafenstadt ERLANGEN können für die Wahl Weidenbergs eine Rolle gespielt haben.

Letztlich können wir Redenbachers Motive freilich nur erraten. Wir wissen aber von seinen nächsten Angehörigen, dass er sich mit seinem Dienst und den Menschen in WEIDENBERG bis an sein Lebensende voll identifizierte; er zeigte ihnen seine ganze Anteilnahme und Liebe, die dann auch von diesen Menschen voll auf ihn zurückströmte.

Die Kräfte einteilen auch in einer „pflegeleichten" Gemeinde

REDENBACHER wusste also, worauf er sich einließ, wenn er sich für WEIDENBERG bewarb. Schon wenn er so in Otto Heraths und Hans Schallers noch ganz frischer Pfarrbeschreibung von 1913/14[15] blätterte und die Liste seiner Vorgänger auf der II. Pfarrstelle betrachtete, dann drängte sich ihm bei den dort überlieferten Lebensbeschreibungen und all den kleinen Geschichten über die Kollegen auf den beiden Pfarrstellen der Eindruck auf: Ein geruhsames Leben kann ein Pfarrer jedenfalls in WEIDENBERG nicht erwarten; er wird sich seine Kräfte gut einteilen müssen. Es war ein Eindruck, der sich dann ja in den Jahren voll bestätigte.

An solchen erhöhten Anforderungen war allerdings wohl weniger die Gemeinde schuld – sie scheint auch in seiner Zeit, wie schon durch die Jahrhunderte vorher, eher „pflegeleicht" gewesen zu sein. So finden sich immer wieder auch andere Pfarrer, die sich offenbar in der Gemeinde so gut akzeptiert fühlten, dass sie nicht „nur" für 30 Jahre in Weidenberg amtierten wie REDENBACHER, sondern auffallend oft noch weitaus länger. Sie müssen sich also wohlgefühlt und ihr Amt auch genossen haben.

[15] Vergl. die kommentierte Wiedergabe des vollständigen, umfangreichen Textes in der ersten Folge des Projektes ‚Myrten für Dornen'.

Es ist also weniger die Arbeitsbelastung, es sind vielmehr die unvermuteten Wendungen und Zumutungen des Schicksals, die immer wieder in die persönliche Lebensgestaltung vieler Geistlicher eingreifen. Solche Heimsuchungen können, wie sich im Geschick von Weidenberger Geistlichen zeigt, die Krankheit oder der frühe Verlust von Kindern oder Ehegatten sein, oder auch Enttäuschungen über die eigenen Kinder, aber auch Pestepidemien und andere Seuchen, sowie Kriegszeiten. Sie belasteten manche Pfarrer weitaus stärker als die umfangreichen Amtsaufgaben. Wer solche Schicksalsschläge dem hohen Anspruch des geistlichen Amtes entsprechend verarbeiten will, braucht einen guten Vorrat an geistlichen und seelischen Kräften.

So sieht sich REDENBACHER, der seinerseits den Krieg während seines freiwilligen Einsatzes im Ersten Weltkrieg als Feldgeistlicher bei den Sanitätern in Flandern kennen und fürchten gelernt hat, bei allem Idealismus und Überschwang doch von Anfang an zu einer sachlichen Einstellung und nüchternen Haltung gegenüber seinem Dienst gezwungen. Er muss schonend mit seinen Kräften umgehen.

Es ist eine restriktive Haltung, die die Kirchenleitung und seine Vorgesetzten bei ihm nie verstehen wollen und die sie in seinen Dienstzeugnissen auch immer wieder unverhohlen kritisieren, wenn sie behaupten, er schöpfe seine Gaben nicht aus, er müsse die I. Pfarrstelle übernehmen, er müsse mehr Gemeindearbeit treiben. Letzten Endes erweist sich aber eine gewisse Zurückhaltung bei der Betriebsamkeit in einer langen Dienstzeit als realistischer: Ein Pfarrer, von dem man ja damals noch, ähnlich wie vom Arzt oder von der Hebamme, eine Rund-um-die-Uhr-Präsenz erwartet, muss

Manchmal auch ein beschauliches Leben:
GEORG REDENBACHER in seinem Pfarrgarten

mit den eigenen Kräften haushalten. Er muss seine Arbeit so einteilen, dass noch Raum bleibt für eigene menschliche Regungen und Betätigungen. Nur so kann er vermeiden, zum Kirchenfunktionär zu werden oder in der Würde seines Amtes zu „entschweben". Er muss es wirklich wollen, ein Pfarrer und Mensch „zum Anfassen" zu bleiben.

So sollte ein Pfarrer sich auch den Freimut bewahren, die eigene Art herzuzeigen. Gemeindeglieder schätzen es, mit einer unverstellten Persönlichkeit zu tun zu haben. Und er sollte auch den Freiraum behalten, persönlichen Interessen nachzugehen. Das regt andere zur Nachahmung an und macht ihn selbst auch in seinem geistlichen Amt glaubwürdiger.

REDENBACHER sieht als Priorität im Dienst eines Pfarrers in erster Linie nicht die Belehrung anderer oder die Pfarr-Herrschaft über andere, sondern eine sehr persönliche Beziehungsarbeit. Er „kennt seine Schäflein", wie die Menschen spüren und auch sagen, er ist als Seelsorger geachtet. Und er ist gesellschaftlich integriert; er wird gern in die Häuser eingeladen.

Gerade weil das Schicksal auch ihn selbst im Lauf seiner Weidenberger Dienstjahre vor allerschwerste persönliche Prüfungen stellt, kann er an den schweren Schicksalen anderer als Seelsorger einfühlend Anteil nehmen.

Die anvertraute Gemeinde weiß solche seelsorgerliche Anteilnahme gerade in den notvollen Jahren nach dem Ersten Weltkrieg, den wechselvollen Zeiten der Weimarer Republik und unter dem Druck des Nationalsozialismus zu schätzen. Sie fühlt sich von ihrem Pfarrer verstanden. Und sie ist bereit, auch die Marotten und Eigenheiten ihres Seelsorgers mit Humor zu akzeptieren. Von diesen liebenswürdigen, aber auch irritierenden Seiten seines Wesens geben manche Geschichten Zeugnis, die Jung und Alt über GEORG REDENBACHER zu erzählen wissen, die aber vereinzelt auch in seinen Personalakten überliefert werden[16].

Ein Pfarrer der Herzen

So wird REDENBACHER in diesen 30 Jahren, die er schließlich in WEIDENBERG seinen geistlichen Dienst tut, weniger als Amtsträger in Erinnerung bleiben, als vielmehr als ein Pfarrer der Herzen. REDENBACHER ist für viele *das* Abbild eines Pfarrers, sodass manche Zeitzeugen heute noch aus vollem Herzen sagen: „Das war noch ein richtiger Pfarrer".

Sie empfanden ihn als eine Seele von Mensch und schätzten seine Leutseligkeit, seine Anteilnahme am alltäglichen Leben, seinen Humor und seine stete Freundlichkeit. Ihnen gefiel, dass er nie auswich, wenn sie auf ihn zugingen. Und obwohl

---

[16] Vergl. die „Geschichten vom Pfarrer Redenbacher" in dieser Folge.

Redenbacher im Unterricht vor Kindern und Jugendlichen sehr streng sein konnte und auch ihm manchmal „die Hand ausrutschte“ und es bei ihm die heute in der Pädagogik längst unmöglichen „Pfötschla“ sogar für Mädchen gab, fürchteten die jungen Leute ihn nicht, sondern liebten ihn. Denn mit ihm konnte man auch derbe Späße machen.

Briefseelsorge für eine Zehlendorfer Schwester: Ute Dennert

Dass er auch schriftlich eine nachgehende Seelsorge betrieb, belegen erhaltene Postkarten. So erleben wir ihn z.B. in einem sehr teilnahmevollen Dialog mit Ute Dennert, der Tochter des Nazi-Opfers Christian Dennert[17]. Als sie zur Schwestern-Ausbildung Weidenberg verlässt, ist sie im Ungewissen über das weitere Schicksal ihres Vaters. Wegen kritischer Äußerungen über das Naziregime sitzt dieser zur selben Zeit in Gestapohaft. Redenbacher will sie trösten, obwohl er damals selbst gesundheitlich sehr angeschlagen ist. Am liebsten hätte er ihr ein Päckchen mit Weihnachtsplätzchen geschickt, die seine Haushälterin Christiane gerade bäckt, so teilt er der jungen Frau mit, doch ist das Gebäck, wenige Tage vor der Kriegsweihnacht 1942, noch nicht fertig. –

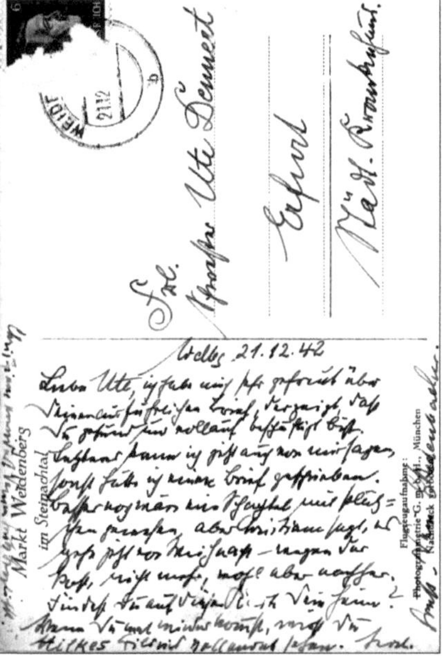

Frl. Schwester Ute Dennert
Erfurt

Markt Weidenberg im Steinachtal

Weidenberg 21.12.42
Liebe Ute, ...

Ersatz für Weihnachtsplätzchen: *Postkartengruß von Pfarrer Redenbacher Dez. 1942*

Auch andere schriftliche Kontakte zu Menschen, die während der Nazizeit im Gefängnis sitzen, sind von ihm belegt.

Dass seine Vorgesetzten in ihren Beurteilungen aus seiner Briefseelsorge eine Karikatur machen und ihm unterstellen, er wickele seine ganze Seelsorgetätigkeit am Schreibtisch ab, ist ungerecht und unzutreffend. Doch die verschiedenen Ebenen der Bayerischen Landeskirche tun sich während seiner ganzen Dienstzeit hart mit diesem eigenwilligen und dickköpfigen Pfarrer, er passt in keines ihrer kirchlichen Schemata, so wenig, wie schon sein

[17] Vergl. die Folge 5 im Projekt „Myrten für Dornen“: „Spuren der Opfer“, darin das Kapitel „Jenseits der Roten Linie“.

Großvater Wilhelm Redenbacher in irgend ein Schema gepasst hat, auf dessen Spuren der Enkel wandeln möchte.

Viel vom Großvater gelernt

Der Dreyecker.

Neueste Volksbibliothek 1847 I Bändchen

Erzählung vom Volksschriftsteller:
Titel von Wilhelm Redenbacher

Diesen hoch geschätzten Großvater Wilhelm Redenbacher hatte Georg Redenbacher persönlich nicht mehr kennenlernen können; er war bereits vier Jahre vor der Geburt des Enkels gestorben. Aber Georg wusste von ihm aus den umlaufenden Geschichten und aus dem ererbten Bücherschatz. Dieser Vorfahr war selbst schon Abkömmling einer Gelehrten- und Theologenfamilie über mehrere Generationen gewesen und als Pfarrer ein Volksmann im besten Sinne. Trotz seiner gründlichen theologischen Bildung war es sein Stolz, ein rechter Landpfarrer zu sein. Auch seine einfache, aber gediegene Predigtweise gab davon Zeugnis.

Er wollte immer auf die Bildung des Volkes einwirken und hinterließ dabei ein reiches anerkanntes literarisches Werk, das viele Auflagen erlebte und das man noch heute komplett antiquarisch erwerben kann. Sogar Karl May, der von ihm „allerlei Erweckungs-, Erbauungs- und Jugendschriften" kannte, rühmt diesen Wilhelm Redenbacher seinerzeit als guten Menschen und sagt, dass er von ihm viel gelernt habe.

Wilhelm Redenbacher, ab 1828 Pfarrer in Jochsberg im Altmühltal und ab 1537 in Sulzkirchen im evangelischen „Landl" der ehemaligen Reichsgrafschaft der Wolfsteiner bei Sulzbürg, war auch der Schöpfer und erste Herausgeber einer frühen evangelischen Kirchenzeitung für Bayern, die unter dem Namen „Sonntags-Blatt" ab 1831 im Nördlinger Verlag C. H. Beck herauskam, eine Vorläuferin des bekannten „Rothenburger Sonntagsblattes"[18]. In

[18] Vergl. dazu: „Wenn die Presse zur Kanzel wird" – Aus der Geschichte des Sonntagsblattes, http://www.evangelisches-sonntagsblatt.de/index.php?id=109

der evangelischen Pfarrerschaft Bayerns hatte man angesichts des aufkommenden „Ultramontanismus“ und der wachsenden Protestantenfeindschaft schon seit längerem über das Für und Wider eines solchen Unternehmens diskutiert. Eine positive Stimme lautete: „Die Presse muss uns jetzt auch zur Kanzel werden. Wenn ich einen Zeitungsartikel schreibe oder ein gutes Blatt verbreite, so diene ich meinem Gott genauso gut wie wenn ich eine Predigt halte.“

Wöchentlich erschien eine Nummer mit vier Seiten; sie brachte biblische Besinnungen, kurze Erzählungen aus der Kirchengeschichte und Gedichte und sollte helfen, das Evangelische Profil in Bayern zu schärfen. Diese Zeitung kam dann 1835 unter die Leitung des ebenfalls sehr begabten Nördlinger Pfarrers FRIEDRICH WUCHERER und konnte dann mit aufregenden Nachrichten aus dem Zeitgeschehen ihre Auflage massiv steigern. So berichtete sie auch ausführlich über den Bayerischen „Kniebeugestreit“, mit dem als Initiator WILHELM REDENBACHER damals berühmt und für die Evangelische Kirchengeschichte wichtig wurde.

Evangelischen Soldaten mussten seinerzeit bei der katholischen Fronleichnamsprozession paradieren. Das taten sie auch gehorsam, wenn auch meist widerwillig und mit steifem Schritt. Die katholisch denkende Bayerische Regierung wollte aber darüber hinaus von ihnen nun auch erzwingen, dass die protestantischen Männer beim Vorübertragen der Monstranz auch niederknieten, wie die katholische Bevölkerung es tat. Diese Order des Königlich-Bayerischen Kriegsministeriums, die seit 1838 galt, hatte WILHELM REDENBACHER im Jahr1843 als Abgötterei bezeichnet und die evangelische Kirchensynode zur Gehorsamsverweigerung aufgerufen.

An sich war sein Aufruf in den vordemokratischen revolutionären Strömungen, die zur Zeit des Biedermeier in Deutschland herrschten, nichts Ungewöhnliches; das erste deutsche demokratische Parlament bestand vielmehr aus vielen solcher „Mut-Bürger“. Anders dagegen war die politische Lage damals in Bayern. Dessen Königtum verfocht zu der Zeit eine sehr rückwärtsgewandte, absolutistische und auch romhörige Politik. Und in diesem reaktionären Klima war so eine Aufforderung zum Ungehorsam natürlich eine Ungeheuerlichkeit.

WILHELM REDENBACHER wurde wegen seiner Oppositionshaltung amtsenthoben und als ein Opfer der rückwärtsgewandten Politik des Bayerischen Königtums zu Festungshaft verurteilt. Dann wurde er begnadigt, aber aus Bayern vertrieben. In Preußen nahm man ihn umso bereitwilliger auf und übertrug ihm eine kleine, allerdings nicht lutherische, sondern nun unierte Pfarrstelle in SACHSENBURG an der Unstrut in Thüringen, Provinz Sachsen. Erst 1852 konnte REDENBACHER in seine geliebte Heimat Franken zurückkehren. Sein trotziger Dickkopf hatte sich als geschichtswirksam erwiesen; er hatte den Bayerischen Protestantismus gestärkt und ihm zu seiner Identität verholfen. Die Bayerische Landeskirche war nun anerkannt und bekam seitdem mehr Unterstützung.[19]

In diesem Großvater erkannte sich der Enkel GEORG REDENBACHER wieder, doch die kirchlichen Dienstherren seiner Zeit verstanden ihn nicht. Wenn man aber Georg Redenbachers eigenwillige Grundausrichtung und sein immer wieder hervorbrechendes Pathos verstehen will, dann ist diese großväterliche Widerborstigkeit dafür die Schlüsselszene.

Dabei findet sich in Georg Redenbachers Naturell beides, nachsichtige Nachdenklichkeit, die wohl am stärksten sein tiefstes Wesen ausmacht, aber bisweilen auch ein Hang zur Prinzipienreiterei, welcher Kollegen und auch wohlmeinende Bekannte verstören konnte[20]. In schmerzlichen Auseinandersetzungen mit Kollegen und auch mit der Kirchenleitung hatte REDENBACHER freilich lernen müssen: Wenn man Menschen nur zu indoktrinieren versucht oder mit gesetzlichen Prinzipien gewaltsam zu einem Glauben drängen will, gewinnt man keine Herzen. Sein „Abendmahlsstreit" mit der Landeskirche stand ihm noch lebhaft vor Augen, der weitaus weniger glanzvoll verlaufen war als der sagenumwobene „Kniebeugestreit" seines Großvaters.

Streitlustig und zugleich verletzlich

Während die Initiative seines Großvaters einst zu einem Motor des protestantischen Selbstbewusstseins in Bayern geworden war, hatte der Enkel bei seinen eigenen streitbaren Anliegen in seiner Kirche nur Niederlagen erlitten. So hatte er in seinem persönlichen „Abendmahlsstreit" um das Verständnis der Spendeworte

---

[19] An sich war ja bereits durch die Gewinnung Frankens für die junge Bayerische Monarchie eine neue konfessionelle Situation gegeben. Nicht nur viele Reichsstädte in Südbayern, sondern auch weite Gebiete Franken waren ja protestantisch. Auch die Ehefrauen der ersten beiden bayerischen Könige waren und blieben bewusst evangelisch. MAXIMILIAN hatte FRIEDERIKE WILHELMINE VON BADEN (1776-1841) geheiratet, die seit 1806 bayerische Königin wurde. Und LUDWIG I. war mit der gläubigen Protestantin THERESE AMALIE VON SACHSEN-HILDBURGHAUSEN (1792-1854) vermählt, die seit 1825 Königin von Bayern war. Die würdelose Beerdigung Friederikes im Jahr 1841 wurde für viele bis hin zum katholischen König ein Anlass zum Nachdenken über den konfessionellen Anachronismus in Bayern.

[20] Die bezeichnenden Konflikte ziehen sich bei REDENBACHER durch die gesamte Amtszeit, bereits beginnend in Schottenstein, so schon früh zum Thema „Duell und Mensur", zum symbolischen Gebrauch der Abendmahlsformel „Das ist mein Leib" oder zum Thema „Klingelbeutel" im Gottesdienst. Dazu kam später noch seine Initiative zur Abschaffung des Konfirmandenbekenntnisses. Das geringe Verständnis für seine Postionen im Pfarrkapitel und bei den Vorgesetzten bewirkte einen gekränkten Rückzug Redenbachers in eine selbstgewählte Isolation. So blieb er jahrelang den Konferenzen der Kapitel der zuständigen Dekanate Michelau und Bayreuth fern. Diese Konflikte werden an geeigneten Stellen mit besprochen.

beim Abendmahl in SCHOTTENSTEIN sein eher dem Calvinismus zugewandtes rationales Verständnis „das *bedeutet* mein Leib“ in der Bayerischen Landeskirche theologisch zurücknehmen und durch „das *ist* mein Leib“ ersetzen müssen, um sein Amt nicht zu verlieren. Dabei war es der gleiche, von keiner Drohung zu bremsende Überzeugungseifer, der einst den Großvater WILHELM REDENBACHER geleitet und das Selbstbewusstsein der Bayerischen Protestanten gefestigt hatte, der seinen Enkel GEORG auch bei seinen weiteren typischen, oft missverstandenen Aktionen leitete.

So war er auch schon in seiner Schottensteiner Zeit seinen Amtskollegen im Dekanat MICHELAU mit seinem Eifer für ein Verbot der studentischen Mensur auf die Nerven gegangen, ein Streit, den er dann im Bayreuther Pfarrkapitel aufs Neue entfachte und der ihn auch mit vielen seiner neuen Kollegen entzweite. Als ebenso eigenwillig empfanden seine Kollegen auch seine Aktivitäten, mit denen er den Klingelbeutel abschaffen wollte. Hierzu hatte er sich auch bereits im Jahr 1917 im deutschlandweit erscheinenden Evang. Pfarrerblatt ausführlich in einem mitreißenden Artikel geäußert, ohne freilich bei der Kirchenleitung irgendetwas zu bewirken.

Für REDENBACHER entspringen alle diese Vorstöße aber einer kritischen Nachdenklichkeit, die sich von Konventionen nicht einschüchtern lässt. So wird er oft zur einsamen Stimme eines Rufers in der Wüste. Eine solche allgemeine Nachdenklichkeit hält er nämlich nach der Katastrophe des Ersten Weltkrieges eigentlich grundsätzlich für geboten, sowohl im ganzen deutschen Volk mitsamt seiner Führung, als auch in der Kirche. Es ist sein Traum, dass „nach dem Krieg ... eine neue Zeit für unser Vaterland anbrechen [soll], eine Zeit der Veredelung auf allen Lebensgebieten,“ so schreibt er hoffnungsvoll im Kriegsjahr 1917 im Pfarrerblatt. „Auch auf kirchlich-religiösem Gebiet. Schon seit Beginn des Krieges freut man sich allenthalben der Erweckung religiösen Lebens, des Fortschritts vom oberflächlichen, gedankenlosen Gottesdienst zu einem Gottesdienst in Aufrichtigkeit und Andacht.“

So viele Konflikte seiner Zeit in politischen, sozialen, wirtschaftlichen und religiösen Fragen erscheinen ihm nach der Tragödie dieses Krieges ungelöst. Mit Sorgen sieht er den alten elitären menschenverachtenden Geist im wieder erwachenden „völkischen“ Denken neu erstarken. In Studentenverbindungen und völkischen Gruppen wabern unbedachte Einstellungen zu Waffen und zum Blutvergießen weiter. Rassische Vorurteile und herzlose Einstellungen gegenüber Behinderten und Schwächeren machen sich auch in führenden Kreisen der Gebildeten breit.

Wie vorher schon in SCHOTTENSTEIN, will REDENBACHER auch in WEIDENBERG und BAYREUTH Kollegen und Gemeinde aufrütteln und auf solche Konfliktpunkte aufmerksam machen, die er für wichtig hält, freilich mit durchwachsenem Erfolg. Weil er sich nach dem Vorbild seines Großvaters dem Zeitgeist und den Modetrends gern widersetzt, hält man ihn insbesondere in der Kirchenleitung für einen Sonderling oder gar für einen Querulanten. So sind die „amtlichen" Wertungen und Beurteilungen der Person und der Arbeit von GEORG REDENBACHER, die man in seinen Personalakten findet, oft sehr verständnislos und herablassend. Die Dokumente lassen von der glühenden Verehrung, die seine Weidenberger Gemeinde ihm zeitlebens entgegenbringt, überhaupt nichts erkennen[21].

Es ist, als ob man in den Akten in MÜNCHEN einerseits, und auf den Straßen von WEIDENBERG andererseits, zwei völlig unterschiedlichen Menschen begegnet. Redenbacher ist darüber so enttäuscht, dass er einmal nach einer scheinbar vernichtenden Visitation an Dekan und Kreisdekan schreibt: *„Würde mir nicht fortlaufend aus der Mitte der Gemeinde völlig und gesuchte Anerkennung zuteil, so wäre die aus dem Bescheid hervorgehende Einschätzung meiner Leistungen geeignet, die Arbeitsfreudigkeit in dieser Kirche zu zerstören."*[22]

Auch unter denen, die REDENBACHER liebten, gab es manche, die ihn gleichwohl für ein bisschen verrückt hielten. Nachdem ich seine Enkelin URSULA, die durch ihr eigenes Erleben eine authentische Zeitzeugin der Weidenberger Zeit ist, zu diesen Einschätzungen befragte, antwortete sie mir: „Das mag ich gerne glauben, denn er war seiner Zeit einfach weit voraus und das ist für manche Leute nicht leicht nachzuvollziehen."

REDENBACHER vermochte sich zwar mündlich und schriftlich gut auszudrücken. Allerdings besaß er doch wohl nicht die gedankliche Klarheit seines Großvaters und dessen begnadete Fähigkeit, „widersetzliche" Anliegen so vorzutragen und zu formulieren, dass sie bei der Kirchenleitung oder der Kollegenschaft als bahnbrechender Impuls empfunden wurden. Unglückliche verbale Übertreibungen und streitsüchtiges Auftreten lassen ihn im Kollegenkreis vielmehr zunehmend in die Rolle eines Außenseiters geraten, der sich immer mehr einigelt und in BAYREUTH kaum noch sehen lässt. Weil man ihm bei seiner stattlichen Statur und seiner direkten Diktion nicht ansieht, wie verletzlich er zugleich ist, zieht er sich zum Selbstschutz immer wieder aus dem Kreis der Pfarrbrüder zurück.

REDENBACHER zieht nach solchen derben Rückschlägen eine Zeit lang den Kopf ein, aber er ändert seine Einstellung nicht. Er steht zu seiner Haltung, weil er der Überzeugung ist: Unkritische Oberflächlichkeit aus rein spontaner Begeisterung führt leicht in den Abgrund.

---

[21] Dem Pfarramt Weidenberg habe ich eine CD zur Verfügung gestellt, auf der ich wichtige Dokumente aus dem landeskirchlichen Archiv über diese Vorgänge zusammengestellt habe. Sie kann dort eingesehen werden.

[22] Schreiben an das Dekanat Bayreuth am 23. März 1931.

Für ihn sind seine Aktionen Früchte seiner Nachdenklichkeit. Weil ihm aber das öffentliche Wort nicht in gleicher überzeugender Weise zu Gebote steht wie seinem Großvater – das hatte er ja nun mehrfach in Schottenstein und im Bayreuther Kollegenkreis erfahren müssen – so wählt er sich als seinen Ort seiner deutlichen Ansprache zunehmend die Kanzel, nicht den Diskussionszirkel. Sein Medium, mit dem er sich am überzeugendsten ausdrücken kann, ist die Predigt; seine besondere Gabe ist der alltägliche Umgang mit den Menschen, das weiß er.

Auf seine unaufdringliche Weise will er lieber im Stillen wirken, hinter den Kulissen, und er sucht sich entsprechende Orte, wo er sich äußern kann. Als Vorsitzender und später lebenslanger Schriftführer des Weidenberger Verschönerungsvereins etwa bemüht er sich um die Kultur des Ortes, um Aufmerksamkeit für eine ansprechende Gestaltung der Plätze und Wege, um Aufmerksamkeit für die landschaftliche Umgebung und letztlich um eine Hebung des Tourismus.

So ist es auch dieses Gremium des Vorstandes im Verschönerungsverein, das am Höhepunkt des Kirchenkampfes im Jahr 1937 das evangelische Marterl der MARGARETHE SCHILLING auf der Bocksleite mutig absegnet. In seinen deutlichen Zitaten aus der Lutherbibel, die REDENBACHER herausgesucht hat, leuchtet seine Einstellung am klarsten auf. Die Worte sind eindeutig gegen die Untaten des Hitlerismus gerichtet, die Redenbacher zunehmend anprangert, und sie sind überzeugend in ihrer biblischen Fundierung im damals missachteten Alten Testament.

Diese Zeugnisse sind zudem tröstlich für jeden, der die enthaltene Botschaft zu lesen vermag. Zugleich ist dieses religiöse Bekenntnismarterl auf den Hügeln über WEIDENBERG unaufdringlich und fordert keine leichtfertige Märtyrergesinnung. Es ist im Ganzen ein echtes „Redenbacher-Wort“.

Von den Vorgesetzten nicht anerkannt

Doch dieser „kleine Widerstand von unten“ wird bei der Kirchenleitung nie anerkannt. Die Bayerische Landeskirche definiert sich in der Hitlerzeit zwar bewusst als „bekenntnistreu“, sie versteht aber unter Bekenntnis wohl mehr den Schulterschluss mit ihrem Landesbischof HANS MEISER, der gegenüber dem Hitlerregime einen möglichst konfliktarmen Kurs fahren will; die bayerische Kirchenleitung schießt sich lediglich auf die bibelfremde Lehre der reichskirchlich orientierten „Deutschen Christen“ ein. Und so hat sie auch Probleme mit allen Pfarrern, die, ihrem Gewissen folgend, ihre eigene Stimme gegen Hitlers Unrechtsystem erheben; sie befürchtet Unannehmlichkeiten und lässt Pfarrer in der Regel fallen, wenn sie bei

NS-Funktionären mit regimekritischen Predigten oder Äußerungen Unwillen auslösen[23].

Die Kirchenleitung wird dem Wirken dieses Pfarrers in ihren Beurteilungen weiterhin nicht gerecht. So unterstellt ihm sein unmittelbarer Vorgesetzter, der Bayreuther Dekan Dr. WOLFART, mitten in dieser kritischen Kirchenkampfzeit 1935, er habe seine Berufung nicht voll ausgeschöpft: *„Schade, dies Leben hat durch irgendeine falsche Weichenstellung nicht das Gleis fruchtbarer und befriedigender Entfaltung seiner Kräfte gefunden". Der Dekan ist sich aber dieses eher kritischen Urteils über REDENBACHER doch nicht so ganz sicher und fragt sich am Schluss selbstkritisch: „Ob dies Urteil wirklich zutrifft und ob es auch nach den schweren Eingriffen der letzten Zeit"* – und damit spielt er wohl auf den allzu frühen Tod von Redenbachers Frau am 7. Februar 1935 und auf die Ereignisse in dem zu dieser Zeit voll tobenden Kirchenkampf an – *„noch zutrifft, wer darf das behaupten?"*

Ganz anders als die kritische Kirchenleitung in MÜNCHEN und BAYREUTH hat ihn, wie wir oben schon sahen, die Gemeinde beurteilt. Ganz anders bewertet ihn dann auch sein Kollege JOHANN FÖRSTER.

Gute Meinung über den Amtsbruder:
JOHANN FÖRSTER

Dieser tüchtige Pfarrer, der aus dem mittelfränkischen RETZELFENBACH bei Fürth stammt und in der Hitlerzeit aktives Mitglied der Bekennenden Kirche war, ist ab 1949 Inhaber der I. Weidenberger Pfarrstelle. Er lernt REDENBACHER noch in dessen drei letzten Lebensjahren als Bewohner des II. Pfarrhauses kennen. In der Pfarrbeschreibung notiert er über seinen Amtsbruder zusammenfassend:

Er war ein beliebter Pfarrer und Gesellschafter, geistvoller Prediger und Theologe einer alten, gemäßigt liberalen Schule humanistischer Geisteshaltung, ein Freund der Musen, in der Malerei und in der Musik ein hervorragender ‚Dilettant', wie er selbst sich nannte, ein anerkannter Schmetterlingssammler, ein ungewöhnlicher Lebenskünstler und außerordentlich naturverbunden.

FÖRSTER erkannte, wie wichtig die ganz persönlichen und liebenswürdigen Seiten eines Pfarrers trotz aller seiner Fehlerhaftigkeit in seiner Nachwirkung auf die Gemeinde sein können, weil

[23] Dieses „Fallenlassen" äußert sich in der Kriegszeit dann so, dass die Kirche solche „auffälligen" Pfarrer zum Kriegsdienst freigibt. Das geschieht in Redenbachers unmittelbarer Umgebung in Warmensteinach, Emtmannsberg und Creußen, sowie in Gesees, vergl. dazu auch die Informationen im Kapitel 1 in der ersten Folge des Projektes „Myrten für Dornen": „Am Vorabend der Urkatastrophe(n)" – Quellen zur Weidenberger Geschichte.

sie den Gemeindegliedern erlauben, auch die eigene Fehlerhaftigkeit in einem gnädigeren Licht zu sehen, als es die persönliche Selbstkritik sonst gebietet. So werden die trostbedürftigen Menschen ermutigt, mehr auf ihre positiven Seiten zu bauen, statt über ihre dunklen Seiten zu jammern.

Die Gemeinde durch die Zeiten führen

Eine realistische Einstellung sucht REDENBACHER auch bei der Amtsführung in einem so umfangreichen Pfarramt. Deshalb hatte er sich ja auch ganz bewusst auf die zweite Stelle und nicht für die Pfarramtsführung beworben und hatte dafür, wie wir oben sahen, einen erheblichen Gehaltsverzicht bei den damals noch sehr unterschiedlich dotierten Stellen in Kauf genommen. Er sieht seine Gaben mehr in der Predigt und Seelsorge und setzt hier seinen Schwerpunkt.

Er ahnt zu Anfang seiner Dienstzeit sicher nicht, wie rasch ihn die Aufgaben der Pfarramtsführung, die er bewusst vermeiden wollte, einholen würden. Wenn REDENBACHER dann trotzdem seine Kollegen auf der Ersten Pfarrstelle immer wieder vertreten oder gar ersetzen muss, weil der eine krank wird, der andere als gescheiterter „Deutscher Christ“ in der Hitlerzeit ganz aussteigt oder der dritte kurz vor Kriegsende seinen Dienst erst gar nicht ernsthaft antritt, und wenn er dann die Kirche zaghaft um einen berechtigten finanziellen Ausgleich bittet, lässt man ihn grob abfahren. Auch diese Erfahrung mit Kirche ist für REDENBACHER eine herbe Enttäuschung, denn an seinem Beispiel zeigt sich: Die Landeskirche beutet gern ihre Geistlichen aus und beurteilt sie herablassend, wenn sie nicht über das erforderliche Netzwerk verfügen; zugleich pocht sie aber auf ihren Idealismus..

Doch die Bewältigung der Folgen des verlorenen Ersten Weltkrieges und die Auseinandersetzung mit der aufkommenden Hitlerideologie betraf nicht REDENBACHER allein, sondern alle seine Kollegen damals im geistlichen Amt, ja, sie betraf natürlich auch jeden moralisch denkenden Menschen in Deutschland überhaupt zu jener Zeit und wurde für alle zur Bewährungsprobe vor dem Urteil der Geschichte.

In der alten Epoche hatte die Evangelisch-Lutherische Kirche in Bayern ihren festen Platz in der Bevölkerung gehabt, trotz eines mehrheitlich katholischen Bayern. In dieser alten Epoche war REDENBACHER noch groß geworden, ihr hing er in seiner Gesinnung an, die das Deutsch-Nationale mit dem Christlichen verwob. Doch in der Hölle des Ersten Weltkrieges war diese ganze Epoche mitsamt ihren Werten zusammengebrochen. So war REDENBACHER, wie auch seine ganze Kirche und viele Gebildete seiner Zeit nach diesem totalen Crash wirklich ernsthaft auf der Suche nach neuer Orientierung.

Rückblickend sah er es für richtig an, dass die protestantische Kirchenleitung der Entfesselung des Ersten Weltkrieges von Anfang an kritisch gegenüber gestanden hatte. Diese Kirche gehört jedenfalls nicht zu den Kräften, die diesen Krieg enthusiastisch begrüßt haben, wie manchmal behauptet wird. Vielmehr hatte sie im Ausbruch dieses Krieges Gottes Gericht für Sünde und menschliche Schuld gesehen und ihn als Anlass zur Buße betrachtet. Nun nach diesem Krieg sieht sich die Kirche in ihrer Skepsis und mit ihrem Bußruf bestätigt. Doch nur ein Teil der Bevölkerung will das hören. Die Kirche muss um einen neuen Platz in der Gesellschaft kämpfen. Und sie muss sich auch neu nach dem Kern ihrer Botschaft fragen.

So fordern die chaotischen Jahre der Selbstfindung eines geschlagenen Volkes nach dem Ersten Weltkrieg von allen eine klare Stellungnahme ein. Vor allem diese verführerische Strömung der Nazis, die von ihrem ersten Tage an meint, für alles eine Antwort zu wissen, wird zum Prüfstein für das Stehen und Fallen der Kirchen, ja des ganzen Volkes.

REDENBACHER hat damals Erwartungen an den Staat und an seine Kirche. Er hofft mit vielen Christen auf eine moralische Erneuerung und auf die geistliche Wiederbelebung Deutschlands; er hofft auf Kräfte, die inmitten lähmender Gleichgültigkeit und enttäuschender Oberflächlichkeit neue Begeisterung entfachen und die in der Lage sind, die geistliche Erosion eindämmen. Er sieht besorgt, wie das atheistische Freidenkertum in „Luthers Land" seit der Jahrhundertwende voranschreitet. Und er hofft, dass ein Wall aufgerichtet werden kann gegen die forcierte „Gottlosenbewegung" der Kommunisten.

So teilt REDENBACHER auch die Sorge seiner Kirche um die Verwahrlosung der Menschen und die Hoffnung auf ihre Läuterung, die sich in der oben schon erwähnten, fast prophetischen Ansprache des seinerzeitigen Präsidenten des königlichen protestantischen Oberkonsistoriums und nachmaligen einzigen Kirchenpräsidenten der bayerischen Landeskirche FRIEDRICH VEIT (1861-1948)[24] widerspiegelt, die er am 20. Okt. 1918, also drei Wochen vor Kriegsende, auf allen lutherischen Kanzeln unmittelbar nach der Predigt verlesen lässt:

---

[24] FRIEDRICH VEITH musste 1921den Platz an der Spitze der Kirche einnehmen, der durch das Ende des Summepiskopats mit dem Ende der Krone in Bayern freigeworden war. Den geistlichen Titel „Bischof" lehnte er wegen der breiten Beliebigkeit dieses Amtes bei den Katholiken ab. Er setzte in dem maßgebenden Konkordat mit dem Staat 1924 die Christlichen Bekenntnisschulen durch, die erst 1968 zugunsten der Christlichen Gemeinschaftsschulen abgeschafft wurden. Seine Haltung gegenüber dem aufkommenden Nationalsozialismus war kritisch und eindeutig, sodass die Kirche, die einen Kompromisskurs suchte, ihn fallen ließ und durch den anpassungsbereiteren HANS MEISER ersetzte.

Führte die Evang. Luth. Kirche in Bayern in die neue Zeit:
Kirchenpräsident FRIEDRICH VEIT

In Tage ernstester Entscheidungen ist unser Vaterland eingetreten und vielleicht auf lange hinaus bestimmen sich seine Geschicke ... Wir können und wollen es nicht leugnen, dass weite Kreise in unserem Volke auch in vier Jahren des furchtbaren Krieges den Ernst der Zeit nicht verstanden haben. ... Habgier und Genusssucht ... Neid und Unzufriedenheit ... beherrscht die Gedanken und hat das Verständnis für die edelsten Güter unseres Volkes, geschweige denn für die ewigen verwischt und verdunkelt ... darüber sind Treue und Glauben, Redlichkeit und Rechtschaffenheit weithin zu Schaden gekommen. Daneben hat sich unter den endlosen Opfern und Entbehrungen vieler eine Verdrossenheit und Müdigkeit bemächtigt, die nach nichts verlangt als nach Ruhe ... So gehe auch jetzt ein Geist demütiger Beugung unter Gottes gewaltige Hand durch unser ganzes Land und werde zu einem Geiste bewusster innerer Einkehr und Umkehr! ... Aus dieser Zeit der Prüfung lasse er [Gott] ein geläutertes Volk hervorgehen, das seines Segens und der Väter wert ist! ...

Dass ein Volk sich läutert, also wie geschmolzenes und gereinigtes Gold oder Silber zur Klarheit seines Wesens und seiner Bestimmung findet, ist eine Hoffnung, die gut biblisch klingt, aber angesichts der Realität des Menschseins wohl zu enthusiastisch und romantisch gedacht ist. Demagogen wissen solche Stimmungen zu missbrauchen. Denn wer bestimmt dieses Wesen eines Volkes, zu dem hin es sich reinigen und läutern soll? Ist nicht zunehmend alles eine Frage der Propaganda, der Methode, dem Menschen etwas einzureden?

So versuchen nun, in den Jahren des Umbruchs und der Neuorientierung nach dem Ersten Weltkrieg, Kräfte von links und von rechts die Menschen für sich zu vereinnahmen. Dieser Kampf um die Zustimmung der Menschen wird in der nächsten Dekade voll entbrennen und auch bislang unbekannte Fanatiker wie ADOLF HITLER nach oben spülen. Würde die Kirche, die ja mit dem Ende des Königtums keinerlei politische Macht mehr hatte, überleben, und würde sie alles daran setzen, das Volk vor neuem Unheil zu bewahren?

Kirche in einer revolutionär veränderten Zeit

Zur Politik erst durch „Erleuchtung“: *ADOLF HITLER als Soldat 1918*

Zum selben Zeitpunkt, als der 29-jährige Gefreite ADOLF HITLER im Lazarett des pommerschen Pasewalk eine in Flandern erlittene Senfgasvergiftung und Erblindung durch britische Granaten kuriert und seine „Erleuchtung“ hat, „Politiker zu werden“, wendet sich, gleich nach der deutschen Kapitulation im Nov. 1918, Kirchenpräsident VEIT mit einem erneuten Kanzelwort an alle Kirchenmitglieder, um ihnen in einem theologischen Kommentar Anteil zu geben an seinen Sorgen.

VEIT sieht wieder prophetisch voraus, dass der Versailler Vertrag keinen wirklichen Frieden, sondern neues Unheil bringen werde. Zugleich bekennt er, dass es ihm nicht leicht fällt, in dem chaotischen revolutionären Geschehen der letzten Kriegswochen mit dem Ende von König- und Kaisertum wirklich Gottes Geist zu erkennen. Er steht aber zu seiner Hoffnung, dass die Lutherische Kirche trotz des Endes des jahrhundertalten „Summepiskopats“, also des landesherrlichen Kirchenregiments, nicht untergehen werde, sondern dass Gott sie auf seine unbegreifliche Weise noch brauche für den zaghaften Neubeginn auf schwankendem Terrain:

Ein neues Kirchenjahr hat für uns begonnen, ernster und sorgenschwerer als wir es jemals erlebt haben. Der Krieg ist zwar zuende, sein Jammer aber nicht. Aus tiefen Wunden blutet unser Volk ... Die eben vergangenen Tage haben uns ja nicht bloß einen Waffenstillstand gebracht, der uns auf das schwerste gefährdet und an den Rand des Abgrundes führen kann, sondern auch Stadt und Land vor einen plötzlichen Umsturz und Umwälzungen der staatlichen Ordnungen von unübersehbarer Tragweite gestellt. Auch unsere Kirche bleibt davon nicht unberührt ... Wir verkennen nicht, dass auch das stürmische Geschehen dieser letzten Zeit, so sehr es in seinem Hergange den Weisungen des göttlichen Wortes und der christlichen Erkenntnis von Untertanenpflicht und Treue widerstreitet, in Gottes Weltregierung eingeschlossen ist, und wir würden uns gegen ihn versündigen, wenn wir seinem Gerichte widerstreben und gegen das, was er zugelassen hat, in blindem Eifer ankämpfen wollten. Ihm muss auch die neue Zeit mit ihren Ordnungen und Weisen dienen, und er führt auch durch Aufruhr und Umsturz seine Friedensgedanken hinaus ... Auch seine Kirche kann nicht untergehen. Sie steht und fällt mit keiner irdischen Staatsform ... Sie [die Kirche] kann und muss erwarten, dass wir uns rückhaltlos mit Wort und Tat, mit lauterer Treue und opferbereiter Liebe um ihre Fahne sammeln und als ihre Glieder bewähren ...

Das Ende der Monarchie und die Revolutionen und Umsturzversuche von links und rechts in den ersten Monaten und Jahren nach Kriegsende erschüttern auch die Kirche bis in ihre Grundfesten und zwingen sie zu einer völligen Neuorientierung. So sucht auch GEORG REDENBACHER zusammen mit seiner Bayerischen Landeskirche einen ernsthaften Neubeginn für das Christsein in Deutschland. Doch sind sie von der politischen und gesellschaftlichen Entwicklung im Land enttäuscht. Die öffentliche Diskussion der moralischen und ethischen Positionen verläuft chaotisch, alles und jedes scheint möglich und erlaubt. Erfolglos bekämpfen kirchliche Kreise und Jugendgruppen in Bücherläden, Theatern und Kinos das, was sie als „Schmutz und Schund" empfinden. Auch fühlen sich viele Gläubige von den überhitzten politischen Auseinandersetzungen zur Zeit der Weimarer Republik abgestoßen.

Verführt

Währenddessen ist, zunächst kaum beachtet, unter den vielen völkischen Gruppen ADOLF HITLER als Agitator erfolgreich. Bereits 1920 beginnt er in kleinstem Kreis in den Gasthäusern Münchens mit grenzenloser Leidenschaft sein propagandistisches Wirken. In glühenden Reden beschwört er das ersehnte neue Deutschland, das er, in völliger Selbstüberschätzung, schaffen will, und wird damit in ganz Deutschland, so natürlich auch in Oberfranken und WEIDENBERG, rasch bekannt.

Früh überzeugt: *Oberfrankens Nazi-Agitator: HANS SCHEMM*

Bereits am 14. Oktober 1922 war HITLER mit einem Sonderzug und etwa 650 SA-Begleitern, mit Bergstöcken oder Gummiknüppeln ausgerüstet, unter Mitnahme einer Musikkapelle und von Fahnenschmuck nach COBURG gereist und hatte vor 3000 gebannt lauschenden Zuhörern im überfüllten großen Saal der Hofbräugaststätte in Anwesenheit des ehemaligen Coburger Herrschers CARL EDUARD HERZOG VON SACHSEN-COBURG UND GOTHA sowie seiner Gemahlin VIKTORIA ADELHEID eine begeistert aufgenommene Rede gehalten. Im folgenden Jahr 1923 springt auch beim „Deutschen Tag" in BAYREUTH der Funke über. Hier gewinnt Hitler auch gleich das Interesse der Festspielleiterin WINIFRED WAGNER und des Lehrers HANS SCHEMM, die zu seinen glühendsten Verehrern und

Fanatisierte Massen: *NSDAP-Versammlung 1923 im Bürgerbräukeller*

Vorkämpfern werden[25].

Diese Begeisterung, die HITLER allenthalben zu spüren meint, ist ihm aber zu Kopf gestiegen. Denn am 8. Nov. will er dann im Münchner Bürgerbräukeller die Bayerische Regierung zum Putsch gegen die Berliner Regierung mit GUSTAV STRESEMANN zwingen und eine provisorische deutsche Nationalregierung aus General LUDENDORFF, HITLER und anderen ausrufen. Motiviert von MUSSOLINI mit seinem „Marsch auf Rom" im Jahr zuvor strebt HITLER danach, anderentags das zu tun, was Kaiser WILHELM II. am Tag seiner Absetzung nicht gewagt hatte: Mit Teilen der in Bayern stationierten Reichswehr und anderen antidemokratischen Wehrverbänden nach BERLIN zu marschieren und dort die Macht im Deutschen Reich an sich reißen.

Doch der dilettantisch vorbereitete Putsch scheitert kläglich, und HITLER wird wegen Hochverrats zu fünf Jahren Festungshaft verurteilt; seine Partei, die NSDAP, wird verboten. Hitlers Vormarsch scheint damit vereitelt. Viele Gegner atmen auf. In Wahrheit plant HITLER in dieser Zeit als Luxusgefangener in der Festungshaft LANDSBERG umso nachhaltiger seinen Aufstieg und verfasst als Programmschrift das Buch „Mein Kampf", dessen Tantiemen ihn später zum unabhängigen Millionär machen. Nach seinem vorzeitigen Freikommen bereits im Dezember 1924 kann er 1925 die NSDAP neu gründen. Danach ist er in seiner Partei der absolute „Führer". Die Ausbreitung der NSDAP in ganz Deutschland vollzieht sich nun unfassbar rasch.

---

[25] Mehr dazu im Kapitel: „Seit 1933 sind wir alle nicht mehr normal – Georg Rumler und der Aufstieg der Nazis in Weidenberg von 1929 bis zu ihrem Durchbruch 1933" in der zweiten Folge des Projektes „Myrten für Dornen": „Der Anstreicher und seine Lehrjungen" – Braune Herrschaft in Weidenberg seit 1929.

In Oberfranken gründet der rührige Lehrer HANS SCHEMM bereits am 27. Februar 1925 die NSDAP-Ortsgruppe BAYREUTH und im gleichen Jahr den „Gau Oberfranken“ der NSDAP.

Spätestens ab der Jahreswende 1928/29 ist ADOLF HITLER, begünstigt von den Ängsten, die die Weltwirtschaftskrise auslöst, in Deutschland in aller Munde. Im Februar 1929 gründen auch in WEIDENBERG Naziaktivisten nach Schemms zündender Propagandarede am Marktort im Gasthaus VOGEL eine NSDAP-Ortsgruppe. SCHEMM ernennt GEORG RUMLER zum Ortsgruppenleiter.

So ist Hitlers Machtübernahme 1933 kein Zufall, sondern Frucht seines populistischen, fanatisch und unbeugsam geführten Kampfes um die öffentliche Meinung, der bis in die Provinz reicht und damals von vielen, vor allem Protestanten, mitgetragen wird. Stets gibt sich HITLER dabei als religiös und vaterlandstragend, sodass er vielen trotz seiner klar diktatorischen Reden und Texte unverdächtig erscheint. Bis zu seinem letzten Lebenstag bleibt er Mitglied der katholischen Kirche, übernimmt christliche Patenschaften bei seinen Funktionären, wie 1938 für Hermann Görings Tochter EDDA, und erwartet auch von den Parteimitgliedern lange Jahre hindurch, dass sie sich zur Kirche halten.

Lebenslang Mitglieder der Kirche: *HITLER als Taufpate für EDDA GÖRING 4. Nov. 1938, mit „Reichs-Bischof“ MÜLLER*

In ganzen Trupps nehmen damals Gliederungen wie die SA an Gottesdiensten teil und lassen sich den Gottesdienstbesuch sogar bestätigen. Auch Hitlers treue Vasallen, wie der oberfränkische Gauleiter HANS SCHEMM, agieren so geschickt und religiös überzeugend, dass sich der Bayerische Landesbischof Dr. HANS MEISER persönlich von ihm bei seiner Amtseinführung 1933 in NÜRNBERG beim öffentlichen Einzug begleiten lässt und ihn auch noch nach dem Krieg in einem nachgeholten Spruchkammerverfahren als einen vorbildlichen Christen preist.

Wenn der Weidenberger Ortsgruppenvorsitzende GEORG RUMLER dann im Jahr 1941 aus der Kirche austritt, hat das jedenfalls keinen Anhaltspunkt an HITLER und seiner Entourage.

Bischofseinführung mit Hitlergruß am 11. Juni 1933: *Vorn der scheidende Kirchenpräsident FRIEDRICH VEIT, in der 2. Reihe Bischof MEISER, dahinter rechts Kultusminister HANS SCHEMM.*

Auch REDENBACHER nimmt die religiösen Gesten der NS-Führung wahr und hört anfangs hoffnungsvoll Hitlers Worte vom „positiven Christentum" und von der nun kommenden tiefen Erneuerung Deutschlands. Nach Hitlers Regierungsantritt 1933 fühlt er sich, wie auch manche anderen evangelischen Pfarrer in dieser Anfangszeit, verpflichtet, dieser Partei beizutreten, die sich als „christliche Volksbewegung" gibt.

Aber als empfindsamer und empfindlicher Mensch nimmt REDENBACHER doch von Anfang an auch die menschenverachtenden Züge in Hitlers Ankündigungen wahr, wenn etwa Menschen taxiert werden nach ihrer Brauchbarkeit für die „Volksgemeinschaft" oder wenn sie eingeordnet werden in ein „drinnen" und „draußen". REDENBACHER beobachtet die Handlungen der Nazis in den folgenden Jahren deshalb zunehmend kritisch und fragt nach ihrer Glaubwürdigkeit. Und als er sieht, dass insbesondere bei der Behandlung der Juden Grenzen überschritten werden, zieht er 1936 seine persönlichen Konsequenzen und tritt aus der NSDAP aus[26].

---

[26] Wie alle erwachsenen Deutschen musste REDENBACHER anlässlich der Entnazifizierungsverfahren nach dem Krieg einen „Meldebogen" ausfüllen und seine zeitweilige Parteizugehörigkeit von 1933-36 anzeigen. Aufgrunddessen wurde gegen ihn in vor der Spruchkammer BAYREUTH ein schriftliches Verfahren eröffnet, in dem er am 30.9.46 als „Mitläufer" eingestuft und zu einer finanzielle Sühne von 300 RM sowie zur Übernahme der Gerichtskosten verurteilt wurde, nach heutigem Geldwert also etwa das Monatsgehalt eines Pfarrers. Über seine Beweggründe zum Parteibeitritt und –austritt verfasste er damals eine Stellungnahme:

Von nun an geht GEORG REDENBACHER zum Hitlerismus als bekennender Christ auf bewusste Distanz.

Die eigenen dunklen Seiten erkennen

So stellt REDENBACHER sich der Aufgabe, die alle Pfarrer erfüllen müssen, nämlich ihre Gemeinde auf dem Weg Christi durch die Versuchungen und Verwirrungen der jeweiligen Zeit zu führen und dabei selbst trotz aller menschlichen Sündhaftigkeit Vorbild zu sein.

Alle seine Vorgänger in der Weidenberger Pfarrgeschichte hatten sich bewusst und freiwillig dieses Amt und seine Erfüllung ausgesucht, ob in ihren Aufgaben als I. oder II. Pfarrer. Aber niemand hatte sich natürlich die Zumutungen ausgewählt, die mit diesem Amt in ihrer Zeit verbunden waren. Niemand weiß auch von vornherein, wie er persönlich in solchen Zumutungen bestehen wird. Es wird also auch für REDENBACHER so kommen, wie für viele seiner Vorgänger, auch er würde nicht ohne Schrammen davonkommen.

REDENBACHER kannte die eigenen dunklen Seiten. Er konnte sehr leutselig und offen sein, wenn man ihm verständnisvoll begegnete. Er konnte aber auch sehr trotzig und zugleich empfindlich reagieren, wenn er sich verletzt fühlte. Dann zog er sich in sein Schneckenhaus zurück.

Deshalb wurde es bei seinem Dienstantritt in WEIDENBERG auch zu einer spannenden Frage, wie würde er als Inhaber der II. Pfarrstelle mit dem Kollegen auf der I. Stelle zurechtkommen. Als Vorsitzender im Kirchenvorstand und in der Kirchenverwaltung würde dieser Kollege ja mehr Macht in den Händen halten, und als I. Pfarrer würde er auch mehr im Rampenlicht des öffentlichen Geschehens stehen.

Die Inhaber der I. Pfarrstelle – Platzhirsche oder Leidensgefährten?

Das war ja die Problematik, seitdem es zwei Pfarrstellen gab: Wie kommen zwei gleich ausgebildete Kollegen am gleichen Ort zurecht, die bei ähnlicher Belastung ein ganz unterschiedliches Einkommen, eine sehr unterschiedliche Position haben, noch wenn sie darüber hinaus ein unterschiedliches Temperament und eine unter-

---

„Da der NS in seinem Programm auf dem Boden des positiven Christentums zu stehen versicherte, hielt ich es im Jahr 1933 für meine Pflicht, meine Aufnahme zu beantragen. Als ich jedoch z.B. an der Diffamierung der Juden, der Bedrückung der Kirche, der Sanktionierung des Duellmordes („verletzte Ehre kann nur mit Blut gesühnt werden") den antichristlichen Geist der Bewegung erkannte und auch die in Aussicht gestellte Reinigungsaktion ausblieb, reichte ich dem damaligen Ortsgruppenleiter Georg Rumler meine Austrittserklärung ein, etwa 1936."

[Aus den. Akten im Staatsarchiv Bamberg]

Treu aber steif: *Pfarrer HÖRNER bei der Trauung SCHWENK ZAPF in Lessau 1921*

schiedliche theologische oder kirchenpolitische Einstellung haben. Ist da nicht Streit vorprogrammiert, und sammelt sich in dem geflügelten Wort, das unter Pfarrern umgeht, nicht mancher Frust: „Selig sind die Beene, die am Altar stehn alleene?"

So war REDENBACHER schon, bevor er seine Stelle antrat, neugierig und nahm die Pfarrbeschreibung von WEIDENBERG zur Hand, die ihm seine Kollegen HERATH und SCHALLER maschinenschriftlich hinterlassen hatten. Er fragte sich, wie wohl das Zusammenspiel von zwei Pfarrern am gleichen Ort funktionieren könnte.

Zunächst einmal betrachtete er die Aufzeichnungen über die jeweiligen Inhaber der Ersten und Zweiten Pfarrstelle in der Weidenberger Geschichte. Er wollte ihre Erfahrungen nacherleben und ihre Stärken und Schwächen kennenlernen.

Manches erschien verheißungsvoll, anderes machte ihn nachdenklich. Gleich zu Anfang seiner Weidenberger Dienstzeit hatte REDENBACHER ja schon seinen Kollegen JOHANNES HÖRNER kennengelernt, der seinerseits mitten im Ersten Weltkrieg im Jahr 1915 auf der Ersten Pfarrstelle die Nachfolge von OTTO HERATH angetreten hatte. HERATH war nach 28 Dienstjahren zunächst auf der II., dann auf der I. Pfarrstelle, im Alter von erst 58 Jahren am 24. März 1915 in BAYREUTH verstorben. REDENBACHER erfuhr, dass es ein schweres Herzleiden und zunehmende Arterienverkalkung waren, die HERATH noch in seinen besten Jahren in den vorzeitigen Ruhestand gezwungen hatten. Als ein körperlich gebrochener Mann sei er nach BAYREUTH gezogen, wo er kurz darauf gestorben sei. Diese Informationen hatten REDENBACHER sehr betroffen gemacht.

Mit Heraths Nachfolger schien er sich gut zu verstehen; beide hatten sich freundlich begrüßt. HÖRNER war der 33. Pfarrer, seitdem, beginnend mit dem Jahr 1501, überhaupt Aufzeichnungen über die Weidenberger Geistlichen auf dieser hervorgehobenen Pfarrstelle überliefert sind. Nach den Aufzeichnungen war er ein gewissenhafter, treumeinender Geistlicher, in seinem Wesen aber leider auch ziemlich steif, sodass eigentlich schwer an ihn heranzukommen war. So stand doch ziemlich bald fest, dass die beiden nicht viel mehr als ein förmlicher Umgang verbinden würde. Zu sehr war auch REDENBACHER selbst gehemmt, wenn ihm eine gehemmte Persönlichkeit begegnete.

Keine Zeit für Rivalenkämpfe

Was REDENBACHER bei der Lektüre der Berichte über die Pfarrer in der Pfarrbeschreibung bald auffällt, ist, dass ein Platzhirschgehabe, wie man es sonst aus Gemeinden mit mehreren Pfarrstellen kennt, in der Vergangenheit unter den Weidenberger Pfarrern trotz ihrer Verschiedenheit offenbar nicht gang und gäbe war. Wahrscheinlich war in jenen Jahrhunderten im wahrsten Sinn des Wortes auch gar keine Zeit dafür. Denn viel zu sehr waren auch die privilegierteren Inhaber der I. Pfarrstelle in die gleichen tiefen existenziellen Nöte verstrickt, wie sie auch der Kollege auf der II. Stelle und die meisten Gemeindeglieder erleben.

So erfährt man von der manchmal elenden Unterbringung der Pfarrer: Da muss einer wegen der Baufälligkeit des Pfarrhauses sogar mit dem Gesinde zusammen in einer einzigen Stube leben. Oder man liest, dass die Bewerbung auf die Erste Pfarrstelle auch für einen erprobten Geistlichen nicht einfach ist: So muss sich ein geeigneter Anwärter, der sich schon jahrelang auf der II. Stelle bewährt hat, erst mit „Probepredigten" und Nachbesserung seiner theologischen Ausbildung im „heiligen" Ort der Protestanten in WITTENBERG gegenüber anderen Mitkonkurrenten, die von Auswärts kommen, durchsetzen.

Man erfährt, welche erschütternden Breschen der 30-jährige Krieg auch in die Reihen der Geistlichen schlägt, sodass in dieser Zeit ein geordneter kirchlicher Dienst gar nicht mehr möglich ist.

Man liest bestürzt, wie auch Pfarrerskinder zu Verbrechern werden können oder wie man im eigenen Ehebett nicht sicher ist, sondern fast vom Deckenbalken des Schlafzimmers erschlagen werden kann.

Man liest aber auch von erstaunlich langen und rekordverdächtigen Dienstzeiten mancher Pfarrer und von unvorstellbar tiefgreifenden Wechseln der Landesherrn. Und man nimmt mit Schrecken wahr, wie die unaufhörlich aufflammenden Marktbrände, die immer wieder Teile des Ortes in Schutt und Asche legen, auch vor dem Pfarrhaus nicht halt machen.

Pfarrerleben also voller Dramatik jenseits von biedermeierlicher Beschaulichkeit, wenn man alles im Zeitraffer betrachtet! Doch brauchen Entwicklungen natürlich auch ihre Zeit. Nicht alles ist ja am gleichen Tag passiert. Den Dramen stehen immer auch ruhige Phasen eines steten Aufbaus des kirchlichen Lebens gegenüber. So studiert REDENBACHER in der Weidenberger Pfarrbeschreibung neugierig und voll Interesse auch die Abschnitte über die Geistlichen durch die Jahrhunderte.

Weidenberger Obermarkt mit Kirche St. Michael zur Zeit von Pfarrer Redenbacher um das Jahr 1925

LICHT UND SCHATTEN DER NEUEN ZEIT
– Alltagsleben in der Vorahnung der Katastrophe –

2. „PFARRERSEIN IN WEIDENBERG – EIN BESCHAULICHES LEBEN?"

Geschichte der Kirchen Weidenbergs, der Gemeinde und ihrer Pfarrer anhand der Epitaphien und neuer Recherchen

Die Kirche ist ein Lebensmittelpunkt im Leben der Weidenberger: *Blick auf Obermarkt und St. Michaelskirche, wie er sich Pfarrer REDENBACHER 1920, im Jahr nach seinem Amtsantritt, dargeboten hat*

ZWEITES BUCH:

„Pfarrersein in Weidenberg – ein beschauliches Leben?“

Geschichte der Kirchen Weidenbergs, der Gemeinde und ihrer Pfarrer anhand der Epitaphien und neuer Recherchen

INHALT

Die Kirche im Leben der Weidenberger

Immerhin hat GEORG REDENBACHER, Pfarrer in WEIDENBERG 1919-49, mit dem, was er in den überlieferten Quellen der Weidenberger Kirchen- und Ortsgeschichte findet, schon mal einen realistischen Maßstab für das, was auch auf ihn unter den veränderten Rahmenbedingungen seiner Zeit zukommen kann. So liest er mit großer Spannung immer wieder die Einträge in dieser Pfarrbeschreibung über seine Vorgänger. Er vergleicht seine Zeit mit der früheren. Er hat ja die Vorstellung, dass nach dem desaströsen Weltkrieg eine neue Zeit der „Veredelung auf allen Lebensgebieten", so auch im kirchlich-religiösen Bereich beginnt, eine Erweckung des religiösen Lebens und ein Fortschreiten des Gottesdienstes und des täglichen Lebens von gedankenloser Oberflächlichkeit zu „Aufrichtigkeit und Andacht".

Kirche ist wichtig für das Volk

Ja, so wird ihm rasch klar, Kirche war schon immer wichtig für die Menschen in und um WEIDENBERG. Sie half ihnen auch im schlimmsten Auf und Ab der äußeren Umstände einen Sinn in ihrem Dasein zu finden. Diese ermutigende Beobachtung folgert REDENBACHER aus den Aufzeichnungen, die Pfarrer JOHANN MICHAEL EINFALT und Lehrer JOHANN ERHARD REBLITZ in ihren kleinen Broschüren über Weidenbergs Geschichte hinterlassen haben. Diese in den Jahren 1896 und 1900 bei Ellwanger in BAYREUTH gedruckten winzigen Heftchen im Taschenkalenderformat stellen auch heute immer noch die wichtigsten Quellen über die Geschichte der Marktgemeinde dar[27].

Die traditionelle Volkskirchlichkeit der Weidenberger Bevölkerung nimmt REDENBACHER aber auch in der oben schon genannten, bislang nur maschinenschriftlich existierenden Pfarrbeschreibung wahr, die seine Vorgänger, die Pfarrer OTTO HERATH und JOHANNES SCHALLER in den Jahren 1913/14, also nur wenige Jahre vor Redenbachers Dienstantritt, zusammengestellt haben[28]. Diesen auch hier beschriebenen kirchlichen Sinn der Weidenberger möchte auch er in seiner seelsorgerlichen Arbeit fördern.

Wie zeigt sich damals der „kirchliche Sinn" der Weidenberger? Er spiegelt sich in den Augen der Verfasser der Pfarrbeschreibung wider in einem ordentlichen Gottesdienstbesuch, im häuslichen Gebetsleben, im verbreiteten Gebrauch von Er-

[27] Beide Broschüren sind vollständig abgedruckt in der Folge 1 des Projektes „Myrten für Dornen": „Am Vorabend der Urkatastrophe(n)" – Quellen zur Weidenberger Geschichte.

[28] Vollständig eingelesen, kommentiert und bis in die Gegenwart ergänzt in der oben genannten Folge.

bauungsschriften und Andachtsbüchern, aber auch in einer durchaus anerkennenswerten christlichen Alltagsgestaltung. Sie loben an WEIDENBERG ein ordentlichen Miteinander, ganz geringe Ehescheidungsraten und die sehr geringe Rate auffallender Kriminalität.

Einzig die „Vergnügungs- und Putzsucht" fällt Redenbachers Vorgängern als kritikwürdig auf, dazu die ihrer Meinung nach allzu nachlässige Aufsicht der Erwachsenen über die Kinder und Jugendlichen. Man erlaube ihnen zu früh zu vieles, wohl als Ausgleich für ihre harte Mitarbeit in den bäuerlichen Anwesen.

Die Menschen suchen damals wohl alle nach einem Ausgleich für ihr kräftezehrendes Alltagsleben und finden ihn im Tanz, in den Vergnügungen der sprossenden Geselligkeitsvereine und sogar im neu etablierten Turnen. Die Pfarrer in dieser Zeit beobachten freilich dieses wachsende Vereinsleben um die Jahrhundertwende nicht nur mit Wohlgefallen, sondern auch mit einigem Misstrauen, befürchten sie doch, dass im Marktort Sittenlosigkeit einreißen könnte. Solchen moralischen Fehlentwicklungen versuchen sie, durch den Aufbau eines eigenen, bewusst kirchlichen Vereinswesen entgegenzusteuern.

Der Vorwurf der Sittenlosigkeit, den Pfarrer ihrer Gemeinde machen, ist auch GEORG REDENBACHER aus seiner Zeit als Jugendlicher im mittelfränkischen VELDEN an der Pegnitz durchaus vertraut. An den Versuchen, seine Gemeinde zu „bessern", hatte sich schon sein Vater aufgerieben. Damals war das ganze Pegnitztal auf und ab immer noch beunruhigt durch den Luftzug, den das ehrgeizige Projekt, die „Fichtelgebirgsbahn" von NÜRNBERG nach EGER durch dieses enge, felsreiche Tal der mäandernden Pegnitz zu bauen, hinterlassen hatte. Viele junge lebensfrohe Italiener, aber auch Arbeiter und Bahnangestellte aus fernen deutschen Gegenden waren damals in die beschaulich-frommen Nester des Pegnitztales geschwemmt worden. Die damit einhergehende „Liberalisierung" und Blickerweiterung hatte manche Älteren stark verunsichert.

So hatte Redenbachers Vater, wie auch andere Pfarrer an der Jahrhundertwende, nicht verstanden, dass man sich den Trends der Zeit nicht einfach durch eine gesetzliche Haltung widersetzen oder sie durch kirchlichen Aktionismus umlenken kann. Angesichts der vielen neuen Freizeitangebote in Sportvereinen, Feuerwehr oder Geselligkeitsvereinen, die gern in Anspruch genommen wurden, war auch von den Pfarrämtern einiges versucht worden, um mit den Menschen der nachgeholten Gründerzeit in Kontakt zu bleiben. So hatte sich ja auch Redenbachers unmittelbarer Vorgänger in WEIDENBERG, JOHANNES SCHALLER, in seiner Amtszeit zum Leiter der Jugendfeuerwehr wählen lassen, in der Hoffnung, die jungen Leute damit auch bei der Kirche halten zu können.

Auch andere Ideen für aufsehenerregende Gemeindeinitiativen machten damals im Kreis der Pfarrer die Runde, seien es klassisch-missionarische, wie Zeltmissionen, seien es dem Zeittrend huldigende Angebote, wie Wandergruppen oder christlicher Sport. Mancher meinte, rasche Erfolge durch solche aktive Gemeindearbeit erzielen zu können und übersah, dass sich das Wachsen im Glauben und der Sinn für Kirchlichkeit in Generationen entwickelt und dass eine solche kirchliche Gesinnung oft auch abhängig ist von den äußeren Zeitumständen. Man muss als Kirche also den Mut haben, die „eigene Sache" zur Sprache zu bringen und zu betreiben, auch wenn es vielleicht nicht an der Zeit scheint.

Von Turmhügeln, Mönchen, Rittern und Herrschaften

Freilich erfährt REDENBACHER aus der Pfarrbeschreibung mit Interesse, dass Christsein und kirchliches Leben in WEIDENBERG lange Zeit hindurch eng verbunden gewesen sind mit der Initiative und dem Einfluss von Herrschaften, den drei Landadelsfamilien der HERREN VON WEIDENBERG, KÜNSBERG und LINDENFELS; sie hatten auf Initiative der Markgrafen die Kirche auch in die Reformation hineingeführt. In ihrer Zeit kooperierten die weltliche und die geistliche Herrschaft wie eine Familie. Die Pfarrerschaft sollte das Volk moralisch erziehen und wurde deshalb protegiert und mit Pfarrhäusern, groß wie Landadelsschlösser, ausgestattet.

Diese Zeiten waren ja in Bayern mit Napoleons Erlaubnis seit dem Friedensschluss von PREẞBURG im Jahr 1805 durch die Monarchie abgelöst worden. Trotz mancher zwischenzeitlicher Konflikte, wie dem oben geschilderten „Fußfallstreit", hatte sich die Evangelische Kirche mit der katholischen Herrschaft zunehmend enger verbunden.

Ein Reich-ein Volk-ein Gott: *Motiv der Sedansfeier nach William Papes Gemälde von 1896 auf der 5-RM-Briefmarke*

Seit dem Beginn des „Zweiten Reiches" im Jahr 1871 galt die Losung „Ein Reich, ein Volk, ein Gott", die bei Sedansfeiern, auf Briefmarken, Gemälden und Medaillen den Deutschen eingeschärft wurde. Das bedeutete, Deutschland zelebrierte eine Verbindung von Thron und Altar und definierte sich als christlich. Und durch das preußisch-protestantische Kaisertum besaß der Protestantismus seitdem auch starkes Gewicht. Aber mit dem Ende der Monarchie im Jahr 1918 war die evangelische Kirche nun ganz auf eigene Füße gestellt und für das geistliche Leben ihrer Glieder allein verantwortlich.

War eine solche weltliche Herrschaft, mit der sich die Kirche bis dahin verbündete, zu jeder Zeit mit einem geistlichen Verantwortungsgefühl für die Untertanen verbunden, fragt REDENBACHER sich rückschauend? Und was kann man in diesen veränderten Zeiten erster demokratischer Gehversuche nach dem (Ersten) Weltkrieg als Christ von einer Herrschaft erwarten, die nicht mehr „von Gottes Gnaden" regiert, sondern die von den Bürgern über das Medium von Parteien gewählt ist?

REDENBACHER fällt wieder ein, wie ihn seine Töchter aus kindlicher Neugier schon in SCHOTTENSTEIN bei den ersten Überlegungen für den Stellenwechsel nach WEIDENBERG auch nach den Rittern gefragt hatten. Da hatte er nur antworten können, dass es in WEIDENBERG zwar noch Schlösser und alte Bilder und Epitaphien von Rittersmännern gebe, aber schon lange keine leibhaftigen Ritter mehr. Doch nun liest er selbst manches Spannende, das ihm nähere Aufschlüsse gibt über diese früheren Herrschaften und ihre Verbindung zur Kirche.

So haben die **HERREN VON WEIDENBERG** für ihre eigene Familie und für ihre unmittelbaren Mitarbeiter frühzeitig auf ihrer Burg auf dem **Gurtstein** eine eigene Schlosskapelle errichten lassen, so erfährt er. Wahrscheinlich haben diese Herren zuvor auf der anderen, der nördlichen Seite der Flussebene gewohnt, hoch über dem Eingang zum oberen Steinachtal, in der ausgedehnten Burganlage auf dem „Schlossberg" gegenüber dem Iskara, und haben sich dort, verschanzt hinter den hölzernen Palisaden ihrer umfangreichen Höhenbefestigung, um die Sicherung der dortigen Altstraßen und um die Verwaltung der umliegenden Reichswälder gekümmert. Dann sind sie wohl zu Anfang des 11. Jh. auf den Bergsporn gegenüber, den Gurtstein, gezogen, einfach weil das Wohnen hier ein bisschen bequemer und angenehmer war. Fischbare Gewässer und überhaupt Wasser war hier nicht weit, wenn auch die Talniederung anfangs durch den immer wieder überquellenden Mäanderlauf der Steinach noch recht sumpfig gewesen sein dürfte.

Etliche Menschen wohnten zu der Zeit schon weiter südlich des Bergsporns, im Schutzbereich des Turmhügels unterhalb des uralten Handelsweges von Franken nach Böhmen, am Weidenbach, dem später sogenannten Stephansbach. Da nannte man diese Siedlung nach diesen Weiden wohl „Wident". Sie hatten hier bei der kleinen, ursprünglich aus Holz gebauten Kapelle ST. STEPHAN seit etwa dem Jahr 1100 ihre eigene geistliche Betreuung durch zisterziensische Klosterbrüder, die nach der alten benediktinischen Regel lebten. Aber sie würden nun auch gern in den

Keimzelle der ersten Weidenberger Siedlung:
Turmhügelburg „Galgenberg" bei St. Stephan mit Siedlung „Wident" (Rekonstruktion J. Taegert)

Schutz einer festen Burg umziehen, der sich mit der neuen Anlage der HERREN VON WEIDENBERG auf dem Gurtstein bot; dort könnten sie sich am Aufschwung von Handel und Wandel beteiligen.

Geistliches Leben am Fuß des Galgenberges

Bis zu diesem Zeitpunkt war also die ehrwürdige **ST. STEPHANSKAPELLE** mit ihrem Friedhof unterhalb der alten Handelsstraße auf der Bocksleite die Kirche des Volkes. Spätgotische Fresken im Inneren und Äußeren der Kirche aus der Zeit um 1450 zeugen vom Wiederaufbau nach den Hussitenkriegen. Ein Gewölbe dürfte dieses Kirchlein aber nie gehabt haben, das hätte einer völlig anderen Statik bedurft. Der Innenraum war stets nur mit einer Holzbalkendecke abgeschlossen.

Und am Fuß des alten Turmhügels, der heute der „Galgenberg" genannt wird, muss auch die erste Keimzelle des alten Weidenberg gesucht werden. Geistliches Leben gehörte hier von Anfang dazu. Denn die Mönche an diesem Platz „Wident" bei den Weiden am Bach feierten ihre Gottesdienste öffentlich und hielten auch Taufen, Trauungen und Beerdigungen. In dieser frühen Zeit kurz nach der Jahrtausendwende sind ihre kleinen Holzkirchen häufig dem Patrozinium des STEPHANUS unterstellt. Auch die folgenden, nun schon aus Stein gefügten Kapellen sind diesem ersten Märtyrer der Christenheit geweiht. Das Christentum hat schon früh im östlichen Oberfranken Einzug gehalten; alte Urkunden weisen im Raum um WEIDEN-

Frühes geistliches Leben unterm Turmhügel: *Kapelle St. Stephan mit Fresken um 1450*

Berg bereits im Jahr 1150 in Lessau und Döberschütz Schenkungen für kirchliches Lehen nach.

Auch dass *zwei* Geistliche jeweils zugleich für Weidenberg zuständig sind, ist nicht erst eine Entwicklung der Neuzeit, sondern schon sehr früh um das Jahr 1421 nachweisbar, als der Gottesdienst der Gemeinde noch in der Stephanuskapelle gefeiert wurde. Der eine von ihnen, vergleichbar dem Inhaber der I. Pfarrstelle heute, wird als „Pleban“ bezeichnet, er ist also ein Weltpriester, der nicht zur Klostergeistlichkeit gehört. Ihm zur Seite steht auf der zweiten Stelle der „Frühmesser“.

Aha, schmunzelt Redenbacher, als er das liest, damals sind die Menschen also noch täglich in die Kirche gegangen, bevor sie mit ihrer Arbeit an Haus und Feld begannen, und mit ihnen zusammen musste also auch der damalige II. Pfarrer, der „Frühmesser“, beim ersten Hahnenschrei aufstehen, um ihnen in der Frühe die Messe zu lesen; so war das durch die alten Stiftungen vorgesehen, die den Geistlichen den Unterhalt sicherten.

Ja, es gab auch in den Zeiten von Pfarrer Redenbacher in Weidenberg noch Frühgottesdienste, etwa das „Engelamt“ am frühen Morgen des Ersten Weihnachtstages, oder die Frühgottesdienste am Neujahrsmorgen oder an Ostern. Diese Gottesdienste im aufdämmernden Morgen vor dem ersten Strahl der Sonne liebte dieser Geistliche. Denn ein Gottesdienst, der die Menschen noch in der bedrängenden Dunkelheit der Nacht versammelt, um sie ins helle Licht des neuen Tages zu führen, nimmt die Sehnsucht der menschlichen Seele an die Hand, wie sie sich in den Psalmen spiegelt: *„Meine Seele wartet auf den Herrn mehr als die Wächter auf den Morgen“* (Psalm 130,6).

Aber ob in Weidenberg Menschen wohl auch zukünftig bereit sein würden, zu einer täglichen oder jedenfalls gelegentlichen Frühmesse zu kommen? Ob nicht auch der Glauben je länger je mehr ermattet und in der Trägheit und der Bequemlichkeit des Alltags seine Zielstrebigkeit verliert? Da hatte REDENBACHER doch seine Fragen.

Dann liest REDENBACHER noch von den erstaunlichen Grenzziehungen und alten kirchlichen Gebietseinteilungen aus dieser frühen katholischen Zeit, die noch bis in die Gegenwart hinein nachwirken. So habe WEIDENBERG in der katholischen Zeit des Mittelalters stets dem Bistum BAMBERG und dem Erzdiakonat bzw. Dekanat HOLLFELD unterstanden, während die unmittelbar angrenzende FRANKENPFALZ zwar gebietsmäßig ursprünglich ebenfalls zum Erzbistum BAMBERG, kirchlich aber stets zum Bistum REGENSBURG gehört habe. Das hatte mit der vielschichtigen Siedlungsgeschichte der FRANKENPFALZ zu tun, die zwar von Kaiser HEINRICH II. dem Erzbistum BAMBERG bei seiner Gründung als materielle Basis übertragen, aber immer von Geistlichen der Regensburger Diözese betreute wurde. So ist es noch heute so, dass die katholischen Christen von ROSENHAMMER, deren Gebiet ja eigentlich zum bambergischen Bereich gehört, von Geistlichen betreut werden, die der Bischof von REGENSBURG entsendet.

Die Evangelisch-Lutherischen aber haben heute ihre ST. MICHAELSKIRCHE auf dem Gurtstein. Und diese imposante Bürgerkirche verdankt ihre Entstehung einer teils abenteuerlichen Geschichte, die aber bis in die Gegenwart hinein noch nicht jedem bekannt ist, weshalb sie hier in dieser Folge mit erzählt werden soll.

Umzug zum Vogtland

Die neue steinerne Burganlage der HERREN VON WEIDENBERG auf dem Gurtstein bot nun den Schutz für den modernen Handel und Wandel. So würden die Bewohner um den Turmhügel WIDENT gern ihre primitiven Holzhäuser verlassen und in den Bereich dieser festen Burg umziehen, in der Hoffnung, dort am Aufschwung teilzuhaben.

Und so kommt es: Zunächst auf der Hochebene des Burghügels, dem „Vogtland“, später aber auch drunten im Tal der Steinach, entstehen die neuen Blockhäuser der Siedler. Aber auch nachdem dieser neuen Siedlung im Jahr 1386 das Marktrecht verliehen wurde, bleiben die Bewohner zunächst noch ihrem alten Stephanskirchlein am Weidenbach als Gottesdienstort treu

Erst nach der Zerstörung der alten Gurtstein-Burg in den Hussitenkriegen im Jahr 1430 stiften die neuen **HERREN VON KÜNSBERG**, die Erben der HERREN VON WEIDENBERG, den bisherigen Burgkapellenplatz für einen allgemeinen Kirchbau; er soll nun allen Einwohnern der Marktgemeinde, die sich zunehmend im Schutz des Gurtsteins sammeln, als Gottesdienstort dienen.

Die erste spätgotische Bürger- und Adelskirche auf dem Gurtstein entsteht ab etwa 1460

Die Kirche, die damals auf der östlichen Plattform des Gurtstein, dem einstigen Standort der im Hussitensturm zerstörten Burg, entstand, sah noch ganz anders aus, als die am selben Platz stehende Michaelskirche heute. Nachdem nämlich die alte Burganlage der Herren von Weidenberg auf dem Gurtstein, wie vorauszusehen war, ihr natürliche Sogwirkung entfaltet hatte und die Menschen das Weidental verlassen und ihre Wohnstätten nun im „Vogtland" im unmittelbaren Schutzbereich der Burg errichtet hatten, hatte sich ja auch die Frage nach einem angemessenen geistlichen Lebenszentrum gestellt. Diese Frage war zunächst nur vertagt, aber durch die Schäden des Hussitensturms neu gestellt worden; denn die Hussiten hatten ja nicht nur die Burg auf dem Gurtstein zerstört, sondern auch die bis dahin vom Volk weiter genutzte Stephanskapelle niedergebrannt.

Durch seine Ehe mit Barbara v. Weidenberg ist Adrian von Künsberg (1400-1475) der Erbe der Weidenberger geworden. Im Jahr 1456 erwirbt er vom Markgrafen Johann IV. von Kulmbach den Markt und die ehemalige Veste Weidenberg auf dem Gurtstein. Er baut auf den Ruinen westlich des Halsgrabens ein Schloss als Wohnstätte für sich und seine Leute wieder auf. Aber er will nun auch etwas für seine neuen Schutzbefohlenen tun. So errichtet er ab etwa dem Jahr 1460 eine geräumige Kirche im spätgotischen Stil seiner Zeit, zunächst noch ohne Turmaufsatz, nur mit einem „Glockenhaus".

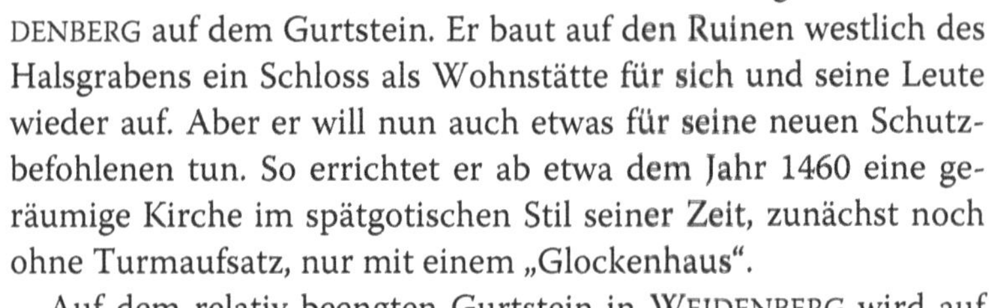

Typisch deutsches Patrozinium: *St. Michael und der Drache, Radierung von Martin Schongauer 1470*

Auf dem relativ beengten Gurtstein in Weidenberg wird auf dem Platz der alten Burg aus Sandstein zunächst das stattliche dreischiffige Langhaus aufgemauert und eingewölbt. Für die Seitenwände werden dabei die erhaltenen Sandsteinbrocken der Burg verwendet und verputzt. Bei etwa 20 m Länge hat die geräumige Kirche eine Breite von etwa 14 m. Das gotische Kreuzrippengewölbe wird innen von sechs freistehenden achteckigen Pfeilern auf einfachen Sockeln getragen. Aufgemauerte Halbsäulen an den vier verputzten Brockenwänden tragen die Gewölbelasten auf die Seiten ab. Jeweils vier hohe spitzbogige Fenster auf jeder Seite geben dem Raum Licht. Das Dach über dem Gewölbe ist wahrscheinlich zunächst mit Holzschindeln gedeckt, wie sie auch sonst im Hausbau der Zeit verwendet werden.

Der spätgotische Stil dieser neuen Kirche ist zu dieser Zeit auch in den anderen Gegenden Oberfrankens anzutreffen. Da diese Kirchen aber dann durch den 30-jährigen Krieg stark im Mitleidenschaft gezogen werden und danach meist in recht desolatem Zustand sind, verschwinden sie im 18. Jh. im Bereich des wirtschaftlich erstarkenden Bayreuther Markgrafentums bis auf wenige Ausnahmen und machen der modischen Barockisierung Platz. Nur die Stadtkirche BAYREUTH und die Wallfahrtskirche St. Marien zum GESEES zeigen heute noch weitgehend diesen gotischen Spätstil, in dem auch die erste Weidenberger **St. Michaelskirche** damals erbaut wurde.

Zugleich entsteht damals am Ostrand des Plateaus auf alten Mauern, Gängen und Gewölben das „Erste Pfarrhaus" für die Geistlichen, das heute noch im Untergeschoss des jetzigen Pfarrhauses fortbesteht.

Mit seiner baulichen Tat und kirchlichen Fürsorge wird ADRIAN V. KÜNSBERG zugleich der erste Kirchenpatron in einer Kette von Adligen und Fürsten, die weit bis ins 18. Jh. reicht, die dann über Napoleon und das preußische und bayerische Königtum weitergeht und schließlich 1918 bei König Ludwig III. von Bayern endet. Diese Kirchenpatrone haben nicht nur Pflichten beim Kirchenunterhalt, sondern auch das Recht, die jeweiligen Pfarrer einzusetzen.

Der erste adlige Patron und die Gemeinde unterstellen das fertige Kirchengebäude bei der Weihe dem Patrozinium des heiligen Erzengels MICHAEL, der sich seit der siegreichen Schlacht auf dem LECHFELD im Jahr 955 im Kampf gegen die ungarischen Steppenvölker als *der* Schutzpatron der Deutschen erwiesen hat.

Wohl ab dem Jahr 1500 erfolgt auch die Errichtung des stattlichen **Kirchturms**. Er wird zunächst noch mit einer spitzen Haube versehen, die an ihren vier Ecken die damals üblichen Türmerstübchen trägt; sie dienen dem Ausguck gegen Feinde und Feuergefahr. Das heute noch bestehendes Zugangsgeschoss dieses Turmes ist bereits mit dem „fortschrittlichen" Sternnetzrippengewölbe gedeckt. Diese damalige Bürgerkirche des ADRIAN VON KÜNSBERG auf dem Gurtstein hat schon fast die Größe der heute genutzten Barockkirche.

Spätgotischer Kirchbau: *Ansicht der Michaelskirche auf der Göppmansbühler Landkarte 1531 kurz nach Einführung der Reformation*

Weitgehend verlorene Innenausstattung

Wenn man etwas vom Stil und Aussehen des Inneren dieser spätgotischen Kirche St. Michael zu WEIDENBERG ahnen will, muss man das Untergeschoss des heutigen Glockenturms, also den Haupteingangsbereich mit seinem typisch gotischen Sternnetzrippengewölbe betrachten und auch die innere Westwand der heutigen Kirche mit ihren heute unnötigen Halbsäulen anschauen; sie sind fast die einzigen erhaltenen baulichen Reste dieser ersten Kirche. Auch von der alten Raumausstattung ist nur wenig noch vorhanden.

Relikt aus der spätgotischen Kirche: *Kruzifixus als Altarbekrönung noch ohne Evangelistensymbole*

Der Innenraum wurde wohl beherrscht von dem mächtigen gotischen Kruzifix, einer bemerkenswerten Arbeit um das Jahr 1500. Dieses Kreuz ist mit späteren Veränderungen, insbesondere der Zufügung der Evangelistensymbole an den vier kleeblattartig erweiterten Kreuzenden, auch in den folgenden beiden barocken Weidenberger Kirchenbauten an prominenter Stelle wiederverwendet worden, nämlich als Bekrönung des Kanzelaltars. So ist es bis auf die heutige Zeit gekommen.

Vom gotischen Altar dieser ersten Kirche stammen wohl die beiden Altarflügel mit den Heiligendarstellungen, die heute in der ST. STEPHANSKIRCHE an der linken Schräge der Ostwand angebracht sind (s.u. S. 89). Die linke Tafel zeigt JOHANNES DEN TÄUFER, der auf CHRISTUS als das Lamm in seinem Arm deutet: „Sehet, das ist Gottes Lamm"; daneben das zweite der „drei Heiligen Mädchen", BARBARA mit dem Turm; durch die Haft in diesem extra für sie gebauten Verlies wollte ihr Vater sie zwingen, dem Christentum abzusagen. Sie ist die Schutzherrin der (Kirchen-)bauten.

Die rechte Tafel zeigt das erste der „drei Madl", MARGARETE mit dem „Wurm", MARGARETA VON ANTIOCHIEN, die Heilige des Bauernstandes. Sie widerstand den Nachstellungen des Stadtpräfekten, der ihr im Gefängnis als Drache erschien; er gleicht auf dieser Skulptur aber eher einem Schoßhündchen. Neben ihr steht ein männlicher Heiliger in der Renaissancetracht seiner Zeit, aber ohne Attribute, vielleicht der HL. ACHATIUS. Er ist ein weiterer der 14 Nothelfer, der gern in Lebensängsten angerufen wird.

Nach der Beschreibung bei AUGUST GEBESSLER, Bayerische Kunstdenkmale, gelten beide Tafeln als oberfränkische Schnitzarbeiten um 1500 und werden so auch im Kirchenführer der Kirchengemeinde für ST. STEPHAN erwähnt. Wahrscheinlich sind diese Arbeiten aber schon beim Bau der ST. MICHAELSKIRCHE vom ersten Patron dieser Kirche ADRIAN VON KÜNSBERG mit in Auftrag gegeben worden, stammen also aus der Zeit um das Jahr 1465.

Gotische Altarflügel: *Die Heiligen JOHANNES DER TÄUFER, BARBARA, MARGARETE und ein Unbekannter*

Alle anderen Ausstattungsstücke dieser alten Innenausstattung scheinen längst verschwunden. Es ist wohl manches beim Kirchenbrand von 1637 im Dreißigjährigen Krieg vernichtet worden, von dem weiter unten noch zu berichten sein wird.

Eine **Orgel** ist in dieser Bürgerkirche auf dem Gurtstein zwar ist in den Dokumenten der Landeskirche erst seit dem Jahr 1658 nachweisbar, als es darum geht, die Schäden nach dem 30-Jährigen Krieg zu beseitigen. Doch dürfte diese Orgel schon spätestens mit dem ausgehenden 16. Jh. oder noch früher hier Vorgängerinnen gehabt haben. Vielleicht war der noch zu nennende rührige Pfarrer KONRAD BAYER bereits um 1550 der Initiator einer solchen Orgel, deren Hauptaufgabe zu dieser Zeit die musikalische Unterstützung des lutherischen Gemeindechorals war. BAYER kümmerte sich dann auch um die Glocken.

Wie diese erste Weidenberger Bürgerkirche von außen ausgesehen hat, kann man dem oben gezeigten Bild auf der „Göppmannsbühler Landkarte" von 1531 entnehmen. Der charakteristische Kirchturm mit den fünf Spitzen gleicht dem Turm vieler gleich alter Kirchen im Raum des heutigen Oberfranken, so z.B. auch der evangelischen Kirche ST. PANKRATZ in SCHOTTENSTEIN im Itzgrund, an der Pfarrer REDENBACHER vor seinem Amtsantritt in WEIDENBERG bis 1919 neun Jahre lang wirkte. Um den schlanken achtseitigen schindelgedeckten Turmhelm gruppieren sich an den Ecken vier Türmerstübchen mit eigenen kleinen Turmhelmen, damals eine beliebte, aber auch erhaltungsaufwändige Bauform, weshalb viele dieser Turmkonstruktionen später verändert und vereinfacht wurden (so z.B. auch St. Marien zum Gesees).

In dieser neuen repräsentativen Kirche treffen sich nun Adel und Volk zum gemeinsamen Gottesdienst. Nur ihre Toten begraben die Marktbewohner zunächst weiterhin draußen auf dem vertrauten Friedhof bei den Weiden, während für die Adelsfamilien und gehobene Weidenberger Bürgerschaft nun Grüfte in und um die neue Kirche entstehen, die dann bis weit ins 19. Jh. hinein von den „Bessergestellten“ genutzt werden.

Diese Gottesdienste in dieser St. Michaelskirche werden zunächst nach der hergebrachten Tradition der katholischen Kirche in lateinischer Sprache gefeiert. Seitdem dann aber im ganzen markgräflichen Gebiet im Jahr 1528 die Reformation eingeführt wurde, werden diese Feiern auch in WEIDENBERG zunehmend nach der evangelisch-lutherischen Ordnung in deutscher Sprache gehalten.

Die Reformation erzeugt ein neues Pfarrerbild

Unhaltbare Zustände in der alten Kirche

Schon lange war im ausgehenden Mittelalter ein lautes Murren über die Missstände der alten Kirche auf Reichstagen und in der Öffentlichkeit erklungen. Gerade weil die meisten Menschen an ihrer Kirche hingen und auch voll Leidenschaft an die Zuständigkeit der Kirche für das Heil der Menschen glaubten, litten sie um so stärker am Fehlverhalten einer schlecht ausgebildeten und verweltlichten Geistlichkeit. Vor allem die Bauern, durch Abgaben an Adel und Kirche oft doppelt belastet, waren voll Wut und drohten, „die Pfaffen zu erschlagen.“

Da wurde vieles offen und harsch kritisiert: Die Geistlichen lägen Tag und Nacht in den öffentlichen Wirtshäusern, betränken sich mit den Leuten aus dem Volk, spielten Karten, trügen Waffen und unangemessene Kleidung und machten viel Rumor. Oft käme es vor, dass sie unausgeschlafen und direkt aus dem Wirtshaus kommend die Eucharistie hielten. Oft seien sie der Ordnung der Messliturgie und der geforderten lateinischen Sprache auch gar nicht mächtig. Darüber hinaus hielten sich die meisten nicht an den Zölibat, sie brächten ihre Frauen und Kinder sogar zu Hochzeits- oder Beerdigungsfeiern mit oder besuchten mit ihnen das Wirtshaus.

Auch das Finanzgebaren der Kirche wurde getadelt: Für jeden Dienst der Messe bei Taufe, Beerdigung, Trauung verlangten die Geistlichen Geld. Wer nicht zahlen könne, empfange nicht die Kommunion. Auch für die Lossprechung von Sünden, das heiligste Amt der Kirche, fordere man Geld, je schwerer die Sünde, desto mehr.

Mit der Reformation kommt es nicht nur zur Erneuerung von Theologie und Glauben, sondern auch zur längst überfälligen Reform des Berufsbildes und des Dienstes der Geistlichen. Ein ordentliches Studium und peinliche Prüfungen sind nun Pflicht. Ein geordnetes Familienleben und eine ordentliche, vorbildliche Lebensführung werden erwartet.

Die Reformation erfasst das Steinachtal

Schutzherr der Reformation: *Markgraf GEORG DER FROMME führt 1528 die Reformation ein und verteidigt sie 1530 auf dem Reichstag zu Augsburg*

Die ersten sieben Geistlichen in der überlieferten Reihe der Ersten Pfarrer in WEIDENBERG sind noch Priester im Dienst der römisch-katholischen Kirche.

Am Sonntag Kantate des Jahres 1528 war aber das Gebot des Markgrafen GEORG (1484-1534), den man später auch „den Frommen" oder den „Bekenner" nannte, an alle Geistlichen ergangen, „die Pfaffenmägde und unehelichen Beisitzer abzutun." **ULRICH STAHEL** ist der erste Weidenberger Pfarrer, der wohl in diesem Jahr 1528 zum Luthertum konvertiert und über den die folgende lateinische Nachricht überliefert ist:

„Fuit hic Stahel romanae idolatriae additus sed postea sancti Spiritus instinctu ad orthodoxiam nostram conversus" – zu Deutsch: „Hier war Stahel, der römischen Konfession zugetan, aber später durch die Eingebung des Hl. Geistes zu unserm rechten Glauben bekehrt."

So dürfte man also das Jahr 1528 auch als den Zeitpunkt für den Beginn der Reformation in WEIDENBERG annehmen. Im gleichen Jahr hatten im Rahmen der Brandenburg-Nürnbergischen Kirchenvisitation alle Pfarrer des Markgrafentums ihre Kenntnisse im evangelischen Glauben vor einer Kommission prüfen zu lassen; wer bestand, durfte seine Stelle behalten, aber schwache Kenntnisse mussten an der Universität der lutherischen Hochburg WITTENBERG nachgebessert werden. Wer katholisch bleiben wollte, hatte seine Stelle nach einer Übergangsfrist zu verlassen.

Neue Lebensregeln durch die neue Lehre

Inzwischen hatte sich aber die ganze Gegend einschließlich der angrenzenden Gebiete der FRANKENPFALZ und der Oberen Pfalz von der Reformation wie von einem alles mitreißenden Strom ergreifen lassen. Nur 11 Jahre, nachdem MARTIN LUTHER seine 95 Thesen zur Erneuerung der Kirche in WITTENBERG an die Tür der Schlosskirche geheftet hatte – so liest REDENBACHER in der Kirchenbeschreibung – habe in WEIDENBERG Kaplan **ULLERICH LEDERER** 1528 den letzten katholischen Fronleichnams-Umgang geleitet, während sich im gleichen Jahr sein oben genannter Kollege ULRICH STAHEL auf der ersten Pfarrstelle offiziell zur neuen lutherischen Lehre bekannt habe.

Als sich dann die Reformation auch im ganzen übrigen Bayreuther Land durchgesetzte und der Markgraf im Jahr 1531 eine Anweisung für die Bürger zu einwandfreiem Lebenswandel herausgab, habe sich auch der markgräfliche Marktort WEIDENBERG bereitwillig gefügt.

In Zukunft wollte man die Kirche fleißig besuchen und Gott in der Litanei täglich anrufen, dass er seinen Zorn abwende. Der christliche Glaube sollte sich aber auch in der Heiligung des alltäglichen Lebens zeigen. Insbesondere wollte man sich der Gotteslästerung und des Zutrinkens enthalten, unter der Kirchenzeit keinen Branntwein feil halten, während des Gottesdienstes nicht auf dem Kirchhof stehen und beim Läuten der Sperrglocke nach Hause gehen. In dieser Gesinnung für ein tätiges und beispielgebendes Christentum hat man also in WEIDENBERG den protestantischen Glauben bejaht und eingeübt und ist ihm auch in den dramatischen Zeiten des 30-jährigen Krieges und der folgenden wechselvollen Jahrhunderte immer treu geblieben.

Über die benachbarte **Frankenpfalz** dagegen liest REDENBACHER, dass ihr heutiger Katholizismus dort seine ganz eigene Geschichte habe. So sei dieses Gebiet der strengen Rekatholisierung im 17. Jh. erlegen, nachdem die bis dato ebenfalls lutherische Obere Pfalz nach der verlorenen Schlacht am Weißen Berg bei PRAG im Jahr 1621 den pfälzischen protestantischen Wittelsbachern genommen und den bayerischen katholischen Wittelsbachern überantwortet worden war. Noch fast 100 Jahre lang hätten aber lutherische Christen in KIRCHENPINGARTEN, KIRMSEES und MUCKENREUTH zähen Widerstand gegen die neuen Gesetze geleistet und auch dem massiven Einsatz von Polizei und Soldaten widerstanden. Doch habe es zu Anfang des 18.Jh. in der Frankenpfalz dann keinen einzigen Evangelischen mehr gegeben.

Erst zwei evangelische Familien aus SOPHIENTHAL hätten dann zu Ende des 19. Jh. mit ihrer Ansiedlung in KIRMSEES das evangelische Leben wieder in die Frankenpfalz gebracht. Weitere Evangelische wären durch Heirat inzwischen dorthin gekommen. GEORG REDENBACHER freut sich darauf, als Zuständiger für die Landorte um WEIDENBERG auch die FRANKENPFALZ kennenzulernen; er will die kleine Schar von Evangelischen dort seelsorgerlich betreuen und im Glauben stärken.

Der 36. Geistliche auf Weidenbergs Zweiter Pfarrstelle

Es berührt GEORG REDENBACHER auch ganz persönlich und macht ihn ein bisschen stolz, als er in der Kirchenbeschreibung liest, dass er nun der 36. Geistliche auf der Zweiten Weidenberger Pfarrstelle sein würde, seitdem Aufzeichnungen über diese Stelle existieren, und dass vor ihm schon 35 Geistliche als Frühmesser, Diakone, Kapläne oder Pfarrer eingesetzt waren.

Seit dem Jahr 1854 ist auch das uralte Pfarrhaus, das in seinen Gewölben wohl ebenfalls noch auf die Zeit nach dem ersten Kirchenbau um 1500 zurückgeht und in dem der Inhaber der II. Pfarrstelle im Bereich des Obermarktes „mitten unter dem Volk“ wohnen und z.B. mit seinen Konfirmanden arbeiten soll, angemessen ausgebaut und hergerichtet. Dass dem Frühmesser zu WEIDENBERG einst ein halber Hof im fernen Oberndorf bei KULMBACH als Pfründe zugestanden habe, liest REDENBACHER mit Interesse. Aber nachdem er selbst in WEIDENBERG einen riesigen Pfarrgarten gleich hinterm Haus hat, reicht ihm dies für seine botanischen Hobbys. Hier wird er genügend Apfelbäumchen pflanzen und Maulbeerbäumchen für seine Seidenraupen hegen können.

Wohnen „mitten in der Gemeinde“: *I. Pfarrhaus (oben links), Krankenhaus und Armenhaus (unten)*

Einen Frühmesser namens **PETER**, dessen Nachname nicht mit überliefert ist, sieht REDENBACHER als ersten Vorgänger auf seiner Stelle aufgezeichnet, wobei ergänzt ist, dass dieser bis zum Jahr 1503, also in der katholischen Zeit, auf dieser Stelle tätig gewesen sei. Ihm sei dann der oben bereits genannte ULLERICH LEDERER gefolgt, der vor der Reformation zunächst noch als Verweser für die I. Pfarrstelle mit verantwortlich gewesen war und dem man auch nach dem Jahr 1528 offenbar erlaubte, trotz seiner ausgeprägten katholischen Einstellung noch eine Weile auf der II. Pfarrstelle zu bleiben.

Dieser Geistliche namens LEDERER bezeichnet also zunächst einmal das Ende des Katholizismus in WEIDENBERG, aber noch nicht unbedingt den neuen Anfang der lutherischen Konfession. Es gab eben sowohl bei den Geistlichen, als auch bei ihren Landesherrn und den Adligen durchaus eine Zeit der Orientierung, die nicht von Knall-auf- Fall-Entscheidungen bestimmt war, sondern von Nachdenklichkeit und Reifung der gläubigen Einstellung.

Dem oben genannten STAHEL war auf der I. Pfarrstelle eine Reihe von nunmehr lutherischen Pfarrern gefolgt, die neben ihren deutschen Namen noch die damals modische Latinisierung der Gebildeten verwendeten, wie „Truncus“ für TRÄNKEL, „Zottlerus“ für ZÖTTLEIN, „Piscator“ für FISCHER, „Weißendorfensis“ als Namensergänzung für seinen Herkunftsort bei Pfarrer THUMSER.

Pfarrer als privilegierte Volkserzieher

Mancher der neuen lutherischen Geistlichen hatte von Anfang an in WITTENBERG studiert, dem „Heiligen Ort“ der Lutheraner. Es war auch ein Stolz und Ansporn für jede lutherische Gemeinde, einen solchen studierten Wittenbergischen Pfarrer bei sich zu haben.

Die für die Stellenbesetzung zuständigen Stadträte der Reichsstädte, die Fürsten, Markgrafen und Adligen auf dem Lande und die Gemeinden zeigten sich gegenüber ihren Pfarrern meist erkenntlich und gaben sich oft gönnerhaft. So bedeutete Pfarrer zu sein seit der Reformation durchaus, einem privilegierten Stand von Gebildeten anzugehören, der in seiner Anerkennung und im praktischen Status auf Augenhöhe mit dem Landadel war. Solche Wertschätzung schlug sich seit den Zeiten Luthers auch im großzügigen Wohn- und Lebensstil des evangelischen Pfarrhauses nieder, das durchaus Adelsformat hatte. Diese Rechnung der Herrschenden ging auf: Durch seine Offenheit und kulturelle Ausrichtung erlangte das evangelische Pfarrhaus für die folgenden Jahrhunderte deutsche Geschichte eine ganz besondere kulturelle Bedeutung. Wie viele für die Kultur- und Geistesgeschichte bedeutsame Menschen sind aus evangelischen Pfarrhäusern hervorgegangen!

GEORG REDENBACHER brauchte ja nur auf das geräumige Pfarrhaus für die II. Pfarrstelle zu schauen, das er bei seinem Aufzug im Jahr 1919 vorgefunden hatte. Es war nach einem Brand im Jahr 1854 nun ganz massiv im Stil des Klassizismus aus Sandstein gebaut und bot auf zwei Stockwerken genug Platz für eine große Familie, für das Amtszimmer und für Gruppenarbeit der Gemeinde. So las er auch das Folgende mit Interesse, nämlich dass es Lutherischen Pfarrern, zumindest soweit sie Inhaber einer I. Pfarrstelle waren, auch in der Vergangenheit beim Wohnen im Allgemeinen nicht schlecht gegangen sei.

Zwar gab es bis in Redenbachers Zeiten hinein, wie er bei seiner Stellenausschreibung im Jahr 1918 ja selbst gemerkt hatte, enorme Unterschiede in den Einkünften und in der Pfarrhausgröße, je nachdem, ob man eine „fette“ oder armselige Pfründe vorfand, ob man auf der I. oder II. Stelle saß.[29] Doch seit Luthers Zeiten

---

[29] Nach geltendem Recht steht der Pfründeertrag auch heute noch „unmittelbar dem Pfarrer zu“. Aber seit Redenbachers Zeiten hat sich doch zweierlei geändert: Erstens wurden

durften die evangelischen Pfarrer damit rechnen, in der Regel tatsächlich nicht schlechter als die Mitglieder des Landadels zu wohnen, in stattlichen, bisweilen schlossähnlichen Pfarrhäusern, und ausgestattet mit einer ordentlichen Pfründe an Feldern, Wäldern und Fischwässern zum eigenen Bedarf und zur Nutznießung als Einnahmequelle.

Für die Stall- und Feldarbeit konnten sich viele Pfarrer auf einer „fetten Pfründe", wie z.B. in GESEES, Knechte leisten für die Feldarbeit und Mägde für das Haus. Ein Kutscher, der ebenfalls am Grundstück wohnte, fuhr sie zum Unterricht oder zur Visitation in die auswärtigen Schulen, zu auswärtigen Gottesdiensten oder zu seelsorgerlichen Gesprächen in entlegenen Weilern. Mancher Pfarrer leistete sich von seinem Gehalt sogar einen jungen theologischen Assistenten und hielt ihn aus, manchmal den eigenen Sohn, der einmal in die Fußtapfen des Vaters treten sollte. Ähnlich hatte es ja auch GEORG REDENBACHER noch erlebt, der nach seinem Ersten Examen zwei Jahre lang bei seinem Vater als Vikar tätig war. Und auch bei den früheren Weidenberger Pfarrern entdeckte er vergleichbare Fälle.

Solche Privilegierung war ja von den Landesherren auch bewusst so gewollt. Die Fürsten und die Reichsstädte forderten und förderten die Bildung der Theologen, um durch sie in Kirche und Schule die religiöse und kulturelle Bildung des Volkes zu heben. Sie unterstellten ihnen deshalb das Schulwesen und übertrugen ihnen die Aufsicht darüber. Sie setzten ihre Pfarrer gezielt ein, um auch das moralische Leben von Jung und Alt nach den Grundsätzen der Bibel zu bessern. Und aus allen diesen Gründen betrachteten sie ihre Pfarrer, neben den Juristen, als Elite ihres Landes, an die sie auch entsprechende Erwartungen hatten. Im Humanismus der Reformationszeit und später auch im aufgeklärten Absolutismus galt deshalb der gebildete Mensch, insbesondere der Pfarrer, als ein durchaus erstrebenswertes Lebensziel.

Doch obwohl Status und Lebensstandard der Pfarrherren in der Regel, zumindest bei einer „fetten Pfründe", über dem des Volkes lag, waren sie natürlich von keinem

---

seit dem Jahr 1935 sämtliche 1.840 bis dahin selbstständigen Pfründestiftungen in der Bayerischen Landeskirche zusammengelegt und bilden von nun an einen Pfründestiftungsverband, der unter Aufsicht des Landeskirchenrates steht und der zur Auszahlung der Pfarrgehälter mit herangezogen wird. Und zweitens wurde im Jahr 1955 eine einheitliche Pfarrbesoldung beschlossen, die an das öffentliche Beamtenrecht angelehnt und damit vom Umfang der Arbeitsbereiche abgekoppelt ist. Dieses neue System ist im Hinblick auf die unterschiedlich schwierigen Arbeitsfelder sicher manchmal ungerecht und unter dem Aspekt der Leistungsanreize natürlich hinterfragbar.

Neben der Pfründestiftung zur Besoldung der Geistlichen gibt es die „Kirchenstiftungen", deren Erträge für die Erhaltung der jeweiligen örtlichen Kirchengebäude dienen. Aber auch dieses Stiftungsvermögen verwaltet die Kirche schon seit langem zentral.

Unglück und Schrecken ausgenommen, der auch das gewöhnliche Volk heimsuchte. Sie waren vielmehr in alles menschliche, politische und insbesondere kriegerische Geschehen, das das Volk betraf, tief mit hinein verflochten. Davon erzählen dem Eingeweihten auf eindrückliche Weise die Epitaphien, die von vielen dieser Pfarrer in WEIDENBERG erhalten sind.

Diese meist gemalten Tafeln waren in der Regel von den Angehörigen gestiftet, hingen aber vom Zeitpunkt ihrer Anbringung, meist kurz nach dem Tode der Stelleninhabers, stets in der Kirche und wurden durch die Jahrhunderte auch immer wieder liebevoll, wenn auch nicht immer korrekt und sachgerecht, restauriert. Doch bevor wir diese Tafeln über die einzelnen damit verknüpften Pfarrerschicksale zum Reden bringen, wenden wir uns noch dem Geschick des Kirchengebäudes zu, das nun auf dem Bergsporn des Gurtsteins stand.

Ein neuer Glockenturm mit spitzer Haube 1560-1576, eine neue Glocke 1592 und eine Orgel

Die ausgesetzte Lage der ST. MICHAELSKIRCHE auf dem Bergsporn des Gurtsteins bedeutet für diese Weidenberger Kirche stets auch ein bauliches Problem. Zwar waren die Fundamente des Gebäudes auf dem Felsen fest gegründet, doch verursachten in den folgenden Jahren Unwetter und Blitze immer wieder schwere Schäden. Im Jahr 1537 müssen die Kirchmauern zum ersten Mal ausgebessert werden, drei Jahre später erfolgt eine neue Instandsetzung.

Aus dieser Zeit erfahren wir erstmalig auch etwas über das Geläut. Im Jahr 1537 lässt Pfarrer KONRAD BAYER – Weidenbergs erster Pfarrer, der nicht vom Katholizismus übergetreten ist, sondern bereits als „Lutherischer“ studiert hat – die beiden **Glocken** von ST. STEPHAN zur MICHAELSKIRCHE bringen und dort aufhängen. Das zeigt, dass zu diesem Zeitpunkt das Kirchlein am Friedhof längst nicht mehr der geistliche Mittelpunkt der Gemeinde ist. Es droht sogar der gänzliche Verfall. 13 Jahre später lässt der gleiche Pfarrer für ST. MICHAEL eine weitere Glocke von einem Glockengießer in KEMNATH gießen, sodass seit diesem Zeitpunkt das Geläut dieser Kirche erstmals für einige Zeit sogar dreistimmig ist.

Doch berichten die Dokumente nun beim Turm von Problemen. Schwingende Glocken bedeuten ja für einen Turm eine wechselnde und nur schwer berechenbare statische Last. Auch bringen wohl die vier zusätzlichen Ecktürmchen für die Statik und die Eindeckung des Turmhelms eine zusätzliche Herausforderung mit sich, sie erweisen sich als störanfällig. Blitzschäden tun das Übrige.

So erfahren wir aus dem Jahr 1560 und den folgenden zwei Jahren, dass man am unteren Teil des Turms „gebaut“ hat. Das klingt harmloser, als es in Wirklichkeit ist, der Kirchturm wird nämlich fast ein kompletter **Neubau**. Es scheint, dass man damals den Turm wegen Baufälligkeit bis auf etwa 8m Höhe abgetragen und von dort mit Steinquadern ganz neu aufgebaut hat. Nun hat man ihn auch mit einem neuen spitzen Turmhelm ohne die früheren Türmerstübchen versehen. Eine Inschrift außen am oberen Turmgeschoss verrät, dass im Jahr 1576 der neue Turm bis zu dieser Höhe fertig gestellt ist; dies bestätigen auch die Baurechnungen.

Die Kosten für den Turmbau werden damals auf Befehl der Markgrafen zu gleichen Teilen den markgräflichen und künsbergischen Untertanen auferlegt. Tatsächlich übernehmen der Landadel und dessen Untertanen dann doch den Löwenanteil: WOLFF WAGNER, Untertan von JOBST V. KÜNSBERG vom unteren Schloss, steuert 53 fl. bei. PHILIPP KUNER, der zu den Untertanen von Jobsts Großcousin JOACHIM V. KÜNSBERG zählt, zahlt 23 fl. FRITZ LORENTZ, der zu den Untertanen von SEBASTIAN V. KÜNSBERG vom oberen Schloss gehört, übernimmt 23 fl. Der markgräfliche Hintersasse CHRISTOPH WAGNER beteiligt sich ebenfalls mit 23fl. Weitere 10 fl. kommen aus der Almosenstiftung. 5fl. steuert der gut situierte Bäcker HANS KUNER bei. Von diesen insgesamt 137 fl. bekommt der Steinmetz FRITZ GUBITZEL rd. 106 fl. für die Arbeiten an den Fenstern und am Turm.

Was geschah aber in diesen mehr als 16 Jahren der Bauzeit des Turms mit den Glocken? Die Glockenstube des Turms war ja mit abgerissen worden. Wie wir auch von anderen Orten mit ähnlichen Problemen wissen, und wie es für WEIDENBERG auch noch aus späterer Zeit um 1700 bezeugt wird, dürften die Glocken in der Zwischenzeit in einem sg. Glockenhäuschen aufgehängt und geläutet worden sein: Ein hölzerner Glockenstuhl wird als Provisorium auf ein Mauerwerkfundament gestellt und mit einer Schutzbedachung versehen. Solche Glockenhäuschen sind in GESEES und an anderen Orten bis heute erhalten geblieben; ihre eichenen Glockenstühle wurden später meist als Fachwerk in das Mauerwerk integriert und zu ganzen Wohnungen für Mesner oder Totengräber erweitert und umfunktioniert.

Geschichtliches Unikum: *Geseeser Glockenhäuschen von 1459, Zeichnung nach GEBESSLER*

Nachdem aber in WEIDENBERG endlich der neue Glockenturm fertiggestellt ist, wird das alte Glockengeläut in den Glockenstuhl in der Läutstube eingesetzt. Doch akustisch erweist sich das Ergebnis als Desaster. Wahrscheinlich harmoniert der Zusammenklang des Geläutes der zwei älteren Glocken, die von ST. STEPHAN abmontiert worden waren, nicht mit der im Jahr 1550 in KEMNATH nachgegossenen Glocke. Denn schon rd. 10 Jahre später, im Jahr 1592, lässt Pfarrer JOHANN „Piscator“ FISCHER diese beiden ehemaligen Stephansglocken abnehmen und durch eine einzelne neue Glocke ersetzen. Sie wird diesmal vor Ort in WEIDENBERG in einer Glockengrube an der Kirche neu gegossen, ein damals gängiges Verfahren reisender Glockengießer.

Was aus den ausgemusterten Glocken der STEPHANSKAPELLE geworden ist, ist nicht bekannt. Eine eigentümliche Nachricht aus der FRANKENPFALZ besagt, dass eine der Glocken, wohl die größere der beiden, von den katholischen Kirchenpingärtnern „gestohlen“ worden und dann auf dem Kirchenturm von ST. JAKOBUS d. Ä. in KIRCHENPINGARTEN aufgehängt worden sei. Dort sei sie im mehrstimmigen Geläut bis 1857 mit erklungen[30]. Da bewusst ausgeschmückte Schauergeschichten in der Rivalität zwischen Katholiken und Protestanten stets eine große Rolle gespielt haben, ist eher anzunehmen, dass diese Glocke auf ganz legalem Weg, nämlich über einen Verkauf, nach KIRCHENPINGARTEN gekommen ist.

Auch eine **Orgel** dürfte in ST. MICHAEL schon seit sehr früher Zeit erklungen sein. Denn Orgeln zur Begleitung des Gemeindegesangs gehörten seit der Reformationszeit, neben Taufstein, Altar und Kanzel, zu den Hauptstücken lutherischer Kirchen und der Gottesdienstausgestaltung.

Zwar ist eine Orgel in der Bürgerkirche auf dem Gurtstein in den Dokumenten der Landeskirche erst seit 1658 nachweisbar, als es darum geht, die Schäden nach dem 30-jährigen Krieg zu beseitigen. Doch dürfte diese Orgel schon spätestens mit dem ausgehenden 16. Jh. oder noch früher hier Vorgängerinnen gehabt haben. Vielleicht war der oben schon genannte rührige Pfarrer KONRAD BAYER, der sich auch um die Glocken gekümmert hatte, bereits um 1550 der Initiator einer solchen Orgel. Ihre Hauptaufgabe war zu dieser Zeit die musikalische Unterstützung des lutherischen Gemeindechorals.

---

[30] Vergl. Buch „Spurensuche Frankenpfalz“ S.83.

Epitaphien – Spiegel tatkräftiger Pfarrer und trauriger Pfarrfamiliengeschicke

Es sind 14 wertvolle Epitaphien, Gedenkbilder für Verstorbene, aus Holz und Stein, aus der Zeit der Spätgotik bis zum Biedermeier, welche die Weidenberger ST. MICHAELSKIRCHE innen und außen seit dem 16. Jh. schmücken. Die meisten dieser Totenbilder erinnern an Pfarrer; sie berichten aus insgesamt über 250 Jahren Amtszeit. Vier Epitaphien sind auch Adligen oder früheren Geschäftsleuten gewidmet. Alle diese Darstellungen wollen das Andenken der Verstorbenen im Gedächtnis halten und sind meistens künstlerisch aufwendig gestaltet. Erst mit der jüngsten Kirchenrenovierung haben viele dieser bildhaften Darstellungen wieder ihren besonderen Platz an und in der Kirche gefunden.

Was die äußerliche Form dieser Epitaphien betrifft, finden sich in WEIDENBERG zeitlich parallel die beiden Hauptformen, nämlich aus Stein gehauene Grabplatten einerseits und gemalte Andachtsbilder andererseits. Im Unterschied zum eigentlichen Grabmal, wie es dann Georg Redenbachers Tochter RUTH im 20. Jh. für ihre verstorbenen Eltern schafft, befinden sich diese Epitaphien der früheren Pfarrer nicht am Bestattungsort.

Anfangs, in der Renaissancezeit und im Frühbarock, finden wir nur stilisierte Ansichten der Geistlichen mit ihren Familien. Diese Abbildungen sind dem jeweiligen geistlichen Thema des Bildes und dessen Darstellung untergeordnet. Solche geistlichen Themen formulieren bildhaft christologische Grundbekenntnisse des Neuen Testaments, z.B. die Taufe Christi, Christi Auferstehung oder die Rolle Christi als Weltenrichter beim Jüngsten Gericht.

Die Darstellung der Pfarrfamilie zum Zeitpunkt des Todes des Geehrten erfolgt jeweils in der unteren Bildhälfte nach schematischen Gesichtspunkten: Die Familie ist rechts und links des Kreuzes Christi versammelt. Rechts ist die Mutter mit den Töchtern aufgereiht, links der Vater mit den Söhnen. Über den Häuptern bereits Verstorbener sind rote Kreuze aufgemalt.

Diese alten Schemata weichen zunehmend in der Barock- und Rokokozeit und im Klassizismus einer klaren portraithaften, auf Erkennbarkeit der Gestalt angelegten Darstellung. Mit den oft beigefügten Texten soll die Vita des Verstorbenen in Erinnerung gerufen werden.

Die älteren gemalten Epitaphien geben uns bisweilen Einblick in regelrechte Dramen, die uns nachträglich erschauern lassen, während zu den jüngeren Portraits konkrete Erzählungen aus anderen Quellen, insbesondere der Pfarrbeschreibung, überliefert sind, die im Einzelfall das gleiche Erschauern hervorrufen können.

Der oben bereits bei den ersten evangelischen Pfarrern nach der Reformation erwähnte ZÖTTLEIN und sein übernächster Nachfolger FISCHER sind die ersten Weidenberger Geistlichen, deren Angehörige dem Andenken ihres Verstorbenen ein Epitaph gestiftet haben.

Gestorben vor der Taufe des neunten Kindes – Das Zöttlein-Epitaph 1583

Gezeichnet mit dem Kreuz:
BARTHOLOMÄUS ZÖTTLEIN 1580

Bereits seit 1565 war **BARTHOLOMÄUS ZÖTTLEIN** Inhaber der Kaplanstelle und offenbar in WEIDENBERG als Seelsorger sehr beliebt. Denn 13 Jahre später, im Jahr 1573, kann er sich, mit Unterstützung der in der FRANKENPFALZ ansässigen Weidenberger Adelsfamilie VON LINDENFELS, sowie des Weidenberger Richters, des Bürgermeisters und des Gemeinderates, erfolgreich um die Erste Pfarrstelle bewerben und sich dabei auch gegen zwei Mitbewerber von auswärts durchsetzen.

Der angesehene Creußener Pfarrer JOHANN BAUERNSCHMIDT hatte, wohl nicht ganz uneigennützig, stattdessen den Schulmeister WOLFGANG FROSCH aus CREUßEN empfohlen, offenbar um ihn los zu werden. Und der Oberhauptmann, welcher die markgräflichen Interessen vertrat, protegierte seinerseits den Pfarrer DAVID LANGER aus SCHAUENSTEIN. Doch nach einer Probepredigt und nachdem ZÖTTLEIN auf wissenschaftlich-theologischem Gebiet Nachbesserung in der Lutherhochburg WITTENBERG gelobt hat, entscheidet sich damals der Markt WEIDENBERG mehrheitlich für den bereits aus vielen Dienstjahren als II. Pfarrer bekannten Geistlichen und lässt die Mitbewerber bei dieser Pfarrwahl durchfallen.

In der ewigen Auseinandersetzung mit den Markgrafen haben die örtlichen Reichsritter auf diese Weise mal wieder einen Punkt gemacht. So falsch war diese Entscheidung wohl auch nicht. Denn FROSCH wird dann zwar im Jahr 1574 Pfarrer in GESEES. Aber wegen Streitsucht, die vor allem auch seiner Frau nachgesagt wird, enthebt man ihn dort schließlich im Jahr 1592 seines Amtes. Und diese zänkische Frau war offenbar schon dem Creußener Pfarrer JOHANN BAUERNSCHMIDT auf die Nerven gegangen.

Erinnerung an einen tüchtigen Pfarrer und ein trauriges Pfarrfrauenlos

Der neue Weidenberger Amtsinhaber erweist sich nicht nur seelsorgerlich als tüchtig; er kümmert sich auch sonst um die Gemeinde, um die Schule und auch um das permanente Sorgenkind, das kirchliche Bauwesen. So lässt er zunächst einmal die anfällige Orgel richten und tiefgreifende Baumaßnahmen am Kirchturm durchführen, der in dieser ausgesetzten Lage insbesondere durch Blitzschlag und Wetter ständig gefährdet ist. Das ist auch finanziell ein herausfordernder Drahtseilakt, denn der Pfarrer muss seine ganzen diplomatischen Künste einsetzen, um die rivalisierenden Untertanen der Markgrafen und der künsbergischen Reichsritter gleichermaßen zur Unterstützung zu gewinnen.

Doch damit sind die gravierenden baulichen und finanziellen Probleme der Gemeinde noch lange nicht gelöst. *„In dieser Pfarr hat es allweg mehr mangel den [als] an andern orten“*, so stellen die Vorgesetzten in der Kirchenvisitation von 1578 fest. Das Problem der „armen Gemeinde Weidenberg“, das noch bis weit ins 20. Jahrhundert hinein anhält und auf das im nächsten großen Kapitel dieser Folge eigegangen werden soll[31], zeichnet sich hier im ausgehenden Mittelalter bereits ab. Dass die Gemeinde aber auch noch im 19. Jh. finanziell ständig klamm und in finanzieller Schieflage ist, beruht vor allem auf den hohen Lasten für die Armen, mit denen die Kommune als Folge der gemeindlichen Autonomiegesetze im Sozialstaat des neuen Bayerischen Königreichs allein gelassen ist.

Doch schon zu Beginn der Neuzeit im 16. Jh. gibt es massive Klagen über mangelnde finanzielle und moralische Unterstützung. Sie richten sich damals insbesondere an die Künsberger Schlossherren, die sich mit ihren Zuwendungen beim Bau des Kirchturms und der Renovierung der Schule auffallend zurückhalten. Unter dieser finanziellen Misere leidet auch die Qualität des schulischen Personals. Die dort eingesetzten Kantoren-Lehrer wechseln ständig, weil sie unterbezahlt sind; und ihr Unterricht ist schlecht, weil das Geld nur für „billige“ Lehrkräfte reicht. Auch ist das Schulgebäude in erbärmlichem Zustand, der Fußboden ist durchgefault, das Dach schadhaft. So gehen seinerzeit auch kaum Kinder in die Schule – ein Teufels-

[31] S.u.: „Arbeit, Wohlstand und Armut bei den Gaasla – Soziales Leben, Beruf und Gewerbe in Weidenberg bis 1919.“

kreis. *„Schad, dass in einem solchen Markt und Flecken nit eine gute schule sein soll, das doch eine große Jugend hat"*, klagt die Visitation.

Pfarrer ZÖTTLEIN versucht im Rahmen seiner begrenzten Möglichkeiten diesen Missständen abzuhelfen. Er kann durchsetzen, dass wenigstens der Fußboden in der Schule erneuert und das Dach ausgebessert wird. Durchgreifenderen Erfolg hat bei diesem Dauerproblem „Schule" erst sein Nachfolger JOHANN FISCHER, dem es im Jahr 1588 gelingt, die Gerichtsschreiberei vom Schuldienst zu trennen und für den Schuldienst einen eigenen Kantor-Lehrer einzusetzen. Der größte Erfolg dieses Pfarrers FISCHER ist dann die Errichtung eines neuen Schulgebäudes.

Doch Pfarrer ZÖTTLEIN hat sich in dem schwierigen Spagat zwischen Gemeindeseelsorge, Bauwesen und schulischer Bildung aufgezehrt. Seine Gesundheit ist stärker angegriffen, als er und seine Gemeinde das wahrhaben wollen. Es bahnt sich eine große Tragödie an, die dann bald diese Familie trifft und die sich auch für den Betrachter in der Epitaph-Darstellung erkennbar entfaltet.

Auf dem Epitaph ist ZÖTTLEIN links vom Kreuz Jesu kniend gemalt. Wie stets in diesen Darstellungen ist er in den vertrauten schwarzen Talar des lutherischen Predigers gekleidet. Sein vollbärtiges Gesicht ist von natürlichem braunem Haar umrahmt; der Mann wirkt noch nicht sehr alt. Doch ihm ist als einzigem aus der Familie über dem Haupt ein rotes Kreuz gemalt, als Zeichen, dass er zur Zeit der Schaffung dieses Bildes schon verstorben ist. Dieser beliebte und tüchtige Pfarrer hat demnach nur zehn Jahre in WEIDENBERG auf der Ersten Pfarrstelle wirken können, nach sieben Jahren auf der Zweiten, und ist im Jahr 1583 im besten Alter unerwartet gestorben. Das wird, wie überall in solchen Fällen, wortlos hingenommen.

Seine Witwe ist nun allein verantwortlich für die Erziehung und den Unterhalt der neun Kinder. Spätestens, wenn der Nachfolger kommt, muss sie das geräumige Pfarrhaus verlassen. Das Privileg der lutherischen Pfarrer ist also nur ein Vorrecht auf Zeit. Dahinter lauert stets die bitterste Armut. Pfarrfrauen, die aus ihrer idealistischen Einstellung heraus dem Mann zur Hand gehen und in der Gemeinde unentgeltlich mitarbeiten, anstatt einem eigenen Beruf nachzugehen, werden im Fall früher Witwenschaft bis heute dafür finanziell oft bitter bestraft.

Das Epitaph zeigt über der verwaisten, elfköpfigen Stifterfamilie die biblische Szene von der **Taufe Jesu** durch JOHANNES im Jordan.

Auf dem oberen Rahmen ist das Zitat aus Matthäus 3 zu lesen: *Das ist mein lieber Sohn, an dem ich Wohlgefallen habe, den sollt ihr hören.* JESUS steht bis zu den Oberschenkeln im Wasser, dicht am Ufer eines sehr großen Gewässers. Das jenseitige Ufer mündet in einen bewaldeten Berg vor einer hohen Gebirgskulisse. Der Täufer JOHANNES kniet, in sein raues Gewand aus Kamelhaar gehüllt, auf der Uferböschung und übergießt das Haupt Jesu mit dem Wasser des Jordan. Hinter JOHANNES warten drei hoch gewachsene Engel, die das Gewand Jesu halten. Sie stehen wohl sinnbildlich für die Trinität und begegnen in ihrer Dreiheit schon im Alten Testament, als sie ABRAHAM und die verdorbene Stadt SODOM besuchen.

Dieser „heiligen Gruppe" gegenüber stehen am Ufer bischöflich und bürgerlich gekleidete Personen als Taufgemeinde. Sie werden zu Zeugen, wie sich über JESUS der Himmel öffnet und der göttliche Geiststrahl JESUS trifft. Ihnen gilt das Wort Gottes, dass sie auf JESUS, Gottes geliebten Sohn, hören sollen.

Jesu Taufe soll die Witwe trösten

Diese Taufe Jesu ereignet sich gleichsam wie in einer übergeordneten Ebene über der Familie und mag die verlassene Witwe Zöttleins ein wenig trösten, die mit ihren neun Kinder und ihrem verstorbenen Mann um das Kreuz Jesu kniet.

Die Witwe ist mit ihren zwei Töchtern auf der rechten Seite des Kreuzes gruppiert. Die weiblichen Gestalten sind in schwarze Gewänder mit weißen Rundkragen gehüllt. Links knien hinter dem Vater die sieben Söhne, alle in talarähnliche schwarze Gewänder gehüllt. Nur der Kleinste trägt ein weißes Gewand, wohl sein Taufgewand.

Hier liegt wahrscheinlich die Verbindung zum Bildmotiv der Taufe Jesu. Der Vater hat offensichtlich die bevorstehende Taufe seines jüngsten Sohnes nicht mehr miterleben dürfen.

Hier wird also eine große Tra-

Trost in der Taufe Jesu: *BARTHOLOMÄUS ZÖTTLEIN 1580 ist mit seiner Familie um das Kreuz Christi versammelt*

gödie ins Bild gesetzt. Die Witwe steht mit ihren neun Kindern allein und ohne ein Zuhause da. Doch die Gebetshaltung der Personen gleicht Dürers betenden Händen und drückt fromme Ergebung aus.

Das Epitaph enthält weder die genannte Jahreszahl noch die Lebensbeschreibung der Pfarrfamilie. Den Zuordnungsvorschlag BARTHOLOMÄUS ZÖTTLEIN wage ich hier m. W. als Erster zu machen; dasselbe gilt für meine These, dass es sich hier um das älteste Epitaph in der Weidenberger Kirche handelt. Bei der Beschreibung der Bayerischen Kunstdenkmale, die AUGUST GEBESSLER 1959 für den Landkreis Bayreuth vornimmt, fehlt dieses anrührende Epitaph seltsamerweise gänzlich. Bei den Angaben für die übrigen Epitaphien haben sich bei ihm viele vermeidbare fundamentale Fehler eingeschlichen, die seitdem leider unbesehen abgeschrieben werden.

Es sind vor allem die Stilvergleiche und die Hinweise aus der Pfarrbeschreibung, die mich in meinem Urteil sicher machen, dass wir mit diesem „Zöttlein-Epitaph" das älteste vorhandene Stück dieser Kirchenausstattung vor uns haben und uns mit ihm noch im Jahrhundert der Reformation befinden.

Privilegiert sind Pfarrer nur für die Amtszeit

Das Zöttlein-Epitaph regt besonders an, das Leben der damaligen Geistlichen auch unter sozialen Gesichtspunkten zu betrachten. Mit dem Tod des Familienoberhaupts erlöschen alle Privilegien. Die Familien erwartet ein elendes Geschick. Denn die soziale Gesetzgebung, auf die wir heute in Armutssituationen bauen, beginnt ja zaghaft erst im 19. Jh. Und auch heute noch sind Frauen, die ihr Leben der Kindererziehung, dem Haushalt und der Gemeindearbeit widmen, wie es früher bei Pfarrfrauen gang und gäbe war, als Witwen schwer benachteiligt und stehen dann manchmal auch finanziell vor einem Schock.

Ein solches Geschick ist auch Zöttleins unmittelbarem Nachfolger **JOHANN GUTTENBERGER** beschieden, von dem wir kein Bildnis besitzen. Bereits im Jahr 1585, also zwei Jahre nach dem Tod des Vorgängers, zeigt seine Frau seinen Tod nach schwerer Krankheit und Siechtum an und bittet inständig, wenigstens noch für eine Übergangszeit im Pfarrhaus wohnen zu dürfen. Die Pfarrstelle möge so lange durch die Nachbarpfarrer in BIRK, NEUNKIRCHEN und NEMMERSDORF vertretungsweise versehen zu lassen, weil sie mit ihrer Familie sonst in die Armut falle. Doch ihre inständige Bitte verhallt ohne Echo. Denn im gleichen Jahr tritt der oben schon genannte „piscator" sein Amt an, dessen Epitaph wir als nächstes betrachten.

„Deesis" mit falscher Jahreszahl – Das Fischer-Epitaph 1603

Beim südwestlichen Treppenaufgang zur Empore der ST. MICHAELSKIRCHE hängt jetzt das drittälteste Pfarrer-Epitaph der Kirche. Es erinnert an Pfarrer Magister **JOHANNES FISCHER**, genannt „Piscator", der von 1584-1603 in WEIDENBERG gewirkt hat.

Dieses Epitaph wird bei GEBESSLER korrekt so beschrieben: „Mit kniender Stifterfamilie, darüber Deesisgruppe." Er ordnet das Epitaph auch richtig FISCHER zu, gibt aber als Todesdatum die falsche Jahreszahl „1690" an.

Fürbitte vor dem Weltenrichter: *Das FISCHER-Epitaph von 1603 steht am Übergang der Renaissance zum Barock*

Bereits ein früherer Restaurator hatte die zutreffende Jahreszahl **1603** wohl nicht mehr lesen können und auf 1609 umgeschrieben. Wie daraus allerdings 1690 werden kann, bleibt unerklärlich; der Stil dieser Bilder verändert sich doch in den dazwischen liegenden fast 90 Jahren so stark, von der Spätgotik und Renaissance hin zum Barock, dass dies einem Experten eigentlich hätte auffallen müssen. GEBESSLER hat also die ihm überlieferten Daten offenbar gar nicht nachgeprüft, was man leider bei ihm öfter beobachten kann.

Die deutsche Inschrift im Auszug zitiert als theologisches Thema den Vers aus dem dritten Kapitel des Johannes-Evangeliums:

Also hat Gott die Welt geliebet, dass er seinen einigen Sohn gab, auff das alle, die an ihn glauben, nicht verloren werden, sondern das ewige Leben haben.

Das Hauptgemälde ist in seiner Thematik horizontal zweigeteilt. In der unteren Bildhälfte kniet die Stifterfamilie, aber nicht um das Kreuz, wie in den meisten ähnlichen Epitaphien, sondern an einer apsisartigen Mauer vor einer Landschaft mit zentralem grünem Hügel.

Der Vater, wie üblich auf der linken Seite, ist in den schwarzen Talar des lutherischen Predigers mit weißem Rundkragen gekleidet. Vor ihm knien die beiden gleichartig gekleideten Söhne. Rechts betet die Mutter mit ihren sieben aufgereihten Töchtern. Die Gebetshaltung der Familie gleicht Dürers betenden Händen.

Der Fußboden ist grün und weiß scharriert; seine Perspektive leitet den Blick des Betrachters in die Unendlichkeit bzw. hinauf zum himmlischen Weltenrichter.

Vision einer himmlischen Fürbitte für Lebende und Verstorbene

Die elf versammelten Personen erleben eine Vision, die Erscheinung einer „großen Deesis". So wird das mittelalterliche Motiv der Fürbitte beim Jüngsten Gericht

Maria und Johannes der Täufer beten vor dem Weltenrichter für die Seelen der Menschen:
Deesis-Motiv auf dem Fischer-Epitaph

für die menschlichen Seelen bezeichnet, zu der sich MARIA und JOHANNES DER TÄUFER (!) vor dem Weltenrichter eingefunden haben, ein Motiv, dass auch in der Ikonenmalerei der Orthodoxie sehr verbreitet ist. Die dicken grauen Wolken über dem Hügel in der Ferne öffnen sich, der leuchtende Himmel wird sichtbar. Umstrahlt vom gleißenden Licht der göttlichen Ewigkeit thront JESUS auf einem Regenbogen; ein zweiter Regenbogen dient ihm als Fußschemel.

Zur Linken des Thrones Jesu kniet, wie schon unter seinem Kreuz, seine Mutter MARIA. Sie tut Fürbitte für die Sünder. Von rechts her nähert sich JOHANNES. Nachdem er ungewöhnlicherweise mit einem Spitzbart als Attribut gezeichnet ist, soll diese Gestalt nicht, wie in der lateinischen Kirche üblich, den Jesusjünger JOHANNES darstellen, wie er sonst meist mit MARIA zusammen dargestellt wird, sondern eben den Täufer JOHANNES. Ihm bringt insbesondere die Ostkirche eine hervorgehobene Verehrung entgegen und lässt ihn stets bei der Darstellung der Deesis auftreten. Auf dem Rand der Wolke kniend, neigt er sich bittend JESUS zu.

Das Schwert des Gerichts, das JESUS in vielen gotischen Darstellungen des Weltgerichts in der Linken hält oder an seinem Munde hat, entschwebt in den Himmel. Beruhigend und segnend hält JESUS seine Linke JOHANNES entgegen. Die Rechte ist zum Schwur des Lebens erhoben. Daneben weisen Lilien auf Jesu eigene Reinheit und Empfängnis ohne Sünde. Farbig gekleidete Engel umschweben die Gruppe und blasen zum jüngsten Gericht. Die Szene symbolisiert das darüber geschriebene Bibelwort: Gottes Liebe zur Welt, die sich in der Kreuzigung Jesu entfaltet, schenkt den Gläubigen statt Verurteilung das ewige Leben.

Die lateinische Bildunterschrift sagt, dass Magister JOHANNES FISCHER dieses Epitaph wohl noch zu Lebzeiten hat fertigen lassen und dass er hier nun unter der schwarzen Erde schlafe, in der Erwartung der Wiederkunft Christi, dem er einst Dank sagen wolle.

Zurück bleibt auch hier die Witwe, die nun mit dem Tod ihres Mannes ihre Heimstatt verliert und mit nur geringem finanziellem Rückhalt allein für ihre neun Kinder sorgen muss.

Dank an Christus für die Auferstehungshoffnung: *Magister JOHANNES FISCHER*

Pfarrersein in schlimmen Zeiten

GEORG REDENBACHER ist über die Epitaphien, die er in der Kirche eingehend betrachtet hat, und über die Geschichten, die sie erzählen, recht betroffen. Besonders schlimm aber, so liest er mit großem Entsetzen weiter, war es den Menschen in WEIDENBERG, die Pfarrer eingeschlossen, jeweils in Kriegszeiten gegangen. Hier fehlen uns dann zunächst auch Bilder der betroffenen Geistlichen: Für künstlerische Werke gab es in diesen Notzeiten weder Muße noch Geld. Aber die Pfarrbeschreibung hat doch manche dramatische Geschichte aufgehoben.

So ist es, wie zu erwarten, der 30-jährige Krieg, der damals die tiefsten Wunden nicht nur an Leib, Leben und Gesundheit schlägt, sondern auch die Moral und die Seelen der Menschen verwüstet. Jede Humanität, jede in Glauben und Alltagsheiligung frisch erkämpfte Menschenachtung scheint verflüchtigt. Wer seinerzeit, wie der große evangelische Liederdichter PAUL GERHARDT, dagegen anzudichten oder anzusingen versucht, scheint auf verlorenem Posten. Durchmärsche, Einquartierungen, Plünderungen, Erpressungen, Brennen und Morden suchen das ganze Land heim und machen Arm und Reich zu haltlosen Freibeutern und Mittätern.

So bleiben vom Wüten solcher Mordbrände in WEIDENBERG auch die Inhaber der Pfarrstellen nicht verschont. Zu allem Überfluss schlägt auch noch die Pestseuche zu und fordert ihre Opfer.

Die Weidenberger Chronik der 30 Jahre dieses grausamen Krieges und der damit verbundenen Hungersnöte und Seuchen, denen in Teilen Süddeutschlands zwei Drittel der Bevölkerung zum Opfer fielen, liest sich wie eine unaufhörliche Tragödie.

Mit Schaudern etwa entnimmt GEORG REDENBACHER dieser Chronik, dass sein damaliger Kollege **JOHANNES FLEIßNER** im Jahr 1622 nach seinem Dienstantritt nur wenige Monate in WEIDENBERG bleiben kann; bereits im Herbst vertreiben ihn die Kriegsstürme. An diesen Geistlichen hatte die Gemeinde besondere Erwartungen geknüpft, weil er im „sächsischen Rom", der Lutherstadt WITTENBERG, Theologie studiert hatte. Doch Krieg und Seuchen machen damals alle Hoffnungen zunichte, die Gemeinde ist wieder ohne Pfarrer. 11 Jahre später verstirbt FLEIßNER in BAYREUTH elend an der Pest. In diesen Jahren kann die Erste Pfarrstelle in WEIDENBERG überhaupt nicht besetzt werden.

Als schließlich nach langer Vakanz auf der Ersten Pfarrstelle **BALTHASAR GEIßLER** im Jahr 1634 mit großen Hoffnungen zum nächsten Pfarrer ernannt wird, schlägt der Krieg erneut zu. Dem neuen Amtsträger ergeht es nicht besser als seinem Vorgänger. Er kann seinen Dienst „wegen großer Kriegsnöte" gar nicht erst antreten und stirbt dann, wahrscheinlich ebenfalls in BAYREUTH, an der Pest. Seit

Beginn des 17. Jh. flackert diese heimtückische Seuche in Stadt und Land immer wieder auf und rafft entsetzlich viele Menschen dahin.

Auch der Marktort WEIDENBERG ist vom Krieg und von den grassierenden Seuchen schwer betroffen. Im Jahr vor dem geplanten Stellenantritt Geißlers, 1633, waren im Auftrag der katholischen Habsburger und der mit ihnen verbündeten bayerischen Wittelsbacher marodierende Verbände kroatischer Freischärler in das Weidenberger Gebiet eingedrungen. Unter Anführung des – katholischen – Waldecker Landrichters HANS CHRISTOPH UMSEHER, der in wittelsbachischen Diensten stand, fielen die Landsknechte nach dem Zeugnis der Pfarrbeschreibung *„unversehens in den Markt ein, eben als man Hans Geigers Eheweib zu Grabe geleiten wollte; sie erschossen und erwürgten etliche Bürger, plünderten den Markt und steckten ihn allerorten mit Feuer an, dass auch die Leiche auf dem Platz mit verbrennen musste, und führten viele Manns- und Weibspersonen gefänglich nach Kemnath"*.

Offensichtlich hatten diese Söldner auch die Pest mitgebracht. Denn im Folgejahr 1634 wird der ganze Ort WEIDENBERG von einer gewaltige Pestepidemie heimgesucht. Praktisch ein Drittel der damaligen Einwohnerschaft Weidenbergs, insgesamt 327 Bürger, fallen ihr zum Opfer. Fünf Angehörige einer Familie, fünf Brüder, findet der Pfarrer später im Beerdigungsregister nacheinander eingetragen.

Unter den Verstorbenen im Jahr 1634 findet REDENBACHER auch einen seiner Amtsvorgänger auf der Zweiten Pfarrstelle, den seinerzeit 60-jährigen Diakonus **JOHANN TRAUTNER**, welcher achtundzwanzig Jahre hindurch hier gewirkt hatte; mit ihm zusammen waren auch seine Frau und eine Tochter an der Pest gestorben.

Auch vor den Prominenten im Ort macht der Tod damals nicht halt. Unter den Opfern ist sowohl der damalige Bürgermeister WOLF, als auch der Schlossherr JOBST BERNHARD VON KÜNSBERG, dessen „oberes" Schloss die Kroaten ebenfalls im Jahr zuvor niedergebrannt hatten. Alle diese Pestopfer werden ohne Predigt, also in der Stille begraben, auch der Herr VON KÜNSBERG.

Es ist nicht auszuschließen, dass die geheimnisvolle Säule beim Steinkreuz auf der Bocksleite, die von fantasievollen Heimatforschern gern als sprachlich und begrifflich gar nicht existierende „Geleitsäule" identifiziert wird,[32] im Zusammenhang mit dieser damaligen Pestepidemie aufgestellt wurde.

---

[32] Diesen Fantasiebegriff nimmt leider auch der ansonsten recht seriöse Bayreuther Steinkreuzforscher KARL DILL in der Neufassung 1984 (S. 155) seiner Broschüre „Die alten Flurdenkmäler des Landkreises Bayreuth" von 1970 (S. 19) auf. In seiner ersten Beschreibung hatte er noch eine möglicherweise korrekte Erinnerung der Bevölkerung wiedergegeben, nach der dieser Stein im Zusammenhang mit dem Überfall der Kroaten von 1633 und der eingeschleppten Pest steht. Dieser Information möchte ich mich anschließen. Ich kann mir gut

Steinkreuzensemble auf der Bocksleite: *Vielleicht wurden hier die Pesttoten von 1634 bestattet*

Es ist schon das Jahr 1635, als endlich Bayreuths MARKGRAF CHRISTIAN dem Prager Frieden beitreten kann. Er verschafft so seinem Land eine dringend benötigte Atempause in diesem für Deutschland bis dahin entsetzlichsten Krieg.

Doch der Schrecken geht auf andere Weise weiter. Diesmal ist auch das Kirchengebäude selbst betroffen.

Die spätgotische Inneneinrichtung und der Kirchenbrand von 1637

Über 170 Jahre hindurch thront nun schon die ST. MICHAELSKIRCHE in WEIDENBERG seit ihrem Bau unverändert im spätgotischen Stil auf dem Gurtstein; ihr nach der frühen Baufälligkeit neu errichteter Turm ragt zu dieser Zeit auch schon über 60 Jahre wie ein mahnender Finger über dem Obermarkt auf. Da wird die Kirche zum Opfer von Zerstörungen. Mitten in den Schrecken des Dreißigjährigen Krieg, die

---

vorstellen, dass es sich bei der Stele möglicherweise um den Rest einer Pestmarter handelt, deren „Laterne" mit der Passionsdarstellung Christi später abgebrochen wurde. Dass hier oben, nämlich ein Stück weg vom eigentlichen Friedhof St. Stephan, die Gemeinde damals ihre Pesttoten bestattete, ist wegen der Furcht vor Ansteckung durchaus vorstellbar.

Vergl. zu diesem Thema auch das ausführliche Kapitel über die Steinkreuze um Weidenberg in der ersten Folge des Projektes „Myrten für Dornen": „Am Vorabend der Urkatastrophe(n) – Quellen zur Weidenberger Geschichte"

anderenorts weiter wüten, brennt im Jahr 1637 die MICHAELSKIRCHE ab. Es ist das erst Mal, dass dieses massive Gebäude von einem Brand heimgesucht wird. Wie es heißt, sollen bei diesem Feuer auch die alten Pfarramtsakten damals mit verbrannt sein, die wohl in der Sakristei lagerten, ein unersetzlicher Verlust für die spätere Ahnen- und Kirchenforschung und ein Grund mit, warum viele Weidenberger Stammbäume nur bis in diese Zeit zurückreichen. Was die genaue Ursache dieses Brandes war, welchen Umfang die Zerstörungen hatten, und wann die Kirche wieder aufgebaut wurde, ist nach der bisherigen Geschichtsschreibung unbekannt.

Dieses Feuer von 1637 in der Weidenberger Kirche dürfte aber überschaubar gewesen sein. Da zu der Zeit die ST. MICHAELSKIRCHE noch eine steinerne Gewölbekirche war, dürfte der Schaden eher die hölzernen Bestandteile, wie Dach und Inneneinrichtung betroffen haben. Das große Kruzifix, Teile der Orgel, die drei Glocken und sicher noch manches andere blieben aber zunächst erhalten. Allerdings ist Feuer auch für Sandstein gefährlich, lässt es doch die Struktur dieses Materials verspröden. Das beeinträchtigt auf Dauer die Statik, wie sich bald zeigen wird.

Vieles von der Einrichtung kann vor dem Feuer bewahrt werden, so der große gotische Kruzifixus, die Seitenflügel des gotischen Altärleins und auch die beiden alten Epitaphien von ZÖTTLEIN und FISCHER.

Was die Ursache des Brandes war und wann genau die Kirche wieder aufgebaut wurde, sei unbekannt, so behauptet die Pfarrbeschreibung. Letzteres trifft aber so nicht zu. Denn um diesen Wiederaufbau trotz weiter fortdauernder Kriegswirren macht sich vielmehr der Inhaber der I. Pfarrstelle verdient, der endlich in diesem Brand- und Kriegsjahr 1637 in Weidenberg Wohnung beziehen kann: Pfarrer **GEORG HARLES**.

Wiederaufbau im 30-jährigen Krieg – Das Harles-Epitaph 1652

Auch dieser Pfarrer GEORG HARLES hatte zu den in der Kirche hochgeachteten Wittenberger Theologiestudenten gehört. Nach der Mode der Zeit hatte er seinen Namen in „Harlesius“ latinisiert.

Er war dann als junger Geistlicher voll in die Nöte des 30-jährigen Krieges geraten. In MUGGENDORF war er „abgebrannt“, wie man den vollständigen Verlust von Haus und Eigentum in

Modischer Mühlsteinkragen gegen Puderstaub: *Portrait von Pfarrer GEORG HARLES am I. Pfarrhaus Weidenberg*

diesem Krieg damals umschrieb. In BAYREUTH hatte er ein Jahr auf seine Anstellung warten müssen. Er ist es, der bereits nach einem Jahr, 1638, die alte spätgotische Kirche ST. MICHAEL, so gut es damals geht, wieder aufbauen und herrichten lässt. Er ist auch der erste Pfarrer, der seit dem Brandjahr 1637 wieder in WEIDENBERG wohnen kann, nachdem vorher fünf Pfarrer nacheinander ihr Amt nicht antreten konnten, weil in WEIDENBERG die Pest wütete.

Seit 1649 Herr von Weidenberg:
WOLF ERNST V. LINDENFELS

Pfarrer GEORG „Harlesius" HARLES lässt die Kirche im Jahr 1638 zumindest provisorisch wieder herrichten. Zum Dank, dass er damals in WEIDENBERG ein Pfarramt bekommen hatte, und in der Hoffnung auf den endgültigen Frieden in diesem Krieg, habe er im Jahr 1638, wohl zur Feier der Wiedereinweihung dieser Kirche, die kleine Glocke für den Turm von ST. MICHAEL anschaffen lassen, zu der Zeit, als „Hans Sauerbrei Gotteshausvorsteher war", teilt die Pfarrbeschreibung mit. Seitdem erklingen also wohl vier Glocken im Turm der ST. MICHAELSKIRCHE. Wenn diese Glocke nicht im Umguss der alten Glocken im Jahr 1738 mit verwendet worden ist, was wir nicht wissen, dann ist sie heute verloren.

Doch noch 10 lange Jahre sollte dieser apokalyptische Krieg damals andauern. Als der Friede, den HARLES so ersehnt und täglich herbeigeläutet hatte, endlich im Jahr 1648 gekommen sei, sei er von allen „mit großer Freude aufgenommen" worden, so erzählt die Pfarrbeschreibung einfühlsam.

Vielleicht um dieser Freude über den Friedensschluss Ausdruck zu geben, lässt HARLES ein Jahr vor seinem Tode an dem bei dem Brand sichergestellten alten gotischen Kreuz von 1500 eine rückseitige Bemalung mit einem weiteren Kruzifixus und der Jahreszahl 1651 anbringen.

Wahrscheinlich hat auch WOLF ERNST V. LIN-

DENFELS, der Stammvater der Adligen, die nun für über 200 Jahre in WEIDENBERG und der angrenzenden Frankenpfalz herrschen, damals einiges für die Wiederherstellung der Kirche getan. Er war als Offizier im Dienst der Schweden reich geworden und hatte seit 1649 mit dem Besitz der Künsberger zusammen auch den ehemaligen Eigenbesitz der HERREN VON WEIDENBERG übernommen. So war er nun auch Patron der ST. MICHAELSKIRCHE.

Nach dem Tode von HARLES im Jahr 1652 stifteten die Angehörigen ein Grabmonument aus grauem Marmor. Es ziert heute den oberen Eingang des Ersten Pfarrhauses hinter der ST. MICHAELSKIRCHE und erinnert an diesen sehr engagierten Pfarrer.

Das ganzfigurige Reliefbildnis zeigt fast lebensgroß die kräftige Gestalt eines ernst dreinblickenden Geistlichen im klassischen Talar der Lutherischen Kirche.

Den Hals umgibt ein großer Mühlsteinkragen nach der Männermode dieser Zeit. Er sollte den modischen Puder der Haare vom schwarzen Talar fernhalten. Den Mund umrahmt ein markanter Oberlippen- und Kinnbart. Das lange Haupthaar ist von einer schlichten Kappe bedeckt. Die rechte Hand umschließt die Bibel. Die Linke scheint die große wappenähnliche Inschrifttafel zu halten, deren Text, leider kaum mehr lesbar, sein Leben beschreibt. Es ist der Lebensweg von Pfarrer GEORG HARLES zwischen Bangen und Hoffen in der schlimmen Zeit des 30-jährigen Krieges, aufgeschrieben nach seinem Tode im Jahr 1652.

Mit Mühlsteinkragen und Chorrock – das Wagner-Epitaph 1688

Zum seelsorgerlichen Beistand seiner Gemeinde im Elend des zuende gehenden 30-jährigen Krieges wird auch Harles' Kollege auf der II. Pfarrstelle, CHRISTOPH WAGNER, der in WEIDENBERG im Jahr 1644 seinen Dienst aufnimmt. Er ist der einzige der damaligen Inhaber der II. Pfarrstelle, der seinerzeitigen „Diakonsstelle", der mit der Aufstellung eines Grabdenkmals gewürdigt wurde.

Dieses Epitaph ist nach der Kirchensanierung des Jahres 2012 wieder rechts vom oberen Eingang des Ersten Pfarrhauses neben dem Bild von Pfarrer HARLES angebracht worden, obwohl WAGNER nie in diesem Haus gewohnt hat. AUGUST GEBESSLER erwähnt zwar, dass das Grabdenkmal bereits zu seiner Zeit, also um das Jahr 1950, an der Westwand des Pfarrhauses, also neben dem oberen Eingang, angebracht gewesen sei. Doch kann es dort auch aus Anlass von früheren Kirchenrenovierungen in Unkenntnis der Pfarrgeschichte angebracht worden sein.

WAGNER wohnte also nicht hier an der Kirche, sondern vielmehr, wie eine alte Notiz besagt, „zur Herberg bei Hannes Gubitzel, Schneider". Das heißt, zu dieser Zeit gab es kein eigenes Pfarrhaus für den Inhaber der Zweiten Pfarrstelle, sondern nur eine Mietwohnung. Offenbar war sein Pfarrhaus, der Vorgängerbau des heutigen Zweiten Pfarrhauses in der Nähe des Alten Schlosses, nach den schlimmen Brandschatzungen durch die Kroaten am Obermarkt im Jahr 1633 noch nicht wieder aufgebaut worden.

Der graue Marmor des Epitaphs zeigt in Amtstracht sein ganzfiguriges Reliefbildnis, leider mit zerstörtem Gesicht. Den Grund für die auffallenden Schäden kennen wir nicht. Ansonsten zeigt der Stein aber keine Abriebspuren, er wurde also wohl auch nie als Grabplatte zur Abdeckung eines Gewölbes benutzt und „betreten“. Die Platte weist auch sonst wenig Abwitterung auf, sie war also wohl schon lange aufrecht an einer geschützten Wand befestigt.

Material und Gestaltung des Epitaphs entsprechen den damaligen Moden. Zeitlich ist das Epitaph nach den vergleichbaren Steinen an der Kirche von WOLF-ADRIAN V. KÜNSBERG (1645), HARLES (1652) und PANFICK (1653) einzuordnen

Diakon im Chorrock: *CHRISTOPH WAGNER, Epitaph von 1688*

Wir sehen die breite Gestalt eines Geistlichen. Wegen der zerstörten Gesichtszüge ist vom Kopf eigentlich nur noch die lange lockige Haartracht zu erahnen. Der Portraitierte trägt nicht den klassischen Talar, sondern einen Chorrock mit weiten Ärmeln, der vorn mit sehr vielen Zierknöpfen verschlossen ist.

Wie bei Pfarrer HARLES und den meisten anderen Geistlichen der Zeit ist auch der Hals von Diakon WAGNER mit dem modischen „Mühlsteinkragen“ umgeben, der ihn als Gelehrten und Amtsträger ausweist. Diese ausladende Halskrause war im 16. Jh. unter dem Einfluss der spanischen Mode entstanden; weißes Leinen wurde gestärkt und mit einer Brennschere in Form von Röhrchen gerollt. Dieser Kragen war bei Männern und Frauen seinerzeit ein fester Bestandteil der gehobenen Ausgehkleidung und ist bei den Weidenberger Pfarrern bis zum Ende des 17. Jh. in Gebrauch. Erst dann wird er in Bayern und den meisten anderen Landeskirchen vom heute noch üblichen „Beffchen“ abgelöst. Die Hamburgische Landeskirche verwendet den Mühlsteinkragen aber noch heute.

In der rechten Hand hält WAGNER eine geschlossene schmale Ledermappe, in die er einen Finger geschoben hat, offenbar sein Predigtkonzept. Die linke Hand scheint in einem „Muff“, einer Art Wärmetasche, zu verschwinden.

Lebensspuren: *Wagners Wappen mit Speichenrad, Namen und Lebensalter*

Die umlaufende plastische Schrift zeigt oben seinen latinisierten Namen „CHRISTOPHERUS WAGNERUS“. Sie erwähnt neben anderen biografischen Daten, dass er im Jahr 1615 geboren und immerhin 73 Jahre alt geworden ist. In der oberen linken Ecke ist als Wappen das hölzerne Speichenrad des Berufsstandes der „Wagner“ eingemeißelt, als sprechendes Symbol für den Familiennamen.

Die Pfarrbeschreibung weiß nicht viel über den Dargestellten zu berichten. Er ist im Jahr 1644 nach WEIDENBERG gekommen und wird im Elend des zuende gehenden 30-jährigen Krieg zum seelsorgerlichen Beistand seiner Gemeinde.

Nach GEORG HARLES erlebt er während seiner langen Amtszeit noch zwei weitere Kollegen auf der Ersten Pfarrstelle, den allzu früh verstorbenen „fürstl.- brandenburgischen Consistorial-Assessor“ JOHANN SPECKNER und den ehemaligen Feldprediger JOHANN RUDOLF V. WENCKHEIM UND SCHWANBERG. Von beiden existieren in der Weidenberger ST. MICHAELSKIRCHE wertvolle Bild-Epitaphien, die weiter unten besprochen werden.

Der Künsberg-Altar – Zeuge meisterlicher barocker Holzschnitzkunst

Zu Wagners Zeit entsteht im Jahr 1661 auch der kostbare **Künsberg-Altar** für die STEPHANSKIRCHE, eine Stiftung der Familie V. KÜNSBERG nach dem Tod von JOHANN LUDWIG V. KÜNSBERG (1625-1659) und seiner Ehefrau MAGDALENA BARBARA, geb. V. KÖNITZ (1610-1661), den letzten Künsbergern auf dem Unteren Schloss in WEIDENBERG. Die beiden Eheleute knien links und rechts des Kreuzes Jesu; der Ehemann ist mit einem anachronistischen Prunkharnisch als Ritter dargestellt.

GEBESSLER weist dieses Meisterwerk der barocken Holzschnitzkunst dem aus dem thüringischen RUDOLSTADT stammenden Bildschnitzer HANS-GEORG SCHLEHENDORN (1616-72) zu. Dieser war freilich bis zum Jahr 1657 Geselle in der Werkstatt des aus WINDSBACH stammenden Bildhauers JOHANN BRENCK (1604-1674), der wiederum ein Sohn des bedeutenden Windsbacher Bildschnitzers GEORG BRENCK d. Ä. (1564-1635) war. Nach einer Zwischenstation in COBURG, wo SCHLEHENDORN im Jahr 1644 in Brencks Bildschnitzerwerkstatt begonnen hatte, hatten sich beide im

Lebensbaumkreuz:
KÜNSBERG-Altar in der Weidenberger Stephanuskapelle

Jahr 1645 in KULMBACH niedergelassen. Auch nachdem SCHLEHENDORN Meister und Kulmbacher Bürger geworden war, behielten sie ihre Werkstattgemeinschaft bei und schufen seitdem Bildwerke für den Kulmbach-Bayreuther Fürstenhof und die Kirchen in diesem Gebiet und darüber hinaus, so ab 1655 den Hochaltar der Kronacher Stadtkirche, für den beide Bildschnitzer als Hersteller genannt sind.

Auf JOHANN BRENCK allein werden der 1671-73 entstandene Christusaltar in GESEES und der fast gleichartige Himmelfahrtsaltar in ST. VEIT auf den Staffelsberg zurückgeführt, während die meisten Arbeiten, die auf SCHLEHENDORN allein zurückgeführt werden, heute als verloren gelten. Insofern ist in der heutigen Fachwelt von einer Autorenschaft Schlehendorns für den Weidenberger Künsberg-Altar nichts bekannt.

Was aber stark auffällt, ist, dass das Abendmahlsbild in der Predella der STEPHANSKIRCHE praktisch identisch ist mit demselben Motiv am Geseeser Altar. Man darf davon ausgehen, dass es sich um eine Serienarbeit aus der gemeinsamen Werkstatt von BRENCK und SCHLEHENDORN handelt. Besonders innig ist dabei das Zentrum der Szene geraten: Der „Jünger, den Jesus liebte“ kuschelt sich

Barockes Serienbild:- *Der Jünger, den Jesus liebte*

einem kleinen Kinde gleich in den Armen Jesu und träumt, während Jesus den Kelch seines Leidens stiftet, Stilistisch würde ich auch den ganzen Künsbergaltar dieser Werkstattgemeinschaft von JOHANN BRENCK und HANS SCHLEHENDORN zuweisen.

Obwohl CHRISTOPH WAGNER nicht Inhaber der I. Pfarrstelle war, sondern „nur" die damalige „Diakonenstelle" verwaltete, im heutigen Sinn also die II. Pfarrstelle, ist doch die repräsentative und kostspielige Gestaltung seines Grabsteins eine auffallende Ausnahme. Darin spiegelt sich augenscheinlich die Wertschätzung seiner Gemeinde wider. Offenbar verlief der Dienst zu beiderseitiger vollster Zufriedenheit, denn WAGNER bleibt aus freiem Antrieb praktisch ein ganzes Berufsleben lang am gleichen Ort. Mit 42 Berufsjahren gehört er zu den Geistlichen, die am längsten in WEIDENBERG gewirkt haben. Nur die Pfarrer Johann HEINRICH BÖHNER und JOHANN ÖLSCHLEGEL waren mit 49 bzw. 48 Dienstjahren noch länger aktiv, allerdings nacheinander auf beiden Pfarrstellen.

Noch im Alter von 71 Jahren tut CHRISTOPH WAGNER Dienst, übergibt dann aber das Amt an seinen Sohn CHRISTOPH ADAM WAGNER, der 32 Jahre lang in WEIDENBERG amtiert. Zwei Jahre später stirbt der Senior.

Epitaphien wie frühbarocke Altäre

Das „Speckner-Epitaph" von 1653 betrauert das jähe Sterben

Gebannt verfolgt GEORG REDENBACHER die Einträge in der alten Pfarrbeschreibung weiter und versucht sich auch vor seinem geistigen Auge vorzustellen, was er hier als nächstes liest: Ganze zwei Monate seien Harles' Amtsnachfolger auf der I. Pfarrstelle, dem „fürstl.-brandenburg. Consistorial-Assessor" JOHANN SPECKNER, vergönnt gewesen, bevor ihn der Tod ereilte. Er war im Jahr 1653 als erster Pfarrer nach dem Dreißigjährigen Krieg nach WEIDENBERG berufen worden und sei im gleichen Jahr gestorben, so lautet die Information der Pfarrbeschreibung in lapidarer Kürze. Möglicherweise sind es Spätfolgen der Seuchen dieser Zeit, die, wie viele andere, auch ihn so jäh dahinraffen.

Wie ein Altar mit toskanischen Säulen:
SPECKNER-Epitaph von 1653

Wie manches andere, so kann auch in diesem Fall die falsche, aber bislang bis einschließlich der jüngsten Kirchenrenovierung immer wieder blind abgeschriebene Erklärung Gebesslers richtiggestellt werden, nach der das Epitaph dieses Pfarrers bislang als namenlos aus der Zeit „um 1600" galt. Tatsächlich stellt das Bild aber, laut Namensangabe in der linken Textkolumne „Herr Specner" und der Pfarrbeschreibung von OTTO HERATH, zweifelsfrei den genannten früh verstorbenen JOHANN SPECKNER dar, sodass die Zeitangabe korrekt lauten muss „1653".

Das prachtvolle Epitaph, das seine tief bekümmerte Witwe einige Jahre nach seinem Tod stiftete, erinnert an die spätgotischen und frühbarocken Altäre der Zeit. Es ist umrahmt mit

Beengt und eingesperrt wie in einen Sarg: *Die Trauer der Witwe nach dem Tod von* JOHANN SPECKNER

toskanischen Säulen und altarähnlichem Gebälk. Als seitlicher Schmuck sind ausgesägte Wangen mit kopf-geflügelten Cherubim angebracht. Diese „Thronwächter-Engel" sollen das Gezeigte als „dem Thron Gottes zugehörig" bezeichnen.

Tatsächlich schildert der fast quadratische Hauptteil des Bildes die Auferstehung Jesu in einer sehr neuartigen expressiven und dramatischen Buntheit. Die Auferstehung als das zentrale Ereignis des christlichen Glaubens wird gewissermaßen in die „geängstigte Seele" des Menschen verlegt.

Das Epitaph verrät aber bei näherem Zusehen viel von der unendlichen Trauer, die sich hinter solchen dürren Zeilen der Pfarrbeschreibung über ein viel zu kurzes Leben verbirgt. Die Predella unterhalb des Auferstehungsbildes zeigt das Pfarrersehepaar SPECKNER in einer apsis-ähnlichen Holzstube mit vier Fenstern, kniend unter dem Kreuz Jesu. Der Gekreuzigte im Zentrum der Apsis trägt frische, blutende Wundmale. Das wehende weiße Leinentuch, das seine Hüfte umhüllt, und die nach oben gereckten Arme Jesu lassen den Gekreuzigten gleichsam gen Himmel schweben, vergleichbar wie wir das auch von byzantinischen Kruzifixen kennen.

Der Pfarrer, der im Bild links unter dem Kreuz Jesu kniet, trägt über dem schwarzen Talar einen weißen Chorrock, der mit einem weißen Rundkragen versehen ist, wie er heute noch Amtskleidung auch evangelischer Pfarrer, z.B. in Augsburg, ist. Über dem Herzen des Dargestellten ist ein großes rotes Malteserkreuz gezeichnet, als Zeichen, dass er zu diesem Zeitpunkt bereits verstorben ist.

Der Mann hat langes schlohweißes Haar und einen langen grauen Vollbart; er schaut mit weit aufgerissenen Augen in die Ferne, als ob er „hinter den Horizont" schauen könnte.

Unendliche Trauer über die Todesverfallenheit des Lebens: *JOHANN SPECKNER 1653*

Die Ehefrau ist wie eine Nonne in ein weites schwarzes Trauergewand gekleidet; sie trägt ebenfalls einen weißen Rundkragen, weiße Ärmelstulpen und einen langen weißen Schal. Ihr trauerndes Gesicht ist von einer schwarzen Haube mit weißem Innenteil umrahmt. Beide Eheleute beten mit nach vorn gestreckten Händen, ähnlich Dürers „betenden Händen", eine „katholisch" anmutende Gebetshaltung, die aber offenbar noch lange nach der Reformation auch in der Evangelischen Kirche in Gebrauch war.

Um die beiden Eheleute sind keine Kinder dargestellt, wie es sonst auf Epitaphien üblich ist. Das bedeutet, dass dieses Ehepaar zum Zeitpunkt des Todes des Mannes weder verstorbene noch lebende Kinder hat. Die Frau steht nun völlig allein. Ihr weiteres Leben scheint in ihrem Empfinden keinen Ausblick mehr zu haben.

Pfarrwitwen-Dasein ohne Ausblick

In den fragmentarischen Textkolumnen beklagt die trauernde Witwe in Reimform ihren verstorbenen Mann und ihr eigenes Los. Sie ruft den „Landsmann", der an diese Grabstelle kommt, auf, ihres Mannes zu gedenken, der nun in Gotts Hand sei. Zur Beschreibung ihres eigenen Witwenschicksals greift sie auf den hochphilosophischen Begriff des „Weltspiels" zurück, der sich schon beim antiken Philosophen HERAKLIT findet. Es bleibt ihr nur die vage Hoffnung auf Gott, der zur rechten Zeit den Glauben und die Erlösung geben wird.

So bleib ich noch zurück, dem Weltspiel untergeben,
muß tragen Witwen Kreutz und meinem Elend leben
Doch hoff ich gewiß zu Gott, er wird zur rechten Zeit
wenden alle Not und lindern alles Leid.

Das Gedicht spiegelt, nach all dem Elend des Dreißigjährigen Krieges, den Weltpessimismus, wie er der Barockzeit zueigen war und nimmt bereits die Philosophie

Nietzsches und sogar des Existenzialismus vorweg, die das geistige „Vorlaufen zum Tode" als einen sinnvollen Weg zum Daseinsverständnis fordert. Der Mensch ist in der Enge seiner Lebensangst eingeschlossen. Die Stube der Stifterfamilie, in der beide Eheleute beten, gleicht einem Sarg. Und auch das Hauptgemälde von der Auferstehung Jesu verlegt das Ostergeschehen in die Dunkelheit der Grabeshöhle.

Ein Totenkopf unter dem Kreuz gemahnt an die Todesverfallenheit aller Menschen, doch aus den leeren Augenhöhlen sprießen weiße Lilien und verheißen die Sündenvergebung und Reinigung des Menschen durch das gläubige Ja zum Tod.

In beiden Bildern bleiben nur schmale Ausblicke: Vor zweien der vier kleinen Fenster in der Kammer der Stifter entfaltet sich wie auf einem Fernsehmonitor eine vielgestaltige mystische Gebirgs- und Wolkenlandschaft. Und durch das winzige Loch in der Grabeshöhle leuchtet über der fernen Mittelgebirgs-Landschaft die Ostersonne herein. Eine Interpretation dieser nur angedeuteten Landschaftsbilder muss sich auf die Vermutungen beschränken.

Jesu Auferstehung wie eine Explosion. die das Seelengrab aufsprengt: *Epitaph in skeptischer Zeit*

Aber nun ereignet sich in der Höhle, die die Daseinsenge symbolisiert, eine explosive Licht- und Wolkenerscheinung. Vom Lichtglanz geblendet und von der Wucht der Explosion weggeschleudert, weichen die behelmten, als Römer gezeichneten und mit Spieß und Schwert bewaffneten Soldaten nach allen Seiten zurück. Wie ein Balletttänzer schwebt JESUS im Lichtglanz der Kraft von oben über seinem offenen Sarkophag. Der kräftig und athletisch gebaute Körper Jesu wirkt wuchtig und diesseitig, seine Bewegungen zierlich. An zwei Fingern der linken Hand hält er den schlanken Stab mit dem blutroten Osterfähnchen, während die Rechte zum Himmel hin eine fast beschwörende Geste macht.

Doch streitet diese Vision vom triumphierenden Sieg Jesu über die Mächte des Todes mit der Angst der Menschen vor eben diesem beherrschenden Tod. Die Ausblicke aus der Enge des Eingeschlossenseins in die Weiten der Ewigkeit Gottes sind jeweils sehr schmal und nur wenig klar und lassen die Frage offen, ob für den Menschen ein neues Leben im Lichtglanz des Ostermorgens schon jetzt im Diesseits tatsächlich möglich ist.

Wir haben es hier mit einem Wandel im Glauben der Stifter zu tun, der sich auch in der Bildgestaltung deutlich niederschlägt. Solche aus Holz gestalteten Epitaphien mit den aufgemalten Bildern lösen die älteren steinernen Epitaphien, die in einer relativ kurzen Zwischenphase dominiert haben[33], allmählich wieder ab.

Dem literarisch und poetisch sehr gewandten GEORG REDENBACHER fällt bei der Betrachtung dieses Epitaphs ein zur selben Zeit geschriebenes Gedicht des Schlesiers HOFFMANN VON HOFFMANNSWALDAU (1617-1679) ein; es verleiht diesem Pessimismus und der Jenseitszugewandtheit der frühen Barockzeit mit folgenden düsteren Metaphern Gestalt:

Was ist die Welt und ihr berühmtes Glänzen?
Was ist die Welt und ihre ganze Pracht?
Ein schnöder Schein in kurzgefaßten Grenzen,
Ein schneller Blitz bei schwarzgewölkter Nacht,
Ein buntes Feld, da Kummerdisteln grünen,
Ein schön Spital, so voller Krankheit steckt,
Ein Sklavenhaus, da alle Menschen dienen,
Ein faules Grab, so Alabaster deckt.
Das ist der Grund, darauf wir Menschen bauen
Und was das Fleisch für einen Abgott hält.
Komm, Seele, komm und lerne weiter schauen,
als sich erstreckt der Zirkel dieser Welt!
Streich ab von dir derselben kurzes Prangen,
Halt ihre Lust für eine schwere Last:
So wirst du leicht in diesen Port gelangen,
Da Ewigkeit und Schönheit dich umfasst.

[33] 1645 Epitaph des Ritters WOLF ADRIAN V. KÜNSBERG (in der Eingangsvorhalle der St. Michaelskirche), 1652 HARLES-Epitaph (am I. Pfarrhaus rechts vom Eingang), 1653 PANFICK-Epitaph (neben der Eingangsstufe zur Kirche), 1688 WAGNER-Epitaph (am südöstlichen Außeneck der Kirche), 1752 SCHNORR'sches Epitaph (in der Eingangsvorhalle). Dazu kommen noch Epitaphien von Kindern der Adligen (an der Kirche und in der Friedhofshalle St. Stephan).

REDENBACHER muss aufschnaufen – welch dramatische Geschichten, und so völlig anders, als man sich ein geruhsames Pfarrersleben vorstellt! Und so scheint es damals in der Generation nach dem Dreißigjährigen Krieg auch weiterzugehen.

Als die Frankenpfalz wieder „katholisch gemacht" wird

Der nächste Pfarrer auf der Ersten Stelle, HANS RUDOLF V. WENCKHEIM UND SCHWANBERG, muss tatenlos zusehen, wie als Folge des 30-jährigen Krieges die angrenzende Frankenpfalz gewaltsam mit Hilfe von Soldaten und Polizei rekatholisiert wird und damit auch „Muckenreuth, Eckartsreuth und Kirmsees samt Zehnten abgewendet" wird, wie die Chronik zu berichten weiß.

Dieser Verlust des Protestantismus tat auch REDENBACHER nachträglich noch in der Seele weh. Diese drei Ortschaften hatten ja früher kirchlich immer zu WEIDENBERG gehört; ihre Bürger waren einmütig und aus Überzeugung in der Reformationszeit evangelisch geworden. Sie hatten ja nichts dafür gekonnt, dass es im Dreißigjährigen Krieg im Hintergrund der Hohen Politik in Wahrheit gar nicht um die Religion, sondern um die Macht gegangen war.

In der Schlacht am Weißen Berg bei Prag die Macht verloren: *Kurfürst FRIEDRICH V.*

Denn die selbstbewussten Böhmen hatten eigentlich ihre Unabhängigkeit von der Bevormundung durch die katholischen Habsburger gesucht. Und in dem Kurfürsten FRIEDRICH V. von der Pfalz hatten sie den Wahrer ihrer Rechte erhofft und hatten ihn zu ihrem Oberhaupt gewählt, zum König von Böhmen. Als Anführer der Protestantischen Union stand er ja den Anliegen des als Ketzer verbrannten böhmischen Kirchenreformers JOHANNES HUS nah.

Sieg mit drastischen Folgen: *JOHANN GRAF VON TILLY*

Doch hatten die Habsburger im kaiserlich-katholischen Feldherrn JOHANN GRAF VON TILLY einen kampferprobten Gegner aufbieten können. In der Schlacht am Weißen Berg bei PRAG im Jahr 1620 hatte TILLY durch einen verwegenen Handstreich die Oberhand über Friedrichs Truppen gewinnen können. Der Kaiser hatte triumphieren und die Reichsgesetze vollstrecken können, die auf Widerstand gegen den Kaiser die Reichsacht vorsahen: FRIEDRICH V. war nun ein geächteter Mann. Seine Gebiete in der oberen Pfalz waren aus dem protestantischen Einflussbereich der pfälzischen Wittelsbacher herausgelöst und an ihre bayerisch-katholischen Vettern übertragen worden, zunächst als Pfand für die entstandenen Kriegskosten, dann als bleibende Beute.

Und das hatte gravierende Folgen für die Konfession der Menschen in der bis dahin protestantischen Oberen Pfalz. Denn umgehend hatten damals die neuen Machthaber begonnen, den tridentinisch-katholischen Glauben auch im Gebiet der Frankenpfalz bei Adel und Volk durchzusetzen. Sie hatten allen Evangelischen dafür ein Ultimatum bis zum Jahr 1629 gestellt. Das bedeutete: Entweder katholisch werden oder auswandern.

Standhafte Protestanten

Man musste die Standhaftigkeit vieler Bürger aus der FRANKENPFALZ einschließlich KIRCHENPINGARTEN bewundern, hatten es doch viele trotz bedrückender Pressionen gewagt, noch lange nach Ablauf dieses Ultimatums an ihrem vertrauten lutherischen Kirchort WEIDENBERG zum Gottesdienst zu gehen, nämlich bis zum Jahr 1652, während zu dieser Zeit in der maroden ST. JAKOBUSKIRCHE in KIRCHENPINGARTEN längst nur noch die katholische Messe gelesen werden durfte.

Mit Staunen las REDENBACHER, dass sogar noch im Jahr 1658, also noch fast 30 Jahre nach dem Verbot des Lutherischen Glaubens in der FRANKENPFALZ, Angehörige aus der Familie RIEß aus MUCKENREUTH sich in WEIDENBERG hatten evangelisch trauen und ihr Kind dort taufen lassen. Sie waren freilich die letzten Evangelischen in MUCKENREUTH für mehr als drei Jahrhunderte. In KIRCHENPINGARTEN sei es noch im Jahr 1679, also genau 50 Jahre nach dem Erlass, ausgerechnet ein Bürger mit dem Namen JOHANN PABST gewesen, der als letzter Lutherischer dieses Ortes in seinem Glauben verstorben sei. Man könnte als Bonmot formulieren: „In Kirchenpingarten war damals der Pabst evangelisch“.

Triumph des Katholizismus 1688 in der Frankenpfalz: *Kirche ST. JAKOBUS d. Ä. in Kirchenpingarten*

Dass er auf dem Totenbette sich noch zum Katholizismus bekehrt habe, wurde ihm später angedichtet.

Doch als Zeichen, dass der Katholizismus wirklich gesiegt hat, lässt der zuständige Mockersdorfer Pfarrer im Jahr 1688 die alte spätromanische Kirche abreißen und durch einen Neubau im Stil des Barock ersetzen. Diese Kirche wird im Jahr 1711 durch den Regensburger Weihbischof ALBERT ERNST GRAF V. WARTTENBERG konsekriert und wieder dem Patrozinium des Jüngers JAKOBUS unterstellt.

Nur in KIRMSEES gab es noch eine protestantische Bastion. Hier war die Schlossherrin MARIA AMALIE V. KÜNSBERG, eine geborene V. SCHAUMBERG aus EMTMANNSBERG, die letzte Evangelische der FRANKENPFALZ, die am 25. Dez. 1697 im lutherischen Glauben verstarb. In aller Heimlichkeit brachte man ihren Leichnam nachts auf einem Schlitten nach WEIDENBERG, um ihren letzten Willen, die Bestattung auf dem evangelischen Friedhof ST. STEPHAN, zu erfüllen. Unter Protest des katholischen Geistlichen von MOCKERSDORF, der sich für die Frankenpfalz zuständig sah, vollzog Wenckheims Nachfolger ADAM RÖSLER diese historische Beerdigung.

Zeuge der Aufrichtung der konfessionellen Schranken – das Wenckheim-Epitaph 1691

Von diesem Nachfolger Wenckheims, Pfarrer ADAM RÖSLER, existiert ein bekanntes Epitaph in der Weidenberger MICHAELSKIRCHE, das weiter unten besprochen wird. Doch dass auch von Pfarrer WENCKHEIM ein Epitaph vorhanden ist, war bislang unbekannt. Denn auch hier folgten bislang alle Abschreiber unbesehen der Fehlinterpretation von AUGUST GEBESSLER, der behauptet hatte, dass es sich bei dem Bildwerk, das dem SPECKNER-Epitaph im Motiv „Auferstandener Christus“ und auch in der altarähnlichen Ausführung mit toskanischen Säulen ähnelt, ebenfalls um das Epitaph eines „unbekannten“ Stifters „um 1600“ handele.

Es gibt zwar einige Details des Schnitzwerks, die etwa an die zeitlich einordbaren Schnitzereien an der Geseeser Kanzelhaube erinnern und damit tatsächlich auf eine Zeit um 1630 zurückweisen könnten. Dann könnten damit aber nur der bereits erwähnte Inhaber der Zweiten Pfarrstelle JOHANN TRAUTNER gemeint sein, der im Jahr 1634 mitsamt Frau und Tochter an der Pest verstorben war. Aber weder passt dieser Familienstand von drei Personen zur Darstellung auf diesem Epitaph, hier sind es 15. Noch gilt das für die Kleidung der dargestellten Personen und die Gesamtgestaltung des Epitaphs, die deutlich in eine spätere Zeit weisen, vergleichbar dem zuvor vorgestellten Epitaph des 1653 verstorbenen JOHANN SPECKNER. Auch ist die Frage, wer im Fall TRAUTNER der Stifter des Epitaphs hätte sein sollen, nachdem die ganze Familie ausgerottet war. Epitaphien waren eine Familienangelegenheit.

Der Renaissancezeit nachempfunden:
„WENCKHEIM-Epitaph" 1691

Wer könnte also dargestellt sein? Von Speckners unmittelbarem Vorgänger GEORG HARLES, der 1652 verstorben ist, existiert nur das schon besprochene steinerne Epitaph am Ersten Pfarrhaus. So dürfte es sich also bei dem dargestellten Geistlichen also mit an Sicherheit grenzender Wahrscheinlichkeit um den Nachfolger Speckners, HANS RUDOLF V. WENCKHEIM UND SCHWANBERG, handeln. Er starb im Jahr 1691. Auch diese Zuordnung wird, wie schon bei den Epitaphien von ZÖTTLEIN und SPECKNER, erstmalig in diesem Buch vertreten, dürfte aber viel Beweiskraft haben.

Wenckheims Epitaph-Gemälde in Öl auf Holz ist wie ein Altar umrahmt von zwei toskanischen Säulen mit zweigeteiltem Schaft, aufgelegtem Gebälk und geschweifter Texttafel. Auf dieser Tafel wird, wenn wir der Inschrift folgen, ein lateinischer Textauszug von Hiob 19, 25ff zitiert. Sein Anfang wäre das gleiche Wort, das auch MARGARETHE SCHILLING knapp 250 Jahre später im Kirchenkampf 1937 oben auf den Kreuzbalken ihres Marterls an der Bocksleite schreiben lässt: *Ich weiß, dass mein Erlöser lebt.*

Dieser leidenschaftlich empfundene Vers wird in der Lutherbibel so fortgesetzt: *„... und werde danach mit dieser meiner Haut umgeben werden und werde in meinem Fleisch Gott sehen ..."* Doch haben frühere Kirchenmaler, die des Lateinischen nicht mächtig waren, die schwer erkennbare Buchstaben wohl nach eigener Fantasie ergänzt und den Text so entstellt, dass er heute praktisch unübersetzbar ist.

Fast unlesbares Lateinisch:
Inschrift aus Hiob 19, 25 auf dem WENCKHEIM-Epitaph

Das Hauptgemälde zeigt die Auferstehung Christi inmitten der erschrockenen Grabeswächter. Der kräftig gebaute Christus springt vor einer Licht- und Wolkenerscheinung triumphierend aus dem steinernen Sarkophag. Er ist an den Lenden umhüllt mit einem weißen Tuch und hat ein blutrotes Tuch über die linke Schulter geworfen. Die linke Hand schwenkt am Kreuzstab die Osterfahne mit dem roten Kreuz auf weißem Grund. Die rechte Hand ist mit zwei aufgerichteten Fingern beschwörend zum Himmel gerichtet.

Vor dem Sarkophag glimmt ein Feuer. Einige Wächter sind betäubt und ohnmächtig zusammengesunken. Ein Säbelträger deckt seinen Schild übers Haupt als Schutz vor der gleißenden Erscheinung.

Das Bild in der Predella zeigt die Stifterfamilie in einem abgeschlossenen Raum mit rot-weißem schariertem Fußboden. Drei Rundbogenfenster geben dem Raum

Von 12 Kindern leben noch drei, darunter der Amtsnachfolger: *Predella des WENCKHEIM-Epitaphs*

Licht, aber keine Aussicht. Die insgesamt 15 Personen sind um das Kreuz Christi versammelt und beten. Rechts knien aufgereiht hinter der Mutter die acht Töchter unterschiedlichen Alters, links die fünf Söhne hinter dem Vater. Die Namen der Kinder sind über den Köpfen angegeben, aber nicht lesbar. Fünf der Töchter sind durch rote Kreuze, die sie in den Händen halten, als bereits gestorben gekennzeichnet, ebenso vier Söhne. Nur der Sohn, der dem Vater ins Amt nachfolgen soll, lebt noch.

Nach den Angaben der Pfarrbeschreibung wirkte WENCKHEIM, der zuvor Feldprediger in WEIDEN war, von 1654-1691 in Weidenberg, also die enorme Zeit von 37 Jahren! Er erlebte als Seelsorger das gewaltsame Ende des Protestantismus in der Frankenpfalz mit und war auch Zeuge für die dramatische Aufrichtung der konfessionellen Schranke entlang der alten Trennungslinie von Fränkischem Radenzgau und Bayerischem Nordgau am Waizenreuther Berg.

Mit Hilfe von Polizei, Soldaten und Gefängnisdrohung erzwangen damals die bayerisch Wittelsbacher, die sich als Hüter des Katholizismus sahen, die Rückkehr der FRANKENPFALZ und großer Teile der Oberen Pfalz zum „alten Glauben". Seit-

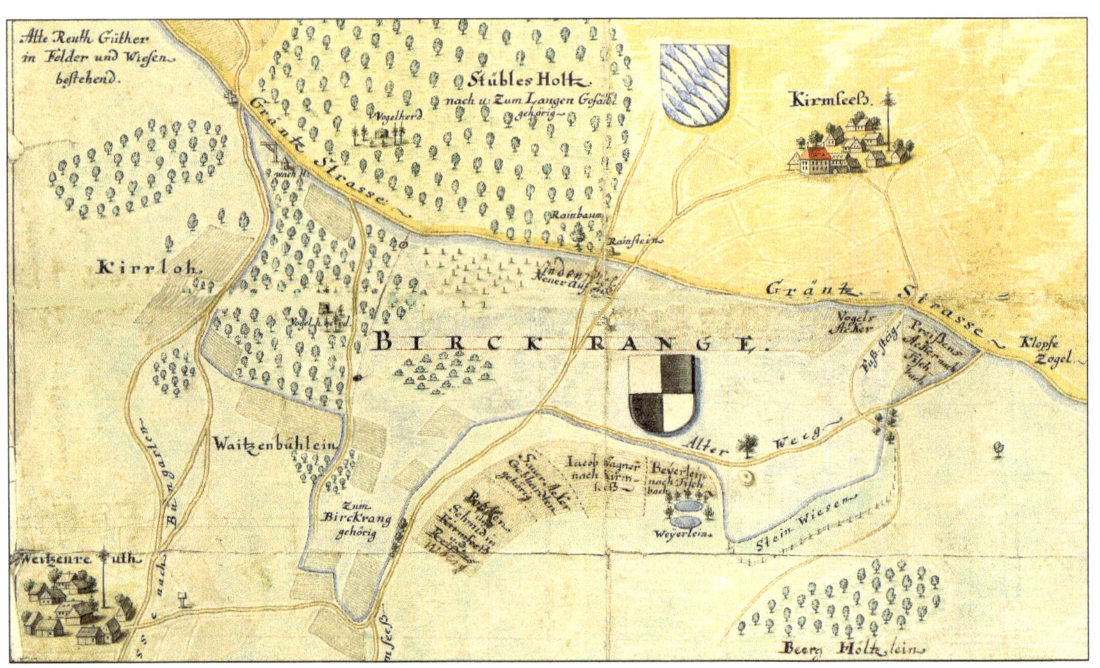

Scharfe Konfessionsgrenze zwischen Katholisch (oben) und Evangelisch (unten):
Christian Heupels Grenzkarte des Markgrafentums zur Oberen Pfalz 1729

dem wurde diese alte Volkstumslinie zu einer echten kulturellen und politischen Grenzlinie für Jahrhunderte zwischen der Markgrafschaft und der oberen Pfalz.

Diese massive Grenzziehung dürfte auch Pfarrer V. WENCKHEIM empört haben, der 1658 die letzten Protestanten von MUCKENREUTH taufen und trauen konnte. Im Jahr 1664 hält er die kirchliche Bestattungsfeier des letzten lutherischen Muckenreuthers KONRAD WAGNER. Dagegen wird der ebenfalls lutherische ANDREAS SPORN aus KIRMSEES entgegen seinem Willen im Jahr 1674 vom katholischen Geistlichen aus MOCKERSDORF bestattet, nachdem er sich angeblich auf dem Totenbett noch „bekehrt" haben soll. Das gleiche geschieht im Jahr 1679 mit dem schon genannten letzten lutherischen Kirchenpingärtner mit dem Namen JOHANN PABST. Die letzte Kirmseeser Lutherische, AMALIE V. KÜNSBERG, wird dann, wie oben schon dargelegt, nach ihrem Tod in den Weihnachtstagen des Jahres 1697 von Wenckheims Nachnachfolger ADAM RÖSLER in einem offensichtlich schneereichen Winter bestattet, denn man brachte ihren Leichnam in den Weihnachtstagen mit dem Schlitten zum Stephansfriedhof nach WEIDENBERG hinunter.

Ein „Wirtschaftswunder", wie es nach Kriegen des Öfteren erfolgt, ist nach dem Ende des Dreißigjährigen Krieges zunächst noch nicht in Sicht. Vielmehr machen mehrere drastische Treurungen manchen Neustart zunichte. Immerhin gelingt es WENCKHEIM damals trotz der elenden Zeiten, die nach dem Brand von 1637 notdürftig ausgebesserte alte gotische MICHAELSKIRCHE weiter instand zu setzen. Die Kirche wirkt zu dieser Zeit schon baufällig und entspricht mit der dunklen Enge ihrer Säulen und Gewölbe und den kleinen Fenstern nicht mehr dem Stilempfinden der neuen Zeit, die sich nach Licht und einem geöffneten Himmel sehnt.

Als Trost in schwerer Zeit gibt WENCKHEIM aber, wohl in der Bayreuther Werkstatt der von WINDSHEIM und KULMBACH kommenden renommierte Bildschnitzerfamilie BRENCK, ein

Vortragekreuz aus Wenckheims Zeit:
BRENCK-Schnitzerei 1690 in Weidenberg

schönes **Vortragekreuz** in Auftrag. Der oben schon beim Künsbergaltar der Stephanskirche genannte Bildschnitzer JOHANN BRENCK, Sohn des berühmten GEORG BRENCK d. Ä., schafft zu dieser Zeit gerade für die Geseeser Gemeinde den eindrucksvollen meditativen Christusaltar und ebenfalls ein filigranes Vortragekreuz.

Auch die schadhafte **Orgel**, an deren Reparatur sich schon seine Vorgänger versucht haben, kann WENCKHEIM im Jahr 1658, wie es heißt, durch ein neues Werk ersetzen. Orgeln für die Begleitung des Gemeindegesanges hatten ja spätestens mit der Reformationszeit Einzug in den evangelischen Kirchen gehalten, so natürlich auch im spätgotischen Kirchenschiff von St. MICHAEL, wie wir ja schon aus den Nachrichten über BARTHOLOMÄUS ZÖTTLEIN wissen; er hat die erste Orgel vor 1580 renovieren lassen. Wahrscheinlich ließ WENCKHEIM diese alte Orgel „aus Luthers Zeiten“ nach den Zerstörungen des Dreißigjährigen Krieges gründlich erneuern. Pfeifen aus diesem Werk haben bei späteren Orgelmodernisierungen immer wieder Verwendung gefunden und erklingen bis heute!

Von den Jahren 1691-93 ist **WILHELM ALBERT VON WENCKHEIM**, der einzige überlebende Sohn von HANS RUDOLF V. WENCKHEIM UND SCHWANBERG, für knapp drei Jahre Inhaber der Ersten Pfarrstelle, die vorher sein Vater innehatte. Er war wohl bis zum Jahr 1691 Vikar bei seinem Vater, sein Name fehlt aber in der Pfarrbeschreibung. Von ihm gibt es auch kein Bild.

Neue Ideen für die überfälligen Kirchenreparaturen

In den Notzeiten in und nach dem Dreißigjährigen Krieg hatte sich auch bei den Kirchen ein enormer Renovierungsstau gebildet. Die meisten Schäden waren nur notdürftig repariert worden. Viele Gegenstände der Inneneinrichtung waren geraubt, verbrannt oder unbrauchbar geworden. Die allmähliche Besserung der Verhältnisse ermöglichte den Gemeinden neben der Erhaltung des Überkommenen auch die Verwirklichung mancher neuen Ideen.

Drei Phasen in der Entwicklung des nun im Bayreuther Land beginnenden „Markgrafenstils“ sind erkennbar: 1. die Konsolidierung des Hergebrachten von etwa 1650-1700, 2. die Entwicklung des eigenständigen barocken „Markgrafenstils“ mit Zwiebelturm, Saalkirche und Kanzelaltar von etwa 1700-1730, 3. der Höhepunkt des Markgrafenstils im Rokoko unter den Markgrafen FRIEDRICH III. und seiner Frau WILHELMINE VON BAYREUTH bzw. unter ihrem Nachfolger ALEXANDER VON BRANDENBURG-ANSBACH-BAYREUTH von 1731-1791.

In der ***ersten Phase*** ab etwa 1650 helfen die Markgrafen ihren Gemeinden, unter großen Opfern zunächst die ärgsten Schäden an den meist ruinösen spätgotischen

Kirchen zu beseitigen. Die **Innenausstattung** an Altären und Emporen hat insbesondere unter Hausschwamm und Holzwurmfraß schwer gelitten und wird erneuert. Die Kirchen werden mit neuen aussagekräftigen bildhauerischen Werken an Altären, Kanzeln und Taufsteinen ausgestattet. Vieles neu Geschaffene soll nun auch die Erkenntnisse der Reformation über das Heilswerk Christi veranschaulichen.

Wesentlich vorangebracht wird die bildhauerische Entwicklung in dieser ersten Phase im Gebiet der Markgrafen von der oben bereits genannten, aus Windsheim stammenden und in KULMBACH ansässigen Bildschnitzerfamilie BRENCK, zu der auch der von ihnen ausgebildete und in Werkstattgemeinschaft arbeitende JOHANN GEORG SCHLEHENDORN gehört.

Von JOHANN BRENCK stammt in ST. MICHAEL WEIDENBERG wohl das „Speckner-Epitaph" 1653, während SCHLEHENDORN im Jahr 1661 den kostbaren Künsberg-Altar für die ST. STEPHANSKAPELLE in WEIDENBERG schnitzt. Johann Brencks Sohn HANS-GEORG BRENCK hat wohl im Jahr 1680 das zweitälteste Vortragekreuz geschaffen, ferner wohl 1691 das „Wenckheim-Epitaph". In Konkurrenz und Nachfolge zu dieser mittelfränkischen Bildschnitzergemeinschaft entsteht in BAYREUTH ab dem Jahr 1679 das Werk der hier bekanntesten, aus dem Österreichischen stammenden Bildschnitzer- und Architektenfamilie RÄNTZ.

Mit dem Höhepunkt der Barockzeit, an der Wende vom 17. zum 18. Jh., erfasst das Erneuerungsbestreben in einer ***zweiten Phase***, verbunden mit einem Stilwechsel, auch die **Architektur** der Gebäude und der Einrichtungsgegenstände in allen spätgotischen Kirchen Oberfrankens. Mit neuen Mitteln und im selbstbewussten Stil der Zeit versucht man nun allerorten, die teilweise marode Bausubstanz im eigenen „Markgrafenstil" zu verändern oder grundlegend zu erneuern

Manche der alten Glockentürme werden umgebaut; ihnen werden neue Helme in den üppig schwellenden Formen der Zwiebel oder der „welschen Haube" aufgesetzt. Die baufälligen gotischen Langhäuser werden größtenteils abgerissen und im Barockstil durch lichte pfeilerlose „Saalkirchen" ersetzt. Neue Konstruktions- und Maltechniken lassen ein ganz neues erhebendes Raumgefühl entstehen; sie versetzen die Gemeinde in einen himmlischen Festsaal.

Wo die alte Bausubstanz noch ausreicht, werden Altbauten mehr oder weniger umfassend renoviert und der neuen Stilrichtung angepasst. Verfaulte Dachbalken und beschädigte Eindeckungen werden ersetzt, Gewölbe werden ausgebessert oder meist durch verputzte und bemalte leichte und raumüberspannende Holzlattendecken ersetzt. Fenster werden bei der anstehenden Neuverglasung vergrößert und dem im Barock wiederkehrenden runden Bogen der einstigen Romanik angepasst.

Kanzelaltäre erobern das Markgrafentum

Spätestens seit dem Bau der Bayreuther Ordenskirche 1705-11 setzen sich in dieser zweiten Epoche des Markgrafenstils auf Anregung von ELIAS RÄNTZ auch bei der Anordnung der Standorte für die Kanzeln und Altäre im Land der Markgrafen neue Ideen durch: Der typische Kanzelaltar tritt seinen Siegeszug an.

Urtyp der protestantischen Hallenkirche: *Schlosskirche Schmalkalden 1590 mit zentralem Altar mit Taufschale und Kanzel, sowie umlaufenden Emporen*

Diese Idee eines zentralen Ensembles für die vielfältige Verkündigung des Wortes Gottes inmitten der hörenden und feiernden Gemeinde hat ihren Ursprung in Thüringen. Der hessische Landgraf WILHELM IV. ist der erste, der in seinem Sommersitz in SCHMALKALDEN bereits im Jahr 1590 diese Idee von dem *einen* Wort Gottes in der *dreifachen Gestalt* von *Taufe, Predigt* und *Abendmahl* im Zentrum der Gemeinde verwirklicht, wozu noch die *Antwort der Gemeinde* im orgel-begleiteten Lobgesang der Gemeinde kommt.

Was ist hier im Schloss von SCHMALKALDEN so andersartig, was ist an dieser Kirche geistlich und architektonisch in so tief greifender Weise aufbereitet worden, dass es seitdem exemplarisch für den Bau und die Einrichtung lutherischer Sakralräume schlechthin geworden ist?

Bis dahin gab es keine einheitliche Meinung über die Standorte von Kanzel, Altar, Taufstein und

Orgel. In SCHMALKALDEN ist die Kanzel ganz zentral an der Stirnwand platziert, an der Stelle, wo sonst in der römisch-katholischen Kirche der Hochaltar steht. Dieser Platz symbolisiert also das Heiligste, und das ist im Protestantismus nun die Predigt vom Wort Gottes.

Diese Kanzel schwebt über dem steinernen Tischaltar, der in seiner Mitte als Vertiefung die Taufschale birgt. Predigt, Abendmahl und Taufe sind also in diesem frühen lutherischen Konzept zusammengezogen. Umlaufende Emporen geben jedem Mitfeiernden im Raum Anteil am Geschehen, jedermann kann den Prediger hören und sehen und den Beginn des eigenen Christseins in der Tauferinnerung mitfeiern.

Architektonisch ist hier also die geistliche Mitte des Protestantismus gebündelt: Die Bedeutung des *einen* Wortes Gottes in den drei verschiedenen Gestalten der gehörten *Predigt*, des fühl- und sichtbaren Wortes in der *Taufe* und des anschaulichen und schmeckbaren Wortes im *Abendmahl* sind am gleichen Ort in Szene gesetzt worden. Im Kanzelaltar konzentrieren sich so die geistlichen Kräfte inmitten der Versammlung der Gemeinde. Über ihr erhebt sich der Singchor mit der Orgel zum Lobpreis Gottes, der die Gemeinde zur Antwort anstiften will.

Dieses Konzept der geistlichen Einheit der gottesdienstlichen Stätte in Wort, Sakrament, Anbetung und Lobpreis verbreitet sich von SCHMALKALDEN aus auch in den anderen lutherischen Herzogtümern.

Frühestes Beispiel im süddeutschen Raum ist die Schlosskapelle CALLENBERG bei COBURG, die die HERZÖGE VON SACHSEN-COBURG noch vor dem 30-jährigen Krieg im Jahr 1618 als ihren ersten, nach diesen neuen protestantischen Grundsätzen gebauten Sakralraum mit umlaufenden Emporen und Kanzelaltar vom Nürnberger Bildhauer VEIT DÜMPEL bauen lassen. Knapp ein Jahrhundert später folgt diesem Konzept nun auch die Marktgrafschaft BAYREUTH mit den Altären der Bildschnitzerfamilie RÄNTZ in der zweiten Epoche des Markgrafenstils.

Eine ***dritte Epoche des Markgrafenstils*** beginnt mit der Heirat des Markgrafen FRIEDRICH 1731 mit WILHELMINE VON PREUßEN und dem Einzug dieser geliebten Schwester FRIEDRICHS d. Gr. in Bayreuth. Neben den mitgebrachten calvinischen Beamten und Hofleuten aus BRANDENBURG sind es nun auch ausländische Künstler, die den weltlichen und geistlichen Stil im Fürstentum bis zum Ende der Fürstenherrschaft mit der Demission des Markgrafen ALEXANDER 1791 prägen werden.

Die St. Michaelskirche wird in der Barockzeit 1705-1723 erstmals neu gebaut

Ein neuer Turmhelm 1705-1712 in Zwiebelform

In die *zweite Phase des Markgrafenstils* fällt in Weidenberg die zweite Erneuerung des Glockenturms, Dieser Turm war erstmals um 1500 errichtet und ab 1560 nochmals völlig erneuert worden.

Turmaufschrift: *Renovierung 1710*

Aus dem Jahr 1705 erfahren wir zunächst, dass 2 fl. ausgegeben werden für *„gebrochene Stein zum bevorstehenden Thurmbau"*. Angesprochen ist damit die statische Festigung des obersten Turmgeschosses. Nachdem die Balken des Vorgängerturms durch Blitz und Wetter beschädigt und durch eindringende Feuchtigkeit bedrohlich verfault waren und heruntergenommen worden sind, folgt im Jahr 1710, wie die angebrachte Jahreszahl ausweist, die völlige Neukonstruktion des Turmhelms in der charakteristischen schwellenden Zwiebelform mit oktagonalem Grundriss und aufgesetzter Laterne, der sg. „welschen Haube".

So sieht bald auch die neue Kirche für Weidenberg aus: *St. Jakobus Obernsees, neu gebaut 1707-1729 mit „Welscher Haube"*

Der neue Turmhelm entsteht zeitgleich und auch stilistisch völlig gleich mit den Türmen der St. Jakobskirche von Obernsees und der Bayreuther Ordenskirche, sowie den Dachreitern von St. Rupert bei Obernsees und der Marienkirche in Himmelkron, sodass man davon ausgehen darf, dass der damalige Markgraf Christian Ernst (+1712) seine Baumeister mit dem einheitlichen Entwurf dieser hübschen auffallenden Turmhelme beauftragt hat.

Der Weidenberg Kirchturm ist nun in seinem steinernen Unterteil bis zum unteren Rand des Turmhelms 20 m hoch, die aufgesetzte Turmhaube, die mit gespaltenen Naturschieferplatten gedeckt ist, misst bis zum obersten Ende der Wetterfahne weitere stolze 20 m. So überragt der Turm seitdem mit einer Gesamthöhe von 40 m den Obermarkt beträchtlich und wird zum weithin sichtbaren charakteristischen Wahrzeichen des Marktes Weidenberg.

Freilich muss der Gotteshausverweser BARTHEL WOLFF 1712/13 zu seinem Leidwesen feststellen, dass in der Turmrechnung 413 fl. 17 ¼ Kreuzer Mehrkosten entstanden sind, für die keine Einnahmen vorhanden sind. Auch nehmen die Weidenberger mit großer Bekümmernis zur Kenntnis, dass es mit dem Turmbau noch nicht getan ist. Immer wieder regnet es zum Kirchendach hinein. Aus dem alten Mauerwerk des Kirchenschiffs fallen Brocken. Seit den Reparaturen nach dem Kirchenbrand von 1637 ist an der Kirche nicht wirklich etwas getan worden. Man wird nicht umhinkommen, das ganze Langhaus neu zu bauen. Doch damit beginnt ein mehrteiliges abenteuerliches Drama für Gemeinde und Pfarrer.

Erstmals ein Portrait-Epitaph

Alle Pfarrer-Epitaphien in der ST. MICHAELSKIRCHE stellen uns sehr tüchtige Geistliche vor Augen, die für WEIDENBERG Großes geleistet haben. Und in allen spiegeln sich, wie wir bereits sahen, sehr bewegende, ja dramatische Lebensgeschichten.

Beides, Tüchtigkeit, aber auch unbeschreiblich niederschmetternde Lebenserfahrungen, betreffen besonders den Pfarrer, der im Epitaph an der Rückwand der unteren Empore am linken Treppenaufgang zur Orgel dargestellt ist: ADAM RÖSLER. Man kann sagen: Was er in WEIDENBERG erlebt, könnte den Stoff für einen ganzen Kriminalroman abgeben. Gleichwohl besaß er den Mut, den Grund neu zu legen für die schöne heutige barocke Saalkirche ST. MICHAEL in WEIDENBERG. Doch vorher wagte sich dieser typisch oberfränkische, standfeste, rege und menschenfreundliche Protestant an einen anderen Kirchenneubau.

Als ADAM RÖSLER, der am 23. August 1636 in WUNSIEDEL geboren ist, im Jahr 1693 als 57-Jähriger nach WEIDENBERG kommt, hat er sich bereits als Pfarrer in BAYREUTH ST. JOHANNIS und 24 Jahre lang in der evangelischen Enklave NEUSTADT AM KULM bewährt. Er ist also mit den scharfen Grenzziehungen zwischen Protestantismus und Katholizismus in diesem Raum vertraut. Ihm fällt an der verschneiten Weihnacht 1697 die oben geschilderte Aufgabe zu, die letzte Protestantin der Frankenpfalz, AMALIE FREIFRAU VON KÜNSBERG ZU KIRMSEES, auf dem Friedhof von ST. STEPHAN zu beerdigen; sie hatte sich der scharfen Rekatholisierung durch die Wittelsbacher über 70 Jahre hinweg tapfer widersetzt.

Bei Pfarrer „Roeslerus" RÖSLER können wir uns, im Unterschied zu den bisher eher stilisierenden Pfarrerdarstellungen, das Aussehen wirklich vorstellen. Denn

Mit Wappen am Rahmen und Rosen in der Hand:
Barockes Portrait von Pfarrer ADAM RÖSLER 1719

zum ersten Mal zeigt uns ein Epitaph ein lebendiges Portrait, also das Gemälde ein Oberkörpers, das uns viel von der Persönlichkeit des Dargestellten erahnen lässt.

Wir sehen RÖSLER im Halbprofil, eingerahmt von einer typischen „Kartusche“ im Rocaille-Dekor. Drei Rosen zieren sprechend sein Wappen über dem Gemälde. Je eine weitere rote und weiße Rose als Namensgeberin seines Familiennamens hält er in der fleischigen rechten Hand.

RÖSLER trägt einen schwarzen Pastorentalar eines Schnitts, wie er auch heute noch in Bayern üblich ist. Im Kragen eingesteckt ist ein breites Beffchen mit Stickrand.

Der Dargestellte blickt den Betrachter an. Unter seinem linken Arm hält er die geschlossene Bibel. Das breite und fleischige Gesicht, das vom langen grauen und offensichtlich natürlichen Haarwuchs umrahmt ist, wirkt etwas angestrengt. Die Oberlippe unter der langen Nase wird von einem schmalen, zweigeteilten Bärtchen geziert. Das kräftige Kinn zeigt Tatkraft und Entschlossenheit.

Solche Entschlossenheit ist auch nötig. Denn noch immer bedecken zu Röslers Zeit die Wunden des 30-jährigen Krieges große Teile des Landes; viele der alten spätgotischen Kirchen sind in einem jämmerlichen Zustand. Zugleich regt sich das Bedürfnis nach einem normalen Leben.

ADAM RÖSLER baut eine Markgrafenkirche für Warmensteinach

Neben seinem Dienst in WEIDENBERG hat RÖSLER auch die Aufgabe, die Lutheraner im unteren WARMENSTEINACH seelsorgerlich zu betreuen.

Die scharfe politische und konfessionelle Grenzziehung zur Oberen Pfalz durchschneidet seinerzeit die dicht beieinander liegenden Ortsteile von Warmensteinach und Oberwarmensteinach. Als weniger krass wird im unteren, protestantischen Warmensteinach der Umstand empfunden, dass ihr Ort zwei verschiedenen Herrschaften angehört. Wie REDENBACHER in der Pfarrbeschreibung liest, sind damals von den Anwesen 20 markgräfliche und 17 lindenfelsische Untertanen, sie leben in 62 Familien.

Als viel problematischer sehen es die Bürger an, dass sie im Ort weder Kirche noch Schule haben. Sie müssen den im Winter gefährlichen Weg oben an der zerklüfteten Ostseite des engen Steinachtals gehen, den seinerseits auch der Weidenberger Pfarrer für Seelsorgebesuche nehmen muss. Die heutige Straße direkt entlang der Steinach existiert damals noch nicht.

Im Jahr 1698 und nochmals im Jahr 1700 wenden sich die Einwohner deshalb an den Markgrafen CHRISTIAN ERNST (1644-1712) mit der Bitte, diese beiden grundlegenden Einrichtungen einer evangelischen Gemeindeschule und eigenen Kirche errichten zu dürfen. Der Markgraf stimmt zu. Da die Bittsteller aber zu arm sind, um aus eigenen Mitteln beides zu bestreiten, wird ihnen zugesagt, dass sie aus den fürstlichen und lindenfelsischen Waldungen das Bauholz umsonst erhalten; außerdem wird ihnen erlaubt, im ganzen Lande eine Kollekte zu erheben.

Das Grundstück für den Kirchbau liegt im unteren Warmensteinach hoch oben auf dem östlichen Bergrand, dort, wo der Höhenweg von WEIDENBERG einmündet. Es ist also für die damaligen Verhältnisse „verkehrsgerecht“. Im Jahr 1702 lässt Pfarrer RÖSLER den Bau der Kirche beginnen, 1706 ist er vollendet. Der Turm ist anfangs nur aus Holz erbaut; er fault bald zusammen und wird bereits im Jahr 1735 aus Stein neu errichtet. Diese Kirche „zur Heiligen Dreifaltigkeit“ im Markgrafenstil mit sehenswertem Kanzelaltar ist nun eine Filialkirche zu WEIDENBERG, muss also von den Weidenberger Seelsorgern mit betreut und schulisch beaufsichtigt werden.

Um das Wohl seiner Landeskinder besorgt: *Markgraf CHRISTIAN ERNST*

16 mal im Lauf eines Jahres muss der Weidenberger Geistliche nun den Weg von WEIDENBERG nach WARMENSTEINACH auf sich nehmen. Dieser Weg auf der Ostseite über dem Steinachtal ist wegen der schlechten

Warmensteinacher Trinitatiskirche von 1706
mit Turm von 1735

Wegverhältnisse eine Tortur und im Winter wegen Eis und Schnee gefährlich. Dazu kommen die Kasualien und sonstigen Seelsorgebesuche. An den übrigen Sonntagen liest der Schullehrer eine Predigt.

Das bleibt dann fast 150 Jahre hindurch so, die Warmensteinacher haben damit zwar ihre eigene Kirche, aber noch lange keinen eigenen Pfarrer. Erst im Jahr 1844 bekommt WARMENSTEINACH den ersten eigenen Vikar, und im Jahr 1908 wird es schließlich Kirchengemeinde mit einem eigenen Pfarrer, wie GEORG REDENBACHER beim Lesen dieser Notizen aufatmend feststellt. Wie die Mutterpfarre WEIDENBERG gehört auch diese Tochtergemeinde zum Dekanat Bayreuth.

Während dieser angespannten Zeit erlebt der rührige Pfarrer ADAM RÖSLER eines Tages eine schreckliche Familientragödie. Sie würde auch heute noch eine aufsehenerregende Schlagzeile in der Bildzeitung abgeben würde, insbesondere da ein evangelisches Pfarrhaus davon berührt ist:

„Diebischer Pfarrersohn endet am Galgen"

RÖSLER, der vor seinem Dienstantritt in WEIDENBERG viele Jahre in NEUSTADT AM KULM als Pfarrer tätig gewesen war, wusste von daher, dass dieser Ort aus den Herrschaftszeiten der Nürnberger Burggrafen noch ein eigenes Hochgericht besaß[34]. Seit dem 15. Jahrhundert gab es hier zur Vollstreckung der Todesstrafen zwei Hinrichtungsstätten außerhalb der Stadt, nämlich die „Köpfstätte", auch „Hauptstatt" genannt, wo die „ehrenvolleren" Enthauptungen vollzogen wurden, und das „Hochgericht" mit dem Galgen und den Einrichtungen für das Rädern, die auf der Flur „Galgenäcker" nördlich außerhalb von NEUSTADT für den Vollzug der „unehrenhaften" Strafen aufgestellt waren.

---

[34] Vergl. dazu die Webseite http://www.boari.de/flurnamen/neustadtkulm-galgen.htm.

RÖSLER hatte in seiner Amtszeit als Geistlicher in NEUSTADT damals auch schon Delinquenten zur Köpfstätte oder zum örtlichen Galgen begleitet. Er hätte aber in seinen schlimmsten Träumen nie erwartet, dass seine Familie einmal mit dem Galgen unmittelbar in Berührung kommen würde.

Andererseits hatten aber besonders in evangelischen Gebieten die „unehrenhaften" Todesstrafen im Lauf der Zeit immer mehr zugenommen. Das hatte mehrere Gründe: Das Landesherrliche Kirchenregiment hatte die Eigenmacht der absolutistisch regierenden Fürsten sehr gestärkt, mit der Absicht, dass diese weltlichen Herrscher dazu beitrügen, im „Reich Gottes zur Linken" mit der Anwendung von Gesetz und Machtmittel die Alltagsmoral ihrer Bürger heben, während die Pfarrer im „Reich Gottes zur Rechten" dem Gläubigen die Gnade und die Heiligung des Alltagslebens predigten. Dieser moralischen Erneuerung des Menschen dienten ja das vom Staat bewusst protegierte Predigtamt der Geistlichen und der schulische Unterricht, der jedem Untertanen den Katechismus mit seinen 10 Geboten einschärfte. Wenn man im Einzelfall doch an Grenzen der Erneuerungsbereitschaft stieß, hielt man Gewaltmaßnahmen aus erzieherischen Gründen für unerlässlich.

Als dann im Zusammenhang mit dem 30-jährigen Krieg und seinen Folgen die Verelendung der Bevölkerung und mit ihr die Kriminalität wuchs, versuchte man dem durch verstärkte Abschreckung zu begegnen. Zur Unterstützung dieser Moral mahnten ja auch in WEIDENBERG zwei Galgen an den Ortsgrenzen schon von Weitem jeden Fremden zur Einhaltung von Recht und Gesetz. Dabei dehnten die Landesherren auch Leibes- und Todesstrafen auf zunehmend mehr Tatbestände aus. Sie bestraften nun immer geringere Vergehen, auch kleinere Diebstähle, mit dem Tod. So stieg die Zahl der Hinrichtungen in der beginnenden Neuzeit allgemein drastisch an. Diese Aufgabe erledigten professionelle Henker und Scharfrichter, denen die „Halsgerichtsordnung" KARLS V. von 1532 das alleinige Recht zur Strafvollstreckung" zugesprochen hatte.

Nun wohnte Pfarrer RÖSLER, wie alle Ersten Weidenberger Pfarrer, im Pfarrhaus neben der Kirche am Gurtstein. Um Mitternacht, so erzählt man, seien einmal Diebe in das Haus eingedrungen. Sie hätten den Pfarrer und seine Frau an Händen und Füßen gebunden, um ihr „Diebsgeschäft" in Ruhe „desto besser verrichten zu können." Die Pfarrmagd, welche dieses hörte, sei wach geworden und aus dem Fenster ihrer Kammer im oberen Stockwerk gesprungen; dabei habe sie sich das Bein gebrochen. Trotzdem habe sie sich auf den Kirchhof bis ins damals wegen der Turmbaumaßnahmen noch vorhandene Glockenhaus geschleppt, in dem wegen des desolaten Zustandes des Kirchturms die Glocken hingen, und habe aus Leibeskräften den Strang der kleinen Glocke gezogen. Die Weidenberger, denen der Schall dieser

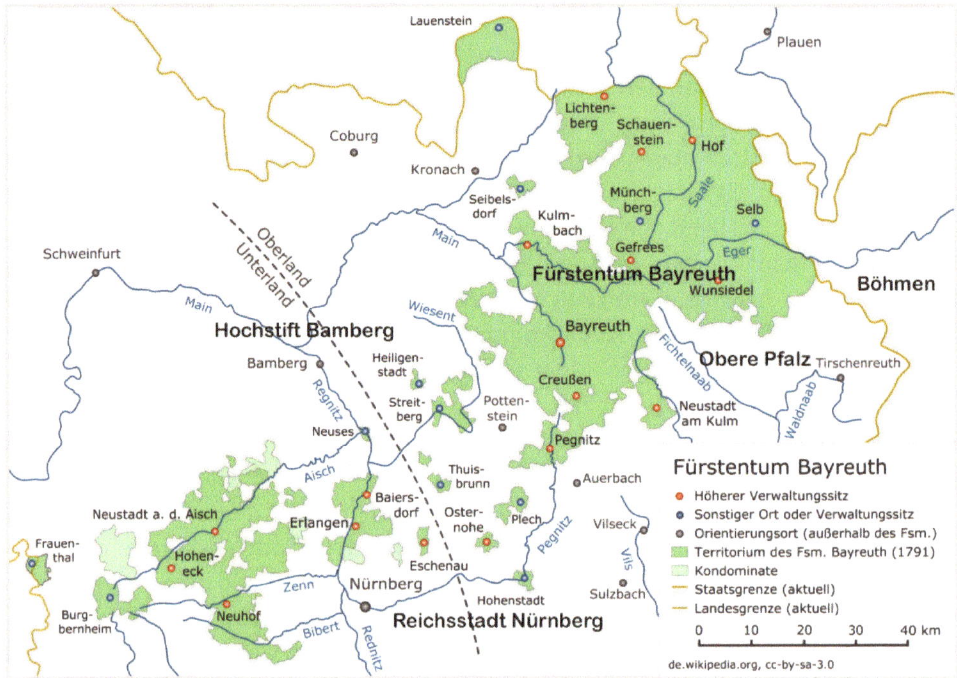

Wie ein kompliziertes Puzzle: *Flickerlteppich des markgräflichen Territoriums und Anrainer*

Glocke zu solcher Zeit etwas Schreckliches war, seien aus ihren Betten gefahren und auf den Kirchhof gelaufen, um zu sehen, was es wäre. Die Magd habe ihnen erzählt, dass im Pfarrhause Diebe eingebrochen seien, sie sollten um Gottes Willen helfen.

Als man ins Pfarrhaus kam, seien die Diebe aber bereits entflohen gewesen. Man habe sie bis an den Schnellgalgen am Waizenreuther Berg vor KIRCHENPINGARTEN verfolgt, also bis zur Grenze der Markgrafschaft, aber sie hätten sich in der Oberen Pfalz in Sicherheit gebracht. Später seien sie wohl übermütig geworden und wieder in evangelisches Gebiet eingedrungen. Da habe man sie eingefangen.

Die unübersichtliche Grenzziehung dieser Gegend, die einem komplizierten Puzzle glich, war in der Vergangenheit nicht nur ein dauernder Zankapfel zwischen den Pfalzgrafen und den Burggrafen gewesen[35]. Sie bot auch Straffälligen beider Seiten in der markgräflichen Zeit die willkommene Gelegenheit, sich dem Zugriff der Gesetze zu entziehen. Hier hatte aber einer von der Diebesbande nun einen Leichtsinnsfehler begangen, indem es ihn nämlich ausgerechnet an den Ort seiner Kindheit und

[35] Vergl. dazu die Recherchen zum „Steinkreuz des Heidenabers“ im entsprechenden Kapitel der ersten Folge des Projektes „Myrten für Dornen“.

Jugend in NEUSTADT zog, das aber jetzt zur markgräflichen Herrschaft gehörte. Wie groß sei das allgemeine Entsetzen gewesen, als sich herausgestellt habe, dass unter den Dieben der in NEUSTADT aufgewachsene leibliche Sohn des Pfarrers RÖSLER war, der selbst mit in das elterliche Haus auf dem Gurtstein in WEIDENBERG eingebrochen war!

Dieser junge Mann war zuerst Student in LEIPZIG gewesen, hatte sich dann einer Schauspielergruppe angeschlossen und war zuletzt unter diese Diebesbande geraten. In NEUSTADT AM KULM war dann der Bande der Prozess gemacht worden. Hier, wo früher sein eigener Vater Pfarrer gewesen und er selbst als junger Mann aufgewachsen war, wurde er nun mit seinen Gesellen zu der damals üblichen Todesstrafe verurteilt und hingerichtet.

Dass der Pfarrersohn zum „Richten mit trockener Hand" verurteilt wurde, wie man das Erhängen auch, im Gegensatz zum Enthaupten, dem „Richten mit blutiger Hand", nannte, musste die Eltern, die sich nun als Versager in der Erziehung sahen, doppelt schmerzen. Denn im Gegensatz zur „ehrenvollen" Enthauptung, die meistens Verurteilten höheren Ranges vorbehalten blieb, wurde das unehrenhafte Erhängen gewöhnlich Menschen aus niederen sozialen Rängen oder Vogelfreien zuteil, die dann oft auch zur Abschreckung anderer länger am Galgen verblieben und so den Vögeln zum Fraß überlassen wurden.

Leidgeplagter Pfarr- und Bauherr: *ADAM RÖSLER*

Den tiefen Schrecken sieht man dem Pfarrerbild heute noch an. Das allgemeine Gespräch in der Marktgemeinde in diesen Tagen und auch noch Jahre nach den Ereignissen muss sicher unerträglich gewesen sein. Röslers Gesundheit war nun merklich beeinträchtigt, während ihn zugleich die großen Sorgen um den Kirchbau drückten.

Denn die Schäden am gotischen Langhaus der alten ST. MICHAELSKIRCHE erwiesen sich als so gravierend, dass man an einen Abriss des Kirchenschiffs denken musste. Doch die Kirchengemeinde hatte zum Neubau eigentlich kein Geld.

St. Michael ist ganz baufällig

Am 26. Juli 1713 findet sich eine Kommission von örtlichen Handwerkern zusammen, die bei einer Ortsbegehung der MICHAELSKIRCHE die schlimmsten Schäden an analysieren soll. Der Befund ist niederschmetternd. Die Kirche wird als „ganz baufällig" erklärt.

Alle Balken und Latten, insbesondere an der Nordseite, seien verfault und morsch und ohnehin schon mehrfach geflickt. Dadurch habe sich auch der Dachstuhl gesenkt und liege zum Teil auf dem steinernen Deckengewölbe des Langhauses auf. Die aus Sandstein gemeißelten Rippen, die das Gewölbe tragen, seien ihrerseits an vielen Stellen geborsten und zerbrochenen, sodass das Gewölbe die zusätzlichen Lasten gar nicht tragen könne. So würden die Lasten des statisch instabilen Gewölbes die Mauern so sehr nach außen treiben, *„dass man mit der Hand dazwischen fahren kann."* Mit „Flickarbeit" am Gewölbe sei es nicht getan; schon gar nicht sei die statische Sicherheit für die Auflage eines neuen Dachstuhls gegeben.

Nicht viel besser stehe es mit dem baulichen und statischen Zustand der Südseite. Auch hier seien Balken und Latten stark verfault. Aus dem Gewölbe seien auch hier schon tragende Stücke herausgebrochen. Der Plan, von außen einige Strebpfeiler an das Langhaus zum Auffangen des Gewölbeschubs anzusetzen, habe sich wegen der Enge des Plateaus auf dem Gurtstein als undurchführbar erwiesen.

Fast vier Jahre hindurch geschieht – nichts. Endlich gibt das kirchliche Konsistorium in Bayreuth Pfarrer RÖSLER und dem Gotteshauspfleger in WEIDENBERG grünes Licht. Das Gutachten eines Sachverständigen soll die erforderlichen Maßnahmen ermitteln *„sambt dem Überschlag aller Baumaterialien und Costen"*, *„damit nicht ein Unglück erfolgen möge"*.

Der barocke Neubau der Kirche 1717-1723 – ein anfälliges Radikalkonzept

Das Konsistorium, die Kirchenleitung im Markgrafentum, ringt sich, um *„dem Besorgnus grossen Unglücks [zu] entgehen"*, zu dem Radikalkonzept durch, die Kirche ST. MICHAEL in WEIDENBERG von Grund auf wegzureißen und ganz neu aufzubauen, wie es auch an anderen Orten wie OBERNSEES zu dieser Zeit geschieht. Für dieses Projekt erlangt das Gremium die Zustimmung des Markgrafen, was auch heißt, dass er Mitarbeiter des Hofes mit der Planung beauftragt und auch finanzielle Mittel zur Verfügung stellt.

Man will die Kirche mit den moderneren Baumethoden von Grund ganz neu aufbauen. Noch im Jahr 1717, zwei Jahre vor Röslers Tod, beginnt man mit der Umsetzung des Konzepts, das nun einen barocken Saalbau im „Markgrafenstil" der Zeit vorsieht, wie er in der gleichen Zeit auch in OBERNSEES umgesetzt wird, das heißt ganz ohne Steinsäulen und Steingewölbe.

Dabei geht man in WEIDENBERG damals so vor, dass man die alte gotische Kirche zunächst noch stehen lässt und um deren rechteckigen Grundriss herum eine neue Fundamentierung mit nunmehr trapezförmigem Grundriss vornimmt. Das neue Kirchenschiff soll, um Platz für mehr Gottesdienstteilnehmer zu gewinnen, an der

Westwand um fast 3 m, an der Ostwand aber nur um eine Mauerstärke breiter werden, als das bisherige. In der Länge will man je ein Fensterfeld auf beiden Seiten hinzufügen, an der Stirnseite zwei große Fenster. So soll der zukünftige lichte Innenraum zugleich eine raffinierte Scheinperspektive entfalten, die Kirche wirkt innen für den Besucher größer, als sie tatsächlich ist.

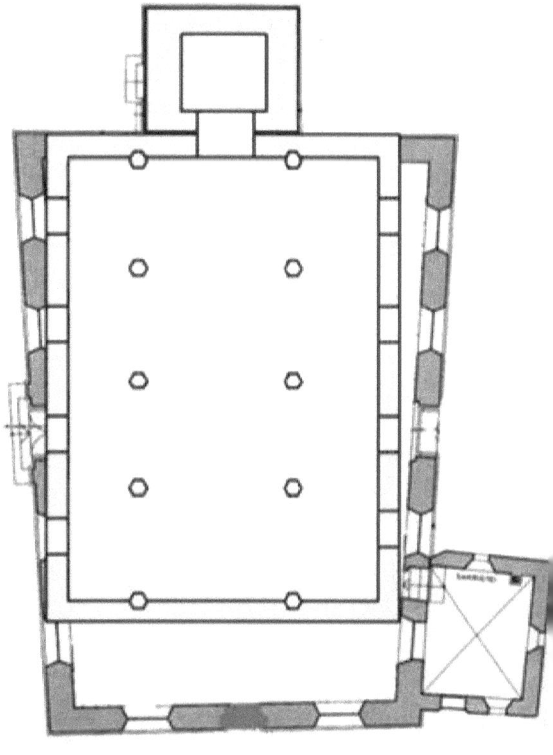

Trapezförmiger Grundriss: *Der Neubau der Michaelskirche ab 1717 über der alten Kirche*

An Stelle des alten Brockenmauerwerks schafft man für die Errichtung der neuen Mauern von Hand behauene Sandsteine aus den Steinbrüchen der Umgebung heran, wie sie auch sonst beim Bau der Markgrafenkirchen im Bayreuther Land verwendet werden. Damit werden die nördliche, die östliche und die südliche Wand des Langhauses mitsamt den hohen Fensteröffnungen auf den neuen Fundamenten aufgemauert. An der Nord- und Südseite sind nun gegenüberliegende große Türöffnungen über Treppenpodesten eingelassen. Nur die alte Westwand mit dem bereits im Jahr 1710 erneuerten Turm ist im Kern mitsamt der gotischen Säulenvorsprünge noch erhalten und nur verbreitert.

Der Bauherr ADAM RÖSLER erlebt noch erwartungsvoll und freudig gestimmt mit, wie die baufällige, aber trotz des Baues weiter nutzbare alte Kirche Zug um Zug in der neuen Kirche „eingehaust“ wird. Doch im zweiten Jahr dieses ehrgeizigen Bauprojektes 1718 muss er aus Gesundheitsgründen seinen Dienst beenden. Er ist inzwischen bereits 82 Jahre alt, also jenseits aller heute vorstellbarer Pensionsgrenzen, und er hat zu diesem Zeitpunkt 25 aufregende und aufreibende Jahre in WEIDENBERG hinter sich. Der Weiterbau der Kirche verlangsamt sich seitdem merklich, die treibende Kraft fehlt.

Im darauffolgenden Jahr 1719 stirbt RÖSLER im gesegneten Alter von 84 Jahren und wird auf dem Weidenberger Friedhof beigesetzt. Sein Epitaph schmückt seitdem die Kirche und erinnert an diesen tatkräftigen, unbeugsamen Oberfranken.

Die Pfarrbeschreibung schweigt über das Geschick dieses Kirchenbaus

GEORG REDENBACHER, der dies alles mit Interesse und großer Anteilnahme gelesen hat, weiß die Lebensleistung dieses Pfarrers zu schätzen, der sich auch von seinem persönlichen Unglück nicht niederdrücken ließ. REDENBACHER verwendet deshalb in seiner Amtszeit einige Mühe und persönliche Empfindungen darauf, Röslers Epitaph zu renovieren und diesem Bildwerk in der Kirche einen angemessenen Platz zu geben.

Von dem, was aber nun unter Röslers Amtsnachfolger mit dem begonnenen Kirchenbauprojekt passiert, weiß aber REDENBACHER nichts. Und auch die Pfarrbeschreibung schweigt seltsamerweise darüber, wie sie überhaupt die nächsten Pfarrstelleninhaber JOHANN HEINRICH BÖHNER und dessen Sohn JOHANN LUDWIG BÖHNER nur mit überraschend dürren Worten bedenkt, obwohl sie sehr lange Amtszeiten erleben. Ein Grund für dieses Schweigen ist nicht ersichtlich. Die beiden BÖHNER sind ja aus WEIDENBERG gebürtig; ihr Vater bzw. Großvater war in WEIDENBERG Metzger und Bürgermeister; dessen Vorfahren stammten aus STOCKAU. Die Mutter war Tochter des Sägschmieds LEONHARD DOMEYER, der von Goldkronach herübergezogen war. Ob bei der (fehlenden) Berichterstattung Rivalitäten im Spiel waren?

Weist in eine frühere Zeit: *Markgräfliches Wappen über der Kanzel*

Jedenfalls haben bis heute viele angenommen, dass dieser im Jahr 1717 begonnene Kirchbau auch wirklich erfolgreich zuende gekommen ist, und dass es sich um dieselbe Kirche handelt, die man heute am Gurtstein sehen kann, die lediglich bei einer Brandkatastrophe im Jahr 1770 schwer beschädigt worden ist. Viele, wie der bislang schon mehrfach zitierte Kunsthistoriker AUGUST GEBESSLER[36] gehen sogar bislang davon aus, dass die heutige Kirche überhaupt erst im Jahr 1770 errichtet wurde, „als stilistisch völlig neuer Bau“.

---

[36] Gebesslers Buch „Stadt und Landkreis Bayreuth“ von 1959 wird immer noch unkritisch und gern zitiert, obwohl es, wie ich hier wiederholt anmerke, viele gravierende Fehler enthält und deshalb mit großer Vorsicht zu genießen ist.

So wurde es sogar noch in der Broschüre des staatlichen Bauamtes Bayreuth anlässlich der Wiedereinweihung nach der letzten Kirchensanierung im Jahr 2012 behauptet. Dies alles ist aber völlig falsch, was ich auch erst lernen musste.

Der Weidenberger Lokalhistoriker NORBERT SACK ist der einzige, der stets den historischen Pfad vertreten hat, dem nun auch meine Beschreibung folgt, nach dem in Wahrheit die Kirche auf dem Gurtstein beim großen Stadtbrand im Jahr 1770 *nicht* abgebrannt ist, dass es sich aber bei der Kirche, die man heute sieht, trotzdem um die *zweite* Kirche der Barockzeit und die *dritte* Bürgerkirche an diesem Standort handelt. Wie passt dies alles zusammen? Das soll der weitere Bericht darlegen.

Zur Absicherung dieses unerwarteten Befundes sei aber schon mal ein Punkt erwähnt, der auch NORBERT SACK in seinen Überlegungen ins Grübeln und auf die richtige Spur gebracht hat: **Das markgräfliche Wappen über der Kanzel** ist *nicht* das Wappen nach 1770, wie man vermuten müsste, wenn die Kirche wirklich abgebrannt wäre, sondern viel älter, nämlich aus der Zeit zwischen 1726-1735. Wie kommt es in diese Kirche? Woher also stammt es?

Des weiteren belegen auch alle Dokumente, die SACK und sein Mentor HARALD STARK dann im Landeskirchlichen Archiv in NÜRNBERG zu diesem Kirchbau gefunden und mir zur Verfügung gestellt hat, dass alles ganz anders war, als bisher gedacht. Damit kommen wir einem Drama ganz eigener Art beim barocken Neubau der Michaelskirche auf die Spur.

Im zweiten Jahr dieses ehrgeizigen Bauprojektes 1718 musste der Bauherr ADAM RÖSLER aus Gesundheitsgründen seinen Dienst beenden. Er war inzwischen 82 Jahre alt und hatte 25 Jahre hindurch als Pfarrer in WEIDENBERG gewirkt.

Der genannte 34-jährige, aus Weidenberg gebürtige JOHANN HEINRICH BÖHNER, der bis dahin bei RÖSLER Vikar gewesen ist, übernimmt seine Nachfolge und steigt gleich kräftig in das Projekt ein, dessen Werden er ja miterlebt hat.

Es muss nun, nach Fertigstellung der „Einhausung“, das immer noch stehende alte, aber von außen nicht mehr sichtbare Kirchenschiff abgebrochen werden[37]. Das brüchige Gewölbe über dem dreischiffigen Langhaus wird herabgenommen, die bisher tragenden Sandsteinsäulen und die alten Mauern auf der Nord-, Ost- und Südseite samt den eingelassenen Halbsäulen werden abgetragen.

Nun ist also erstmals die eindrucksvolle leere Halle zu erkennen, die den „Saal“ der zukünftigen Kirche ausmacht. Auch das Dachgebälk kann nun in der Amtszeit von Pfarrer BÖHNER aufgelegt und aufgerichtet, das Richtfest kann gefeiert werden.

---

[37] Die gleiche Methode des Kirchbaus haben ein paar Jahre zuvor die Baumeister der oben genannten katholischen Kirche St. Jakobus d. Ä. in der Frankenpfalz beim Neubau ihrer Barockkirche gewählt.

Alles sieht gut aus. Nun muss nur noch das hohe Dach mit Ziegeln geschlossen werden.

Geldmangel stoppt den Bau

Doch dann tritt im Jahr 1723 das Unerwartete ein: Das Projekt gerät ins Stocken. Geldmangel zwingt zu einem dramatischen Baustopp. Die vorhandenen Geldmittel reichen nicht aus, um das Gebäude *„unter das Dach"* zu bringen, geschweige denn, den Kirchbau *„zu der nöthigen Perfection"* weiter voranzutreiben. Stein und Gebälk liegen nun für einige Zeit offen und werden stark durchfeuchtet.

Das kirchliche Konsistorium, das für den Kirchbau verantwortlich zeichnet, wendet sich erneut Hilfe suchend an den Markgrafen.

Der prunksüchtige GEORG WILHELM ZU BRANDENBURG (1678-1726) ist als Bauliebhaber bekannt, er ist Initiator der Bayreuther Vorstadt ST. GEORGEN und hat als alter Krieger dort auch den künstlichen „brannaburger" See für seine Hobby-Seeschlachten mit bis zu 20 m langen Schiffen aufstauen lassen.

Ihm klagt die Kirchenbehörde ihr Leid über die Bauruine in WEIDENBERG, *„dass das Gemäuer durch den häufigen Regen erweichet, mithin auch das aufgerichtete Holz verderben wird."* In der Diskussion um die weitere Finanzierung werden als Vergleich auch die Gotteshäuser von BINDLACH und OBERNSEES erwähnt, wo die Gemeinden Kredite vorgestreckt hätten.

Vollendet die erste Barockkirche:
Pfarrer JOHANN HEINRICH BÖHNER

Insbesondere die Erwähnung von OBERNSEES ist in diesem Zusammenhang aufschlussreich. Wie schon oben beim Turmbau erwähnt, verlaufen die geplanten Maßnahmen dort mit WEIDENBERG zeitlich fast parallel. Und sie kommen dann in OBERNSEES in den Jahren 1727-1729 auch wirklich zum erfolgreichen Abschluss, obwohl der Markgraf dafür angesichts seiner sonstigen Hobbies eigentlich kein Geld hat. Aber offenbar hat die örtliche Lobby gut funktioniert. Denn in dieser Zeit wird dort das jetzige Langhaus der Kirche im Stil eines lichten barocken Festsaals an Stelle der baufälligen spätgotischen Gewölbekirche neu gebaut. Die vorgenannten Bindlacher müssen dagegen noch rd. 40 Jahre auf ihre neue Kirche warten.

Interessant als Vergleich für die spätere Baugeschichte von ST. MICHAEL in WEIDENBERG ist, dass gut 40 Jahre später im Jahr 1770 in OBERNSEES noch die Malarbeiten an Decke und Emporenbrüstungen ergänzt werden: Hofmaler WILHELM ERNST WUNDER malt dort Bilder zum Alten Testament und zur Christusgeschichte. Derselbe Maler wird ein paar Jahre später auch in WEIDENBERG das große Deckenbild von der Geburt Jesu malen.

Auch in WEIDENBERG gelingt es Pfarrer BÖHNER endlich, den von seinem Vorgänger ADAM RÖSLER begonnenen Kirchbau weiter voranzutreiben, sodass noch im Jahr 1723 der neue Saalkirchenbau eingedeckt und auch im Inneren einigermaßen fertig gestellt werden kann. Zu dem Zeitpunkt nimmt man die Bauschäden, die durch das Offenstehen des fünf Jahre dauernden Rohbaus entstanden sind, nicht weiter ernst, zumal zunächst keine Folgen sichtbar sind.

Die Kirche stellt sich äußerlich nun schon so dar, wie sie Bergmeister CHRISTIAN HEUPEL auf seiner wertvollen Tuschezeichnung im Jahr 1749 darstellt: Der Glockenturm auf diesem Bild ist mit dem heutigen Turm identisch. Das neue Langhaus hat schon die barocke Saalkirchenarchitektur, die heute noch erkennbar ist, ist aber in der Giebelhöhe ein paar Meter niedriger als heute. Es hat in der Stirnwand auch noch nicht die beiden großen Fenster, sondern nur ein einziges kleineres. **Entgegen der meist unbesehen weiter überlieferten Behauptung ist der Baukörper der ersten Weidenberger Markgrafenkirche also nicht erst nach 1771 fertig geworden, sondern in seiner wesentlichen äußeren Gestalt bereits im Jahr 1723.**

Diese Kirche sieht der fast gleichzeitig errichteten ST. JAKOBUSKIRCHE von OBERNSEES sehr ähnlich, bis auf das Walmdach – die Oberseeser Kirche hat ein

Weidenberg 1749, gemalt von Forstmeister CHRISTIAN HEUPEL: *DIE kostbare kolorierte Tuschezeichnung zeigt sehr schön den Markt und die 1705-1723 neu errichtete ST. MICHAELSKIRCHE vor dem großen Marktbrand von 1770. Die Gestalt der neuen Turmhaube von 1712 und der Saalbau von 1723 sind gut zu erkennen, ebenfalls das Pfarrhaus.*

Satteldach. Auf der Nordseite ist in Höhe des vorderen Fensters an die Weidenberger ST. MICHAELSKIRCHE noch ein kleines Sakristeigebäude angefügt, das zunächst nur ein niederes Dach bekommt, damit der Lichteinfall des Fensters nicht beeinträchtigt wird. In diesem später mehrfach veränderten Anbau hält der Kirchenvorstand sonntags nach dem Gottesdienst bis weit ins 20. Jh. hinein seine Sitzungen und andere kirchliche Veranstaltungen ab; es gab ja noch kein Gemeindehaus. Alternative Räume gab es nur in den beiden Pfarrhäusern.

Das recht genaue Bild des seinerzeitigen Goldkronacher Bergmeisters CHRISTIAN HEUPEL von 1749 zeigt aber bereits eine gegenüber dem Neubau von 1723 veränderte Sakristei. Mit diesem Umbau, der bereits wenige Jahre nach dem Neubau erfolgt, hat es, wie weiter unten noch zu berichten ist, eine besondere Bewandtnis.

Nun hat man also auf dem Gurtstein in WEIDENBERG eine bis auf das Turmuntergeschoss fast gänzlich neue Kirche. Aber bei der Inneneinrichtung müssen zunächst noch Abstriche gemacht werden. Weil das Geld knapp ist, ist die Gemeinde vorerst noch gezwungen, die alte spätgotische bzw. nach dem Kirchenbrand von 1637 notdürftig erneuerte Ausstattung weiter zu verwenden, die aber zum Teil sehr unansehnlich und schadhaft ist.

Doch der begnadete Seelsorger und Baumeister, Pfarrer JOHANN HEINRICH BÖHNER, lässt nicht locker. Er strebt für den hellen und weiten Kirchenraum eine radikal neue und auch neuartige Innenausstattung an, mit letztendlich durchschlagendem Erfolg auch bei den adligen Sponsoren und beim Markgrafen. Alles soll neu werden. Einzig das alte gotische Kreuz soll wieder einen Platz finden.

Markgräfliches Monogramm am Orgelprospekt: *Markgraf GEORg als Sponsor der Orgel*

Eine neue Barockorgel um 1725 mit Rocaille-Dekor

Böhners erstes Ziel ist der Bau einer neuen Orgel, nachdem die Orgel aus der alten Kirche, die für das Jahr 1658 erstmals historisch nachweisbar, aber in Wahrheit wohl einhundert Jahre älter ist, technisch und optisch desolat und akustisch überholt ist. Um 1725 betraut er die bekannte Orgelbauerfamilie PURUCKER aus MARKTLEUTHEN mit dem Auftrag, aus dem vorhandenen Pfeifenmaterial, ergänzt durch neues, eine Orgel auf der akustischen Höhe der Zeit zu schaffen. Der Weidenberger Bildschnitzer JOHANN CHRISTOPH MÖCKEL stellt einen dreiteiligen Orgelprospekt her, der nun schon klar dem neuen Rokokostil der Lindenfels'schen Zeit folgt und auch von diesen Adligen und dem Markgrafen mit finanziert worden sein dürfte.

Die Wangen zeigen durchbrochenes geschnitztes Akanthus- und Gitterwerk. Der Mittelturm des Prospekts huldigt in einer Kartusche mit Fürstenhut und Monogramm „GWMZB“ dem Gönner des Kirchbaus, dem oben schon genannten Markgrafen GEORG WILHELM ZU BRANDENBURG-BAYREUTH (1678-1726), Böhners fürstlichem Landesherrn, der die Orgelweihe freilich selbst nicht mehr erlebt.

Die Purucker-Orgel von 1725
in ihrer heutigen Gestalt

Als dann das Kirchenschiff ab 1769 erhöht wird, hält diese Orgel der ersten Markgrafenkirche wieder Einzug an ihrem angestammten Platz, allerdings nun eine Empore weiter oben. Sie ist etwas arm an Stimmen, und ihr Ton für den großen Kirchenraum auch etwas schwach. Dennoch lebt sie, mehrfach überarbeitet, in der gegenwärtig existierenden Orgel fort.

Denn zunächst tat diese Orgel ihren Dienst bis 1857, als eine erste umfangreiche Reparatur durch den Bayreuther Orgelbauer LUDWIG WEINECK erfolgte. Die letzte Restaurierung im Jahr 1995 durch die Fa. WOLFGANG HEY aus URSPRINGEN brachte die Orgel aus „ruinösem Zustand“ wieder zum Klingen. So erklingen heute noch wesentliche Teile des alten, für die große Kirche eigentlich immer noch zu schmalbrüstigen Werkes im Rokokogehäuse von damals, Nach dem oben Festgestellten darf man sogar annehmen, dass die eine oder andere Pfeife dieser Orgel bereits in der späten Reformationszeit erklungen ist. Pfarrer JOHANN HEINRICH BÖHNER darf also stolz sein auf sein musikalisches Erstlingswerk, das Orgelbaufirma PURUCKER durch seine Veranlassung und in enger Abstimmung mit ihm verwirklicht hat. Doch kündigen sich für diesen rührigen Pfarrer bereits die nächsten Probleme an.

Ein Pfarrer im Solidaritätskonflikt zwischen Markgrafen und Reichsrittern

Pfarrer Joh. Heinr. Böhner – ein Weidenberger Bürgermeistersohn

Lebensgefährlich hätte es einmal, ebenfalls um Mitternacht, für diesen tüchtigen Kirchenbauer, JOHANN HEINRICH BÖHNER, werden können, der im Jahr 1718 die Nachfolge von Pfarrer ADAM RÖSLER antrat. Von dieser aufregenden Geschichte ist weiter unten zu erzählen.

„Pastor Weidenbergensis et venerandi Capit. Bayreuth. Senior, natus Weidenbergae“: *JOHANN HEINRICH BÖHNER 1757*

Dieser JOHANN HEINRICH BÖHNER war vorher bereits zehn Jahre lang, nämlich seit dem Jahr 1709, Vikar bei Pfarrer RÖSLER gewesen. Als besonders bemerkenswerten, aber wenig bekannten Tatbestand seiner insgesamt 48-jährigen segensreichen Dienstzeit am immer gleichen Ort erfahren wir vorab aus der Inschrift unter dem Epitaph-Gemälde, dass Böhner am 17. März 1684 in WEIDENBERG geboren und hier am gleichen Tag getauft worden ist!

Ein gebürtiger Weidenberger als Pfarrer, mit der, nach seinem Amtsnachfolger OELSCHLÄGEL, wohl zweitlängsten Dienstzeit auf der Weidenberger Kanzel! Sagt nicht die Bibel, dass ein Prophet in seiner Heimatstadt eigentlich nichts gilt? Doch Böhners ersprießliches Wirken beweist das Gegenteil. Er war in seiner Gemeinde voll akzeptiert und bewirkte viel.

Er wusste ja nun fast aus eigener Anschauung auch von der bedrückenden Geschichte mit Röslers Sohn. Als gebürtiger Weidenberger kannte und erfuhr er alle Reaktionen der Menschen im Marktort; sie waren nur in Ausnahmefällen hämisch, in der Breite aber außerordentlich mitfühlend und teilnahmsvoll gewesen, wie es auch heute noch die Art der Weidenberger ist.

Böhners Vater[38] war der Metzger und Bürgermeister HANNS BÖHNER der Jüngere (1657-1727), der ebenfalls aus WEIDENBERG stammte und der um das Jahr 1683 in Goldkronach ELISABETHA, geb. DOMEYER (1664-1730), die Tochter des Sägschmieds LEONHARD DOMEYER und seiner Frau ANNA, geheiratet hatte.

Die Großeltern waren der Rotgerber HANS BÖHNER der Ältere (*um 1605, +nach 1667) aus STOCKAU, der in erster Ehe mit DOROTHEA DOLLHOPF, der Witwe des Rotgerbers HANS DOLLHOPF, verheiratet war und sich in WEIDENBERG im Reitweg niedergelassen hatte.

Mit diesem Rotgerber HANS BÖHNER d. Ä. hatte diese wohl ursprünglich aus BINDLACH kommende, aber seit mehreren Generationen in STOCKAU beheimatete Linie der Familie BÖHNER ihren sozialen Aufstieg genommen. Dabei hatten sich die einzelnen Zweige aus den drei Ehen Böhners aber unterschiedlich entwickelt. Die aus erster Ehe stammenden zwei Söhne, seltsamerweise beide mit Namen JOHANNES, hatten als Nachkommen Handwerker, die als Gerber, Schneider und Weber tätig waren, gehörten also eher zu dem Ärmeren.

Der Sohn HANS JAKOB BÖHNER aus der zweiten Ehe von HANS BÖHNER d. Ä. errang die bedeutende Position des markgräflichen Amtmanns in WEIDENBERG und residierte im Unteren Schloss. Er erhielt diesen Posten wohl auf Grund der Beziehungen zum Schwiegervater seines Sohnes, JOHANN LEONHARD KAYSER, der hochfürstlich-brandenburgischer Amtmann in WEIDENBERG und Kammerdiener war. HANS JAKOB BÖHNER ist Gründer einer Linie „akademischer Forstleute“, also überwiegend von Nachfahren, die als Wildmeister, Oberförster oder Feldjäger in und um WEIDENBERG eine gewisse gesellschaftliche Stellung hatten.

Der schon genannte Metzger und Bürgermeister JOHANN BÖHNER, der Sohn Hans Böhners d. Ä. aus dritter Ehe, ist der Gründer der Linie der „akademischen Theologen“, die mit seinem Sohn, dem Pfarrer JOHANN HEINRICH BÖHNER, beginnt. Er hatte noch vier weitere Kinder. Von diesen waren aber die Söhne ADAM und MATTHÄUS schon im Kindesalter verstorben. Die Tochter CATHARINA JUDITH übernahm später Patenschaften (1711/20) bei zwei von Pfarrer Böhners Töchtern und war verheiratet mit JOHANN WILHELM RÖSLER, wohl einem Abkömmling der

---

[38] Die folgenden interessanten Informationen verdanke ich vor allem dem rührigen Weidenberger Heimat- und Geschichtsforscher NORBERT SACK, der schon manche Weidenberger Ahnenreihe entschlüsselt hat. Er hat mir das Ergebnis seiner akribischen Recherchen uneigennützig zur Verfügung gestellt. Viele gebürtige Weidenberger verdanken diesem verdienstvollen Forscher tiefe Einblicke in ihre Stammbäume. Außerdem ist er Experte für alle früher hier existierenden Ritter und Adligen und kennt sich bei vielen Details zur älteren Weidenberger Geschichte hervorragend aus.

oben genannten Pfarrersfamilie RÖSLER. Hans Böhners jüngste Tochter ANNA BARBARA (1698-1765) war mit dem Rotgerbermeister HEINRICH DOLLHOPF (1698-1766) aus WEIDENBERG, wohnhaft am Reitweg, verheiratet. Bei deren sieben Kindern übernahm meist die Pfarrfamilie BÖHNER die Patenschaft.

Nach seiner Kindheit und Jugend in WEIDENBERG und dem auswärtigen Studium hatte JOHANN HEINRICH BÖHNER in seiner Geburtsstadt zunächst seit dem Jahr 1708 als Vikar und Adjunctus beim Vorgänger ADAM RÖSLER Dienst getan.

Auch hatte er in dieser Zeit, im Jahr 1710/11, CLARA MAGDALENA, geb. FELGENHAUER geheiratet. Ein Eintrag ist aber auf Grund der Lücken in den Weidenberger Kirchenbüchern nicht vorhanden, vielleicht fand die Trauung auswärts statt. Aus dieser Ehe gingen acht Kinder hervor.

Seit dem Jahr 1718 ist BÖHNER am Marktort nun Inhaber der I. Pfarrstelle. Doch dann stirbt CLARA, ein Todesfall, wie er in diesen Zeiten, wo die Asepsis noch nicht bekannt war, leider nicht selten vorkam. Die unmündigen Kinder brauchten eine Mutter! Im folgenden Jahr 1724 heiratete BÖHNER in zweiter Ehe die Bürgermeisterswitwe SABINA MARIA MEINEL aus WUNSIEDEL. Diese Ehe blieb kinderlos.

Eine Fast-Katastrophe um Mitternacht

Es war im Jahr 1739, nachts, während Pfarrer BÖHNER mit seiner Familie sanft schlief, als plötzlich mit lautem Getöse und viel Schmutz und Staub ein starker Durchzugsbalken im Schlafzimmer des Pfarrhauses, der die Decke halten sollte, zerbrach. Die Decke stürzte ein. Der Pfarrer und seine Frau wurden zum Glück von den Trümmern nicht unmittelbar getroffen. In der panikartigen Furcht, das ganze Haus könne zusammenstürzen, flüchtete sich aber die Familie in die Nachbarhäuser. Sie kam so mit dem Schrecken davon.

Das Pfarrhaus war ja zu dieser Zeit schon uralt. Es geht in seiner Substanz mindestens auf die Zeit des ersten Kirchbaus auf dem Gurtstein nach den Hussitenkriegen zurück und hat in seiner Geschichte viele Reparaturen und Veränderungen erfahren. Die Geschosse oberhalb der Gewölbe, welche auf alten Balkendecken ruhten und Holzfußböden hatten, müssen in dieser Zeit wohl schon ziemlich marode gewesen sein. Der unliebsame Vorfall wurde aber dann zum Anlass, das alte Gemäuer endlich einmal wieder instand zu setzen. Der polternde Lärm und der Staub der einstürzenden Decke werden wohl Pfarrer BÖHNER Zeit seines weiteren Lebens verfolgt haben. Der Geistliche hatte aber zu der Zeit noch viele segensreiche Jahre des Wirkens in WEIDENBERG vor sich.

Betrachtet man sein Epitaph, das nach seinem Tod 1757 gestiftet wurde, sieht man ein Gesicht, das von einer gepuderten Perücke umrahmt ist und das uns ein wenig an die zeitgenössischen Darstellungen des Thomaskantors JOHANN SEBAS-

TIAN BACH erinnert, kein Wunder, sind wir doch noch in derselben Zeit; BACH verstarb im Jahr 1750.

Ein vielfach geforderter, aber vertrauenswürdiger Pfarrer

Sieht man sich das Gesicht Böhners genauer an, so liest man aus seinen Zügen neben der Ernsthaftigkeit des Predigeramtes auch manchen Ärger über weitere unliebsame Ereignisse. Die Katastrophe mit der eingestürzten Decke im Pfarrhausschlafzimmer war ja kein Einzelfall. Vielmehr hatte BÖHNER von seinem Vorgänger ja auch alle Lasten des Amtes übernommen. Der Dienst in der weitläufigen Gemeinde schloss jetzt die Gottesdienste für die neue Kirche in WARMENSTEINACH mitsamt den anstrengenden Wegen dorthin ein. Auch musste der vor Jahren angefangene Kirchneubau in WEIDENBERG vollendet werden. Die Lasten reichten von mangelhaften Plänen bis zum fehlenden Geld.

Der notorische Geldmangel ist für die Situation in WEIDENBERG bis heute bezeichnend. Er hatte damals den Kirchbau in einem gefährlichen Stadium ins Stocken gebracht, und er schuf auch weiterhin dauernden Ärger mit den Handwerkern; sie mussten manchmal über Jahre hinweg ausstehende Zahlungen anmahnen.

Ansonsten wirkt das breite und fleischige Gesicht dieses Pfarrers aber freundlich, so als ob er seinen Ärger bei einem Bier und einem freundlichen Gespräch im Wirtshaus bald auch wieder vergessen wollte.

Dieses damals neuartige Pfarrerportrait Böhners hängt mit den anderen Pfarrer-Epitaphien in der Kirche, und zwar an einem besonders würdigen Platz: an der alten Westwand der Kirche. Es ist das Dritte von drei nebeneinander dort aufgehängten Pfarrerbildern, die auch in zeitlichem Zusammenhang stehen. Die blaue Kartusche unter Böhners Pfarrerbildnis macht in goldener Schrift und in lateinischer Sprache Angaben zum Leben des Dargestellten:

„Pastor Weidenbergensis et venerandi Capit. Byruth Senior, natus Weidenbergae d. 17. Marty 1684. Pastor Adjunctus in in Patria Vocatus 1708 et tandem post obitum B. Adami Roesleri ab an. 1719 usque ad 1757 Pastor obiit d. 13 An. 1773“.

Wir erfahren hier also seine Lebensdaten, seinen Geburtsort WEIDENBERG, seine Vikarsjahre beim Vorgänger, aber auch die bemerkenswerte Tatsache, dass er der „Senior“ des ehrenwerten Bayreuther Pfarrkapitels gewesen ist, also bei seinen Kollegen eine Vertrauensstellung genoss.

Das eigentliche Bildgemälde ist mit einfachen gerundeten Goldleisten gerahmt und zeigt ein Halbportrait. BÖHNER trägt einen schwarzen Pastorentalar eines Schnitts, wie er auch heute noch in Bayern üblich ist. Im Kragen eingesteckt ist ein weißes Beffchen mit Stickrand. Der Dargestellte ist dem Betrachter zugewandt. In seiner linken Hand hält er die offene Bibel, die wohl am Beginn des Markusevangeliums aufgeschlagen ist und das Bekenntnis zu JESUS CHRISTUS verkündet. Mit dem Zeigefinger seiner rechten Hand weist BÖHNER auf den Text.

Doch dieser Hinweis auf die Bibel nützte im schwelenden Dauerkonflikt zwischen den markgräflichen Amtsleuten und der örtlichen Adelsfamilie nicht viel. Diese Auseinandersetzung kam zu den zermürbenden Problemen von Böhners Dienstzeit hinzu. Die markgräflichen Amtsleute versuchten über das vom Markgrafen eingesetzte kirchliche Konsistorium auf die einzelnen Ortskirchen einzuwirken. Andererseits hatten die adligen HERREN V. LINDENFELS, die zur Reichsritterschaft des Oberen Gebürg gehörten, von ihren Vorgängern, den HERREN V. KÜNSBERG, das Kirchenpatronat für ST. MICHAEL übernommen, das diese seit dem ersten Kirchbau von 1460 innehatten. Damit hatten auch sie unmittelbaren Einfluss auf die Auswahl der Pfarrer und die örtlichen Bauvorhaben.

Die früheren HERREN VON WEIDENBERG und ihre Nachfolger, die Herren V. KÜNSBERG und V. LINDENFELS, waren stets stolz auf ihre Zugehörigkeit zur reichsunmittelbaren Ritterschaft und ließen sich deshalb von den Burg- und Markgrafen nicht viel sagen. Ihre Kompetenzen waren aber in WEIDENBERG nicht immer klar abgegrenzt, sodass Rangeleien und gegenseitige Schikanen an der Tagesordnung waren. Die Pfarrer waren unvermeidbar in die Konflikte verwickelt, weil sie zwischen beiden Herrschaften standen.

Ein Pfarrer, der für alle Parteien offen sein soll, sitzt da manchmal zwischen allen Stühlen. Da beide Parteien in WEIDENBERG ihre Anhängerschaft hatten, war eigent-

Die größten Häuser am Weidenberger Obermarkt: *Das markgräfliche Amtshaus (linker Kreis, links daneben das I. Pfarrhaus) und das Alte Schloss der Kirchenpatrone v. KÜNSBERG und v. LINDENFELS (rechter Kreis) auf der Karte von Forstmeister HEUPEL Das Schloss wurde aber1745 an Privat verkauft*

lich stets großer Ärger und Dauerstress vorprogrammiert. Dieser alte Konflikt setzt sich bis heute, wie auch Pfarrer REDENBACHER erstaunt erfahren musste, in den Rivalitäten zwischen den Einwohnern von Obermarkt und Untermarkt-Linden fort.[39]

Zarte Pflänzchen der Ökumene hüten

Hinzu kam, dass URBAN V. LINDENFELS, um den katholischen Frankenpfälzern entgegenzukommen und seine Reislaser Besitzungen nutzen zu können, selbst zum Katholizismus übergetreten war. Er war der Sohn des lutherischen ersten Weidenberger LINDENFELS, WOLF ERNST, der nach dem 30-jährigen Krieg das Obere Schloss und weitere 20 Schlösser im Umkreis für seine zahlreich geplante Nachkommenschaft aufgekauft hatte. URBAN hatte aber trotz seines formalen Konfessionswechsels seine Pflichten gegenüber der Evangelischen Kirche in WEIDENBERG nie vernachlässigt; denn zwischen ihm und den Pfarrern RÖSLER und BÖHNER herrschte stets ein gutes Einvernehmen; man war sich gegenseitig gewogen.

So hält Pfarrer BÖHNER einmal im Gottesdienst am ersten Adventssonntag 1719 von der Kanzel der alten spätgotischen ST. MICHAELSKIRCHE, um die herum bereits der neue Kirchbau entsteht, eine Fürbitte für Frau ANNA MARIA V. LINDENFELS, geb. V. SCHIRNDING. Sie ist gerade von einem dramatischen Kindbett genesen und hat zwei Spezies-Taler gestiftet. Da geht beim Markgrafen Beschwerde ein. Er gibt dem Bayreuther Superintendenten STÜBNER die Weisung, diese Beschwerde gewissenhaft zu prüfen. Natürlich hofft er, dem Pfarrer, der anscheinend allzu offensichtlich mit den Reichsrittern sympathisiert, ein Dienstvergehen nachweisen zu können, um damit Punkte gegen die Reichsritter zu sammeln.

Doch der Superintendent bewahrt den Überblick und lässt sich Böhners Predigtkonzept schicken. BÖHNER ist ja der gewählte Senior und Vertrauenspfarrer seines Pfarrkapitels; an seiner Redlichkeit ist nicht zu zweifeln. Für die Händel zwischen Markgraf und Rittern liefert BÖHNER keine Munition. So bleibt auch der Superintendent pfarrbrüderlich und souverän und fällt seinem Senior nicht in den Rücken, sondern rechtfertigt ihn. Der unnötige feindselige Vorstoß der Markgräfler gegen die zarten Ansätze für eine Ökumene bleibt damals ohne negative Folgen.

URBAN V. LINDENFELS, der ja aus politischen Rücksichten wegen seines Adelssitzes in Schloss REISLAS katholisch geworden war, kann weiterhin im Einvernehmen mit dem evangelischen Weidenberger Pfarrer und dessen katholischen Kirchenpingärtner Kollegen seine mühsame Balancepolitik betreiben und auch zukünftig als Katholik der Patron für die evangelische Kirche bleiben. Doch noch mindestens 250

---

[39] Vergl. dazu das Kapitel *„Als Weidenberg Kurort werden wollte – Pfarrer Redenbacher und der Verschönerungsverein Weidenberg"* *weiter unten in dieser Folge.*

weitere Jahre würde es dauern, bis die Bemühungen um eine Ökumene zwischen evangelischen WEIDENBERG und der katholischen FRANKENPFALZ dauerhaft Früchte tragen.

Eine Posse zwischen Markgraf und Reichsrittern im Streit um die Adelslogen 1729

Zankapfel Adelslogen: *Kirche ST. MICHAEL 1749 mit der 1729 vergrößerten Sakristei*

Welche Bewandtnis hat es aber nun mit der bereits nach sechs Jahren 1729 veränderten und vergrößerten Sakristei, die auf Heupels Bild von 1749 zu erkennen ist? Hier ist von der Fortsetzung des Streits zwischen den markgräflichen Amtsleuten und den Reichsrittern zu berichten, der für die damaligen Weidenberger Verhältnisse bezeichnend war und eigentlich bis zur Neuordnung Bayerns in der Zeit der napoleonischen Kriege weiter schwelte.

In protestantischen Kirchen hatte der jeweilige Patron der Kirche in der Regel seinen eigenen „Kirchenstuhl“, also eine Adelsloge. Sie war meist gegenüber der Kanzel und oft auch ein bisschen höher als diese angebracht. So konnte zwar der Prediger auf die meisten seiner Hörer herunter schauen, zu seinem Patron aber muss er bei der Verkündigung des Wortes Gottes aufschauen.

Auch in der alten spätgotischen Weidenberger ST. MICHAELSKIRCHE hatte es schon einen vergleichbaren Kirchenstuhl gegeben; diesen hatten die Herren von KÜNSBERG und LINDENFELS benutzt. Unbemerkt vom Volk konnten sie ihren Platz über der Sakristei einnehmen und, gut gewärmt von einem Ofen, Gottes Wort lauschen. Ein solcher besonderer Platz war aber in der neuen Kirche von 1723 nicht vorgesehen. Die Adligen sollten vielmehr auf der Empore unterhalb der 1725 eingebauten Orgel sitzen.

Bereits vier Jahres später, im Jahr 1729, kommt dem protestantischen Konsistorium zu BAYREUTH auf Anzeige des markgräflichen Amtsmannes zu WEIDENBERG zu Ohren, dass die adligen Patrone in der neuen Kirche nachträglich ihre eigene „Kirchenstube“ eingerichtet hätten, während der markgräfliche Amtmann „beim Volk“ sitzen müsse, so lautet der unausgesprochene Vorwurf. Sie hätten zu diesem Zweck das Dach über der seitlich angebauten Sakristei abbrechen und die Mauer zur Kirche durchbrechen lassen. Der Pfarrer solle berichten, ob das zuträfe und ob es mit seinem Wissen und seiner Einwilligung geschehen sei.

Anlass dieses Streites im Dauerkonflikt von Markgrafen und Reichsrittern war seinerzeit der Antrag von CARL WILLIBALD V. LINDENFELS. Er war der Enkel des oben genannten Adligen WOLF ERNST V. LINDENFELS, der nach dem Dreißigjährigen Krieg die Nachfolge der HERREN VON KÜNSBERG ZU WEIDENBERG angetreten hatte und auch der evangelische Kirchenpatron von ST. MICHAEL war. Der Enkel nun wohnte zwar nicht mehr, wie sein Großvater, im Oberen Schloss von WEIDENBERG; er hatte sich vielmehr trotz offiziellem Verbot von Seiten der katholischen Obrigkeit in seinem Schloss im katholischen REISLAS in der Oberen Pfalz häuslich eingerichtet.

Anders als sein Vater CARL URBAN, der, um seine Besitzungen in der Frankenpfalz nutzen zu können, katholisch geworden war, ist CARL WILLIBALD V. LINDENFELS, der evangelisch getauft war, seiner lutherischen Kirche treu geblieben. Er sitzt, wie schon seine Eltern, im katholischen REISLAS, nimmt aber regelmäßig am evangelischen Gottesdienst in WEIDENBERG teil.

Es kommt nun heraus, dass er die Kirchengemeinde tatsächlich um die Erlaubnis zum Bau einer eigenen Adelsloge in ST. MICHAEL gebeten hat, wie sie damals für den protestantischen Adel eben zur Repräsentation gehörte. Auch in der katholischen Barockkirche von 1689 in KIRCHENPINGARTEN sind noch die Reste einer solchen Adelsloge nachweisbar, die die Herren DIETZ VON WEIDENBERG, die auf FUCHSENDORF saßen, in der evangelischen Zeit der FRANKENPFALZ dort eingerichtet haben. Dank einer Zahlung von 100 Spezies-Talern ist das vergleichbare Vorhaben auch CARL WILLIBALD V. LINDENFELS in der Kirchengemeinde WEIDENBERG genehmigt worden.

Diese Loge war inzwischen tatsächlich geschaffen worden. Zum Bau dieses „Kirchenstuhls“ waren umfangreiche Baumaßnahmen an der gerade erst neu gebauten Kirche vorgenommen worden: Die Sakristei an der Nordwand der Kirche war um ein Stockwerk erhöht und mit einem Satteldach versehen worden; das vorderste Fenster in der nördlichen Seitenwand der Kirche war aufgebrochen und erweitert worden. So war hier eine geräumige beheizbare „Stube“ entstanden. Sie lag seitlich schräg gegenüber dem alten Altärlein aus spätgotischer Zeit, das baldmöglichst durch einen neuen Kanzelaltar im markgräflichen Stil ersetzt werden sollte.

Über die Öffnung der Loge zum Kirchenschiff hat die Familie V. LINDENFELS ihr Wappen gesetzt, wie es auch anderenorts in Patronatskirchen üblich war. Pfarrer BÖHNER, der den Bau gestattet hatte, berichtet dem Konsistorium auftragsgemäß davon und lädt wieder einmal, wie schon vorher des Öfteren, den Tadel der Wei-

Stein des Anstoßes: *Das Lindenfelssche Wappen (hier am Alten Schloss)*

denberger Clique des Markgrafen auf sich, die ihren Dauerkonflikt mit LINDENFELS und seinen Untertanen pflegt.

Aber nun muss die markgräfliche Fraktion auf ihre Niederlage reagieren und ihrerseits den Rittern wieder eins auswischen. So interveniert Amtmann ARZBERGER auf markgräfliche Anweisung. Er kann zwar die provozierende Loge in der Kirche nicht mehr entfernen. Aber als dann im folgenden Jahr der neue Altar fertig wird, setzen die Markgräfler juristisch durch, dass das Lindenfels'sche Wappen wieder von der Adelsloge entfernt werden muss. Das Wappen des Markgrafen, das am Schalldeckel des Kanzelaltars angebracht ist, soll als alleiniges Herrschaftszeichen in der Kirche prangen. Zähneknirschend muss CARL WILLIBALD den Streich seiner markgräflichen Gegner dulden, sinnt aber auf Rache.

Einige Jahre später kann der Ritter zum erneuten Gegenschlag ausholen: Er lässt nun eine noch größere Adelsloge durch Abgrenzung auf der unteren Empore entlang der ganzen Nordwand der Kirche errichten, beheizbar mit einem weiteren eigenen Kamin und wiederum mit eigenem Zugang durch die Sakristei. Aber dieses Prestigeprojekt hat nun Kurzzeit- und Langzeitfolgen. Zunächst verbaut ja diese Loge die nordseitigen Fenster völlig und verdüstert die helle Kirche noch mehr, als es der erste Kirchenstuhl schon getan hatte. Darüber hinaus nimmt sie der Gemeinde Sitzplätze weg. Zudem entpuppt sich der damals errichtete, aber zwischenzeitlich vergessene Heizkamin bei der jüngsten Kirchenrenovierung als Übel: Weil er unterdessen versottet ist und die angrenzenden Wände nachhaltig in Mitleidenschaft gezogen hat, entstehen unvorhergesehene Mehrkosten[40].

Durch diese monströse Loge wird der Unmut in der Gemeinde gegen die Adelsherren, der einige Zeit besänftigt schien, neu entfacht. Dem Markgrafen, der die Reichsritter endlich aus WEIDENBERG entfernen will, ist das recht.

---

[40] Ein Schock gleicher Art bei der jüngsten Sanierung war die Entdeckung der Reste der alten Sakristei, die damals den Unterbau für die erste Adelsloge abgab. Und auch hier der gleiche Schreck: Auch sie hatte einen versotteten Kamin, Fluch des Luxus der damaligen Zeit. Wie wichtig kann es also sein, dass man beim Kirchbau die Geschichte ein wenig kennt! Das alles hätte man schon in der alten Pfarrbeschreibung von 1914 bei den Geschichten über Pfarrer BÖHNER nachlesen können. Doch welcher Bauleiter macht so etwas?

Die LINDENFELS sind des Streitens müde und resignieren. Sie verkaufen nach dreijähriger Verhandlung mit dem Markgrafen ihre Weidenberger Besitztümer samt Schloss, Wäldern und allen Zugehörungen, wobei dem gewieften FRIEDRICH III., dem Bericht von Pfarrer JOHANNES MICHAEL EINFALT zufolge[41], ein finanzieller Coup gelingt; er kann CARL WILLIBALD V. LINDENFELS beim Umtrunk benebeln und beim Kaufpreis angeblich kräftig übers Ohr hauen. Statt der ursprünglich von LINDENFELS geforderten 184.000 fl „vergisst" der im Volk „viel geliebte", aber wegen der Prunksucht seiner Gattin WILHELMINE allzeit klamme Markgraf FRIEDRICH III. die führende „1" auf der Rechnung und zahlt nur 84.000 fl und 100 Dukaten.

Der charmante Markgraf Friedrich III *hat es faustdick hinter den Ohren; 1745 wird er zum Herrn des „Alten Schlosses"*

Die Reichsritter V. LINDENFELS ziehen sich im Jahr 1745 ohne weitere Rachegedanken nun ganz in die FRANKENPFALZ zurück, wo sie ja in REISLAS bereits seit dem Jahr 1694 ihr bevorzugtes Schloss besitzen. Obwohl insbesondere die Männer ihre evang-lutherische Konfession beibehalten, leben sie unbehelligt und von der katholischen Bevölkerung akzeptiert bis zum Aussterben ihrer Linie im ausgehenden 19. Jahrhundert. Gegen Ende ihrer Herrschaft haben sie sich in Reislas im Stüblesforst ihre eigene kleine Kapelle und in BAYREUTH ihre Familiengruft bauen lassen. Dort bestatteten sie seit dem Jahr 1823 ihre Toten; denn mit dem Ende des Patronats durften sie ihre Gruft in der Weidenberger MICHAELSKIRCHE, in der ihre Ahnen seit den Zeiten von WOLF-ERNST V. LINDENFELS ruhten, nicht mehr nutzen.[42]

Damals geht freilich eine Generation später der bizarre Streit um das adlige Kirchengestühl in eine neue Runde. Nachdem CARL WILLIBALD V. LINDENFELS im Jahr 1745 seine Anrechte auf WEIDENBERG verkauft und damit auch sein Kirchenpatro-

[41] J. M. EINFALT, Die Geschichte von Weidenberg und Umgebung 1896, abgedruckt in der ersten Folge meine Projektes ‚Myrten für Dornen': „Am Vorabend der Urkatastrophe(n) – Weidenberger Geschichtsquellen."

[42] Mehr zur Geschichte des Adels in Weidenberg und in der Frankenpfalz in meinem Buch „Wo König und Herzog einfache Leute sind – Spurensuche Frankenpfalz."

nat aufgegeben hat, stehen diese großen Adelslogen zunächst leer, wecken aber Begehrlichkeiten.

Es sind die jungen aufstrebenden Bürger der neuen Oberschicht des Marktes WEIDENBERG, die für ihren Wohlstand ein Statussymbol suchen. So hatte der hochfürstliche Flößverwalter LEONHARD REIß, der 1753 die Witwe des reichen ELIAS SCHNORR geheiratet hatte, einen Teil des recht baufälligen Oberen Schlosses in WEIDENBERG nach einer Zeit des Leerstandes gekauft[43]. Im Jahr 1758 stellt er den Antrag, den ehemaligen lindenfelsischen Kirchenstuhl nutzen zu dürfen. Auch sein Stiefsohn, der junge SCHNORR, Sohn des 1752 verstorbenen und in ST. MICHAEL mit einem Grabstein verewigten Ausschusshauptmanns, Flößverwalters, Zolleinnehmers und Mäzens ELIAS SCHNORR, sowie der Gemeindeschreiber MÜLLER und der Wildmeister CARL FRIEDRICH MARQUARDT schließen sich dem Antrag an.

Der Kirchengemeinde kommt dieses Interesse nach Repräsentation gelegen. Denn die damaligen „Gotteshausverweser" in den Kirchengemeinden machen sich ja Gedanken, wie sie ihrer ständigen Finanznot etwa durch die Vermietung fester Plätze in der Kirche abhelfen können. Damit steht natürlich der Gedanke von der Gleichheit der Menschen in der Kirche infrage.

Doch letztlich erledigt sich das Problem bald von selbst. Die neue, im Jahr 1723 vollendete Kirche erweist sich als so schlecht gebaut, dass schon nach kurzer Zeit Einsturzgefahr besteht und Überlegungen für einen erneuten Neubau angestellt werden müssen. In Zuge dieses Neubaus ab 1769 werden dann auch, der wachsenden adelskritischen Stimmung der Zeit am Vorabend der französischen Revolution folgend, die Abtrennungen für die Adelslogen endgültig beseitigt und die Emporen für die Gemeinde auch vorn rund um den Altar erweitert.

– Doch zunächst noch einmal zurück zur zweiten Kirche von 1723 und ihrer weiteren Einrichtung, die unter Pfarrer JOHANN HEINRICH BÖHNER zunehmend so vollständig erneuert wird, dass am Schluss nur noch das Sternnetzrippengewölbe im Turmuntergeschoss und die beiden Halbsäulen an der inneren Westwand übrigbleiben, die als die einzigen steinernen Zeugen bis heute an die alte spätgotische Kirche erinnern, dazu als einziger überkommener Einrichtungsgegenstand das gotische Kruzifix.

---

[43] Nach dem Marktbrand von 1770 baute REIß das schwer beschädigte Schloss wieder auf. Er verspekulierte sich aber bei gewagten Geschäften mit Brauereien, verarmte und musste das Schloss wieder verkaufen. So fiel das Obere Schloss, das als Sinnbild der alten Reichsritterschaft den Markgrafen stets ein Dorn im Auge war, endlich an die Markgrafen; sie legten hierhin nun das „Kastenamt", das vorher im Schnorr'schen Haus im Unteren Markt untergebracht war.

Die markgräfliche Weidenberger Barockkirche erhält 1730-1750 ihre weitere Innenausstattung

Der Altar 1730 im frühklassizistischen Rokokostil von Räntz und Langheinrich

Am 3. Juli 1730 handeln das kirchliche Konsistorium unter dem damaligen Superintendenten STÜBNER und der markgräfliche Amtmann ARZBERGER einen Vertrag mit dem Bayreuther Hofmaler JOHANN PETER LANGHEINRICH aus. Er sieht die Bemalung eines neuen Altars und des neuen Kirchengestühls für die ST. MICHAELSKIRCHE in WEIDENBERG vor[44]. LANGHEINRICH hat im Jahr 1725 bereits das Holztonnengewölbe in der Mistelbacher Bartholomäuskirche mit alttestamentlichen Motiven bemalt.

Der von LANGHEINRICH bemalte Weidenberger Altar, wie auch das Kirchengestühl und die Emporen sind dieselben Ausstattungsstücke, die auch heute noch die Kirche schmücken. Man darf sich also fragen, wie sie den verheerenden Marktbrand von 1770 unbeschadet überstanden haben können, wenn man, wie es die meisten Geschichtsschreiber bisher tun, annimmt, dass die MICHAELSKIRCHE in der Feuersbrunst mit verbrannt sei. Die gleiche Frage gilt natürlich auch für die nachweislich im Jahr 1725 beschaffte, oben beschriebene Puruckerorgel, die heute noch erklingt.

Mit der Entdeckung von Langheinrichs Vertrag von 1730 muss auch die übrige Geschichte der MICHAELSKIRCHE völlig neu geschrieben werden. Damit erweist sich aber auch die zeitliche und personelle Zuordnung der Altararbeiten, die AUGUST GEBESSLER in seinem oben genannten Buch im Anschluss an KARL SITZMANN vornimmt und der bislang alle Kirchenbeschreibungen folgten, als nicht möglich[45]: Der von GEBESSLER genannte einflussreiche Vogtländische Architekt JOHANN GOTTLIEB RIEDEL, seit 1771 der Star beim Bayreuther Hofbauamt, kann den Altar nicht entworfen, und der renommierte Burgkunstädter, in BAYREUTH tätige, Bildhauer FRANZ PETER SCHUH (1734-1803) kann den Altar nicht geschnitzt haben. Dieser Altar und auch die anderen Ausstattungsstücke waren vielmehr zu ihrer Amtszeit schon lange fertig.

Zur gleichen Überlegung, den Altar zeitlich wesentlich früher anzusetzen, als das alle bisherigen Kirchenbeschreibungen tun, führt auch die oben schon gezeigte Kartusche mit dem markgräflichen Wappen über der Weidenberger Kanzel:

---

[44] Für die Entdeckung und zur Verfügungstellung dieser Dokumente bin ich dem oben genannten Weidenberger Lokalhistoriker NORBERT SACK außerordentlich dankbar.

[45] In den aktuellen Versionen der vom Pfarramt Weidenberg herausgegebenen kleinen Kirchenführer sind manche dieser neuen Erkenntnisse inzwischen übernommen worden, nachdem ich vieles bereits im Weidenberger Gemeindebrief veröffentlichen konnte

Beweisstück für die zeitliche Einordnung: Medaillon und Wappen des Markgrafen GEORG FRIEDRICH KARL VON BRANDENBURG-BAYREUTH, der von 1726-1735 regierte

Die Markgrafen haben das Wappen in dieser Art nur von 1704-1742, also bis in die frühen Zeiten von Markgraf FRIEDRICH III. und seiner Ehefrau, der Markgräfin WILHELMINE, geführt. Die Kernzeit für dieses Wappen ist die Regierungszeit des Markgrafen GEORG FRIEDRICH KARL von 1726-1735, was man der Münzprägung dieses Fürsten entnehmen kann, die genau dieses Wappen zeigt. Dieser Zeitrahmen stimmt exakt mit den Folgerungen aus meinen Recherchen über die Entstehungszeit dieser Einrichtungsgegenstände in der Kirche überein. Markgraf GEORG dürfte erhebliche Mittel zur Schaffung des kostbaren Kanzelaltars beigesteuert haben.

Auch die Beschreibung, die LANGHEINRICH selbst von seinen Malerarbeiten macht, lassen gar keinen anderen Schluss zu, als dass es sich um denselben Altar handelt, der noch heute in der Kirche steht.

Doch wer, wenn nicht FRANZ PETER SCHUH, hat diesen Altar geschnitzt? Zeit- und Stilvergleiche führen mich zu der sicheren Einschätzung, dass der Weidenberger Altar in der Werkstatt des seinerzeit hoch geschätzten Bayreuther Hofbildhauers, des von steierischen Vorfahren abstammenden und in REGENSBURG geborenen ELIAS RÄNTZ (1649-1732), entstanden ist. Auch diese Zuordnung würde eine weitere ideelle Aufwertung der Weidenberger Kircheneinrichtung bedeuten, die sich hinter der Einrichtung anderer heute hoch gehandelter Markgrafenkirchen nicht verstecken muss.

Die Bildhauerfamilie Räntz – Schöpferin der markgräflichen Bildschnitz- und Kirchbaukunst

Nach Lehrjahren in REGENSBURG hatte die obligatorische Wanderschaft den Bildschnitzer ELIAS RÄNTZ auch nach VENEDIG, DRESDEN und ROM geführt, wo er sein sicheres Stilempfinden und handwerkliches Geschick für Figuren, Säulen, Gebälk und Ornamente an der Betrachtung klassischer und zeitgemäßer Werke schulte. Mit seiner Berufung als 30-jähriger im Jahr 1679 nach BAYREUTH durch Markgraf CHRISTIAN ERNST wird er nun zum unmittelbaren Konkurrenten der bis dahin im Kulmbach-Bayreuther Raum führenden Bildschnitzerfamilie BRENCK.

RÄNTZ studiert die kostbaren und ausdrucksvollen Arbeiten von GEORG und JOHANN BRENCK aus der ersten Epoche des markgräflichen Barock und übernimmt beim Altar- und Kanzelbau grundlegende Elemente ihres Stilkanons, entwickelt sie aber mit großem handwerklichen Geschick und eigener künstlerischer Freiheit weiter.

Lastenträger Moses: *RÄNTZkanzel in Pilgramsreuth 1694*

Bis zu seinem Tod am 27. Sept. 1732 ist ELIAS RÄNTZ für die bildhauerische Ausgestaltung in den verschiedenen Kirchen im Markgrafentum zuständig, er ist aber auch der Schöpfer bedeutender weltlicher Brunnen, Plastiken, Medaillons und Portale für den Markgrafen. Die liebenswerten Taufengel von EMTMANNSBERG 1723, sowie von STOCKAU und NEUNKIRCHEN 1726, letzterer ursprünglich in der farblichen Fassung des oben schon genannten JOH. PETER LANGHEINRICH, sind Zeugnis seiner fröhlichen und volksnahen Kunstauffassung vom Barock im Kirchbau.

Einen frühen Gipfelpunkt von Elias Räntz' Können und eine wichtige Weichenstellung verkörpert das Schnitzwerk in der großen spätgotischen evang. Pfarrkirche im kleinen einstigen Marien-Wallfahrtsort PILGRAMSREUTH bei REHAU. Sie lohnt einen Besuch. RÄNTZ will hier sein ganzes bildhauerisches und ästhetisches Können demonstrieren und fertigt noch ganz im Stil von BRENCK für die arme, aber opferwillige „Kartoffel"-Gemeinde zu Dumpingpreisen zwei kostbare Einrichtungsstücke:

Zunächst entsteht im Jahr 1694 seine „Moses-Kanzel" mit einem leidenschaftlichen, schwer an der Last der Kanzel tragenden und auf seine Gebotstafeln gestützten

Vorläufer der Markgrafen-Altäre:
Christus-Altar in Pilgramsreuth

MOSES. Er ist begleitet von würdigen Apostelfiguren am Kanzelaufgang und fröhlich auf dem Schalldeckel hockenden Evangelisten und Engeln.

In den Jahren 1706-1710 folgt in derselben Kirche sein künstlerisch vollendeter, stattlicher, 27 Fuß hoher CHRISTUS-ALTAR. Die Szenen der Heilsgeschichte von Mariae Verkündigung an, über Geburt, Kreuzigung und Himmelfahrt Jesu, bis zu seiner himmlischen Glorie umranken wie Blumengebinde die zentrale Szene des Abendmahls auf offener Bühne. Der Anschein einer höhlenartigen Altarkanzel, den die Abendmahlsszene mit ihrer enormen Perspektivenwirkung vermittelt, könnte ein Impuls für ästhetisch befriedigende Lösungen beim schon bald folgenden tatsächlichen Bau solcher Kanzelaltäre durch RÄNTZ im Markgrafentum gewesen sein. Jedenfalls sitzt RÄNTZ nun als Hofbildhauer fest im Sattel.

Mit dem Orgel-Kanzelaltar für die Bayreuther „Sophienkirche zur Heiligen Dreifaltigkeit", der sg. „ORDENSKIRCHE" in ST. GEORGEN, beschreitet ELIAS RÄNTZ schon kurz darauf, im Jahr 1711, diesen neuen Weg der Kanzelaltäre im Markgrafentum BAYREUTH, die sich bald in der Mehrzahl der Markgrafenkirchen durchsetzen. Er lässt sich dabei nun zunehmend inspirieren und begleiten von dem jüngeren seiner hochbegabten Söhne, dem damals gerade erst 14-jährigen JOHANN GABRIEL RÄNTZ (1697-1776). Dieser macht beim Vater seine Lehre und steigt bald in die Werkstattarbeit in BAYREUTH mit ein. Während das Figuren- und Schmuckwerk in ST. GEORGEN noch ganz dem Brenck'schen Stilkanon und dem Zeitstil des Rokoko folgt, zeigt sich in der ORDENSKIRCHE im klar gegliederten Aufbau mit vier glatten korinthischen Säulen und dem kräftigen Gebälk bereits der vorwärtsweisende **Frühklassizismus**, der dann für die weiteren Kanzelaltäre der Räntz-Werkstatt bezeichnend wird.

Wir erleben diesen von calvinischen Einflüssen im Bayreuther Land geprägten „Frühklassizismus" bei den Altären der St. Marienkirche in Himmelkron (vor 1730) und der St. Michaelskirche in Weidenberg (1730), die beide wohl noch von Vater und Sohn Räntz gemeinsam gestaltet wurden, sowie bei den von Johann Gabriel Räntz allein verantworteten Altären in St. Walburga in Benk (um 1743), der Spitalkirche in Bayreuth (1750), der Kirche unserer lieben Frau in Nemmersdorf (1745) und der St. Johanniskirche in Bayreuth (1753).

Kirche im Jagdschloss: *Kanzelaltar in Himmelkron von Elias und Johann Gabriel Räntz vor 1730*

Der Altar in Himmelkron ist der Zwilling des Weidenberger Altars

Den stilistischen Übergang von der spätgotisch geprägten Bildschnitzerei in der ersten Epoche des Markgrafenstils zu dieser zweiten „barocken" Epoche mit frühklassizistischen Elementen bezeichnet der Kanzelaltar für die Marienkirche am einstigen Zisterzienserinnenkloster und seitherigen Jagdschloss von Markgraf Christian Ernst in Himmelkron. Der Unterbau trägt vier hohe korinthische Säulen mit reich verzierten Kapitellen in der typisch Räntz'schen Manier. Der im Mittelfeld eingelassene halbrunde Kanzelkorb weist neben reichen Verzierungen auch ein Tatzenkreuz auf. Der Schalldeckel ist, ebenfalls typisch für Elias Räntz, mit dem „Lambrequin", einem geschnitzten Quervorhang mit rechteckigen Zacken, bekleidet. Vier große Evangelistenfiguren stehen zwischen den Säulen. Zwei stattliche Lobpreisengel in erregter Pose flankieren den hohen Auszug mit der alles überstrahlenden Gloriole und dem Auge Gottes über dem auferstandenen Christus.

Dem gleichen Schema folgt nun im Jahr 1730 der ganz ähnliche **Kanzelaltar für die Michaelskirche** in Weidenberg. Beide Altäre sind eindrucksvolle Zeug-

Bewegter Seraph: *Anbetungsengel*

nisse im glücklichen gemeinsamen Schaffen des inzwischen fast 80-jährigen Vaters ELIAS RÄNTZ und seines nun in der Blüte seiner Jahre stehenden Sohnes JOHANN GABRIEL.

Die hohe künstlerische Leistung dieser Bildhauer- und Architektenfamilie zeigt sich auch in der Kirchenarchitektur des älteren, aber bereits 1735 verstorbenen Sohnes JOHANN DAVID RÄNTZ d. Ä. Die Enkel JOHANN DAVID d.J. und JOHANN LORENZ RÄNTZ tragen dann den Ruhm Bayreuther Markgrafenkunst und -architektur nach Ende der Markgrafenzeit sogar bis nach BERLIN, wo sie im Auftrag des preußischen Königs FRIEDRICH II. ein Denkmal für den Heerführer FRIEDRICHS D. GR. HANS CARL VON WINTERFELDT schaffen, das im Jahr 1777 am ehem. Wilhelmsplatz aufgestellt wird[46].

In WEIDENBERG wurde ELIAS RÄNTZ in der bisherigen Geschichtsbetrachtung nur als angeblicher Schöpfer des Grabmahls des 1752 verstorbenen ELIAS SCHNORR im Turmeingang von ST. MICHAEL genannt. Diese Zuordnung ist aber nach Räntz' Lebensdaten hinfällig. Wahrscheinlich war hier der Räntz' Sohn JOHANN GABRIEL der Schöpfer. Dagegen offenbart der Altar in der MICHAELSKIRCHE die gemeinsame Meisterschaft von Vater

„Lambrequin": *Der zackenförmige Querbehang mit Quasten ist bezeichnend für Elias Räntz' Kanzelaltäre*

[46] Das Denkmal des Generalleutnants HANS CARL VON WINTERFELDT, das JOHANN DAVID RÄNTZ D.J. und LORENZ WILHELM RÄNTZ original auf dem ehemaligen Wilhelmsplatz in Marmor aufgeführt hatten, wurde 1862 durch eine Bronzekopie von AUGUST KISS ersetzt. Es wurde aber 2009 unter der Federführung der Schadow Gesellschaft Berlin e.V. wiedererrichtet und von der Stiftung Preußischer Kulturerbe mit Unterstützung des Landesdenkmalamts Berlin finanziert und steht jetzt am Zietenplatz. WINTERFELDT war als Feldherr bei FRIEDRICH D. GR. wegen seiner absoluten Loyalität sowie seiner strategischen Fähigkeiten sehr beliebt, wurde aber von anderen als Kriegstreiber betrachtet.

und Sohn RÄNTZ. Die Handschrift des Vaters spiegelt sich wieder in den sorgfältig und mit großer Könnerschaft geschnitzten bewegten Engelsgestalten auf dem Altargebälk und in den Figuren der beiden „Ecclesien" beiderseits des Altars.

Typisch für die Altararbeiten von ELIAS RÄNTZ sind auch das Akanthus-Schnitzwerk der korinthischen Säulenkapitelle und der unverwechselbare gezackte und mit Quasten versehene „Lambrequin" am Schalldeckel.

Die lebensgroße Figur zwischen den Säulen zur vom Kirchenschiff aus gesehen Rechten des Altars symbolisiert mit ihren Attributen Kelch und Kreuz die „Ecclesia militans", also die kirchliche Gemeinschaft der jetzt lebenden und gegen Anfechtung, Leid und Sünde kämpfenden Christenheit. Die Figur zur Linken mit den Attributen Krone, Kranz und Palmzweig weist auf die „Ecclesia triumphans", also die Gemeinschaft der Vollendeten.

Auch die Gestaltung der Kartusche über dem Schalldeckel mit dem 22-teiligen Wappen des damaligen Sponsors und Landesherrn, Markgraf GEORG FRIEDRICH KARL (1726-1735) und dem Fürstenhut ist für ELIAS RÄNTZ typisch und bestätigt, dass wir mit der zeitlichen Einordnung des Altars im Jahr 1730 richtig liegen.

Abbild des siegenden Glaubens:
„Ecclesia triumphans"

Dynamisches Gebälk: *JOHANN GABRIEL RÄNTZ*

Den Sohn JOHANN GABRIEL RÄNTZ erkennt man insbesondere in den vorwärts weisenden dynamischen Elementen des Gebälks der Altararchitektur. Diese Räntz'schen Ausstattungsmerkmale haben in der dritten Epoche der Entwicklung des Markgrafenstils auch Auswirkung auf die Architektur in Wilhelmines berühmtem Operntheater, wie überhaupt die Verwandtschaft von Kanzel und Theater im Werk der Familie RÄNTZ auffällt. Auch viele Eingangsportale von Kirchen und weltlichen Gebäuden in BAYREUTH zeigen den gleichen Stil.

„Berliner Blau" im farblichen Urbefund des heutigen Altars

Bild-Montage: *Mögliche Ansicht des Altars um 1730*

Der schon genannte damalige Vertrag mit dem Maler PETER LANGHEINRICH für die Bemalung des Weidenberger Altars lässt sehr schön die Identifizierung des damals von RÄNTZ geschnitzten und von LANGHEINRICH gefassten Altars zu. Die Farbgebung ist zu der Zeit noch viel erdhafter und kräftiger und mehr der Spätgotik und Renaissance verbunden, als bei den hellen luziden typischen Rokoko-Farben der späteren Räntz-Altäre und -kirchen, die schon in den Neoklassizismus weisen.

Nach dem Vertragstext sind die *„darinnen stehende Seulen blau lasiret ... und die Stadia und Zirrathen oder Bildhauer Arbeit gantz vergoldet, ausgenommen in den Stadien die Gesichter und die Händ mit Öhlfarben auf natürliche Art gemahlt, ingleichen die Vorhäng blau wie die Säulen sind und die Illessena hinter denen Säulen und Vorhängen an der Cantzel mit Berliner Blau lassirt, dann die Capiteler und Schafft-Gesimße alle durchaus glantzvergoldet, auch die beyden Gehänge, so anstatt der Blindflügel sind, gantz vergoldet, item die Cantzel, was die Zierathen und Festine sind, auch gantz verguldet, dann die Kranzstein an der Architectur auch gantz vergoldet, das Schild des Hochfürstl. Wappen, so über der Cantzel Teckel ist, hinein gemahlet, mit bunden Farben nach gehöriger Arth, was aber die Einfaßung darinnen anbelangt, auch gantz verguldet, was die Architectur oder Sims anbelangt, schön weiß und in Glantz geschlieffen und poliert werden".*

Interessant sind auch die weiteren Bemerkungen zur Farbgebung. Danach erstrahlten die Elemente des Altars wohl ursprünglich ohne jede Marmorierung in jeweils monochromer blauer oder weißer Farbgebung oder waren, insbesondere bei den

Verzierungen, vergoldet, während im Kirchenschiff die Emporensäulen und das Simswerk der Brüstung von Anfang an marmoriert sind. Alle Holzbauwerke in der Kirche sollen ja Steinmaterial verschiedener Art nachahmen. Aber je nach Philosophie des Architekten sind im Barock Flächen monochrom, also einfarbig, gehalten, um den geometrischen Gehalt der Architektur zu verdeutlichen, oder marmoriert, um den Flächen Spiel und Leben zu verleihen.

Auffallend ist in diesem Zusammenhang in der Ur-Farbgebung des Altars für die Weidenberger Kirche die reichliche Verwendung von „Berliner Blau", also einem ganz tiefen, aus Eisen- und Blutlaugensalz hergestellten farbechten Blau, das nicht nur für die vier flankierenden Altarsäulen, sondern auch für die Säulenhintergründe und Vorhänge Verwendung finden soll.

Spätere Renovierungen in ST. MICHAEL bemühen sich bis in die Gegenwart hinein immer wieder in stets neuem Tasten und Suchen um die Wiederentdeckung und Verwendung der „richtigen" Farben. Die jüngste Restaurierung im Jahr 2012 weicht bei der Fassung des Altars allerdings in wesentlichen Punkten vom Urbefund ab: Die ursprünglich tiefblauen Säulen sind jetzt in einem lichteren Blau gehalten und leicht marmoriert; die anfänglich ebenfalls im Berliner Blau gemalten Vorhänge erstrahlen jetzt silbern, wie es schon frühere Renovierungen vorgemacht haben.

Als Preis für die ursprünglichen Maler- und Vergoldungsarbeiten an der Kanzel sind damals 350 Reichstaler mit dem „Fassmaler" vereinbart. In einem Schreiben an das Konsistorium gibt der damalige Weidenberger Pfarrer JOHANN HEINRICH BÖHNER seiner Verwunderung über die Kostenhöhe Ausdruck: Es sei „erstaunlich, dass dafür eine so erstaunende Summa gezahlet werden könne."

Marmorierte Emporen 1732

Beschrieben werden im Vertrag mit LANGHEINRICH des weiteren auch die Balustersäulen, die die Brüstung der neu geschaffenen Emporen bilden, das Stück zu 4 Guldengroschen für die Bemalung, sowie Säulen, die für je 3 Reichstaler marmoriert sind und die Emporen tragen, die so hoch sind, *„als die Obernseeßer"*[47].

Das Simswerk der Brüstung soll ebenfalls marmoriert werden. Die Felder, die die Sitze der Gemeinde unten vom Raum abteilen, seien je *„eines 7 Ellen lang und 1 ½ Ellen breit und mit Leisten versetzet, aufs nächste veraccordiret vor ein jedes 16Xr. und mag nun solches auf Nußholtz oder Marmor-Arth gemachet werden."*

[47] Auf den stilistischen Vergleich mit der zeitgleichen Obernseeser Kirche habe ich oben schon mehrfach hingewiesen. Interessant ist, dass hier auch auf die identischen Maße hingewiesen wird, ein wichtiger Hinweis, wenn man sich den Urzustand der Emporen vor dem Umbau nach 1770 vorstellen will.

„Fassarbeiten" an den Emporen: „In Nussholz- oder Marmor-Art", bis 1732 beendet

Diese „Fassarbeiten" an den Emporen müssen spätestens bis zum Jahr 1732 beendet gewesen sein, denn am 13. Mai 1732 beschwert sich LANGHEINRICH beim Konsistorium in BAYREUTH, dass *„er biß dato von den würdigen Gottes-Hauß zu Weydenberg wegen Mahlung des Altars sein verdienten Lohn und gethanen baaren Auslag zu Erkauffung derer Materialien, so sich nach dem errichteten Accord auf 350 Thlr. erstrecken, exclus. was er wegen der Pohrkirchen [Emporen] und Kirchenstühl zu fordern"* habe, bislang noch nicht erhalten habe. Insgesamt beliefen sich die von Langheinrichs Schwiegersohn WOLFGANG FRIEDRICH eingebrachten Forderungen auf 771 Gulden und 48 Kreuzer.

Da die Decke dieser ersten Barockkirche von 1723 etwa 2 m niedriger war als heute, ist zu vermuten, dass der Altar zunächst nur mit dem oberen Balkenwerk und dem Markgrafenwappen abschloss. Die flankierenden, JESUS anbetenden und preisenden Seraphime, die heute auf auffallenden Extrapodesten hocken, saßen damals wohl direkt auf den Gesimsen. Das gotische Kruzifix stand oder hing vielleicht frei. Der stattliche triumphbogenartig ausgebildete Auszug von heute um das gotische Kruzifix ist womöglich erst um 1776 aufgesetzt und das Kreuz und die Engelfiguren durch die nachträglich aufgesetzten Podeste um gut 50 cm erhöht worden.

Insgesamt betrachtet greift die hervorragende Arbeit des „Kanzelaltars" in der Weidenberger ST.MICHAELSKIRCHE in Gestaltung und Malkunst dem Stil der Zeit des Rokoko weit voraus, sodass GEBESSLER mit Recht zur seiner Stileinschätzung „frühklassizistisch" kommt. Diese Strenge des Stils kommt aber aus dem Einfluss des Calvinismus, dem sich das Markgrafentum mit der Aufnahme der Hugenottenflüchtlinge, insbesondere in BERLIN und ERLANGEN, bewusst geöffnet hatte. Dieser bringt damals im Markgrafentum den „Calvinistischen Frühklassizismus" hervor.

Protestantische Theologie und Calvinismus als Architekturleitbilder der Markgrafenzeit

Bereits in den Jahren kurz nach der Reformation ab 1530 hatte die Verfolgung der Hugenotten in Frankreich begonnen. Unter LUDWIG XIV. hatte diese Hatz auf die calvinischen Glaubensgenossen im Jahr 1685 ihren traurigen Höhepunkt erreicht.

„Franzosenkirche": *Erlanger Hugenottenkirche um 1790*

Etwa 250.000 Hugenotten[48], die geistige, kulturelle und wirtschaftliche Elite Frankreichs, waren geflohen und hatten in angrenzenden protestantischen Ländern Zuflucht gefunden.

Von den neuen Gastgebern wurden diese Glaubensflüchtlinge meist mit großen Erwartungen aufgenommen und bewusst protegiert, sollten sie doch der Wirtschaft und Kultur nachhaltigen Aufschwung verleihen. Über 20.000 dieser Glaubensflüchtlinge fanden damals auch in Brandenburg-Preußen Aufnahme. Über 4.000 weitere waren nach Baden, Württemberg, Hessen und nach Franken ins Fürstentum ANSBACH und BAYREUTH geflohen.

Allein im damaligen Marktflecken ERLANGEN hatte Markgraf CHRISTIAN ERNST mit Bedacht über 1.000 Hugenotten angesiedelt und damit die Ortsbevölkerung majorisiert. Für diese Calvinisten baut er ab dem Jahr 1686 nach einem Reißbrettentwurf seines Oberbaumeisters MORITZ JOHANN RICHTER die „Hugenottenkirche" und das neue ERLANGEN. Die Mehrzahl der Menschen dort spricht nun auf Jahrzehnte hinaus französisch und integriert sich nur schwer. Der Markgraf erhofft trotz des Ärgers mit der angestammten Bevölkerung ein Wirtschafts- und Kulturwachstum. 100 Glaubensflüchtlinge kommen damals auch nach BAYREUTH und machen als Kaufleute, Ärzte und Handwerker sowie bei Hof ihren Weg. Der „calvinische Stil" und auch das klare religiöse Bekenntnis des Calvinismus kommen dem aufgeklärten Absolutismus der Zeit sehr entgegen.

[48] Die Spottbezeichnung „Hugenotten" wurde in Frankreich für die Protestanten ab 1560 verwendet. Die Herkunft des Ausdrucks ist aber nicht vollständig klar. Einige leiten den Ausdruck vom alemannischen *eygenot* für „Eidgenossen" ab und verweisen auf ein Bündnis im Kanton Genf gegen die Annexion durch den Herzog von Savoyen. Andere vermuten als Wortursprung die Bezeichnung „*Huis Genooten*" für flämische Protestanten, die im Geheimen die Bibel lasen.

Mit der Heirat des jungen Markgrafen FRIEDRICH im Jahr 1731 mit WILHELMINE, der Schwester Friedrichs des Großen, die, wie viele Preußen, reformiert war und die auch viele weitere Reformierte aus BERLIN an den Bayreuther Hof mitbrachte, kommt auch der Calvinismus nach BAYREUTH und entfaltet dort zunehmend seine eigene Dynamik. Von Anfang an beeinflusst er auch nachhaltig den Kirchbaustil der Markgrafenkirchen, zumal calvinisches und lutherisches Verständnis beim zentralen Begriff vom Wort Gottes ganz eng beieinander liegen.

So inspirieren sich Theologie, Architektur, Kunst und absolutistisches Selbstverständnis in dieser Zeit gegenseitig. Der Kirchbau will ein „Gesamtkunstwerk“ bieten, das den zugrundeliegenden theologischen Ideen vom Wort Gottes in Außenbau und Innenraum gleichwertig Ausdruck geben will. Gebäude- und Raumgestaltung sowie Ausstattung bilden also idealerweise eine Einheit, die je nach örtlichen und finanziellen Voraussetzungen ansatzweise oder vollständig verwirklicht wird.

Der betonten Schlichtheit und Schmucklosigkeit des Raumes, welcher einzig durch seine Fenster, Emporen und Deckengemälde wirkt, steht die reiche Verzierung und Goldfassung der vier gottesdienstlichen „Hauptstücke“ Taufstein, Altar, Kanzel und Orgel gegenüber.

Die Helligkeit des Raumes und die Luzidität seiner Farben verkörpern das göttliche „Licht“: Eine von „mittelalterlicher Finsternis des Papsttums“ einst verdunkelte Kirche erstrahlt nun im vollen Licht der himmlischen Wahrheit des Evangeliums. Diese neue Offenbarung von Kirche verkörpert sich im lichten Saalbau mit seinen hellen Farben. Anders als im katholischen Kirchbau des Rokoko geht es beim markgräflichen Kirchbau weniger um das Licht im himmlischen Jenseits als Kontrast zum dunklen Diesseits, auf das Menschen hoffen, sondern vielmehr um das Licht im Diesseits durch das göttliche Wort, welches die Christenheit erleuchtet und im Glauben angenommen wird.

„Wort Gottes“ und „hörende Gemeinde“ gehören, wie schon im oben geschilderten Konzept des Landgrafen von Hessen in SCHMALKALDEN, so auch in den Markgrafenkirchen zusammen. Das *eine* Sakrament des Wortes Gottes, das seinen *hörbaren* Ausdruck in der Predigt und seinen *sichtbaren* Ausdruck in der Taufe und im Abendmahl findet, steht in der Mitte aller auch baulichen Überlegungen. Kirche ist dort, wo sich die Gemeinde um das Wort Gottes sammelt.

Diese „Kirche“ als *Versammlung der Gläubigen* findet einerseits ihren Ausdruck in den umlaufenden Emporen, welche die sich versammelnde Gemeinde aufnehmen, andererseits in der räumlichen Zuordnung der Ausstattungsstücke Taufstein, Altar, Kanzel und Orgel. Sie stehen idealerweise zusammen und sollen von allen Plätzen aus unverdeckt sichtbar sein. Noch vor dem Bau der Schmalkaldener Kirche

Früher lutherischer Kirchbau: *Spätgotische Schlosskirche in Stuttgart 1562*

ist der Grundtyp dieser von der lutherischen Liturgie bestimmten Raumanordnung bereits in der Zeit der Spätgotik 1560-62 in der Stuttgarter Schlosskirche erkennbar, die zu einem Sternnetzrippengewölbe bereits Renaissanceelemente aufweist.

Ihre besondere Dynamik erfährt diese künstlerische Entwicklung aber aus der Rolle des absolutistisch regierenden Markgrafen als „summus episcopus". Als „oberster Bischof" seines Landes weiß er sich für den Zustand der Kirchen und die Einsetzung seiner Pfarrer und ihr angemessenes Wohnen verantwortlich. Im Wettbewerb mit seinen Kollegen will dieser Machthaber natürlich zugleich als fürsorglicher wie fortschrittlicher Förderer der Kultur und des Glaubens wahrgenommen werden und im Bewusstsein seiner Untertanen gut dastehen. Ihm kommt mit seinem Platz in der Fürstenloge der Kirche besondere Achtung zu.

Einheit von Wortverkündigung und Sakrament

Der so geborene schlichte Stil der Markgrafenkirchen ist theologisch zielgerichtet. Der Altar steht nun nicht mehr an der Rückwand, sondern frei im Raum, er hat eine Rückwand, in die der Kanzelkorb samt Schalldeckel eingefügt ist.

Ganz deutlich nimmt diese Kanzel im protestantischen Altaraufbau jene zentrale Stelle ein, an der sich im katholischen Hochaltar des Barock der Tabernakel mit dem Allerheiligsten befindet. Der protestantische Kanzelaltar ist also auch theologisch als Gegenstück zum katholischen Hochaltar zu verstehen. Er will in der Einheit von Wortverkündigung und Sakrament die beiden Weisen beschreiben, durch die nach der protestantischen Theologie Gottes Wort wirkt.

Kanzel und Altar bilden baulich eine Einheit; der zentrale Taufstein ist diesem Ensemble zugeordnet. Wenn die Gemeindeglieder das Altarsakrament empfangen, gehen sie am Taufstein vorbei und werden sinnbildlich an die Bedeutung ihrer Taufe erinnert: Wer getauft ist, hat Zugang zum Abendmahl und damit zu Gottes Heil!

Meditationsbild zur Wandelkommunion:
Christi Auferstehung wirkt in die Endlichkeit des Lebens hinein

Die Gemeinde kann das Abendmahl in großer Zahl gleichzeitig feiern: Bei der damals in Weidenberg und in den meisten anderen Markgrafenkirchen praktizierten „Wandelkommunion“ empfangen die Gläubigen an der linken Altarseite das Brot, gehen dann betend und meditierend hinter dem Altar vorbei und empfangen an der rechten Altarseite den Wein.

Auf diesem Weg passieren sie an der Rückseite des Altars auch Bilder und Texte, die ihnen zum Nachdenken Anlass geben sollen. In Weidenberg ist es das **Epitaph des JOBST V. KÜNSBERG ZU WEIDENBERG von 1591** – Pfleger zu VILSECK, das ihnen in explosiver Darstellung die Auferstehung Christi vor den erschrockenen Grabeswächtern zeigt. So explosiv will die Wirkung der Auferstehung Jesu auf das Leben der Gläubigen verstanden werden! – Etliche gut lesbare Bibelworte in goldener Schrift zu beiden Seiten bedenken die Endlichkeit des menschlichen Lebens und die Auferstehungshoffnung der Gläubigen durch die Auferweckung Christi:

Joh. 11 *„Ich bin die Auferstehung und das Leben …“*; Joh. 5 *„… die in den Gräbern sind, werden die Stimme des Sohnes Gottes hören …“*, Hiob 19 *„Ich weiß, dass mein Erlöser lebt …“*, Psalm 90 *„Unser Leben währet 70 Jahre …“* und Römer 6 *„Christus von den Toten auferstanden, stirbt hinfort nicht …“*

Neue Vortragekreuze 1735 und 1750

Die ST. MICHAELSKIRCHE besitzt für Umgänge bei Konfirmationen, Osternachtfeiern, Beerdigungen und andere feierliche Gelegenheiten drei wertvolle Vortragekreuze. Das älteste ist das oben bereits vorgestellte Kreuz aus der Zeit der alten spätgotischen Weidenberger Kirche vor 1690, das wohl noch aus der Werkstatt des

Kulmbach-Bayreuther Hofbildhauers JOHANN BRENCK, dem letzten in Bayreuth handwerklich tätigen Spross dieser alten schaffensreichen mittelfränkischen Bildschnitzerfamilie, stammt [49] und wohl noch von Pfarrer HANS RUDOLF V. WENCKHEIM UND SCHWANBERG angeschafft worden ist. Dessen eigenes Epitaph hängt zusammen mit anderen Pfarr- und Adels-Epitaphien in der Kirche.

Seraph mit Kelch:
Trost für Trauernde 1735

Ein weiteres Vortragekreuz ließ Pfarrer JOHANN HEINRICH BÖHNER als liturgisches Kleinod im Jahr 1735 nach der Fertigstellung des Altars wohl von JOHANN GABRIEL RÄNTZ schnitzen. Auf diesem Kreuz sitzt ein kleiner Seraph, also ein Lobpreisengel, der den Kelch des Heils in seiner linken Hand hält; er soll die Hoffnung auf die Überwindung von Leid und Tod Ausdruck verleihen.

Cherubim um Christus:
Lebensbaumkreuz 1750

Ein drittes Vortragekreuz folgte in Böhners Zeit im Jahr 1750, ein Lebensbaumkreuz in den schwellenden Formen des Rokoko, wohl vom gleichen Bildschnitzer. Alle diese Kreuze sind nach den klassischen Vorgaben der Räntz-Vorgänger BRENCK geschnitzt und zeigen in der Mitte den Corpus Christi sowie an den Kreuzenden Cherubim, also Thronwächterengel, die den Gekreuzigten als zum Thron Gottes gehörig ausweisen. Oder anders ausgedrückt: Im Fest- oder Trauerzug wird Gottes Thron als Kraft- und Segensquelle mitgeführt.

Die stilistische Verbindung dieser protestantischen

[49] Vergl. dazu oben die Bemerkungen zum Künsberg-Altar IN ST. STEPHAN.

Vortragekreuze mit den gusseisernen Kreuzaufsätzen, die seit der Mitte des 19. Jh. viele Martern in der katholischen Frankenpfalz krönen, ist nicht zu übersehen. Möglicherweise haben die katholischen Eisengießer der Oberpfalz Anleihen für die Kreuzesdarstellung bei evangelischen Vorbildern gesucht. Dieser ökumenische Aspekt der Vortragekreuze könnte auch heute Beachtung finden.

Zwei neue Glocken von 1738, die noch heute läuten

Im Jahr 1738 lässt Pfarrer JOH. HEINR. BÖHNER aus zwei zersprungenen Glocken, wohl denen von 1550, zwei neue Glocken gießen. Es sind die beiden mittleren des heutigen Geläuts: die „12-Uhr-Glocke" mit dem Gewicht von 1 to und dem Schlagton fis', sowie die „11-Uhr-Glocke" mit dem Gewicht von 400 kg und dem Schlagton a'. Beide zusammen bilden im Geläut eine Mollterz. Die Glocken sind reich mit Symbolen und Inschriften verziert. Die 12-Uhr-Glocke (Bild) trägt z.B. ein umlaufendes Schmuckband mit Cherubim und darüber die Worte „Gott segne uns".

Barocker Glockenklang: *Die 12-Uhr-Glocke von 1738 erinnert an Pfarrer JOHANN HEINRICH BÖHNER*

Als JOHANN HEINRICH BÖHNER, der Initiator dieser Kirchenausstattung, am 13. Mai 1757 im Alter von 73 Jahren nach erfülltem Leben in WEIDENBERG stirbt, wird er „zur rechten Hand des Altars" bestattet, an dem er fast 50 Jahre Dienst getan hat. Er liegt in der gleichen Gruft, in der zuvor schon im Jahr 1724 seine erste Frau CLARA MAGDALENA beigesetzt wurde. Diese Gruft ist heute nicht mehr zugänglich.

Aber noch heute erinnert nicht nur das Epitaph an diesen rührigen und aus seinem Wirkungsort WEIDENBERG stammenden Geistlichen, sondern auch die viel bewunderte Innenausstattung der Kirche, die Orgel und der Klang der beiden mittleren Glocken von 1738 auf dem Weidenberger Kirchturm, während hingegen der von ihm vollendete Kirchbau schon bald einer neuen Kirche Platz machen musste. Das ist die nächste dramatische Geschichte, die aber schon Böhners Nachfolger betrifft.

Bedroht von Seuchen und Hunger Gottes Himmel schauen – Johann Ludwig Böhner

Vertrauensmann des Pfarrkapitels

Dramatisch, aber auch segensreich verläuft die Zeit, die der ebenfalls in WEIDENBERG geborene JOHANN LUDWIG BÖHNER an seinem Heimatort wirken kann. Er ist Johann Heinrich Böhners Sohn und Nachfolger. Im Jahr 1752 tritt er noch bei seinem Vater die erste Berufsetappe im Pfarrerleben nach dem Studium an, das Vikariat. Sechs Jahre später, 1758, übernimmt er die Stelle des Vaters.

Das Epitaphgemälde, das man für BÖHNER nach seinem Tode erstellte, zeigt Böhners Halbportrait, umrahmt von gerundeten schwarzen Leisten mit innerem Goldrand. Die unten angefügte blaue Kartusche schildert wieder in Stichworten sein Leben[50].

Das freundliche, hohe Gesicht des Geistlichen ist dem Betrachter zugewandt und von einer Lockenperücke umrahmt, das Haar ist vorn zurückgekämmt und lässt die ganze Stirn frei. Die offenen Augen mit den hohen Augenbrauen zeigen einen zurückhaltenden, aber den Menschen zugewandten Seelsorger. Ausgeprägte Tränensäcke unter den Augen und markante Wangen verraten manche ernsthafte Sorge und Arbeit. Der breite Mund mit den fülligen Lippen zeigt Interesse für Lebensfreude. Das hervorstechende Kinn lässt Energie ahnen.

Die Hände erscheinen trotz ihrer Breite eher fleischig und zart. Man traut dem Mann eher wenig körperliche Arbeit, aber eine gewisse Gemütlichkeit und Sinnesfreudigkeit zu, gepaart mit freundlicher Einfühlung. BÖHNER trägt auf dem Gemälde einen schwarzen Pastorentalar eines Schnitts, wie er auch heute noch in Bayern üblich ist. Im Kragen eingesteckt ist ein breites Beffchen. Der Dargestellte stützt seinen Unterarm auf eine verschlossene Bibel, die auf einem Tisch ruht.

---

[50] Aufschrift der Kartusche: *Joh. Ludwig Boehner, Pastor Weidenbergensis. Hic oriundus d. 11. Febr. 1718. Ao 1752 Pastor Adjunctus in patriam vocatus et adhunc obitum patris Hoh. Henr. Boehneri Pat. Weyd. et Seni. vener. Capit. Baruth, ab anno 1756 usque ad 1783 Pastor. Mortuus d. 14. Mart. 05 a. ministerii 30.*

In Weidenberg geboren: *JOHANN LUDWIG BÖHNER*

BÖHNER gehört zu den bedeutsamen Weidenberger Pfarrern, die damals auch im ganzen Bayreuther Dekanatsbezirk anerkannt sind. Aus der Inschrift unter dem Gemälde geht hervor, dass er, wie schon sein Vater, in seiner Zeit auch zum Senior des Kapitels gewählt wurde. Damit hatte auch er ein besonderes Vertrauensamt gegenüber seinen Pfarrkollegen einerseits und dem Dekan als Dienstvorgesetzten andererseits inne.

Erschreckt von neuen tödlichen Krankheiten

Im gleichen Jahre, als JOHANN LUDWIG BÖHNER die I. Weidenberger Pfarrstelle antritt, 1758, herrscht wieder Krieg, das dritte Jahr des Siebenjährigen Krieges. Dieser Krieg wird ja oft nur als „Schlesischer Krieg“ bezeichnet und als ein regionales Ereignis betrachtet, bei dem Preußen gegenüber Habsburg seine territorialen Interessen absicherte. Dabei war es in Wahrheit schon ein „Weltkrieg“, denn die anderen Hauptbeteiligten, insbesondere Großbritannien und Frankreich, kämpften zugleich um ihre Vorherrschaft in Nordamerika und Indien. So wurde dieser Krieg tatsächlich auf vielen Weltmeeren und Kontinenten ausgefochten; und auch ein kleines Markgrafentum wie BAYREUTH blieb davon nicht unberührt.

Dazu kam einmal mehr das schreckliche Wüten von fürchterlichen Krankheiten, oft eingeschleppt von den Soldaten. Auch in WEIDENBERG bricht erneut eine gewaltige Seuche aus, nachdem der Ort bereits 120 Jahre zuvor zuletzt so schlimm von der Pest heimgesucht worden war. Der Dienst an den Kranken und ihren Angehörigen beansprucht auch die Seelsorgearbeit der Pfarrer bis zum Äußersten.

Ausgangspunkt der Seuche sind auch diesmal wieder Soldaten, aber nicht durch einen Überfall, wie seinerzeit, sondern durch eine scheinbar „harmlose" militärische Einquartierung. Am 18. November 1758 sind das Württembergische und das Badener Kontingent des Reichsheeres nach WEIDENBERG und nach GÖRSCHNITZ verlegt worden. Im Lazarett, das für die Soldaten eingerichtet wird, grassiert der Typhus bald so, dass innerhalb kürzester Zeit 400 Mann daran sterben.

Auch in die Pfarrgemeinde wird die Krankheit eingeschleppt. Sie verbreitet sich sehr rasch und rafft im Zeitraum von nur einem halben Jahr zwischen November 1758 und Mai 1759 im Bereich von WEIDENBERG, MENGERSREUTH und GÖRSCHNITZ nach den Angaben bei J. M. EINFALT 312 Bürger dahin, das wären über ein Drittel der gesamten Bevölkerung gewesen und damit die fast gleiche Anzahl wie schon bei der Pestepedemie. KRÖLL spricht in seiner Geschichte von Weidenberg sogar von 458 Toten, also fast der Hälfte der Einwohner, ein gewaltiger und folgenreicher Aderlass. Der Friedhof zu ST. STEPHAN kann die Toten gar nicht aufnehmen und muss damals extra erweitert werden. Der Markgraf schickt auf seine Kosten Medikamente und zwei Ärzte. Doch sie haben zunächst überhaupt keine Chance.

Auch die Geistlichen bleiben nicht verschont. Bereits am 30. Januar 1759 verstirbt der württembergische Feldgeistliche JOHANN LUDWIG SCHAAF, der im Lazarett der Soldaten als Seelsorger angestellt war. Zwei Tage später folgt ihm der Weidenberger Kaplan JOHANN MICHAEL GANSMANN. Er ist nur 50 Jahre und neun Monate alt geworden.

Der Erste Pfarrer JOHANN LUDWIG BÖHNER bleibt damals offensichtlich von einer lebensbedrohenden Infektion verschont, erleidet aber anscheinend gesundheitliche Beeinträchtigungen. Er kann zwar weiter in der Gemeinde seinen Dienst tun, stirbt aber bereits mit 65 Jahren am 14. März 1783.

Rechnet man aber seine Dienstzeit und die seines Vaters zusammen, kommt man immerhin auf 74 Jahre aktiven Dienstes als Pfarrer auf der I. Pfarrstelle in WEIDENBERG. Heutzutage legt die Kirchenleitung ihren Pfarrern oft schon nach 10 Jahren oder 12 Jahren nahe, ihre Stelle zu wechseln. Denn die Arbeit der Pfarrer ist ja auch Beziehungsarbeit; und nicht jeder Pfarrer kommt mit jedem Gemeindeglied zurecht, und umgekehrt. Es muss kein charakterlicher Mangel auf der einen oder anderen Seite sein, wenn es mal nicht so „passt". Durch kürzere Intervalle soll sich manches in der Zufriedenheit der Gemeinde langfristig ausgleichen.

Im Vergleich dazu fallen die langen Dienstzeiten natürlich auf, welche die Pfarrer seinerzeit an einer einzelnen Stelle verbringen. Eine lange Verweildauer ist aber in der Barockzeit nichts Ungewöhnliches. Einsame „Rekordhalter" in der Landeskirche dürfte dabei wohl das Gespann der Pfarrer JOHANN HAAG I und seines Sohnes JO-

HANN CARL AUGUST HAAG II in GESEES gewesen sein, die damals zusammen die sagenhafte Zeit von 106 Jahren aktiven Dienstes von 1702 – 1808 auf der Pfarrstelle an der ehrwürdigen Wehrkirche auf dem Sporn des Sophienberges verbringen und die nicht nur tüchtige und beliebte Seelsorger waren, sondern darüber hinaus damals in der Gemeinde auch vieles angestoßen haben, was dort heute noch Bestand hat. Doch auch die Böhners in WEIDENBERG kommen zwischen 1708 und 1783 auf die genannte bemerkenswerte Gesamtdienstzeit von 74 Jahren!

Was die Pfarrer HAAG für GESEES, sind also die Pfarrer BÖHNER für WEIDENBERG. Das zeigt sich insbesondere, als sich der Sohn in den Fußtapfen seines Vaters in der folgenden Zeit nochmals als Kirchenbaumeister bewähren muss. Denn der Kirchbau, den der Vorvorgänger ADAM RÖSLER begonnen und Böhners Vater vollendet hat, erweist sich, wie oben schon angedeutet, leider bald als ruinös. Und damit beginnt ein spannendes Kapitel, das seltsamerweise in der Pfarrbeschreibung von 1914 gar nicht erwähnt wird, und das bis heute weitgehend unbekannt geblieben ist.

Beim Marktbrand *nicht* mit verbrannt – Die markgräfliche Kirche entsteht von 1769-76 zum zweiten Mal

Die Geschichte der Weidenberger St. Michaelskirche muss neu geschrieben werden

„D*ie 1770 zum letzten Male abgebrannte Kirche St. Michael ist 1776 aus der Asche wiederum erstanden*" – so liest Pfarrer GEORG REDENBACHER in der sechs Jahre zuvor abgefassten Pfarrbeschreibung seines Amtskollegen auf der I. Pfarrstelle OTTO HERATH, als er im Jahr 1919 nach WEIDENBERG kommt. HERATH hat seinen Bericht bereits Weidenbergs erster gedruckter Chronik entnommen, welche Pfarrer JOHANN MICHAEL EINFALT im Jahr 1896 in einer schmalen Broschüre herausgegeben hatte; Pfarrer REDENBACHER hatte sie schon vor seinem Stellenantritt gelesen.

Einfalts theatralischer Beschreibung folgen seither alle Geschichtsforscher und Berichterstatter, wenn sie über die Geschichte der Evangelischen Kirche ST. MICHAEL in WEIDENBERG berichten und dann den angeblichen Kirchenbrand von 1770 schildern.

REDENBACHER wundert sich freilich, wenn er die Kirche so von innen betrachtet. Wie kann es sein, dass die Orgel, die eindeutig die Insignien des bereits 1726 verstorbenen Markgrafen GEORG WILHELM zu Bayreuth trägt, den Brand so unbeschadet überstanden haben sollte? Auch der Altar scheint lange vor dem Kirchenbrand entstanden zu sein, wenn man das krönende Wappen der Markgrafen als zeitlichen Maßstab betrachtet; es weist auf jeden Fall in eine Zeit vor 1735.

Dasselbe gilt für die imposanten doppelstöckigen Emporen. Sie können nicht erst nach 1776 entstanden sein; sie stammen vielmehr, stilistisch betrachtet, klar aus einer früheren Zeit. Und erst recht gilt dies für das große Kruzifixus, das den Altar krönt, es ist erkennbar spätgotisch, aus der Zeit um 1500 – und doch unversehrt?

Ist also die Weidenberger MICHAELSKIRCHE beim großen Marktbrand von 1770 tatsächlich mit abgebrannt, wie immer behauptet und wie es auch in den Berichten bei sämtlichen Renovierungen geschrieben und gesagt wird, so auch anlässlich der Wiedereinweihung am 29. Juli 2012 nach der letzten Generalsanierung? Und ist das Kirchengebäude, das REDENBACHER zu seiner Zeit und auch wir heute auf dem Gurtstein sehen, wirklich erst *nach* diesem Brand von 1770 am Obermarkt begonnen worden?

Die tatsächliche, oben bereits bis in die Mitte des 18. Jh. dargelegte Baugeschichte der Weidenberger MICHAELSKIRCHE sagt etwas völlig anderes aus, ist aber der Öffentlichkeit bislang kaum bekannt. Was über den Kirchbau in der Vergangenheit gesagt und veröffentlicht worden ist, selbst wenn es mit so viel Engagement erarbeitet worden ist, wie seinerzeit Johann Michael Einfalts erwähnte „Geschichte von Weidenberg“ 1896, August Gebesslers „Stadt und Landkreis Bayreuth“ 1959 oder Joachim Krölls „Geschichte des Marktes Weidenberg“ 1966, ist doch in vieler Hinsicht stark fehlerbehaftet und zum Teil regelrecht falsch.

Wie schon oben mitgeteilt, haben der Weidenberger Lokalhistoriker NORBERT SACK und der Kulmbacher Heimatforscher HARALD STARK schon vor etlichen Jahren im Landeskirchlichen Archiv in NÜRNBERG alte Dokumente und Beschreibungen dieser Zeit aufgestöbert und durchgearbeitet. Studiert man diese alten Unterlagen genauer, so ergibt sich, wie dargelegt, ein völlig neues und spannendes Bild vom Werden und von der wechselvollen Geschichte der ST. MICHAELSKIRCHE durch die Jahrhunderte.

Damit stellt sich aber auch die Frage, welche Tragweite hatte der große Marktbrandes von 1770 für die Kirche, und was hat es mit dem angeblichen Kirchenbrand tatsächlich auf sich? Das Konzept des Geschichtsprojektes „Myrten für Dornen“ in dieser Folge für die Baugeschichte der Weidenberger ST. MICHAELSKIRCHE bestätigt sich dabei. Vorerst ist festzuhalten: Es müssen tatsächlich *drei* Bauphasen und damit eigentlich **drei unterschiedliche Kirchen** unterschieden werden:

1. die ab 1460 entstandene **spätgotische dreischiffige Bürger- und Adelskirche** mit ihren Sandsteinsäulen und ihrem Steingewölbe aus der Zeit des Ritters ADRIAN V. KÜNSBERG (c. 1400-1475);

2. der **erste markgräfliche barocke Neubau** der ST. MICHAELSKIRCHE von 1705-1723, aus der Zeit der Markgrafen GEORG WILHELM (1712-1726), GEORG FRIEDRICH KARL (1726-1735) und FRIEDRICH III (1735-1763), der bereits ein Saalbau ohne Steingewölbe mit Stuckdecke an Holzlatten war und der einen mit der heutigen Kirche weitgehend identischen Grundriss hatte; und

3. die spätere und heute noch bestehende **Rokoko-Saalkirche** von 1769-1780 aus der Zeit der Markgrafen FRIEDRICH CHRISTIAN (1763-1769) und CHRISTIAN FRIEDRICH KARL ALEXANDER (1769-1791).

Der einzige jemals nachweisbare Brand der MICHAELSKIRCHE betraf im Jahr 1637 noch die alte spätgotische erste Kirche, richtete aber wohl nur am Inventar, weniger an der steinernen Bausubstanz Schäden an. Immerhin sollen damals leider die Pfarramtsakten mit verbrannt sein. Sie könnten uns sowohl über die ältere Baugeschichte Aufschluss geben, als auch über die Lebensdaten der Vorfahren der heute lebenden Weidenberger Gemeindeglieder.

Der Kirchenbrand von 1770 – ein Gerücht mit realen Wurzeln

Die Pfarrbeschreibung von 1913/14 folgt dem Bericht von Pfarrer EINFALT von 1896, wenn sie notiert: *„Die 1770 zum letzten Male abgebrannte Kirche St. Michael ist 1776 aus der Asche wiederum erstanden.“* Man darf fragen, woher EINFALT diese etwas theatralische, aber gern zitierte Beschreibung hat.

Am 7. Oktober 1770 sei im oberen Markt durch Brandstiftung ein Feuer ausgebrochen, teilt er in diesem Zusammenhang mit. Binnen drei Stunden hätten 33 Häuser und 13 Stadel, sowie die Kirche und zwei Schlösser, das markgräfliche „Haus im Garten“ und das vordem lindenfelsische „Obere Schloss“, in Asche gelegen. Die Rache eines boshaften Menschen namens SIEGERHANNES von WEIDENBERG soll die Ursache gewesen sein. Er sei später zum Tode verurteilt und gehenkt worden.

Das liest sich alles dramatisch, doch stimmt es auch? Wieso hat bis heute niemand diese Informationen zu hinterfragen versucht, die in dem Satz gipfeln: *„An diesem 7. Oktober 1770 wurde auch die MICHAELSKIRCHE ein Raub der Flammen“.*[51] Geht man davon aus, dass immer alles richtig ist, was Pfarrer sagen? Kann man sich nicht vorstellen, dass auch gutwillige Geistliche mal „Fake News“ aufsitzen? Und um solche Falschmeldungen handelt es sich im Fall des vermeintlichen Kirchenbrandes.

An der Tatsache von Brandereignissen am Weidenberger Obermarkt im Jahr 1770 und noch einmal im Folgejahr 1771 ist dabei nicht zu rütteln, auch daran

[51] Wiedergabe der kompletten Geschichtsarbeit von Pfarrer EINFALT in der ersten Folge des Projektes ‚Myrten für Dornen‘: „Am Vorabend der Urkatastrophe(n) – Quellen zur Weidenberger Geschichte“, siehe dort besonders S. 275.

nicht, dass damals viele Häuser und die beiden Schlösser zumindest teilweise ein Raub der Flammen wurden. Dieser Ortsbereich südlich zu Füßen der Kirche wurde dann in den Folgejahren mit Unterstützung des Markgrafen ALEXANDER mit „modernen" Sandsteinhäusern im Stil des späten markgräflichen Rokoko auf einem großzügigeren Grundriss neu gebaut.

Bei diesem Wiederaufbau des Obermarktes bemühte man sich auch um mehr Großzügigkeit und Chick: Die engen Straßen, Wege und Plätze wurden verbreitert und bekamen mehr Regelmaß. Die hübschen neuen Sandsteinhäuser bekamen „geohrte Fenster" und wurden mit charakteristischen „Fensterschürzen" geschmückt. An Stelle von Holzschindeln wurden zunehmend auch ältere Gebäude mit feuersicheren Ziegeln gedeckt. Das sehenswerte „romantische" und in weiten Bereichen denkmalgeschützte Weidenberg von heute verdankt sein eindrucksvolles Aussehen überwiegend diesem Wiederaufbau nach den Marktbränden von 1770/71.

Und die Kirche? Sie stand ja ohnehin auf dem Gurtstein ein wenig im geschützten Abseits. Sie war eigentlich überhaupt nur von der Südseite her durch Feuer angreifbar, und auch nur dann, wenn es sehr gewaltig loderte. Aber im Unterschied zu den schindelgedeckten alten Fachwerkhäusern war die Kirche spätestens seit dem Neubau von 1723, wahrscheinlich aber schon wesentlich früher, mit Ziegeln eingedeckt.

Auch stehen alle Gebäude ringsum eigentlich in genügendem Abstand zur Kirche. Nur wenn der Wind sehr ungünstig geht und stark bläst, ist überhaupt eine Übertragung des Feuers durch Funkenflug vorstellbar, wie es dann ja auch tatsächlich später einmal im Jahr 1836 beim Brand der Häuser am Gurtstein geschieht; doch dieser Brand kann an der Kirche mit relativ einfachen Mitteln unter Kontrolle gebracht werden. Sollte das bei den Marktbränden von 1770 und 1771 nicht möglich gewesen sein? Wie kann es sein, dass Altar, Emporen, Bänke, Orgel und Glocken das Feuer so unbeschadet überstanden haben, wenn die Flammen so wüteten? Was geschah bei den Bränden also wirklich mit der Kirche?

Nach allem, was die Dokumente der Zeit aus den Archiven tatsächlich hergeben, – und hier leisten insbesondere die bislang unveröffentlichten Recherchen des schon mehrfach genannten Weidenberger Heimatforscher NORBERT SACK vorzügliche Dienste – ist es nur ein Gerücht, dass die Kirche damals mit abgebrannt ist. Es ist insofern aber ein typisches Gerücht, weil es wegen seiner Dramatik gern verbreitet und dabei immer weiter ausgeschmückt wurde: Auch ein Gotteshaus ist gegen Feuer nicht gefeit! – so will man mit diesem Gerücht sagen und damit zur allgemeinen Verunsicherung der Menschen beitragen. Dieses Gerücht hat zwar im Fall der Weidenberger ST. MICHAELSKIRCHE an der Wirklichkeit keinen Anhaltspunkt, es findet aber doch in den Emotionen der Menschen reiche Nahrung.

Nun darf man also dem Geschichtsschreiber EINFALT sein fantasiereiches Unwissen nicht einfach vorhalten. Denn wie es scheint, hatte dieses Gemunkel damals auch anschauliche und begreifbare Ursachen. Es ist nämlich tatsächlich so – und das soll mit dieser vorliegenden Untersuchung erstmals öffentlich behauptet werden –, dass die Kirche zur Zeit dieses Marktbrandes ohne Dach dasteht; ja, der Saalbau weist auch im Mauerwerk wirklich große Breschen auf. Das Bauwerk gleicht einer Ruine, wie sie die Montage der Kirchenansicht hier auf dieser Seite sichtbar macht. Unkundige könnten das als Auswirkung des Feuers ansehen. Was war aber der tatsächliche Hintergrund?

Der Bau von 1713- 1723 hat sich als desolat erwiesen

Das Dramas, das sich schon lange abgezeichnet. Für die Vorgeschichte sind wir aber auf Indizien angewiesen. Offenbar hatte das längere Offenstehen des Baues vor seiner Eindeckung 1723, das dem zwischenzeitlichen Baustopp aus Geldmangel geschuldet war, nachhaltige schleichende Schäden in Gebälk und Mauerwerk zur Folge. Sie blieben zunächst unerkannt, weil sie vom Dach bzw. vom Putz der Wände überdeckt wurden. Diese Schäden schritten aber unaufhaltsam fort. Doch erst als die Holzfäulnis das Dach einsinken ließ und aus der Stuckdecke Brocken fielen und die Gottesdienstteilnehmer gefährdeten, schlug die Kirchenverwaltung Alarm.

Bauzustand im Jahr 1770: *ST. MICHAEL vor dem Marktbrand (Montage)*

Nun endlich wurden Handwerker aufs Dach geschickt. So finden wir in den Akten des Gotteshauspflegers nach 1764 einen Kostenvoranschlag des Zimmerermeisters JOHANN HEINRICH BÄR von NEUDROSSENFELD für das Kirchendach, der aber erst vom 2. März 1769 datiert: Danach ist wohl das Dach zu diesem Zeitpunkt in einem großen Bereich so stark beschädigt, dass es abgetragen werden müsste. Eine Fläche von 50 x 80 Schuh, also. rd. 400 m², das entspricht etwa der Hälfte der gesamten Kirchendachfläche, müsste dem ersten Augenschein nach erneuert werden.

Noch geht man zu diesem Zeitpunkt davon aus, dass es sich um Witterungsschäden handelt, die in dieser ausgesetzten Lage der Kirche auf dem Gurtstein „normal". Doch eine extra angesetzte Ortsbesichtigung offenbart Schlimmes: Alles im Gebälk *„hat sich verdruckt, verschwenkt, die Sparren über 18 Zoll gebogen".* 169 Holzstämme wären nötig, um das Dach wieder sicher zu machen. 430 fl. sollen jetzt allein die Zimmermannsarbeiten kosten.

Doch dann kommt es noch dicker. Beim näheren Zusehen erweist es sich, dass sich die Bauschäden offenbar nicht nur auf das Dach allein beschränken; vielmehr, für aufmerksame Betrachter eigentlich längst erkennbar, hat auch das Mauerwerk gelitten.

Ein Dokument stellt fest, dass *„ohngeachtet es nur etliche 30 Jahr ist, daß die Kirche zu Weydenberg mit schwehren Kosten des Gottes Haußes daselbst von Grund auf neu erbauet worden"*, wegen der großen Mängel eine konkrete Gefahr für die Gottesdienstbesucher bestünde. So sei erst kürzlich *„unter dem Gottesdienst ein Stück Gipsarbeit von dem Bogen der Däcke"* herabgefallen, *„zum Glück aber, just zwischen zwey Weibs Personen, mit einer solchen Gewalt und Schwehre ..., daß es ein Stück von dem Weiber-Stuhl, wo es hintraf, zersplitterte ..."*

Es rächte sich wohl jetzt, was das Konsistorium schon im Jahr 1723 bei der aus Geldmangel unterbrochenen Neuerrichtung der Kirche befürchtet hatte, *„dass das Gemäuer durch den häufigen Regen erweichet, mithin auch das aufgerichtete Holz verderben wird".* Die finanziellen Mittel hatten ja damals nicht gereicht, um das Gebäude gleich „unter das Dach" zu bringen. Das lange ungeschützte Offenstehen des Gebäudes hat offensichtlich diese nachhaltigen Schäden im Gebälk und im Mauerwerk zur Folge.

So findet in diesem Jahr 1769 noch eine weitere Begehung durch den Maurermeister JOHANN SCHWENK statt. Untersucht wird jetzt das Mauerwerk. Die Kosten für die zu erwartenden Mauerarbeiten werden ermittelt. SCHWENK kommt zu dem erschütternden Schluss, dass zur Sanierung der Kirche die beiden langen Seitenwände des Kirchenschiffes *„bis auf die Sohlbank"*, d.h. herunter bis auf die unteren Fensterabschlüsse ungefähr 2 m über dem Boden, abgetragen und neu aufgemauert werden müssen. An Kosten seien hierfür 709 fl. 40 xr. zu erwarten.

Der Markgraf als Retter

Genau in diesem für die Kirche kritischen Jahr 1769 übernimmt Markgraf CHRISTIAN FRIEDRICH KARL ALEXANDER, von ANSBACH kommend, die Regierungsgeschäfte auch in BAYREUTH. Nach dem plötzlichen Tod seines älteren Bruders KARL FRIEDRICH AUGUST im Jahr 1737 war er zum Erbprinzen des Fürstentums ANSBACH-BAYREUTH aufgerückt. Er trifft eine außerordentlich schwierige wirtschaftliche Lage an, denn seit diesem Jahr ist Mitteleuropa zugleich von einer großen Hungerkrise und Teuerung betroffen. Pfarrer EINFALT findet in seiner kleinen Chronik für diese allgemeine Hungersnot bewegende Bilder:

Vor den Fenstern der Bäcker wartete eine große Menge, wenn Brot gebacken wurde, und die Bäcker mussten Fenster und Türen verschließen, bis das Brot hinausgegeben werden konnte, welches alsdann ein Hungriger dem anderen zu entreißen suchte.

Der hochverschuldete Markgraf muss sich vordringlich um Brot für seine Landeskinder kümmern. Er führt Getreide sogar aus dem fernen Russland ein. Schnapsbrennen und Leichentrunke lässt er in dieser Zeit zur Korneinsparung verbieten.

Doch oft sind es ja solche tief greifenden Katastrophen, welche in den Menschen ein umso stärkeres Bedürfnis nach dem Trost der christlichen Botschaft wecken und sie trotz eigener Not zu großen Opfern treiben. Der Markgraf hat zwar durch den Luxus seiner Vorgänger, insbesondere der Markgräfin WILHELMINE, einen gewaltigen Schuldenberg geerbt. Dennoch lässt er sich von dem weltläufigen Pfarrer JOHANN LUDWIG BÖHNER überreden, sich an dem Projekt zum großzügigen Wiederaufbau der ruinösen Michaelskirche zu beteiligen. J. L. BÖHNER wirkt seit dem Jahr 1758 in WEIDENBERG als Nachfolger seines rührigen Vaters; zugleich ist er der geachtete Senior des Bayreuther Pfarrkapitels.

Noch während der Markgraf die dringendste äußere Not dieser Jahre zu beseitigen versucht, beordert der Fürst seine besten Architekten und Künstler zur Arbeit an diesem ambitionierten Projekt des Weidenberger Kirchbaus.

Kostspielige Aufgaben: *Der Sponsor Markgraf ALEXANDER VON BRANDENBURG-ANSBACH*

Großzügiger Neubau von Mauern und Dach des Saalkirchenbaues von St. Michael trotz Notzeit 1769-71

Der Markgraf will sich mit diesem Kirchbau als großzügiger Gönner seiner neuen Landeskinder profilieren. Die Kirche soll ein ebensolches Prachtstück werden, wie 60 Jahre zuvor die viel gerühmte SOPHIENKIRCHE des Markgrafen CHRISTIAN ERNST im damals neuen Bayreuther Stadtteil ST. GEORGEN oder wie die teure BARTHOLOMÄUSKIRCHE in BINDLACH, die zur gleichen Zeit im Bau ist, wie die Weidenberger Kirche, und für die ALEXANDER ebenfalls Geld zuschießen muss.

Das bedeutet aber auch, dass man für die neu zu errichtenden Wände, Türen und Decken ganz neue Maßstäbe wählt. Das neue Dach mitsamt der Decke und den Fenstern sollen fast um ein Fünftel höher werden als zuvor. Der Dachfirst wird nun an die Unterkante des Turms reichen, also fast 20 m hoch werden, ein ambitioniertes Unterfangen, dessen ganze Tragweite ersichtlich wird, wenn man den alten Aufriss der Kirche über den neuen legt.

Es läuft also faktisch auf einen Neubau des Kirchenschiffs hinaus, bei dem nur zwei ältere Wände mit verwertet werden, die Westwand aus der alten spätgotischen Kirche mit ihrem Brockenmauerwerk und dem Turm, und Teile der 1723 neu erbauten Ostwand, in die aber nun zwei neue hohe Fenster eingefügt werden, im gleichen Stil wie die hohen Fenster der Seitenwände.

Ambitionierter Kirchbau: *Kirchenschiff für 800 Gläubige*

Nachdem die Planung einmal fertig ist, wird sofort mit dem Bau begonnen. Im Vorlauf des Projektes muss die kostbare Möblierung der Kirche mitsamt Orgel, Altar und Emporen aus der ersten Markgrafenkirche bis zur Fertigstellung des Neubaus behutsam ausgebaut und an verschiedenen Orten sicher gelagert werden, was allerdings bei der Zerlegbarkeit dieser Stücke kein wirkliches Problem darstellt. Die ganze Gemeinde leistet dazu im wahrsten Sinn des Wortes ihre „Hand- und Spanndienste“.

Noch im gleichen Jahr 1769 wird das Dach der Saalkirche mitsamt dem kompletten Gebälk entfern und mit dem Abbruch der ruinösen Seitenwände begonnen.

Soweit war damals der Neubau gediehen: *Insignien des Markgrafen ALEXANDER 1770 am südlich gelegenen Brautportal*

Sobald es im folgenden Jahr 1770 die Witterung erlaubt, wird mit dem Neuaufbau des Mauerwerks von den „Sohlbänken", also den alten Fensterbänken aufwärts, begonnen. So können noch im Jahr 1770 die Wände zumindest bis zum Türstock des neuen Hochzeitsportals hochgemauert werden. Um dem Gönner zu schmeicheln, wird über dieser Tür nun eine von einem Fürstenhut bekrönte Rokokokartusche mit den verschlungenen Initialen F C A des Markgrafen FRIEDRICH CHRISTIAN CARL ALEXANDER angebracht. Sie trägt die Jahreszahl 1770 für das bis dahin Erreichte.

Zwei Marktbrände können das Projekt nicht stoppen

Genau in dieser Bauphase bricht aber nun nach dem Bericht von J. M. EINFALT[52] am 7. Oktober 1770 am Weidenberger Obermarkt der besagte Großbrand aus. Es soll sich um einen Brandstiftung aus Rache gehandelt haben. Der Brandstifter soll dann mit seiner Familie auf den Weidenberger Kulm geflüchtet und dort erst das Unglück in seiner ganzen Tragweite gesehen haben: *„Man hörte das Prasseln des Feuers, das Jammern der Menschen und Blöcken der Tiere."*

Als seine Frau ihm Vorwürfe machte, habe der Mann sich umbringen wollen, dann aber im Bahrhäuschen am Friedhof ein Versteck gesucht. Die Tochter, die entsetzt war über die Tat des Vaters, habe ihn verraten, sodass er nach mehreren Tagen entdeckt und gefangen genommen werden konnte. Er sei zum Tode am Galgen verurteilt worden. Als der Geistliche ihn auf diesen Tod vorbereiten wollte, habe der Täter höhnisch lächelnd gesagt: *„Das brauchts nicht; lasst mich lieber mein Leibstück singen: ‚Bin i bei der Magd in der Küchen gwest, des Luder hat mi geschwärzt etc.'"*

Tragische Folgen hatte dieser schlimmste Marktbrand in der Weidenberger Geschichte, wie berichtet wird, auch für den Färber JANKE, der aus BERLIN gebürtig und in WEIDENBERG ansässig war. Er saß zu dieser Zeit wegen eines Deliktes im Gefängnis, das im Erdgeschoss des Amtsgerichtes im markgräflichen Schloss untergebracht

[52] J. M. EINFALT, „Die Geschichte von Weidenberg und Umgebung 1896", abgedruckt in der ersten Folge des Projektes ‚Myrten für Dornen' ab S. 274.

war. Da niemand an ihn dachte, ist er allem Vermuten nach beim Brand des Schlosses verschüttet worden.

Entgegen allen anderslautenden Gerüchten kann der Brand freilich den angefangenen Kirchbau nicht wesentlich beeinträchtigen. Bedenkt man aber, was noch alles an Mauern und Dach zu diesem Zeitpunkt fehlt, so gleicht dieser Neubau, wie man auf der Montage oben unschwer erkennen kann, von fern her fast einer Ruine. Und so kann es nicht verwundern, wenn Gerüchte bei Nichtkundigen die Runde machen, dass dieser scheinbar ruinöse Zustand dem Marktbrand von 1770 zu verdanken sei!

Allerdings wäre es den Pfarrern, die damals um 1914 die Geschichte der Michaelskirche beschrieben, ein Leichtes gewesen, aus den seinerzeit noch im Pfarramt befindlichen Kirchenakten die Wahrheit über diese zweite Markgrafenkirche herauszufinden. Dieses krasse Beispiel mag jeden (Hobby-)forscher ermutigen, vor der Veröffentlichung seiner Erkenntnisse die Fakten zu überprüfen!

Ein fürsorglicher und populärer Markgraf

Doch während die Arbeiten schon bis zum Dach gediehen sind, bricht am 18. Februar 1771 erneut ein großer Brand am Weidenberger Obermarkt aus und gefährdet das begonnene Projekt erneut. Viele schon einmal betroffene Bürger am Markt sind nochmals in Not. Trotzdem lassen sich weder Markgraf ALEXANDER, noch die Verantwortlichen der Kirchengemeinde entmutigen. Als ALEXANDER von diesem wiederholten Unglück seiner lieben Weidenberger hörte, so sagt man, sei er herausgekommen, um die Brandstätten zu besehen. Als er die Abgebrannten wahrnahm, die vor ihren Häusern die Hände rangen und erbärmlich jammerten, habe er gesagt: „Vergesst euer Unglück; es ist einmal geschehen, so viel ihr Holz braucht, gebe ich euch umsonst."

Fensterschürzen und „geohrte" Fenster: *Neues Weidenberger Bürgerhaus am Obermarkt nach 1771*

Nach diesen großen Bränden im Jahr 1770 und 1771 sorgten Markgraf CARL ALEXANDER und das fürstliche Bauamt unter dem Hofarchitekten JOHANN GOTTLIEB RIEDEL für den Wiederaufbau der Amts-, Bürger- und Bauernhäuser am Weidenberger Obermarkt. Zur vorbildlichen Barockfassadengliederung mit ihren „geohrten", d.h. mit profilierten Rahmungen versehenen Fenstern kamen die originellen klassizistischen Fensterschürzen, die an jedem Haus anders gestaltet sind und dieses Ensemble bis heute zu einer besonderen Kostbarkeit und Sehenswürdigkeit machen.

Dieser ALEXANDER war halt ein sehr populärer Fürst, so ganz anders als sein französischer Kollege, der arme LUDWIG XVI., dem man dann 22 Jahre später den Bankrott seines Landes zur Last legen und ihn der Guillotine überantworten wird. Trotzdem wähnt auch ALEXANDER sich zunehmend diesem Fallbeil des Volkes nahe und nimmt dann lieber, genau zwei Jahre vor dem Elendsschicksal seines französischen Kollegen, den Hut. Das macht aber für seine Landeskinder keinen großen Unterschied; denn weil er keine Kinder hat, würde sein Erbe ohnehin nach seinem Tod aufgrund des Friedensvertrages von TESCHEN 1779 an Preußen fallen

In der Erwartung eines friedvollen Lebensabends genießt der noble Bayreuther Landesfürst nach seiner Abdankung im Jahr 1791 das Leben als Pferdezüchter und Schlossherr in England, an der Seite seiner langjährigen englischen Geliebten Lady CRAVEN. Diese freiwillige Demission, die der Fürst mit den Preußen in einem vom FREIHERRN VON HARDENBERG arrangierten Geheimvertrag ausgehandelt hat, ist nicht zu seinem Schaden. Er wird von den Preußen mit einer großzügigen Leibrente von jährlich 300.000 Gulden bedacht, also dem Hundertfachen dessen, was der Weidenberger Kirchenbau gekostet hat. Dafür dürfen die Preußen nun seine Nachfolge in BAYREUTH und damit auch in WEIDENBERG antreten.

Aber auch für die ehemaligen Markgräfler ist der Herrschaftswechsel nicht zu ihrem Schaden. Selten in ihrer Geschichte fühlten sie sich so gut regiert wie unter der nun folgenden preußischen Regierung, die mit ihren allseitigen rechtlichen und sozialen Reformen glänzte. Trotzdem tragen viele Kirchen und öffentliche Baudenkmäler in und um Bayreuth gern das „A" dieses Markgrafen, in der Erinnerung an einen echten Mäzen und Menschenfreund.

Im Jahr 1771 ist der Rohbau der St. Michaelskirche fertig

An der Kirche in WEIDENBERG wird damals zügig weitergebaut. Noch im gleichen Jahr kann der Rohbau vollendet und das Dach geschlossen werden. Seit dem Jahr 1771 gibt diese Kirche nun äußerlich das Bild ab, das sie heute noch zeigt.

2.828 Gulden und 16 Kreuzer mussten damals für diesen Fast-Neubau aufgewendet werden. Dazu kommt noch je eine nachträgliche Rechnung der Maurer und für die Verköstigung der Bauleute:

„69 fl. 14 1/3 xr. an den Maurermeister Johann Bauer zu Bayreuth und Heinrich Brunner, Maurermeister allhier, mussten für die beeden Kirchendachgibel bezahlt

werden. Hätte zwar in der sub num. 19 der 1771 Rechnung abgeschlossenen Baurechnung eingerechnet werden sollen, da aber Meister Bauer von Zeit zu Zeit nicht zur Berechnung zubringen, auch nicht völlig bezahlt gewesen, so ist solcher gegenwärtig dahier aufzurechnen." – „An den Beckenmeister allhier Johann Ernst Rhau wurden für abgegebenes Bier und Brod bey den ao 1771 vorgewesenen Kirchenbau bezahlt 2 fl. 23 xr., so aber bishero in Aufrechnung zu bringen omittiret worden."

Neuer Blickfang am Gurtstein seit 1771:
St. Michael mit historischem Pfarrhaus (rechts)

Dass auch die wieder neu aufgerichtete Kirche nicht vor Wetterschäden gefeit ist, zeigt schon bald darauf eine Rechnung von 1 fl. 24 xr. *„für 200 Stk. Dachziegel zur Reparatur des durch einen Wetterstrahl beschädigten wordenen Thurms und Kirchen."* Mehrfach in den Folgejahren wird auch der Turm vom Blitz getroffen und schwer beschädigt. Doch die Kirche steht nun fest. Das Gotteshaus soll nun auch in seinem Inneren ansprechend ausgestaltet und eingerichtet werden.

Ein lichter Kirchenraum, der über dem Dunkel der Welt den Himmel ahnen lässt

Die Länge des Kirchenschiffs beträgt nun stattliche 24,6 m. Licht aus 12 auffallend großen und zwei weiteren niedrigeren Fenstern durchflutet den weiten Raum. Wie schon der Bau vom Jahr 1723 soll auch dieser Neubau wieder eine typische „Markgrafenkirche" werden, wie sie seit dem Beginn des 18. Jh. überall im Bayreuther Land stehen. Der helle saalartige Innenraum ist als bewusster Kontrast zu den gotischen Kirchen im „finstern Mittelalter" gedacht; deren Enge und Dunkelheit ist das einflutende Licht und die Helle und Weite des Kirchenraums entgegengesetzt.

Gottes Wort in der versammelten Gemeinde:
Der Innenraum der Michaelskirche seit etwa 1780

Der Zentralbau verzichtet auf jegliche Andeutung eines klassischen Chorraums. Das gottesdienstliche Geschehen ereignet sich in der Mitte der feiernden Gemeinde. Deshalb sollen auch die Hauptstücke Taufstein, Altar und Kanzel wieder so eingebaut werden, wie es bereits in der ersten Markgrafenkirche der Fall war. Sie sollen zum Ausdruck bringen, dass die Predigt über Gottes Wort auch räumlich in der Mitte der evangelischen Gottesdienstfeier steht.

Da die ausgelagerte Einrichtung in ihrem Stil immer noch höchst aktuell und in ihrem Wert fast unbezahlbar ist, soll sie auch jetzt wieder eingebaut und dabei nur an die neuen Raumverhältnisse angepasst werden. Weil die Saaldecke höher ist, haben nun auch die Emporen eine großzügigere Höhe und umgeben das Kirchenschiff jetzt an allen vier Seiten. Nur die Orgelempore muss wegen der Höhe der alten Orgel ihr bisheriges Niveau behalten, was zu einer unangenehmen Abstufung auf dieser Empore führt, die man bis heute erkennen kann.

Dank dieser großen Emporen, die aus der Vorgängerkirche von 1723 übernommen und geringfügig erhöht sind, aber nun auch um den Altar umlaufen, finden bis zu 750 Gottesdienstteilnehmer im Kirchengestühl Platz, genügend, um fast alle Mitglieder der Kirchengemeinde damals bei einem einzigen Gottesdienst aufzunehmen. Zum Vergleich: Im Jahr 1786 hat der Markt Weidenberg 868 Einwohner, die in

169 Häusern wohnten. Zu dieser Zeit hat das AMT WEIDENBERG insgesamt gerade einmal 2.016 Einwohner.

Beherrschendes Kraftzentrum in diesem neuen Raum ist aber der von ELIAS und JOHANN GABRIEL RÄNTZ bereits gut 40 Jahre zuvor geschaffene Kanzelaltar. Die auf dem Gebälk andächtig sitzenden beiden Seraphim haben entsprechend der neuen Deckenhöhe erhöhte Sockel erhalten; sie erstrahlen, ebenso wie die Figuren der zwei Ecclesien und die Akanthuskapitelle der vier korinthischen Säulen, in frischer Vergoldung. Die Säulenschäfte leuchten geheimnisvoll im Berliner Blau. Auf eine Änderung und Anpassung am alten markgräflichen Wappen wird verzichtet. Dem jetzt regierenden Alexander genügt es, an markanter Stelle sein verschlungenes „A“ zu sehen, hier über dem Hochzeitsportal, anderenorts, wie in GESEES, an der Empore.

Der krönende gotische Kruzifixus steht nun ebenfalls erhöht und ist von einem Triumphbogen eingefasst. Das soll heißen: Der gekreuzigte Christus ist der Sieger!

Im neu gebauten Innenraum mit seiner höheren Decke kommt auch der raffinierte Grundriss der Kirche noch einmal auf besondere Weise zur Geltung. Statt des üblichen Rechtecks hatten ja bereits die Baumeister der ersten Markgrafenkirche von 1723, bedingt durch den Platzmangel auf dem Gurtsteinplateau, die Trapezform gewählt. Die altarseitige Ostwand ist einige Meter schmaler als die rückseitige Westwand. Dem Gottesdienstbesucher wird durch die Scheinperspektive ein längerer Raum vorgegaukelt, als er in Wahrheit ist. Umgekehrt hat der Pfarrer von der Kanzel aus das Gefühl, seinen Hörern ganz nahe zu sein. Das verhilft seiner Predigt zu einer besseren Wechselwirkung mit dem Hörer.

„Triumph des Kreuzes“: *neu geschaffener Auszug des Altars 1786*

Eine interessante Notiz in der Pfarrbeschreibung deutet aber auf einen Wechsel der Geschmacksrichtungen hinsichtlich des Altars im Lauf der folgenden Zeit: Die Verantwortlichen der Renovierung von 1896/1900, die die Rokokopracht von 1780 wohl als zu ausschweifend empfunden haben, rühmen sich nämlich, die „obere Verzierung ... durch glückliche Hand nicht unwesentlich vereinfacht“ zu haben, eine selbstbewusste künstlerische Willkür, wie sie erst wieder den 60-er Jahren des 21. Jh. zueigen war.

Ein faszinierendes Deckengemälde vom Bayreuther Hofmaler mit einem Markgrafen als Lobpreisengel

Hoch wie ein Sprungturm: *Malergerüst der Kirchensanierung 2012*

Noch mindestens bis zum Jahr 1776 oder gar 1780 stehen hohe Gerüste in der Kirche, so lange zieht sich die Innenrenovierung der Kirche hin. Sie findet ihren krönenden Abschluss in dem mächtigen Deckengemälde, das Markgraf ALEXANDER bei seinem schon betagten Hofmaler WILHELM ERNST WUNDER (1713-1787) in Auftrag gibt: Er soll Gottes Menschennähe in der Geburt Christi und in Taufe und Abendmahl darstellen. WUNDER hat sich als Maler der Eremitage ausgezeichnet, er und sein Sohn waren auch in vielen anderen Kirchen des Bayreuther Landes tätig, so in GESEES, OBERNSEES und NEUDROSSENFELD[53].

Über dem Betrachter öffnet sich nun im Deckengemälde, das den ganzen Raum überspannt, der Himmel und lässt ihn die engen Grenzen des Zeitlichen und die Todesverfallenheit des menschlichen Daseins vergessen. Das riesige Gemälde ist Öl auf Putz gemalt, aber bei der grundlegenden

---

[53] Dass diese Autorenschaft Wunders im aktuellen Kirchenführer des Pfarramtes Weidenberg infrage gestellt und stattdessen die Bemalung der Decke durch den jungen Hofmaler JOHANN FRANZ GOUT (1748-1812) erwogen wird, ist Unsinn. Und die ebendort geäußerte Behauptung, dass man WUNDER durch eine „List des Pfarrers" den Auftrag entzogen habe, ist für den damals amtierenden und aus Weidenberg gebürtigen Pfarrer BÖHNER regelrecht ehrenrührig, würde dies doch zugleich das Vertrauen, das er als gewählter Senior des gesamten Bayreuther Pfarrkapitels genoss, nachträglich infrage stellen.

Der wahre Kern dieses Gerüchtes könnte sein, dass WUNDER bei der Fertigstellung des Werkes bereits fast 70 Jahre alt und damit altersbedingt nicht mehr schwindelfrei genug war, um selbst auf einem so hohen Gerüst zu arbeiten. Wie alle alten Meister beschäftigte er aber in seiner Werkstatt auch jüngere Gehilfen, so auch den eigenen Sohn RUDOLF HEINRICH WUNDER (1743-92), und er beauftragte seine Mitarbeiter, vor seinen Augen die Arbeit zu vollenden. Zudem arbeitete GOUT überhaupt nur von 1780-82 für den Bayreuther Hof; er war also, wenn überhaupt, dann nur er in der allerletzten Phase als Gehilfe an der Fertigstellung dieser drei Deckengemälde in Weidenberg beteiligt, bevor er als Theatermaler nach Darmstadt weiterempfohlen wurde.

Mehr zu diesem Themenkomplex in der Folge 1 über die „Weidenberger Geschichtsquellen" auf S. 164, Anm. 200.

Renovierung von 1896/1900 recht unsachgemäß behandelt worden[54].

Das Hauptfeld zeigt in geschweifter Rahmung die Geburt Christi im Dunkel der Welt. Im explosiven Glanz des verborgenen dreieinigen Gottes, der die Wolken durchstrahlt und dessen Geheimnis im hebräisch geschriebenen Gottesnamen „Jahwe" – Ich-bin-da – angedeutet ist, kommt JESUS als Kind in der Fremde zur Welt. Die Hirten folgen dem Engelsruf zum Schauen und zur Anbetung.

Die gemalten massiven Mauern, Bögen und Burg-Erker, welche die Krippenszene als Bildhintergrund umrahmen, erinnern an die markgräfliche Bauten der Zeit. Sie verstärken den Eindruck der Geburt des Gottessohnes „draußen vor der Tür" und deuten vielleicht auch die noch im Bauzustand befindliche verschlossene „neue" MICHAELSKIRCHE an.

Unter den Seraphim, welche die dreieinige Majestät Gottes und seinen Namen „Jahwe" preisen, befindet sich in himmlischer Verzückung übrigens auch Markgraf ALEXANDER persönlich, der sich, anders als einst Moses, angstlos dem göttlichen Lichtglanz des Jahwe-Namens zuwendet.

Geburt Christi in der Fremde: *Deckengemälde von WILHELM ERNST WUNDER um 1776*

---

[54] Dasselbe werfen dem Staatlichen Bauamt übrigens auch Nachkommen Wunders hinsichtlich der jüngsten Kirchenrenovierung vor, die sich am 20. April 2013 in folgender Weise im Gästebuch der Kirche verewigt haben:

„Die Nachfahren des Hofmalers Wilhelm Ernst Wunder waren hier, aus Anlass seines 300-jährigen Geburtstages. Wir bedauern die schlechte Renovierung des Deckenbildes, das die Charakteristika seines Malstils eingebüßt hat, wie sie z.B. in den Kirchen in Bindlach und Neudrossenfeld zu sehen sind. E. Wunder"

Verzückter Markgraf : *Deckengemälde mit dem göttlichen Jahwe-Dreieck*

Jünger mit Jesus bei Tisch liegend: *Das letzte Abendmahl*

Zwei weitere Bilder malt WUNDER in dieser Kirche: Die Kartusche über der Orgel schildert die Taufe Jesu. Der erwachsene Täufling steht bis zu den Waden im Wasser des Jordan; JOHANNES hockt halb über ihm auf einem Felsen und übergießt das Haupt wie zu einer Energieübertragung aus einer Muschel mit dem Wasser der Taufe. Klassische Symbole für den Hl. Geist, wie die Taube oder Flammen, fehlen.

Energieübertragung: *Jesu Taufe*

In der Dreipasskartusche über dem Altar erscheint JESUS mit seinen Jüngern am Abendmahlstisch beim dämmrigen Licht der Öllampe. JESUS segnet das Brot mit zum Himmel gewandtem Gesicht. Die Jünger sind in Andacht versunken. JUDAS sitzt links mit dem Beutel dabei und sinnt verkniffen auf seine Tat.

Ergänzende Arbeiten an Gebäude und Umgriff 1781-1795

Spätestens um das Jahr 1780 dürften die letzten Gerüste aus der Kirche verschwunden gewesen und die Kirche, wahrscheinlich unter Anwesenheit des verdienstvollen Markgrafen ALEXANDER, eingeweiht worden sein. Der eigentliche Baukörper mit seiner Einrichtung ist nun fertig; sein Anblick gleicht im Wesentlichen dem, was auch heute zu sehen ist. Danach sind nur noch Nacharbeiten an Umgriff und Gebäude erforderlich.

Stufen zum Glück: *Brauttreppe von der Kantorsgasse aus*

Pfarrer JOHANN LUDWIG BÖHNER hat sich noch an der festlichen Weihe dieser Kirche einschließlich ihres imposanten Deckengemäldes erfreuen dürfen. Als er nur wenige Jahre nach Vollendung der Kirche am 14. März 1783 stirbt, kann er zufrieden das bedeutendste Werk aus der Hand gaben, das der Marktort WEIDENBERG bis heute erlebt hat. Er hat noch veranlasst, dass eine „Hochzeitstreppe" errichtet wird, die von der Kantorsgasse aus über 38 Stufen zur Kirche heraufführt. Sie kostete 19 fl. und 36 xr.

Danach gibt es nur noch wenige Ergänzungsarbeiten: Im Jahr 1784 fertigt Meister FRIEDRICH KOPPMEYER für 2 fl. einen Sakristeischrank und im Folgejahr für 1 fl. 30 xr. einen neuen „Gitterstuhl" und berechnet für das Anstreichen des Gitters der neuen Kirchenstühle 2 fl. 36 xr. Im gleichen Jahr schneiden die Müllermeister in HAUENDORFF und der Müllermeister SEBASTIAN ACKERMANN in MUCKENREUTH für insgesamt 2 fl. und 68 xr. „Bretter für den Kirchboden", die offenbar vom Zimmermeister EBERHARD TAUBER für 2 fl. xr. zur Abwehr der Fußkälte als Fußboden unter die Bänke gelegt werden. Zimmermeister TAUBER fertigt für 6 fl. 26 xr. neue „Weiberstühle".

10 Jahre später ergänzt Zimmermeister JOHANN SALOMON GRÄBNER für 1 fl. 30 xr. die Kirchenausstattung „mit Nummern-Täfelein zum Liederaufsuchen", und der Schlossermeister LORENZ ARTZBERGER bringt für 1 fl. die Täfelchen an.

In den Stürmen der napoleonischen und der Biedermeierzeit

Zeuge großer Umbrüche

Johann Christoph Oelschlägel: *Epitaph 1821*

Die allerschlimmsten Katastrophen scheinen nun mit diesem Fast-Neubau der Kirche und dem Neuaufbau des Marktes für die Weidenberger Bürger für einige Zeit gemeistert. Doch nun erschüttern die politischen Stürme der napoleonischen Zeit und auch Naturkatastrophen den eher geruhsamen Alltag der Weidenberger. Der nächste Inhaber der I. Pfarrstelle in Weidenberg, JOHANN CHRISTOPH OELSCHLÄGEL, wird Zeuge und Mitbetroffener dieser bis heute wirksamen Umbrüche. Er erlebt am eigenen Leibe, was es heißt, wenn der oberste Landesherr und Kirchenpatron in dieser Zeit dreimal wechselt.

Das mit gerundeten Eichenholzleisten und Kassettenecken gerahmte Epitaphgemälde unter der Orgelempore in der Kirche zeigt Pfarrer OELSCHLÄGEL im schwarzen Pastorentalar des gleichen Schnitts, wie er auch heute noch in Bayern allgemein üblich ist. Er besitzt aber keine Ärmel, sondern Öffnungen für das Durchstecken der Arme.

Der Dargestellte ist mit seiner rechten Schulter dem Betrachter zugewandt und hält in der Hand eine verschlossene Bibel. Das ernste Gesicht ist von einer Perücke im Stil Josef Haydns umrahmt – kein Wunder, ist dieser berühmte Komponist doch fünf Jahre vor OELSCHLÄGEL geboren; diese Haartracht entspricht dem neuen Zeitstil.

Eine ausgeprägte Stirn und hohe Augenbrauen verraten einen kritischen Gelehrten. Das hohe offene Gesicht zeigt Zurückhaltung und Nähe zugleich. Ausgeprägte Tränensäcke unter den Augen und eingefurchte Nasenwinkel lassen manche Sorge und Übernächtigung ahnen. Der breite Mund mit den schmalen Lippen und das ausgeprägte Kinn zeigen Energie. Man traut dem Mann Strenge, aber auch manch leisen Humor zu.

Wie der lateinische Text auf der unten angefügten blauen Kartusche verrät, ist der Portraitierte am 11. April 1737 in BOBENGRÜN im Frankenwald geboren, hatte im Jahr 1773 als Diakonus in WEIDENBERG auf der II. Stelle begonnen und war dann im Jahr 1783 nach dem Tod seines Vorgängers LUDWIG BÖHNER Inhaber der I. Pfarrstelle geworden. Auch er wurde von seinen Pfarrkollegen, wie schon seine beiden Vorgänger, zum Senior des „verehrungswürdigen" Bayreuther Pfarrkapitels gewählt.

Über die Herausforderungen seiner mit 48 Jahren erstaunlich langen Amtszeit in WEIDENBERG sagt die Pfarrbeschreibung knapp und treffend:

„Derselbe war zuerst fürstlich-brandenburgischer, dann königlich-preußischer und endlich kgl.-bayerischer Pfarrer. Er durchlebte die Drangsal der napoleonischen Kriege seit 1806 und später 1817 die Hungersnot."

Kirche im Wechsel der Dienstherren

Zum besseren Verständnis dieses Dienstherrenwechsels muss man sich vor Augen führen, dass nach dem Erlöschen der brandenburgischen Linie in BAYREUTH mit dem kinderlos verstorbenen Markgrafen FRIEDRICH VON BAYREUTH, dem Schwager FRIEDRICHS DES GROSSEN, das Land zunächst an den Markgrafen ALEXANDER VON ANSBACH fiel, der oben beim letzten Kirchenbau bereits genannt wurde; er gab dann noch zu Lebzeiten im Jahr 1791 seine Fürstentümer an die Krone von Preußen ab.

Nie, so heißt es, haben sich die Fürstentümer ANSBACH und BAYREUTH so glücklich gefühlt, wie unter dieser neuen preußischen Regierung, die den honorigen FREIHERRN VON HARDENBERG zur Besitzergreifung und Verwaltung der beiden Länder entsandte. Er verstand es, die Herzen der neuen Untertanen für Preußen zu gewinnen; preußische Gesetzgebung wurden eingeführt und vernünftige und menschliche Verordnungen erlassen und überhaupt „väterlich regiert." Die Pfarrer und Gemeinden akzeptieren die neue Situation ohne Murren. OELSCHLÄGEL war jetzt also königlich-preußischer Pfarrer

Doch in den Auseinandersetzungen mit NAPOLEON hatte das stark geschwächte Preußen dann im Tilsiter Frieden 1807 die Hälfte seiner Länder verloren. Es musste auch das FÜRSTENTUM BAYREUTH als französische Provinz dem siegreichen französischen Imperator NAPOLEON zum persönlichen Besitz überlassen. Doch bedeutete diesem Mann BAYREUTH weiter nichts. So hatte NAPOLEON im Jahre 1810 das gesamte Bayreuther Land seinem treuen Bundesgenossen, dem ehemaligen Herzog und nunmehrigen König von Bayern, MAXIMILIAN, um 15 Mio. Franc verkauft.

Auf diese Weise hatte Pfarrer OELSCHLÄGEL in dieser Zeit also tatsächlich drei oder gar vier verschiedenen Landesherren gedient, wenn man den Markgrafen ALEXANDER noch mit einrechnete, noch dazu von unterschiedlicher Konfession bzw. Glaubensausrichtung – eine besondere Herausforderung für einen lutherischen Pfarrer, für den das landesherrliche Kirchenregiment hohe Bedeutung hat, steht es doch als weltliches „Summepiskopat" an Stelle eines rein geistlichen Bischofsamtes. Die „fürstlich-brandenburgischen" Markgrafen waren seit der Reformation überwiegend lutherisch; das „königlich-preußische" Regiment seit 1791 war durch die Hugenotten stark calvinisch-reformiert geprägt und ab 1817 „uniert", das „königlich-bayerische" Regiment war deutlich römisch-katholisch. Dazwischen stand noch die Zeit mit den aufgeklärten religionsfeindlichen Beamten Napoleons.

Sie alle standen trotz ihrer unterschiedlichen konfessionellen Prägung qua Amt als „Bischöfe" an der Spitze einer bewusst lutherischen Kirche und Pfarrerschaft und setzen evangelisch-lutherische Pfarrer in ihr Gemeindeamt ein oder beriefen sie ab.

Bayerns letzter König Ludwig III *(1913- 1918): Als konservativer Katholik, aber korrekter Herrscher, ein durchaus akzeptierter „Summus Episcopus" der Bayerischen Protestanten*

Allerdings, so stellen die bayerischen lutherischen Pfarrer dann gut 100 Jahre später mit dem Ende des Bayerischen Königreiches nach dem Ersten Weltkrieg rückschauend überrascht fest, waren sie insbesondere mit ihrem letzten, dem katholischen Bayerischen Landesherren, KÖNIG LUDWIG III., gar nicht so schlecht gefahren. Durch ihn war auch noch der Inhaber der II. Pfarrstelle von WEIDENBERG seit 1919, Pfarrer GEORG REDENBACHER, als einer der letzten bayerischen Geistlichen in sein Amt berufen worden.

An einen weltlichen Herren an ihrer Spitze war die Lutherische Kirche also durch Jahrhunderte gewöhnt und wusste sich mit ihm zu arrangieren, wurden ihre Fähigkeiten zur sittlichen Erziehung des Volkes doch von diesen Herren gebraucht und gewünscht. Eines solchen Monarchen als „Summus Episcopus" beraubt, ersatzweise dafür mit einem eigenen „Kirchenpräsidenten" an ihrer Spitze, agierte dann die Bayerische Landeskirche in den revolutionären Zeiten nach dem Ersten Weltkrieg durchaus unsicher.

Als dann Adolf Hitler emporkam und die Macht übernahm, war man anfänglich ein wenig hilflos, war er doch nun der „Landesherr“ und damit auch der potenzielle Herr der Evangelischen Kirche. Sollte man in ihm also tatsächlich den obersten Bischof der Lutherischen Kirche sehen? Eine groteske Vorstellung! Mit der Wahl eines eigenen „Landesbischofs“ und der bewussten Trennung vom Staat versuchte die Landeskirche im Jahr 1933 hier dauerhaft Klarheit schaffen; sie suchte einen eigenen Weg entsprechend ihrem lutherischen Glauben.

Doch die anfängliche Unsicherheit und den Schlingerkurs der Protestantischen Kirche ohne Staatskirchentum und ohne den vertrauten Herrscher an der Spitze würden auch noch Pfarrer Redenbacher und sein späterer Kollege Theodor Hoffmann deutlich zu spüren bekommen.

Die Lutherischen mussten eben nach dem Herrschaftswechsel in der Folge des Ersten Weltkrieges erst mühsam neu buchstabieren, was es mit dem „Gehorsam gegenüber der Obrigkeit“ auf sich hat, den der Apostel Paulus im Römerbrief proklamiert. Sie mussten auch lernen, was die Grenzen dieses Gehorsams sind, wenn Machtmissbrauch erkennbar wird, und welche Konsequenzen die Worte Jesu haben, „dem Kaiser zu geben, was des Kaisers ist, aber Gott, was Gottes ist.“ Doch damit greifen wir der Geschichte schon weit voraus. Noch geht es ja um die Wahrnehmung des Tuns und des Geschicks der Pfarrer *vor* dieser fundamentalen Zeit der Prüfung für die Kirche.

Das Jahr ohne Sommer, als der Hunger in ganz Mitteleuropa wütete

Pfarrer Oelschlägel wird in seiner Amtszeit Zeuge der größten Hungerkatastrophe, die Mitteleuropa in der Neuzeit heimsucht. Merkwürdigerweise bringen die Weidenberger Chroniken über dieses „Notjahr 1817“, das Pfarrer Oelschlägel als Seelsorger und mit seiner Familie Mitbetroffener hier miterleben musste, nur die oben genannten dürren drei Worte in der Pfarrbeschreibung: *„Später 1817 Hungersnot.“*

Weder die Chronik von Pfarrer Einfalt, noch die Marktbeschreibung von Lehrer Reblitz, noch die Geschichte des Marktes Weidenberg von Joachim Kröll erwähnen diese bis heute

Erinnert an das „Jahr ohne Sommer“ 1817: *Säule in St. Jakobus in Kirchenpingarten*

furchterregendste, apokalyptische Katastrophe, die auch WEIDENBERG nachhaltig betraf. Im nah gelegenen KIRCHENPINGARTEN erinnert eine hölzerne Säule in der ST. JAKOBUSKIRCHE mit der Inschrift *„1817 - In der harten Zeit“* an dieses Unheil.

Fest steht, dass das ganze Jahrzehnt 1812-1821 nicht nur für Deutschland, sondern für ganz Europa, das kälteste und feuchteste seit Menschengedenken war. Der Ausbruch des Vulkans TAMBORA in Indonesien 1815, den viele als die Hauptursache für das Notjahr 1816/17 ansehen, trieb Staub über die ganze nördliche Erdhalbkugel, verfinsterte den Himmel und veränderte drastisch das Klima. Das Jahr 1816 ging in die Klimageschichte als „Jahr ohne Sommer“ ein. Misswuchs führte überall zu Hunger, Teuerung und Armut.

Wir dürfen davon ausgehen, dass auch in WEIDENBERG der Hunger seine Opfer gefordert hat, obwohl das aus den Todesursachen, welche die Kirchenbücher benennen, im Einzelnen nicht ohne weiteres ersichtlich ist. Als dann mit der Wetterbesserung 1818 die ersten Erntewagen in die Orte rollten, wurden überall feierliche Dankgottesdienste gehalten.

Pfarrer OELSCHLÄGEL stirbt am 2. August 1821; er hat das begnadete Alter von 84 Jahren erreicht. Offenbar hat er bis zuletzt aktiv seinen Dienst als I. Pfarrer ausgeübt. Er wirkte mit 48 Dienstjahren in WEIDENBERG die gleiche Zeit, wie sein unmittelbarer Vorgänger JOHANN HEINRICH BÖHNER. Er ist auf dem Friedhof ST. STEPHAN begraben.

Politische Umschwünge, erneut Feuer und Epidemien

Ökonomische Gründe spielten damals bisweilen bei der Besetzung der Pfarrstellen mit. So werden in finanziell klammen Zeiten bisweilen bewusst Vakanzen verordnet oder in Kauf genommen, um Kosten zu sparen. Daraus darf man folgern, dass wohl die langfristigen Folgen dieses europaweiten Hungerjahres auch für WEIDENBERG die Ursache ist, dass dort im Jahr 1822 „die Pfarrei verwest“, d.h. durch einen anderen Pfarrer mit versorgt wird, um mit den eingesparten Pfarreinkünften die Kirchenschulden zu decken

Ein Spielball der Kirchengeschichte wird auch Pfarrer JOHANN NIKOLAUS WAGNER, der im Jahr 1823 in WEIDENBERG die I. Pfarrstelle antritt. Er hatte in HALLE, einer weiteren Hochburg lutherischer Theologie in der damaligen Zeit, studiert, war in SULZBACH ordiniert worden, das damals Sitz des protestantischen Oberkonsistoriums war, und als Pfarrer zunächst in den Gemeinden WIRBENZ und NEUSTADT a. Kulm tätig, die im Jahr 1804 von Preußen wieder an Bayern ausgetauscht worden waren.

Die Schrecken zweier großer Brände in unmittelbarer Nähe, die auch für die Kirche gefährlich werden, erlebt auch Wagners Nachfolger Pfarrer CHRISTIAN WOLF-

HART, der im Jahr 1833 nach WEIDENBERG gekommen ist. Pfr. EINFALT beschreibt in seiner Chronik anschaulich und wiederum gewollt dramatisch diese Katastrophe und die Gefährdung der Kirche:

„Am 14. Oktober 1836 brannten acht Häuser auf dem Gurtstein, in der Nähe der Kirche, ab, nebst mehreren Nebengebäuden. Der Schiefer am Turm war glühend heiß, so dass das darauf gespritzte Wasser zu zischendem Dampf wurde; mehrere Scheiben der mit nassen Tüchern behängten Scheiben zersprangen; das hölzerne Zifferblatt der Uhr fing schon zu brennen an und konnte nur durch die kühne Entschlossenheit eines jungen Mannes vom Schallloch aus gelöscht werden. Auf zwei Seiten schlugen die Flammen zum Turme empor, und es war ein schauerlicher Ton, als die Kirchenuhr 9 Uhr schlug; es schien ihre letzte Tätigkeit zu sein. Da erhob sich ein schwacher Wind, der die Flammen abseits trieb, und die Kirche war gerettet."

Sieben Monate später, am 27. Mai 1841, brennt es erneut, diesmal weiter oben im Ort in der Nähe des Landgerichts; 10 Häuser und 15 Stadel werden ein Raub der Flammen.

Im Jahr 1843 wird die Kirche gründlich innen und außen renoviert. Dabei werden auch die Adelsgräber der Familien KÜNSBERG und LINDENFELS im Altarbereich aufgefunden, die durch Steinplatten verschlossen waren.

Eine weitere gesundheitliche Katastrophe bahnt sich in den Folgejahren an:

„1842-1845 wütete dahier eine Nervenfieberepidemie, die fast kein Haus verschonte und viele Opfer forderte, wodurch die besten Kräfte der Arbeit entzogen wurden und manche Familie fast verarmte." – Um die vielen Toten begraben zu können, muss in dieser Zeit auch der Friedhof bei ST. STEPHAN nochmals erweitert werden, der bereits bei der Epidemie 1758 erheblich vergrößert worden war. Es wird ein Teil am Recken- bzw. Fischbach dazu gekauft. Zwanzig Jahre zuvor, um das Jahr 1820, waren die Beerdigungen am alten Begräbnisplatz an der MICHAELSKIRCHE ganz eingestellt worden. Die Bevölkerung, die Ende des 18. Jh. noch weniger als 900 Seelen zählte, hatte sich inzwischen fast auf das Doppelte vermehrt; doch diese Epidemie bedeutete wieder einen erneuten gewaltigen Aderlass.

Auch der damalige Inhaber der II. Pfarrstelle, Kaplan LUDWIG KRIEG, muss in seinem zweiten Amtsjahr 1852 den Schrecken von Großbränden erleben. EINFALT schreibt:

„Da auch sonst noch viele Brände vorkamen, so möchte man Brandstiftung vermuten; zum Um-sich-greifen des Feuers haben aber gewiss die Schindeldächer viel beigetragen, die doch allmählich weniger werden."

Am 15. Juli dieses Jahres brennen acht Scheunen an der Stadelwiese nieder. Zwei Wochen später, am 30. Juli 1852, bricht in der Holzlege des Zeugmachers GEBHARD

Feuer aus. Die Flammen breiten sich rasch aus und greifen auch auf das **II. Pfarrhaus** über. Der Löscheinsatz ist vergeblich, das obere Pfarrhausgeschoss, das wie die meisten älteren Gebäude Weidenbergs damals noch eine Holzfachwerkkonstruktion mit leichten Lehmziegelwänden war, wird mitsamt dem Schindeldach zerstört. Das massive Erdgeschoss mit seinen uralten, mehrstöckigen Gewölben bleibt als Ruine zurück. Dabei verbrennen auch die Akten der II. Pfarrstelle. Kaplan KRIEG verliert fast die ganze Habe und muss sich für mehr als zwei Jahre eine andere Bleibe suchen.

Beim Wiederaufbau bis zum Jahr 1854 wird der heute noch bestehende massive doppelstöckige Sandsteinbau im schlichten Stil der Zeit auf den alten Gewölben errichtet und von Kaplan KRIEG bezogen. Aus Ablösungskapitalien kauft dieser Geistliche damals für die II. Pfarrstelle um 1053 fl den riesigen Garten hinter dem Haus, der damals natürlich vom Pfarrer auch landwirtschaftlich im Nebenerwerb genutzt wurde und der in den folgenden Kriegszeiten zu einer wichtigen Nahrungsquelle für die Pfarrfamilie und auch für andere Weidenberger wurde.

Dieses geräumige Haus und Grundstück bewohnt und nutzt dann von 1919-1951 auch Pfarrer GEORG REDENBACHER, der Protagonist unseres Projektes „Myrten für Dornen“. Er liest damals in der Pfarrbeschreibung nicht nur von den menschlichen und dienstlichen Verdiensten und Dramen seiner Vorgänger, sondern auch von manch wunderlichem Vogel auf der I. oder II. Pfarrstelle.

Ältestes Foto eines Weidenberger Pfarrers: *OTTO HERATH um 1895*

Bilder dieser Geistlichen sind aber bis in seine Zeit hinein fast keine mehr überliefert. Die „Mode“ der Epitaphien war mit Pfarrer OELSCHLÄGEL 1821 zuende gegangen. Die neumodische **Daguerreotypie** wird erst seit 1835 allmählich entwickelt. Die ersten Weidenberger Bilder mit dieser Technik sind Landschaftsaufnahmen um das Jahr 1870[55]. Das früheste archivierte Pfarrerbild stammt etwa aus dem Jahr 1898 und zeigt den späteren Mitverfasser der Pfarrbeschreibung Pfarrer OTTO HERATH, der von 1886-1902 die II. und von 1902-1913 die I. Pfarrstelle innehatte.

[55] Vergl. dazu den Beginn des Kapitels „Als Weidenberg Kurort werden wollte – Pfarrer Redenbacher und der Verschönerungsverein Weidenberg“ weiter unten in dieser Folge.

Ein Pfarrer, der Schrecken verbreitet

Von einem Pfarrer erwarten die Menschen ein gewisses Maß an Verbindlichkeit und Herzlichkeit. „Pfarrherrengehabe“ kommt in der Gemeinde nicht gut an. Einer, CHRISTIAN FRIEDRICH LANDGRAF, hat sich als negative Ausnahme in der Weidenberger Pfarrbeschreibung verewigt.

Als er im hoffnungsvoll begonnenen Revolutionsjahr 1848 seinen Dienst in WEIDENBERG antritt, stehen die Zeichen in Bayern mit der Abdankung des liberalen Königs LUDWIG I. zugunsten seines Sohnes MAXIMILIAN II. auf Reaktion und Verhärtung der Fronten. Die zarten Keime der Demokratisierung, die sich im Frankfurter Paulskirchenregiment geregt haben, sind niedergeknüppelt und erstickt. Die Zeit ist voller Schrecken.

Doch obwohl LANDGRAF in seiner 22-jährigen Amtszeit über diese Erschütterungen hinaus noch den Ausbruch von zwei große Kriegen (1866 und 1870) miterlebte, die jedermann in Deutschland bewegten, scheint er doch der einzige Pfarrer in der Geschichte Weidenbergs gewesen zu sein, der sich weniger von den Schrecken der äußeren Zeitumstände berühren ließ, als vielmehr selbst dazu beitrug, Schrecken gegenüber anderen zu verbreiten.

Die Pfarrbeschreibung nennt ihn ganz offen einen *„stolzen und strengen Mann,“ „wie das bei den alten Rationalisten so Mode war“, „den Verkehrtesten in damaliger Zeit“.* Er ist zugleich ein gefürchteter Distriktsschulinspektor. Vor ihm haben *„junge und übermütige Lehrer einen heillosen Respekt ..., weil er sie, beim geringsten Vergehen, auf ein paar Monate, gestützt auf einen Freund an der Regierung in BAYREUTH, außer Dienst setzte.“* Er habe sich in der von ihm selbst verfassten, aber wohl nicht mehr vorhandenen Pfarrbeschreibung nicht wenig darauf zugutegetan, *„dass er alle seine Kinder in angesehene Stellungen unterbrachte.“*

Eine Anekdote erzählt über diesen überheblichen Geistlichen:

„In den fünfziger Jahren befand sich als Kandidat, welcher Kirche und Schule zugleich zu versehen hatte, ein gewisser Riedelbauch zu Warmensteinach. Begrüßte dieser nun den dort einkehrenden Weidenberger Herren mit dem Gruße ‚Guten Morgen, Herr Senior Inspektor!‘, so ließ sich dieser herab zu sagen: ‚Guten Morgen, Herr Kollege!‘ Vergaß Riedelbauch auf diese Doppelwürde und grüßte er bloß mit ‚Guten Morgen, Herr Pfarrer‘, so erwiderte jener mit ‚Guten Morgen, Herr Pfarrverweser.‘ Redete er ihn aber bloß mit dem Titel ‚Distriktsschulinspektor‘ an, so antwortete der Letztere mit ‚Guten Morgen, Herr Schulverweser‘, oder ‚Herr Kandidat‘“

LANDGRAF lässt übrigens im Jahr 1863 einen 12-flammigen Messingkerzenleuchter bei der Fa. ERNST TH. THIESS in NÜRNBERG zum Preis von 112 fl anschaffen und im Folgejahr im Kirchenschiff aufhängen. Es ist aber nicht derselbe, der heute in der

Kirche hängt. Dieser wurde wohl erst von Pfarrer EINFALT um die Jahrhundertwende beschafft.

Zwischen den nationalen Kriegen

Weidenberg im preußisch-österreichischen und im deutsch-französischen Krieg

Der preußisch-österreichische Krieg von 1866 berührt die Weidenberger Kirchengemeinde und ihre Pfarrer nur wenig. WEIDENBERG erhält zwar mehrmals eine Einquartierung von Truppen; sie löst in der angrenzenden FRANKENPFALZ viel Schrecken aus, bleibt aber für WEIDENBERG ohne nachteilige Folgen. Einzig die „**Schlacht auf dem Goldhügel**" bei SEYBOTHENREUTH erregt einiges Aufsehen, weil hier das letzte Mal deutschstämmige Soldaten aus Preußen und Bayern gegeneinander kämpften und weil erstmalig auch die Eisenbahn als Mittel zur raschen Truppenverlegung zu strategischer Bedeutung kommt.

Am Sonntag nach Jakobi, dem 29. Juli früh um 1 Uhr marschiert der bayerische Major V. JONER mit seinem königlich-bayerischen Infanterieregiment von der Pfalz aus nach SEYBOTHENREUTH. Er gerät auf dem Goldhügel in ein Scharmützel mit preußischen Einheiten und muss sich, wie es heißt, mit „leichten Verlusten" zurückziehen. Tatsächlich gab es auf bayerischer Seite fünf Tote, völlig unnötig, weil die Verabredung zum Waffenstillstand missverstanden worden war. Der Weidenberger Lehrer J. E. REBLITZ, damals in HAUENDORF eingesetzt, widmete als Augen- und Ohrenzeuge in seiner Beschreibung der Marktgemeinde WEIDENBERG diesem Gefecht einen ganzen Abschnitt[56].

Denkmal für das Gefecht auf dem Goldhügel 1866:
Tuschezeichnung von HERIBERT KOKOT 1977

[56] Abgedruckt im Projekt „Myrten für Dornen" in der ersten Folge „Am Vorabend der Urkatastrophe(n)– Quellen zur Weidenberger Geschichte" S.318 und im Buch „Spurensuche Frankenpfalz", S. 29f.

Die Bayern sind damals auf die Bayreuther sauer, weil diese so bereitwillig auf die Waffenhilfe durch die Preußen gesetzt und damit ihre „neue Heimat“ Bayern verraten hätten, und die Bayreuther wiederum wollen nicht die unfreiwillige Annektion der Franken im Jahr 1810 durch die junge bayerische Monarchie vergessen. Doch die Freude über den Friedensschluss am 22. August 1866 sei allgemein gewesen, heißt es. Und noch im November dieses Jahres macht sich der junge smarte König LUDWIG II. auf zu einer viel umjubelten Goodwilltour durch Franken. Der Weidenberger HERIBERT KOKOT hat im Jahr 1977 eine Tuschezeichnung vom Denkmal dieses Kampfes auf dem Goldhügel gemacht (s.o.).

Mehr indirekte Wirkung entfaltet in WEIDENBERG der **Krieg gegen Frankreich** 1870/71. Immerhin stehen über 40 Weidenberger in verschiedenen Truppenteilen der Armee des bayerischen Kronprinzen FRIEDRICH im aktiven Heeresdienst. Über WEIßENBURG, WÖRTH und SEDAN marschierend, nehmen sie an der Belagerung von PARIS teil; mindestens sechs von ihnen ziehen in Paris mit ein.

Während der Waffenruhe feiern 26 Weidenberger in einem Orte südlich von PARIS ein kameradschaftliches Wiedersehen. Einen Verlust durch Waffeneinwirkung erleiden sie nicht, auch keine Verletzung. Ein Soldat soll freilich an Typhus verstorben sein. Die FRANKENPFALZ hatte zwei Verluste zu beklagen, von denen heute noch eine Gedenkinschrift zeugt, die an der Kapelle bei der Kirchenpingärtner Kirche angebracht ist.

Im Gefolge dieses Krieges und der deutschen Reichsgründung wächst auch in WEIDENBERG die vaterländische Begeisterung. Sie spiegelt sich auch in der Entstehung eines örtlichen „Kampfgenossenvereins“ zur Pflege des deutschen und bayerischen Patriotismus wider.

Geschichtsschreibung in ruhigem Fahrwasser

Nur eine kurze Amtszeit von je einem Jahr als Verweser und dann als Pfarrer ist Landgrafs Nachfolger UDO MAX HEUMANN vergönnt; er stirbt bereits im Jahr 1872.

Ihm folgt für die nächsten 22 Jahre mit Pfarrer GEORG LAUBMANN eine eher unauffällige Gestalt. Diesem Sohn des Hofer Bürgermeisters, der vorher in JODITZ und WUNSIEDEL gewirkt hatte, bescheinigt die Chronik „eine milde und freundliche Natur, wenn auch wortkarg in hohem Maße.“

In eher ruhigem Fahrwasser verläuft auch die achtjährige Dienstzeit von Laubmanns gebildetem Nachfolger JOHANNES MICHAEL EINFALT 1894-1902, der im Alter von 49 Jahren nach Weidenberg kommt. Er befasst sich als erster intensiv und umfassend mit der Geschichte Weidenbergs und bringt im Jahr 1896 die kleine Schrift „Die Geschichte von Weidenberg und Umgebung“ heraus, auf der alle heutige Anschauung von Weidenberger Geschichte fußt. Es ist der Versuch einer Gesamtschau dieser Geschichte „von oben" aus der Perspektive der Herrschaftsverhältnisse und der Abfolge der Ereignisse von der Zeit der Besiedlung der Gegend über die lange Phase der Schlossherrschaften bis zum Leben „unter der Krone Bayerns" zu Einfalts Zeiten.

Nach den Angaben der Pfarrbeschreibung von 1914 hat EINFALT *„den Stoff zusammengetragen, wo er ihn nur immer finden konnte, und hat dabei weder den historischen Verein zu Bayreuth, noch das Archiv zu Bamberg vergessen. Alles in allem ein respektables Schriftchen von vieler Mühe und Fleiß, das in hiesiger Gegend, die es sich zum Gegenstande nimmt, mehr Achtung und Ansehen hätte finden sollen. Wenn es das nicht gefunden hat, wenn dieser wohlverdiente Lohn ausblieb, so trägt ein dreifacher Umstand wohl die Schuld: 1. die schon oft bedauerte Spärlichkeit der Quellen, 2. der Mangel an plastischer Darstellung, 3. liegt der Grund nicht zum Wenigsten auch an den Lesern, welche sich für die materiellen Dinge mehr interessieren, als für kirchengeschichtliche Forschungen. Im Übrigen scheint es nun das Schicksal vieler geistlicher Dinge zu sein, nicht die Bedeutung gewonnen zu haben, die man ihnen wünscht,"* – so vermerkt die als maschinenschriftliche Durchschrift überkommene Pfarrbeschreibung auf ihrer Seite 37 über Einfalts Arbeit.

EINFALT macht sich auch verdient um die im Jahr 1896 begonnene erste grundlegende Renovierung der MICHAELSKIRCHE seit ihrer neuen Erbauung 1769/80. Er kümmert sich auch um die Erweiterung des Friedhofs bei ST. STEPHAN seit 1896.

In Einfalts Zeit fällt die frühe Kindheit von MARGARETE SCHILLING, unserer markanten Protagonistin im Projekt ‚Myrten für Dornen', die dann im Jahr 1937 nach Beratung mit Pfarrer REDENBACHER das themengebende evangelische Marterl auf der Bocksleite stiftet. Sie hat bei ihren Kirchwegen von LESSAU nach WEIDENBERG an der Hand der Mutter diesen Pfarrer EINFALT noch als Prediger in ST. MICHAEL erlebt. EINFALT verzog am 27.Februar 1902 nach LANGENZENN bei NÜRNBERG.

Pfarrbeschreibung trotz kurzer Amts- und Lebenszeit

Ein verdienstvolles Werk betreibt Einfalts Nachfolger OTTO HERATH, indem er sich trotz der vielen Arbeit auf der I. Pfarrstelle Zeit nimmt, mit seinem Kollegen SCHALLER zusammen die Weidenberger Geschichte zu sichten und zu beschreiben, soweit sie die Kirchengemeinde betrifft. Zunächst seit dem Jahr 1886 auf der II. Stelle tätig, übernimmt er vom Jahr 1902 bis zum Beginn des Ersten Weltkrieges im Jahr 1914 die I. Pfarrstelle.

Ihm geht es gesundheitlich nicht gut. Krankheiten, wie schweres Herzleiden und zunehmende Arterienverkalkung, zwingen den leutseligen Mann mit 56 Jahren in den Ruhestand. „Als ein körperlich gebrochener Mann" geht er nach BAYREUTH, verstirbt dort bereits im folgenden Jahr und wird unter großer Anteilnahme der Weidenberger Gemeinde in BAYREUTH beerdigt. Ihm verdankt die Weidenberger Kirchenbeschreibung ihre ersten grundlegenden Kapitel.

Ein eindrucksvolles Foto mit Pfarrer HERATH an der Tischmitte, wahrscheinlich aufgenommen um 1895 vor dem Gasthaus „Zur Post", findet sich in Adam Kießlings Büchlein „Weidenberg in Alten Ansichten" als Bild Nr. 57. Auch wenn dieses Bild bereits zur Einführung in die Pfarrbeschreibung von 1913/14 in die erste Folge des Projektes „Myrten für Dornen" aufgenommen wurde, so sei es an dieser Stelle doch

Gesellige Rast vor der alten „Post": *Das wertvolle, historische Foto ist wahrscheinlich um 1895 vor dem Eingang des alten Gasthofs „Zur Post" an der Untermarktkreuzung aufgenommen. Bis 1870 hieß es das „Gasthaus zum Goldenen Hirschen". Um die Jahrhundertwende wurde es aus einheimischen Ziegeln der Fa. KIEßLING in der modischen Ziegelbauweise neu gebaut. Im Umgangsdialekt blieb die Bezeichnung „Herscha-Wärt".*

Die Gästegruppe zeigt von links: Stehend und fortschrittlich mit Dreirad ausgerüstet Kaminkehrer AUGUST HÖHNE, den königlichen Postamtsdirektor JOHANN DREß und den Postexpeditor und Kolonialwarenhändler FRIEDRICH DREß. Am Tisch sitzend von links: Zwei unbekannte Gäste, dann Oberlehrer GEORG MÜNCH, Pfarrer OTTO HERATH (von 1886-1902 auf der II., 1902-1913 auf der I. Pfarrstelle), die Gastwirtstochter LISETTE MÜNCH, ein unbekannter Gast, sowie Kaminkehrer JOHANN HÖHNE, ebenfalls mit fortschrittlichem Hochrad. Aus dem Fenster schauen von links: Gasthofbesitzer Christoph DREß und der Gastwirtssohn GUSTAV DREß.

noch einmal besonders erwähnt, weil es als erstes fotografische Bild, auf dem ein Weidenberger Pfarrer mit abgebildet ist, eine so außerordentliche Rarität darstellt.

Heraths Kollege auf der II. Pfarrstelle, Pfarrer JOHANNES SCHALLER, Mitverfasser der Pfarrbeschreibung, hat dann nach Heraths frühem tragischen Tod vom 1. April 1914 – 14.Dezember 1915 die Verwaltung der I. Pfarrstelle mit übernommen.

Veränderte Zeiten mit dem Ersten Weltkrieg

Im folgenden Jahr 1916, dem dritten Kriegsjahr, wird der 44-jährige JOHANNES VEIT HÖRNER Nachfolger Heraths. Damit ist dieser geborene Nürnberger der Kollege auf der I. Pfarrstelle, den GEORG REDENBACHER bei seinem Aufzug Anfang 1919 vorfindet. Als Sohn eines Eisenbahnoberkondukteurs war HÖRNER seit 1904 Pfarrer in WILLMARS gewesen. 1917 hatte er sich zum freiwilligen Militärdienst einberufen lassen, den auch REDENBACHER als Militärseelsorger ableistete.

Damit schließ sich der Kreis dieser Betrachtung. Wie würden diese beiden doch recht unterschiedlichen Geistlichen miteinander in WEIDENBERG zurechtkommen? Würde ihre Amtszeit auch in eher ruhigem Fahrwasser verlaufen, wie bei den letzten Weidenberger Pfarrern? Oder würden sie solche stürmischen und kräftezehrenden Jahre erleben, wie fast alle Weidenberger Geistlichen der früheren Jahrhunderte vor ihnen?

LICHT UND SCHATTEN DER NEUEN ZEIT
– Alltagsleben in der Vorahnung der Katastrophe –

3. ARBEIT, WOHLSTAND UND ARMUT BEI DEN „GAASLA“ – Soziales Leben, Beruf und Gewerbe in Weidenberg um die Wende zum 20. Jh.

Bauer LANGBUCHER mit Schulkindern am Obermarkt

DRITTES BUCH:

„Arbeit, Wohlstand und Armut bei den Gaasla"

Soziales Leben, Beruf und Gewerbe in Weidenberg bis 1919

INHALT

Weidenberg – eine „arme" Gemeinde erlebt eine neue Zeit

Wer die Weidenberger necken will, nennt sie „Gaasla". Damit spielt er auf die einstige Armut der Bevölkerung an. WEIDENBERG galt bis etwa ins zweite Drittel des 19. Jh. als eine sehr arme Gemeinde. Viele Einwohner in der Marktgemeinde und in den Dörfern ringsum lebten seinerzeit von ihren paar Geißen („Gaasla") und ihrem Webstuhl.

Eine große Nervenfieberepidemie hatte zudem in den Jahren 1842 -1845 in der Gegend gewütet und viele Einwohner dahingerafft, fast kein Haus war verschont geblieben. So fehlen zu dieser Zeit Arbeitskräfte, und manche Familie ist völlig verarmt. Doch die Menschen lassen sich nicht entmutigen.

Weil das Weberhandwerk mit der Industrialisierung praktisch ganz verschwindet, muss die Feldarbeit das Überleben sichern. Die Familie versorgt sich von Stall und Feld; selten reicht es, um auch ein bisschen Bargeld zu erlösen. Den Fleiß, die Sparsamkeit und auch die Genügsamkeit, um wieder emporzukommen, rühmt Pfarrer JOHANNES SCHALLER in seiner Pfarrbeschreibung noch Jahrzehnte später als eine „erfreuliche Eigenschaft" der Weidenberger und als eine besondere Tugend. Doch rege Hände und Bescheidenheit allein garantieren noch nicht den Weg nach oben.

Der Aufschwung der Jahrhundertwende erreicht Weidenberg

Erst die Errungenschaften von Wissenschaft und Industrie werden zu Erfolg versprechenden Impulsgebern und Helfern. Zunächst ist es der Naturdünger, dann, bald nach der Jahrhundertwende der neue Kunstdünger, mit dessen systematischer Entwicklung es gelingt, den bislang mühsam von Hand entkrauteten und mit primitiven Pflügen beackerten Feldern eine deutliche Ertragssteigerung abzuringen.

Nun kann mancher sich auch arbeitserleichterndes technisches Gerät leisten. Der neu entwickelte „Wender" kann tiefer pflügen als der alte „Reitpflug". Die Sämaschine erleichtert die breitwürfige Saat, und der „Wachler" ersetzt das Schneiden von Hand mit der Sense.

Unaufhaltsamer Fortschritt: *Göpeldrescher*

Um die Jahrhundertwende verschwindet auch das hergebrachte Drischeldreschen; die schweißtreibende, mühevolle Muskelarbeit, mit der die Bauern jedes Jahr von September bis

Mai einander reihum helfen, das Korn auf der Tenne aus den Ähren zu schlagen, erübrigt sich nun; sie wird mit Hilfe der viel leistungsstärkeren Maschinenkraft erledigt. Der „Göpeldrescher", zunächst noch durch menschliche Muskelkraft, dann bald durch Kühe oder Pferde angetrieben, ist damals die erste Maschine, die in größerem Umfang in der Landwirtschaft eingesetzt wird; er ist der Vorläufer der heutigen Mähdrescher.

Ein katholischer Pfarrer als Fortschrittsmotor

Es ist der damalige katholische Kaplan und seit 1901 Pfarrer von KIRCHENPINGARTEN, LUDWIG WIESBECK, der, selbst aus einer häuslichen Landwirtschaft kommend, um die Jahrhundertwende zunächst vor allem in der angrenzenden Frankenpfalz zum großen Initiator des Fortschritts wird.

Seelsorger und Impulsgeber des Fortschritts: *Pfr. LUDWIG WIESBECK*

WIESBECK verteilt auf seine Kosten Dünger an die Bauern und regt in KIRCHENPINGARTEN die Gründung einer Genossenschaft zur Verwertung der Kartoffel an. Damit will er seiner noch in traditionellen Denk- und Arbeitsweisen verhafteten und ebenfalls armen Gemeinde neue Impulse geben. Er öffnet sich dem Geist der Gründer und kann die Menschen sogar motivieren, den Plan einer Schnapsfabrik in die Tat umzusetzen, um das Spektrum der Kartoffelnutzung auszuschöpfen.

Das erste kolorierte Postkartenfoto des Ortes KIRCHENPINGARTEN[57] zeigt nun den auffälligen Fabrikschlot der Destillationsanlage; sie wird allerdings einige Jahre nach dem Weggang dieses kreativen Geistlichen wieder stillgelegt. Möglicherweise hat sein Nachfolger bei den Frommen seiner Gemeinde Probleme mit diesem unbiblischen Projekt. So kommen Wiesbecks Anregungen zu eigenem unternehmerischen Handeln für die Frankenpfälzer eigentlich ein paar Jahrzehnte zu früh.

Daneben erweist sich WIESBECK als ein engagierter Geistlicher, der auch als Seelsorger vorbildlich seinen Mann steht, wo er gebraucht wird. Beim verheerenden Brand von Lienlas 1904 zeigt er sich als umsichtiger Katastrophenseelsorger[58].

Ebenso zupackend, mutig und in fast seherischer Vorausahnung der Ereignisse der Heimatvertreibung und des Massenzuzugs von Katholiken, die sich erst 40 Jahre später ereignen, errichtet WIESBECK in Rosenhammer die zunächst noch kleine Kir-

---

[57] Bild sowie weitere Informationen im Kapitel „Die Landwirtschaft holt auf" in meinem Buch „Spurensuche Frankenpfalz" S. 203 ff.

[58] Im selben Buch S. 199f.

che für die damals noch winzige Gemeinde von rd. 90 Weidenberger Katholiken. Er fängt sich dabei von der Obrigkeit eine saftige Strafe ein, weil er, statt des geplanten und genehmigten bescheidenen Dachreiters, gleich einen richtigen Turm für die Glocken errichten lässt, der noch heute die 1955 stark erweiterte Kirche ziert.

Kleine Kirche mit großem Turm: *Röm.-Kath. Kirche St. Michael Rosenhammer vor der Erweiterung*

Im Markt WEIDENBERG allerdings fallen Wiesbecks Anregungen zu eigenem Unternehmertum auf noch fruchtbareren Boden und erweisen sich als nachhaltig. 1907, ein Jahr vor Ludwig Wiesbecks Weggang, finden sich mit ihm 16 weitere Bürger zusammen, die die Chancen der Zeit wahrnehmen und eine sehr fortschrittliche Genossenschaft gründen. So können sie auch das Problem der Kapitalarmut der einzelnen Mitglieder umgehen. Sie wollen gemeinsam landwirtschaftliche Maschinen erwerben und nutzen. Ganz in Bahnhofsnähe ergibt sich dazu auch räumlich eine günstige Möglichkeit, nachdem dort gerade das Weidenberger Experiment einer eigenen Eisengießerei nach wenigen Betriebsjahren gescheitert ist.

Antrieb mit Dampf-Lokomobile: *Dreschmaschine in Grub 1920*

Aus diesen schöpferischen Anfängen des neuen Konsortiums von protestantischen und katholischen Ortsbürgern, angeregt vom katholischen Pfarrer, entwickelt sich die Landmaschinenfirma LIPPOLT, die noch heute besteht, bis heute wohl das kurioseste ökumenische Projekt in WEIDENBERG! Die gemeinsam beschaffte Dreschgarnitur vom damaligen Marktführer KÖDEL & BÖHM wurde zwar durch die selbstfahrenden Mähdrescher ab den

60-er Jahren des 20. Jahrhunderts allgemein technisch überholt, war aber in WEIDENBERG sogar noch bis Anfang der 70-er Jahre regelmäßig im Einsatz. Heute kann man diese erstaunliche Maschine, die ihre Funktion noch lautstark im eingeübten Zusammenspiel von Mensch und Technik erfüllt, im Museum der Scherzenmühle des Weidenberger Fichtelgebirgsvereins beim Dreschfest im Spätsommer bewundern.

Rationelles Arbeiten: *Dreschmaschine von Ködel & Böhm beim Schaumahlen des Fichtelgebirgsvereins 2015*

Der schwäbische Mechaniker und Landmaschinenhersteller MICHAEL KÖDEL hatte 1890 seine erste Dreschmaschine konstruiert. Seine Firma ist die Wurzel des renommierten heutigen Traktorenherstellers DEUTZ-FAHR. Die Maschinen wurden zunächst durch Tierkraft, dann durch Dampf-Lokomobile und später durch Elektromotoren oder Traktoren angetrieben. Der Grundtypus dieser Maschine, die seit 1909 im schwäbischen Werk LAUINGEN an der Donau gefertigt wurde, blieb all die Jahrzehnte gleich und war auch bis in die Frankenpfalz verbreitet.

Wie jeder technische Fortschritt, der körperliche Arbeit durch Maschinenkraft ersetzt, hatte aber auch die Entwicklung solcher Maschinen für die Landwirtschaft ihre zwei Seiten. Die Effizienz der Arbeit wurde enorm erhöht, aber viele Lohnarbeiter, die bislang auch über den Winter beschäftigt waren, sofern sich die Bauern solche Hilfskräfte überhaupt leisten konnten, verloren ihren Job.

Fast alle betreiben Landwirtschaft

Landarbeit in und um WEIDENBERG ist seinerzeit nicht einfach. Es gibt viele Hänge, Feuchtgebiete und Waldflächen. Der Boden ist stark parzelliert und in zu vielen verschiedenen Eigentümerhänden. Die Fruchtbarkeit ist teilweise mäßig. Große Bauernhöfe gibt es praktisch nur einen einzigen, das Schöller'sche Anwesen. Die rund 215 einheimischen und 55 auswärtigen Familien teilen sich den Boden und bewirtschaften ihn in vielen kleinen Anwesen.

Weil diese Anwesen aber eigentlich zu klein sind, reicht es für viele kaum zum Leben. So ist die Landwirtschaft um die Jahrhundertwende zwar für die meisten Erwerbstätigen in und um Weidenberg eine wichtige Einnahmequelle. Aber nur 10 % der Menschen leben damals ausschließlich von der Landwirtschaft. Eine gleiche Anzahl, das betrifft also knapp 30 Familien, leben ausschließlich von einem nicht landwirtschaftlichen Gewerbe. Bei weitaus den meisten, also rd. 80% der Erwerbstätigen, ist die Landwirtschaft mit einem kleinen handwerklichen Gewerbebetrieb verbunden. Dabei bildet die Landwirtschaft den Hauptbetrieb und das Gewerbe den Nebenerwerbt. In weitaus weniger Fällen ist das Verhältnis umgekehrt, das Gewerbe ist der Haupt- und die Landwirtschaft der Nebenerwerb. Gelegentlich halten sich beide Erwerbsstrukturen die Waage.

Mit Ochsengespann und Jauchewagen: *Wirtin ANNE PIMMLER im Gespräch mit Nachbarin TRINA VOGEL vor dem Pimmlerhaus im Jahr 1960*

Lange Zeit hindurch ist die Landwirtschaft in und um WEIDENBERG noch ein Erwerbszweig für viele. Zu der Zeit, als Pfarrer REDENBACHER aus Gesundheitsgründen nach 30 Jahren seinen Dienst beenden muss, also im Jahr 1950, werden noch rund 100 Familien gezählt, welche Landwirtschaft, vor allem im Nebenerwerb, betreiben. Und noch weit in die 60-er Jahre hinein kann man in den Gassen des Ober- und Untermarktes Ochsengespanne vorbeirumpeln oder Kühe brüllen hören und laufen sehen.

Aufstieg der Einen und Abstieg der Anderen

Die Zahl der Hilfsarbeiter in der Landwirtschaft und in den Gewerben ist zu allen Zeiten nicht groß. Es sind nur einzelne junge Männer oder Frauen ohne Ausbildung, die sich als Knechte und Mägde bei größeren Bauern im Haushalt oder beim Garten- und Feldbau verdingen können.

Viele alte Handwerke, wie Bader, Büttner, Färber, Gerber, Hefner, Kürschner, Lederer, Seiler, Zinngießer, Wagner oder Weber sind damals im Niedergang, ihr Handwerk stirbt allmählich aus. Wenn es den hier Tätigen nicht rechtzeitig gelingt, sich den geänderten Bedingungen anzupassen und neue Formen und Inhalte ihres Handwerks zu entwickeln, steigen sie meist sozial ab und fallen in die Armut.

Manche verlassen seinerzeit Weidenberg auch aus beruflichen Gründen. Sie erwarten nicht, dass sie ihre soziale und ökonomische Lage wirklich an diesem Ort verbessern können. Viele suchen eine Aus- oder Weiterbildung z.B. im Studium an einer entfernten Universität. Etliche kehren gar nicht mehr zurück, sondern machen auswärts ihr Glück. Die Pfarrbeschreibung vermerkt, dass viele der Weggezogenen „durch ihre Brauchbarkeit und Solidität Versorgung und achtbare Stellungen erworben und ihrer ursprünglichen Heimat Ehre gemacht haben."

Die Armen, die am Ort bleiben, sammeln Arzneikräuter. Sie zupfen Heidel- und Preiselbeeren in den nahen Wäldern bis hinauf nach MUCKENREUTH. Auch die Kinder dieser Familien müssen dabei helfen; sie versäumen darüber im Sommer manchmal den Schulunterricht, was nicht immer ohne Folgen bleibt[59]. Der Verkauf der Kräuter und Beeren beim örtlichen Kleinhändler gibt manchem Nebenerwerbsbetrieb Beschäftigung.

Findiges Handwerk und frühe Fabrikchefs in der nachgeholten Gründerzeit

Andere traditionelle und neuere Handwerks- und Handelsformen, wie Bäcker, Brauer, Buchbinder, Drechsler, Flaschner, Friseur, Glaser, Kaufmann, Korbmacher, Maler, Maurer, Metzger, Müller, Sattler, Schlosser, Schneider, Schmied, Schreiner, Schuster, Steinmetz oder Uhrmacher, passen sich an die Zeit an und können sich noch lange behaupten.

Der Bader als Allround-Heiler der kleinen Leute, in Weidenberg erstmals 1564 erwähnt, entwickelt sich zum Wundarzt und Chirurgen weiter. Sein Schild prangt noch lange am Obermarkt an der Straße nach Seybothenreuth. Auch ein „der Apotheker Kunst Beflissener" wird bereits 1770 erwähnt. Wahrscheinlich er schon damals in einem Haus am Obermarkt tätig, in dessen Fassade seit 1835 der Schriftzug „Alte Apotheke" eingemeißelt ist. Hier wohnt und arbeitet um 1900 der Apotheker FRANZ NUSCH[60].

Man muss staunen über den Mut und die Tatkraft von etlichen Weidenberger Bürgern, die damals bereit sind, sich den Errungenschaften und Bedingungen der neuen Zeit zu stellen. Aus vielen kleinen Betrieben erwachsen mit der Jahrhundertwende neue Erwerbszweige. Sie geben in der Regel auch einer größeren Anzahl Arbeitsuchender Lohn und Brot. Noch eine Generation zuvor haben die meisten Weidenberger Bürger ausschließlich von Landwirtschaft und einfachem Handwerk ge-

---

[59] Vergl. dazu auch das Kapitel über das Schulwesen „Hasenjagen, aber gelernt haben wir nichts" in Folge 6 von „Myrten für Dornen".

[60] Vergl. dazu das Kapitel über „Physikus und Pharmazeut" in dieser Folge von „Myrten für Dornen".

lebt. Nun sind die gleichen Leute plötzlich Chefs, Manager und professionelle Werbefachleute in einer Person!

Viel Aufschwung kommt auf diese Weise nach WEIDENBERG. Es ist eine nachgeholte „Gründerzeit", die mit einiger Verspätung nun auch den Marktort erreicht[61]. Die neue Technik mit Antrieben durch Dampfmaschinen und später auch mit Hilfe der Elektrizität gibt den neuen Gründern die Möglichkeit zu rationeller Fertigung. Die Maschinenarbeit hält Einzug.

Die „Staaschlaf" wird zum größten Arbeitgeber

Lehrer JOHANN ERHARD REBLITZ bezeichnet in seiner Weidenberger Chronik die Zahl der bis 1900 neu entstandenen betriebenen Gewerbe als „beträchtlich." Als erstes benennt er das „Etablissement" der GEBRÜDER SCHÖLLER mit der 1870 geöffneten Kunstmühle. Sie ist anstelle einer gewöhnlichen Getreidemühle, der ehemaligen Rohrmühle, erbaut worden. Dem Betrieb ist ein Holzsägewerk mit einem Vollgatter angegliedert.

Beide Werke nutzen energiesparend das Wasser der Steinach, haben aber bei eintretendem Wassermangel die Möglichkeit, auf eine Dampfmaschine umzuschalten. In beiden Betrieben sind mit Einschluss der Landwirtschaft jeweils 17 und mehr Arbeiter beschäftigt. Auch eine größere Anzahl an Pferden und Zugochsen kommt zum Einsatz, u.a. für Lohnfuhrwerke. Bereits im Jahr 1896 bekommen die Betriebe auch eine elektrische Beleuchtung. Die Energie wird nun umweltfreundlich aus Wasserkraft erzeugt, und zwar anfangs mit Hilfe von Gleichstrom-Generatoren an der Steinach, die ja ähnlich funktionieren wie Fahrraddynamos. Das Prinzip dafür hatte MICHAEL FARADAY 1831 entdeckt; es wurde bereits von WERNER V. SIEMENS im Jahr 1866 zur heutigen Reife gebracht. Ab dem Jahr 1922 wurde die benötigte Energie für WEIDENBERG als Wechselstrom dem Weißmain im neu erbauten Kraftwerk der Röhrenhof AG zwischen BAD BERNECK und BISCHOFSGRÜN entnommen.

Eine neuartige Granitschleiferei eröffnet im Jahr 1890 der Zeugschmied MICHAEL SCHRECK in seinem kleinen Anwesen Nr. 3 b hinter der Apotheke am Aufgang zur Kirche. Dieser agile Weidenberger ist ein rühriger Hans-Dampf-in-allen Gassen. Von 1887-1915 ist er auch Bürgermeister der Marktgemeinde. Er kümmert sich,

---

[61] Als „Gründerzeit" im eigentlichen Sinn gelten die Jahre des industriellen Aufschwungs von 1850 – 1873, an deren vorläufigem Ende der „Gründerkrach" allen blauäugigen und spekulativen Träumen eines ungebremsten Wachstums ein jähes Ende bereitet. Erst in der anschließenden Phase der vorsichtigen Konsolidierung wagen die Weidenberger ihre eigene nachgeholte Gründerzeit und ergreifen die neuen Möglichkeiten, die sich durch neue arbeitssparende Maschinen und die Elektrizität ergeben.

nach den bestürzenden Branderfahrungen der Gemeindegeschichte, auch tatkräftig um eine schlagkräftige Feuerwehr und beobachtet seine Männer genau.

Tatkräftig, aber nicht so eitel wie Peppone: *Bürgermeister MICHAEL SCHECK (in Zivil mit Hut) mit „seiner" Feuerwehr 1899*

Zur gleichen Zeit richtet auch der junge JOHANN SCHILLER, der sein Anwesen am Dammweiher hat, also am Südende des Obermarktes, eine solche Schleiferei ein. Nachdem sich aber die zwei Betriebe als zu klein und für die Standorte als zu laut erweisen, tun sich beide Chefs zusammen und errichten im Jahr 1889 die erste Halle für ein ganz neues **Granit-, Schleif- und Polierwerk** an der Bahnhofstraße, im Volksmund auch die „Staaschlaf" genannt. Die großen und schweren Schleifmaschinen werden dort zunächst mit Dampf betrieben.

Weidenberg 1898: *Der neu errichtete Bahnhof (Bildmitte) und die Bahnhofswirtschaft (rechts vorn), halblinks dahinter das neu errichtete Granitwerk SCHILLER.*

Frankenpfälzer Marter im Jugendstil zum Gefallenengedenken: *Ein Produkt aus Weidenberg*

Der An- und Abtransport der massigen Steine wird erleichtert, als kurze Zeit später, im August 1896, die neue Eisenbahnlinie von BAYREUTH nach WEIDENBERG und WARMENSTEINACH eingeweiht werden kann. Sie bietet einen praktischen Gleisanschluss bis ins Werk.

Um 1900 ist das Granitwerk im alleinigen Besitz von JOHANN SCHILLER. Es fertigt vor allem Grabdenkmäler, zunächst für den Bedarf in der Region. Wegen ihrer Solidität und mäßigen Preise sind die bearbeiteten Steinprodukte sehr gesucht. Der Kundenkreis erweitert sich. Die auserlesenen Rohsteine kommen nicht nur aus dem nah gelegenen Fichtelgebirge, sondern sogar aus schwedischen Steinbrüchen. Grabmonumente nach künstlerischen Entwürfen liefert die Firma bald an Kunden in aller Welt. Eindrucksvolle Zeugnisse der Kunst dieser Steinschleiferfamilien sind nicht nur das eigene Familiengrab auf dem Weidenberger Friedhof, sondern auch die beiden religiösen Martern im Jugendstil, die in der nahen Frankenpfalz in ECKARTSREUTH und in TRESSAU stehen, sowie das evangelische Marterl der MARGARETHE SCHILLING von 1937 auf der Bocksleite.

Harte und laute Knochenarbeit: *Schleifer im Granitwerk Schiller*

Das Granitwerk der GEBRÜDER SCHILLER wird in den Folgejahren ständig erweitert. Es bietet in seinen besten Zeiten bis zu 200 Menschen eine zwar laute, staubige und anstrengende, aber auch recht einträgliche Arbeit. Schillers Granitwerk ist somit der größte Arbeitgeber, den

Der größte Arbeitgeber, den Weidenberg je hatte: *Die „Staaschlaf" an der Bahnhofstraße*

Weidenberg je hatte, auch noch über den Zweiten Weltkrieg hinaus bis weit in die Nachkriegszeit hinein, mit großem Abstand vor dem „Thomas"-Porzellanwerk in SOPHIENTHAL, das dann zur Zeit der Weimarer Republik entstand.[62]

Viele Arbeiter schließen sich bald zur Vertretung ihrer Interessen der linken Arbeiterbewegung an, insbesondere der gleich nach dem Ersten Weltkrieg gegründeten KPD; sie bleiben aber auch in den revolutionären Stimmung der stürmischen Anfangsjahre der neuen Republik mit ihrer Werksleitung im solidarischen Einvernehmen. Die Werksleitung nimmt ihrerseits ihre Leute später im „Dritten Reich" vor Verfolgung in Schutz und setzt sich für ihre rauen Männer nötigenfalls auch vor Gericht ein. Der Granit-Schleifmeister JOHANN EISENHUT wird dafür in der Nazizeit zu einem ortsbekannten Präzedenzfall[63].

---

[62] Mehr dazu weiter unten in einem eigenen Kapitel.

[63] Vergl. dazu das Kapitel in der Folge „Braune Herrschaft in Weidenberg seit 1929" insbesondere das Kapitel: „Bei mir ist niemand zu Schaden gekommen" im Projekt „Myrten für Dornen"

Neue Karriere für alte Mühlen

Eine interessante Industriekarriere legt auch die frühere **Mal- und Schneidemühle ROSENHAMMER** hin. Als sie im Jahre 1885 zu einem Spiegelglas-, Schleif- und Polierwerk umgebaut wird, hat sie bereits eine lange und wechselvolle Geschichte hinter sich. Der „Rosenhammer", im ausgehenden Mittelalter um 1550 von der Familie WOLF als Hammerwerk zur Eisenverarbeitung gegründet, war durch Heirat in den Besitz der Hammerherrenfamilie SCHREYER gelangt. Diese hatten dann beim Hammerwerk als Wohnsitz ein typisches Hammerherren-Schloss errichtet. Der letzte Hammerherr FRITZ SCHREYER hatte seine geachteten Eltern im Doppelwappen der SCHREYER-WOLF von 1626 im Symbol des „Schreiers", des roten schreienden Hahns und des schwarzen Wolfs, am Turmeingang des Schlösschens verewigt[64]. Schon damals unterhielt die Familie SCHREYER auf dem Grundstück auch ein Gasthaus.

Nachdem aber weite Teile des Fichtelgebirges zur Gewinnung des Feuerholzes für den Schmelzprozess allmählich kahl geschlagen und die Erzgruben geleert waren, war die Eisenverarbeitung im Rosenhammer fast zum Erliegen gekommen. Die Adelsfamilien V. KÜNSBERG und V. LINDENFELS hatten dann im bzw. nach dem 30-jähr. Krieg die Betriebe aufgekauft. Später war in der Mühle eine Papierfabrik eingezogen.

Industrie und Geselligkeit:
Der „Rosenhammer" mit Mühle (verdeckt), Brauerei und Schloss

Die neue Schleifmühle von 1885 dokumentiert eine weitere wichtige Etappe mit Langzeitbedeutung im Weidenberger und Fichtelgebirgischen Handwerk:

[64] Mehr dazu in meinem Buch „Spurensuche", S. 108 f.

die Bearbeitung von Glas. Der neue Betrieb im Rosenhammer kämpft aber in der Folge immer wieder mit starken konjunkturellen Schwankungen. Er kommt zeitweilig in den Besitz einer Familie NEUMANN aus Fürth. Die Schleifmühle läuft aber noch bis weit in das 20. Jh. hinein und dient auch nach dem Zweiten Weltkrieg für einige heimatvertriebene Gablonzer Glaswarenerzeuger zum Aufbau einer neuen Existenz.

Das angrenzende **Bräuhaus**, bereits zu Zeiten der Herren V. LINDENFELS 1741 errichtet, floriert 230 Jahre lang. Das letzte Bier braut dort Gastwirt ROTHE bis ein Jahr vor seinem Tod 1972. Erhaltene Bräu-Etiketten als Liebhaberstücke von Sammlern legen heute noch Zeugnis ab von diesem letzten Stück Weidenberger Braukultur.

Sammlerstück: *Flaschenetikett der Brauerei Rosenhammer vor 1972*

Rothes Gaststätte mit Tanzlinde und Lifemusik, u.a. der Kapelle KÄSS aus der Frankenpfalz[65], war für Weidenberger und Auswärtige bis zuletzt ein beliebter Treff. Die mächtige Linde, die allseits von einem doppelstöckigen Tanzboden umgeben war, fiel aber einem gefährlichen Sturm zum Opfer. Im Gasthaus walten noch heute (2017) Tochter und Enkelin und bieten vor allem mit Stammtischen für Ältere einen beliebten Treffpunkt zum Austausch von Erinnerungen.

Die alten Kundschaftsmühlen an der Steinach werden seinerzeit in der Phase des Aufschwungs am Ende des 19. Jh. ebenfalls modernisiert. Die **Scherzenmühle** in der Au, die anfangs Schürzenmühle hieß, und die **Schönmannsmühle** am Buchert in der Nähe des Treppenaufgangs zum oberen Markt erhalten nun je ein Holzsägewerk. Die **Schuhmühle** wird mit einer Malzbrech-Apparatur verbunden. Bierbrauen mitsamt all seinen vorbereitenden Arbeiten ist damals „in".

1892 gründen HEISCHMANN und LOCHMÜLLER, um Obst und Gemüse lagerfähig zu machen, sogar eine **Konserven- und Trocknungs-Anstalt**. Der schöpferischen Fantasie ist in dieser Zeit kein Ende gesetzt. Doch diese letztgenannte Firma geht leider bald wieder ein. Auch solche Experimente und Misserfolge gehören in WEIDENBERG zu dieser nachgeholten Gründerzeit, deren Markenzeichen es ist, dass viele kleine Leute etwas probieren, was man den Familien eine Generation vorher noch kaum zugetraut hätte.

[65] Mehr dazu im Kap. „Volksmusik an der Grenze zwischen Franken und Bayern" in meinem Buch „Spurensuche", S. 209 ff.

Marketenderin in der Wolfskehle: *Eines der letzten Fachwerkhäuser Weidenbergs um 1920 – ein beliebtes Postkartenmotiv.*

Ziegelornament statt Sandsteinzier

Ziegeleien am Ort zu haben, bedeutete, auf lange Transportwege verzichten zu können. Allerdings wurden die Häuser in Weidenberg seit dem Marktbrand von 1770 zunächst noch traditionell mit Sandstein gebaut, der in der Nähe an verschiedenen Abbauplätzen, z.B. in LESSAU, verfügbar war.

Große prächtige Markthäuser in repräsentativem Stil, wie das Schnorr'sche Haus, aber auch viele kleinere Häuser mit verspielten Fensterschürzen, legen Zeugnis ab von der Ideenvielfalt und Inspirationskraft des Rokoko, die bis weit ins 19. Jh. reicht und dann von klassizistischen Elementen abgelöst wird.

Bei den älteren, vom Marktbrand verschonten zweigeschossigen Häusern überwog die Kombination von Stein und Fachwerk. Auf massive Erdgeschosse aus Brockenwerk oder Sandstein wurden ursprünglich oft Stockwerke mit Fachwerkwänden aufgesetzt und die Felder mit Brocken oder Ziegeln vermauert.

Mussten solche älteren Gebäude später saniert werden, wie im Fall des Zweiten Pfarrhauses nach dem Marktbrand von 1852 oder beim Bau des Armenhauses 1881 an der Steinach, dann errichtete man immer auch gleich das obere Stockwerk in massivem Sandstein neu.

Weidenbergs letztes Schindeldach: *Haus VOGEL an der „Schied" um 1924*

Zeigen, was man besitzt: *Das neue Ziegelhaus des Zementwarenfabrikanten Hans Rieß in der Bahnhofstraße*

Schon länger ist es aber damals das Bedürfnis der Baumeister und Hausbesitzer, die feuergefährliche Eindeckung von Häusern mit Holzschindeln, die immer wieder die Ausbreitung der Marktbrände über die Dächer begünstigt hat, allmählich durch die funkensichere Schieferdeckung oder durch gebrannte Tondachziegel abzulösen. So werden nach und nach alle Hausdächer in Weidenberg neu gedeckt, in der Regel mit Ziegeln. Das Haus von GEORG VOGEL unmittelbar am Aufgang der „Schied“ ist das letzte Haus, das noch bis um 1924 mit Holzschindeln eingedeckt ist.

Das Brennen der Dachziegel erfolgte bis dahin mit Handmaschinen in zwei kleineren Ziegeleien, von denen eine jenseits des Talgrundes an der Seybothenreuther Straße arbeitete, die andere beim Galgenhügel oberhalb der Stephanskirche.

Nun aber, mit dem wirtschaftlichen Aufschwung zum Ende des 19. Jh., wollen Privat- und Geschäftsleute vor allem im Bereich des Untermarktes ihre neuen Häuser bewusst in der damals modischen Ziegelstein-Massivbauweise errichten. Man will demonstrieren, was man besitzt. So soll das Ziegelmauerwerk nun sichtbar sein, schön aussehen und persönlichen Stil beweisen.

Schicke Ziegelsteinvilla: *Postamtsdirektor i.R. JOH. DREß vor seiner Villa in der Warmensteinacher Straße im Jahr 1899*

Viele Häuser am Untermarkt werden in dieser Zeit mit den Ziegeln dieser Ziegelei in Sichtmauerwerk neu gebaut, so

Moderner Ringofen: *Johann Kießlings Ziegelei, erbaut 1896, Bild um 1930*

die Gaststätte zur Post, das Haus des Zementfabrikanten RIEß, die Eisengießerei, das Forstamt, das für die damalige Zeit „avantgardistische" Haus des Postamtsdirektors DREß und andere.

JOHANN DREß, der es bei der Post zu hohen Ämtern gebracht hat, ist mit Recht stolz auf sein 1899 erbautes modernes Ziegelhaus in der Warmensteinacher Straße, das er sich als Ruhestandssitz erbaut hat. Er posiert passend in Galauniform, gemeinsam mit seiner Frau.

Die starke Nachfrage nach Ziegeln erfordert auch neue und effektivere Herstellungsverfahren. Die bahnbrechende Erfindung des Ringofens führt beim Ziegelbrennen zu einem gewaltigen Sprung bei Qualität und Menge, wie man ihn sich bisher nicht vorstellen konnte und treibt diesen neuen Architekturtrend voran. Einen großen, fast revolutionären Schritt vorwärts bedeutet es also, als 1896 JOHANN KIEßLING neben den angrenzenden Tongruben jenseits der Stadelwiesen seinen imposanten Dampfziegeleibetrieb errichtet.

Johann Kießlings Engagement für die Errichtung und den Betrieb dieser Dampfziegelei erweist sich als Volltreffer. Die notwendige Halle dürfte zu dieser Zeit die größte am Ort gewesen sein. KIEßLING lässt zur Ausnutzung der Dampfkraft auch gleich eine Holzsägerei angliedern. Die Anlagen haben eine 50-jährige produktive Zukunft vor sich.

Logistisch bedeuten der Antransport von Lehm, Kalk und großen Mengen Brennmaterials für das dauernd brennende Feuer, sowie der Abtransport des gebrannten Materials eine große Herausforderung. Zunächst sind Pferde zum Materialtransport eingesetzt. Mit der Erfindung der Kraftfahrzeuge werden die natürlichen Pferdestärken fortschreitend durch Benzin- und Diesel-PS ersetzt. Der Lehm wird aus den angrenzenden Gruben abgestochen, mit Loren herangeschafft, in mehreren Stufen zerkleinert und zur Formung vorbereitet.

Kießlings Lehmgrube und Lorengeleise: *Kurzer Weg für das Ziegelmaterial*

Kießlings moderner „Hoffmannscher Ringofen", der das ununterbrochene Brennen von hochwertigen Ziegeln ermöglicht, hat zwölf Kammern, die jede mit rd. 5.000 Steinen beschickt werden. Nacheinander werden die Ziegel in den einzelnen Kammern getrocknet, vom Tag und Nacht brennenden Feuer reihum bei rd. 1.000° und variabler Luftzufuhr gebrannt und allmählich wieder gekühlt. In dem Betrieb sind mehr als 20 Arbeiter tätig. Das Verfahren ermöglicht einen auch optisch gleichmäßigen Brand der Ziegel, ganz anders als die Farbe beim zuvor üblichen Einzelbrand, wo die Ziegel jedes Mal ganz anders aussahen.

Die Backsteine, Dachziegel und Drainageröhren gehen bald auch nach auswärts. Am Kulm wird Kalk gebrochen und im Werk gebrannt.

Im Zweiten Weltkrieg überschattet aber ein Brandfall die weiteren Aussichten des Ziegeleibetriebes, der bis dahin trotz Konjunkturschwankungen und Krieg floriert hat. Und lässt sogleich die Gerüchteküche im Ort hochkochen.

War er ein Brandstifter?
Ortsgruppenleiter Georg Rumler

Der Ortsgruppenleiter als Brandstifter?

Es ist im Herbst des vorletzten Kriegsjahres 1944, da ertönt frühmorgens gegen 4 Uhr Feueralarm. Der seinerzeitige Chef von Weidenbergs wichtigster Ziegelei, Konrad Kießling, ist zu diesem Zeitpunkt als Soldat im Krieg. Ortsgruppenleiter Georg Rumler, der als leitender Nazifunktionär keinen Kriegsdienst leisten muss, wird aus dem Bett geholt. Die Feuerwehr kann Kießlings

Wohnhaus retten. Doch die eigentliche Ziegeleifabrik brennt ab. Der Ortsgruppenleiter kann den geschädigten Werksbesitzer für einige Tage von der Front heimholen, damit dieser den Schaden ordnen kann.

Doch wie ist das Feuer entstanden? Wüste Spekulationen machen im Ort die Runde, die zeigen, dass man dem NS-Regime durchaus kritisch gegenüberstand. War es Brandstiftung? Am Tag zuvor sind angeblich Flieger gesichtet worden, die genau über der Fabrik Leuchtkörper abgeworfen haben sollen. Doch Ermittlungen der Gendarmerie in dieser Richtung verlaufen im Sande. Wollten die Alliierten in ihrem Bombenkrieg gegen Deutschland vielleicht gezielt die Fabrik vernichten?

Oder ist der Feind möglicherweise sogar in den eigenen Reihen zu suchen? War vielleicht der Nazi-Ortsgruppenleiter selbst der Brandstifter? Hatten hier zwei Kampfhähne eine alte Rechnung offen? Jeder in Weidenberg wusste, dass GEORG RUMLER mit einigen Fabrikchefs in Fehde lag. Es war nicht nur der Granitwerkbesitzer CHRISTIAN SCHILLER, sondern auch der Ziegeleibesitzer KONRAD KIEßLING und noch manche andere, die sich von Hitlers örtlichem Führer und Nazifunktionär immer wieder gegängelt und erpresst fühlten. War vielleicht Eifersucht im Spiel? Denn es war ja so, dass RUMLER zwar im Schloss lebte, aber nur auf Zeit und jederzeit abrufbar. Da hatten es halt die beiden Fabrikchefs in ihrem Status weiter gebracht als er, der kleine Ingenieur und Schneiderssohn. Sie besaßen als Statussymbole ihre repräsentativen Eigenheime und großen Autos, sie hatten Einfluss und konnten mit Festen glänzen.

Aber der Parteifunktionär besaß die Macht und die Mittel, sie zu gebrauchen. Er wusste Hitlers Terrorapparat hinter sich, und damit hatte er eine unüberwindliche Waffe. So hatte er beide Chefs, die von einem Eintritt in die Nazi-Partei lange nichts wissen wollten, trotz ihres Widerstandes schließlich im Jahr 1937 nötigen können, endlich der NSDAP beizutreten, – zwei Fabrikbesitzer, die also nicht aus Überzeugung Nazis wurden, sondern um ihre Betriebe aus der Schusslinie zu bringen. Da war wohl manche Spannung im Raum. Doch welchen Grund sollte es geben, deswegen Kießlings Fabrik anzuzünden und zugleich Schillers Granitwerk lahmzulegen? Dachziegel waren ja zur Behebung der Schäden im Bombenkrieg unentbehrlich. Und Granitsteine wurden ebenfalls gebraucht für die repräsentativen Einrichtungen und riesigen Bauten des Hitler-Staates in BERLIN und NÜRNBERG nach dem bald erwarteten Endsieg.

Nun waren im Jahr 1944 zur Zeit des Brandes weiter oberhalb auf den Stadelwiesen in der Nähe des Anwesens von ADAM KIEßLING auch drei große Baracken im Bau. Die Hitlerjugend wollte hier ein Lager für die „Kinderlandverschickung" einrichten. Zur Herstellung waren auch tschechische Zwangsarbeiter eingesetzt. Sie wohnten im Gasthaus FRITZ SCHÖFFEL und wurden von einem Landsmann namens LAMICH als Bauführer kommandiert, der angeblich bei der SS war. Im Gästebuch soll er sich als „Deutsch“ eingetragen, diesen Eintrag aber später nach dem Einmarsch der Amerikaner ausradiert und durch „Tscheche“ ersetzt haben.

Viele hielten die Errichtung dieses KLV-Lagers für ein Lieblingsprojekt des Ortsgruppenleiters. Aber sollte er deshalb die Ziegelei angezündet haben, die doch eigentlich mit dem Lager bis auf eine gewisse ortsmäßige Nähe gar nichts zu tun hatte? Oder waren hier vielleicht gar Lamichs Männer heimlich am Werk gewesen, die die verhassten Deutschen schädigen wollten?

Nach dem Krieg, am 20. März 1947, kommt es jedenfalls nachträglich zu einer staatsanwaltlichen Untersuchung. Der Verdacht richtet sich gegen RUMLER, der zu dieser Zeit als belasteter Nazifunktionär Häftling der Amerikaner im Lager Hammelburg ist. Er gibt zu, wegen Angelegenheiten des Elektrizitätswerkes wohl schon seit 1933 eine Fehde mit KIEẞLING gehabt zu haben, bestreitet aber jede Tatbeteiligung beim Brand der Ziegelei. So verläuft die Sache letztlich im Sande.

Das Werk ist aber damit endgültig zum Erliegen gekommen. Vom Stand der Technik her hätte Kießlings Ziegelei noch viele Jahre weiterarbeiten können.

Landmaschinen statt Eisenguss

Eine neuartige Eisengießerei ist das Ziel, an das sich 1899 ein kleines fachfremdes

Blauäugiges Konsortium: *Die Weidenberger Eisengießerei um 1900*

Konsortium, bestehend aus dem Gastwirt SCHRECK, Inhaber der Gaststätte „Zur Eisenbahn“, und „Mühlarzt“ RÖTHEL, ein wenig blauäugig heranwagt. Zur fachlichen Unterstützung haben sie sich immerhin den Eisengießer BURKHARDT und den Schlosser MÖSINGER aus Bayreuth ins Boot geholt.

Ihre kleine Fabrik, erbaut mit dem eben besprochenen neuartigen Sichtziegelmauerwerk und in ihrer baulichen Originalität bis heute ein schmuckes kleines Industriedenkmal, entsteht nördlich des Bahnhofs an der Straße nach HEẞLACH. Sie soll vor allem große Ventildrehräder und Räder für die damals noch üblichen „Transmissionen“, liefern. Diese Riemenantriebe übertragen in den Fabriken die Kraft von der zentralen Dampfmaschine zu den einzelnen Werkzeugmaschinen.

Am 12. April 1900 erfolgt der erste Guss. Doch weil die Geschäftserfahrung fehlt und die Produkte infolge der Entwicklung kleiner leistungsfähiger Elekromotoren bald nicht mehr aktuell sind, gerät das Werk schnell in Schieflage. Der erfahrene Gießer Johann GEORG MORILL aus NÜRNBERG übernimmt den Betrieb; er engagiert sich besonders für moderne Antriebe in den Mühlen und Sägewerken und gießt hier nun Zahnräder.

Familienbetrieb seit 1909: *Landmaschinenfirma Lippolt, Angehörige*

Als auch diese Produktion im Jahr 1909 ins Stocken kommt, zieht in das Fabrikgebäude die oben genannte, von Pfarrer WIESBECK mit initiierte Genossenschaft für Landmaschinen ein. Mit der Übernahme als Firma durch die Familie LIPPOLT ist der Betrieb für die nächsten 100 Jahre gesichert.

Verbesserte Grundversorgung trotz bescheidener Mittel

Schon bald nach der Jahrhundertwende lassen in und um WEIDENBERG viele neue oder umgebaute Häuser erkennen, dass allmählich ein gewisser allgemeiner Wohlstand Einzug hält. Er zeigt damals den Ertrag von Fleiß und Sparsamkeit an.

Auch die Marktgemeindeverwaltung bemüht sich trotz ihrer bescheidenen Möglichkeiten, den Ort voranzubringen und die Grundversorgung der Bürger dem Lebensstandard der Zeit anzupassen. Schon in den Jahren 1876 bis 1889 wurden nach Auskunft von Pfarrer EINFALT „auf Wasserleitungen, Kanalisierung, Pflasterung, Brückenbauten 18.000 RM verwendet."

Seit 1879 sind auch die Straßen nachts beleuchtet, zunächst mit Petroleumlampen, dann mit elektrischem Licht.

Beim Schafhof kann eine Quelle für die Wasserversorgung erschlossen werden, die mit Grundstück und Leitung rd. 21.000 RM kostete. Im Jahre 1889 kann auch die neue Wasserleitung verlegt werden, die den unteren Teil des oberen Marktes in der Wolfskehle, am Kantorat und bei der Apotheke, sowie den Unteren Markt mit Trink- und Nutzwasser versorgt, das „reichlich und sehr gut" ist. Der Kostenaufwand hierfür beträgt ebenfalls 21.000 RM. Vieles wird aus dem „Lokalmalzaufschlagsgefälle", einem Teil der kommunalen Bier-Besteuerung, bestritten.

Altes Handwerk auf neuen Wegen – Hefners Elektrosäge

Auch kleinere Handwerker schließen sich dem Trend zur Mechanisierung an. In der oberen Marktstraße 34 wohnen seit dem Jahr nach der Brandkatastrophe von 1770 die Vorfahren des bekannten Weidenberger Heimatforschers ADAM KIEßLING in ihrem eigenen zweistöckigen Sandsteinhaus „mit Garten und Hofrecht". Neben ihrer kleinen „Ökonomie" haben sie von Anfang an auch eine Konzession für das Töpferhandwerk und das Brennen von Schnaps. Noch Adam Kießlings Eltern KONRAD und ELISABETH haben als Töpfer gearbeitet. Ihre Spezialität war das Brennen und bunte Lasieren von Ofenkacheln. So kennt man sie in der ganzen Gegend seitdem nur unter dem Hausnamen „Hefner".

Doch nun errichten die Eltern im Gartenbereich ihres Hauses eine Schneidmühle, also ein Sägewerk mit Gatter für den Schnitt langer Bretter. Die Säge arbeitet mit dem modernen Elektromotor, also ohne die bislang erforderliche und hier oben nicht verfügbare Wasserkraft.

Die Familie hat zwei Söhne und eine Tochter. Adams älterer Bruder soll das Werk einmal weiterführen. Im Streit um die Modernisierung der Säge trennt sich ADAM KIEßLING 1934 von seiner Heimat WEIDENBERG und zieht als Holzkaufmann in den Hamburger Raum.

EXKURS: Die Tragödie des Adam Kießling

Im Zweiten Weltkrieg fällt der Bruder. Bei späten Einsätzen als Soldat in der Normandie gerät ADAM KIEßLING in amerikanische Gefangenschaft und wird an die Franzosen ausgeliefert. Seine erstaunlich späte Rückkehr aus dieser französischer

70. Geburtstag: *ADAM KIEßLING 1985 vor seinem Haus*

Kriegsgefangenschaft am 19.Jan. 1948 berührt bis heute ein historisches Tabu, nämlich die Rache der Sieger über das besiegte Deutschland in den ersten Jahren nach Beendigung des Zweiten Weltkrieges[66].

So hat bereits 1943 der russische Diktator JOSEF STALIN bei der Teherankonferenz der Alliierten gefordert, nach dem Krieg deutsche Kriegsgefangene zur Wiedergutmachung der von Deutschen angerichteten Schäden einzusetzen. Der britische Premier WINSTON CHURCHILL und der US-Präsident FRANKLIN D. ROOSEVELT hatten diesem Ansinnen dann in JALTA zugestimmt. So waren im Ganzen wohl rd. 10 Millionen Deutsche in vielen Ländern Europas entgegen dem Kriegsrecht als Zwangsarbeiter eingesetzt, die Mehrzahl von ihnen im Westen und nicht, wie man vermuten könnte, im Osten. Noch im Jahr 1947 gab es noch vier Millionen solchermaßen verschleppte Deutsche.

Etwa ein Viertel aller dieser Zwangsarbeiter ist damals durch die menschenunwürdigen Zustände zugrunde gegangen, gut ein weiteres Viertel wird bis heute vermisst. Kritik, wie sie bereits der oberste Ankläger ROBERT H. JACKSON bei den Nürnberger Prozessen äußerte, blieb lange ungehört; er warf seinen Leuten vor, „dass die Alliierten genau die Dinge getan haben oder tun, für die wir die Deutschen anklagen." Und Panzergeneral GEORGE S. PATTON, dessen Einheiten im März 1945 auch WEIDENBERG erreichten und damit für diesen Ort den Krieg beendeten, hatte über seine Beobachtungen während des Vormarsches in Frankreich kritisch notiert, dass hier deutsche Kriegsgefangene als „Sklavenarbeiter" missbraucht würden.

Allein 1 Million deutsche Gefangene hatten die Franzosen für den Wiederaufbau angefordert, wobei unverhohlene Rachegedanken im Spiel waren. Einige wurden bei lebensgefährlichen Minenräum-Kommandos eingesetzt, die meisten anderen in der Landwirtschaft und im Bergbau. Ab März 1947 wurden sie endlich in kleinen Schüben von monatlich je

---

[66] Vergl. dazu auch in Folge 1 „Am Vorabend der Urkatastrophe(n) – Weidenberger Geschichtsquellen" das Kapitel 7: „Kulturattaché und Geschichtsgewissen – Eine Erinnerung an Adam Kießling".

20.000 Häftlingen entlassen, darunter ein Jahr später auch ADAM KIEßLING. Als er Anfang 1948 heimkommt, ist er schwer angeschlagen.

Trotzdem übernimmt er für den Rest seines Lebens die Verantwortung für den väterlichen Betrieb. Auch diese Art von Treue gegenüber dem elterlichen Werk, geboren aus dem seinerzeit noch üblichen Respekt gegenüber den Vorfahren, gehört wohl, neben Fleiß und Sparsamkeit, zu den typischen Eigenschaften gebürtiger Weidenberger.

ADAM KIEßLING hat über seine schlimmen Erfahrungen nie mit anderen gesprochen, er hat sich stets mehr für das Ergehen anderer interessiert, als für das eigene. Er hat aber intensiven Anschluss gesucht an die Kirchengemeinde, den Gottesdienst und das Gemeindeleben und hat hier als Kirchenvorsteher, Vertrauensmann, Lektor, Jugendmitarbeiter und Mäzen gewirkt. Aber man muss wohl davon ausgehen, dass er durch seine Erfahrungen in Krieg und Gefangenschaft stark traumatisiert war, wie so viele andere Männer damals ebenfalls, unter ihnen auch sein damaliger Gemeindepfarrer JOHANNES SCHRÖTER. Nur dass damals niemand ein Gespür für diese seelischen Verwundungen und ein Ohr für das verheimlichte Leiden dieser Männer hatte.

Einsam im Käfig schmerzhafter Erinnerung: *ADAM KIEßLING in seiner letzten Lebenszeit (Aufnahme Otto Pilz).*

Auch hatte sich die deutsche Psychiatrie im Dritten Reich vor allem durch ihre freiwillige Beteiligung bei der Tötung von Behinderten in den Euthanasieprogrammen völlig korrumpiert und an das Nazisystem ausgeliefert und war noch lange nicht wieder auf internationalem Standard. So hatten diese Männer niemanden, mit dem sie über das reden konnten, was sie belastete. Manche sahen für sich nur den Weg der Flucht in den

Suicid, der sich in WEIDENBERG häufte. Auch ADAM KIEẞLING fand keinen Weg aus seinen wiederholten Depressionen. Das bestürzende Foto, das der Zeitungsmann PILZ in dieser Zeit von diesem sonst so gut gelaunt scheinenden Mann aufnahm, spricht Bände.

Seine Säge wird zur „Totenkapelle“, als sich der Weidenberger „Kulturattachè“ im Alter von 79 Jahren am 15. Sept. 1994 das Leben nimmt, wie er vorgibt aus Verzweiflung über seine fortschreitende schmerzhafte Osteoporose. Mit einem kleinen Messer, auf einem Sägewagen liegend, durchschneidet sich ADAM KIEẞLING die Pulsadern. Dieser Schritt wird von Kießlings zahlreichen Bewunderern im Ort und weit darüber hinaus als Tragödie empfunden, obwohl fast alle zugeben, von weiten Phasen seines Lebens und von seinen persönlichen Gefühlen eigentlich gar nichts gewusst zu haben.

Fahrräder, Porzellan, Rechenschieber und Skier aus Weidenberg

Auch andere Handwerker entwickeln insbesondere in der Zeit unmittelbar nach dem Ersten Weltkrieg viel kreative Fantasie und staunenswerte Energie: Besonders fortschrittlich zeigt sich die Familie KIEẞLING am Obermarkt. Senior Johann KIEẞLING eröffnet im Haus Nr. 23 an der Einmündung zum Alten Schloss, das bis dahin die elterliche Hufschmiede barg, zunächst einen Nähmaschinen- und Fahrradhandel mit Werkstatt und springt dann beizeiten auf den Zug zur Motorisierung auf. Als

Autos, Shell-Tankstelle und Hühner: *JOHANN KIEẞLING mit Enkelin vor dem Autohaus um 1937*

Werbemittel erteilt er seinen Kunden kostenlose Fahrstunden, wenn sie bei ihm ein Fahrrad, Motorrad oder später ein Auto kaufen. Im Jahr 1929 wird vor seinem Haus mitten im Obermarkt die erste Shell-Tankstelle eröffnet. Dass dort auch die Hühner noch ungefährdet ihr Futter von der ungeteerten Straße picken könne, gehört mit zu diesem erstaunlichen Alltags-Stillleben von damals.

Unmittelbar vor dem Ersten Weltkrieg erwirbt Flaschnermeister MICHAEL SCHILLER (später: TRAUTNER) in der Scherzen in der Au unmittelbar gegenüber der Scherzenmühle von ELIAS VOGLER ein Wiesengrundstück und errichtet dort eine Werkstätte zur Bürstenfertigung.

Fabrikschlot in der Au 1920: *Vielfältige Produktionsstätte*

Dieses Grundstück samt Gebäude erwirbt schon bald darauf das kinderlose Ehepaar ERMER, das aus Fürth stammt und in der Spiegelfertigung tätig ist, Die beiden errichten dort ein Polierwerk für Spiegelglas. Ihre Wohnung beziehen sie beim Zimmerermeister GEORG KETTEL nebenan. Die Fabrikanten ziehen aber schon bald mit ihrem Betrieb nach SOPHIENTHAL um und gründen dort mit ihrer Spiegelglasschleiferei den Vorläufer der späteren Thomaswerke.

Bürsten, Spiegelglas, Porzellan, Kino, „DeWe"-Rechenschieber: Fabrikationsstätte in der Au um 1950

In dem Anwesen, das sie in der Au hinterlassen, entsteht gleich nach dem ersten Weltkrieg eine kleine Porzellanfabrik, die auch technisches Porzellan herstellt. Der Initiator war wohl ein Herr IRRGANG aus Marktredwitz. In einem kleinen Brennofen werden anfangs Sicherungselemente, Schalter und Lam-

Mitarbeiterinnen aus Weidenberg:
Porzellanfabrik in der Au um das Jahr 1920

penfassungen hergestellt, später dann auch Teller in verschiedenen Größen, Tassen und Schüsseln.

Auch der spätere Ortsgruppenleiter GEORG RUMLER, der als junger Elektroingenieur auf die Zukunft der Elektrizität setzt, ist zeitweilig an einer Beteiligung interessiert. Bereits seit 1909 hatte es in WEIDENBERG erste Bemühungen gegeben, elektrischen Strom für Beleuchtungszwecke sowie Kraftstrom selbst zu erzeugen. ANDREAS ULLRICH und dann GEORG BACHHOFER, die im Januar 1913 aus Gefrees nach WEIDENBERG kamen, erzielen dann den Durchbruch, indem sie die Wasserkraft der Steinach an der Scherzenmühle zur Gewinnung von elektrischem Strom nutzbar machen. RUMLER verdient seitdem sein Geld mit ingenieurmäßigen Betreuungsaufgaben bei der Herstellung von Strom aus Wasserkraft, zunächst in WEIDENBERG, in der Nazizeit dann bei BAD BERNECK.

Mit der Weltwirtschaftskrise gerät die Porzellanproduktion in der Au in Schwierigkeiten. Die Firma muss Insolvenz anmelden. In den freiwerdenden Räumen eröffnet zunächst vorübergehend der oben genannte Flaschner MICHAEL SCHILLER das erste Weidenberger Kino, bevor dieses Lichtspieltheater dann 1926 endgültig unter der Leitung von FRIEDRICH GEBHARDT in der Warmensteinacher Straße seine Pforten öffnet[67].

1931 erwirbt die Teilhaberin der Hamburger Fabrik für geodätische und mathematische Präzisionsinstrumente „Aristo“, die verwitwete META DENNERT, das Gebäude. Ihr Sohn CHRISTIAN eröffnet unter der Bezeichnung „De-We“ – Dennert-Weidenberg – ein eigenständiges Werk für Rechenschieber, das den Namen der Marktgemeinde in alle Welt hinausträgt. Doch schon bald kommt der junge Fabrikant mit den Nazis in Konflikt, das Geschäft bricht ein, er wird zum politischen

[67] Mehr dazu im sechsten Kapitel dieser vorliegenden Folge: „Eis von der Oma, Kino vom Opa“ – Die Weidenberger ‚Rosenau- Lichtspiele‘ im Wandel der Zeiten 1926-1971“.

Firmengründer aus Hamburg: *META und JEAN DENNERT, die Eltern des späteren Naziopfers CHRISTIAN DENNERT*

Opfer und stirbt schließlich nach einem Prozess vor dem Volksgerichtshof in Berlin-Tegel[68].

Drei Schreinereien bzw. Wagnereien gehen auch auf den aufkeimenden Trend des Wintersports ein und beginnen, Skier zu fertigen. Nachdem die früher lukrative Nachfrage für Kutschen und Wagen rückläufig ist, eröffnen sich ihnen hier neue Einnahmequellen[69].

Der Bedarf nach „Brettern“ für das weiße Vergnügen ist da; die neue Sportart begeistert vor allem die jungen Leute und die Familien der Bessergestellten.

Ein Anstoß für diesen neuen Wintersport kommt von den Olympischen Spielen, in welche die Internationale Wintersportwoche von CHAMONIX 1924 nachträglich als „Erste Olympische Winterspiele“ integriert wird. Obwohl Deutschland als der angebliche Verursacher des Ersten Weltkrieges noch ausgeschlossen ist, tut das dem Enthusiasmus der Skibegeisterten hierzulande keinen Abbruch. Die Hänge um WEIDENBERG locken die Menschen aus der nun bürgerlicheren Gemeinde zur Abfahrt. Oberhalb von SOPHIENTHAL entsteht bei WILDENREUTH sogar eine Sprungschanze.

Flotter Telemark-Bogen: *Ski-Emblem von ABRAHAM SCHWENK*

Auch schaffen ganze Züge aus NÜRNBERG Wintergäste für das obere Steinachtal heran und fördern so die Nachfrage und den Absatz von Wintersportgeräten. Im Dritten Reich wächst die Nachfrage nach Skiern, angefacht durch die Olympiade in GARMISCH und nationale Meisterschaften und schließlich durch den Winterkrieg im Osten, ganz enorm.

ABRAHAM SCHWENK ist der größte Wagner im Umkreis. Seine „Wagenbauanstalt feiner Luxuswagen und Sportartikel“ arbeitet zeitweilig mit zwei Gehilfen und einem Lehrling. Seine Bauernwagen, Schlitten, Kutschen

[68] Mehr dazu im Kapitel „Jenseits der roten Linie“ in Folge 5 des Projektes „Myrten für Dornen“: „Spuren der Opfer – Anteilnahme und Verleugnung“.

[69] Mehr dazu im folgenden Kapitel 4 dieser Folge „Als Weidenberg Kurort werden wollte“.

Vom Wagner zum Schifabrikanten: *Abraham Schwenk mit Ochsengespann vor der Wagnerei in der Bahnhofstraße*

und von Pferden gezogenen Leichenwagen nach eigenem Entwurf sind auch im Automobilzeitalter gefragt.

Seit Kriegsbeginn fehlen ihm aber die Facharbeiter. Ab dem Jahr 1942 kommen Aufträge für das Heer hinzu: Die Soldaten benötigen Skier für die ungeplante Winterkriegsführung gegen Russland. So stellt SCHWENK sich ganz auf die Anforderungen des Militärs ein. Aber eine Bestellung von 50 Paar Skiern muss er wegen Arbeitsüberlastung und mangels Arbeitskräften bis Ende 1942 aufschieben.

Der Schwiegersohn, der zwischenzeitlich eine Metzgerei eröffnet hat, muss zum Militär; er fällt im Krieg. Die Räume der Metzgerei werden dann bis Kriegsende von der „Fliegertechnischen Schule Bindlach“ requiriert, die auf der anderen Straßenseite bei der „Staaschleif“ in den Montagehallen des gewaltsam stillgelegten Granitwerkes SCHILLER und in den eigens errichteten Baracken junge Leute als Flieger für Hitlers „Wunderwaffe“, den „Volks-Düsenjäger“, ausbildet[70].

Früh auf Opas Brettern: *Schwenk- Enkel Horst Pöhlmann im Winter 1943/44*

So weit reicht dieser Ski-Boom, dass sogar noch ein Jahr vor Ende des II. Weltkrieges ein junger Mann von auswärts, der bei der genannten fliegertechnischen Schule der Luftwaffe in WEIDENBERG stationiert ist, sich beim örtlichen Schreiner WILL ein paar Bretter bestellt. Weil er sie nie abholt, versucht der Hersteller, sie ihm nachzuschicken, freilich ohne die übliche Lederbindung, denn sie zu montieren ist bei der Materialknappheit

---

[70] Vergl. dazu das Kapitel: „BdM-Mädchen Marianne und Hitlerjunge Hans“ - Hitlers Griff nach der Jugend“ in Folge 6 „Untergehen und Aufstehen“ - Der Alltag unter Kriegsbedingungen und das Danach

durch den Krieg nicht mehr möglich. Ob diese Skier jemals angekommen sind, ist unbekannt. Denn noch im letzten Kriegsjahr wurden diese jungen Flieger dann bei tödlichen Missionen eingesetzt. Sie sollten mit ihren sogenannten „Volksjägern", die weitgehend aus Sperrholz bestehen, aber mit einem Düsenantrieb versehen sind, den zahlenmäßig überlegenen Feind in der Luft bekämpfen, doch viele Flugzeuge wurden schon am Boden zerstört; auch mangelte es an Sprit für diese „Wunderwaffen".

Auf dem Prüfstand der Zeit

Auch die rd. 20 **Bier-, Schnaps- und Gastwirtschaften** Weidenbergs sind oft noch bis weit in die Zeit nach dem Zweiten Weltkrieg hinein beliebte Treffpunkte und Beispiele dafür, wie man mit Fantasie, Willenskraft, kaufmännischem Geschick, Gemeinsinn und einem langen Atem den unvermeidlichen Wandel bestehen will, der sich auch von den hereinbrechenden Krisen nicht schrecken lässt. Doch stellen sich nachhaltige Erfolge erst im Lauf der Zeit ein.

So ist anfangs und auch zwischendurch immer wieder Skepsis angesagt: Wie wird man den Ersten Weltkrieg überleben, der so unverhofft die stupenden Erfolge der nachgeholten Gründerzeit zu vernichten droht und vielen Familien den Ernährer oder den hoffnungsvollen Erben nimmt? Wie kommt man damit zurecht, dass mit dem Zusammenbruch des Kaiserreichs die vertraute, durch Tradition fest gefügte Welt ins Wanken gerät? Was heißt es, einen Betrieb zu führen, wenn die Hyperinflation alles ersparte Geld über Nacht aufzehrt? Wie findet man in den nachfolgenden Wirren der Politik in der Weimarer Zeit seinen eigenen Kurs und kann der Weltwirtschaftskrise trotzen? In den Jahren nach dem Ersten Weltkrieg, die im Rückblick gern als die „Goldenen Zwanziger" bezeichnet werden, ist viel beherzter Mut, Unternehmungsgeist und Stehvermögen angesagt.

Doch ist zugleich vom ersten Tag der neuen Zeit nach dem Ersten Weltkrieg an viel politischer Konfliktstoff vorprogrammiert. Umsturzversuche von links und von rechts lassen auch in Bayern die kommenden Krisenherde sichtbar werden. Wie soll man sich gegenüber den Verlockungen der schon bald aufsteigenden und doch so widersprüchlichen Nazifunktionäre verhalten? Kaum an die Macht gekommen, scheinen sie zwar Leistung zu belohnen und bringen manches Handwerk und Geschäft neu zum Erblühen; zugleich treibt ihr Gesinnungsterror aber bald viele nachdenkliche Menschen bei äußerlicher Anpassung in eine innere Emigration.

Und wie reagiert man auf die Stimme des eigenen Gewissens, wenn spätestens im Schrecken des Zweiten Weltkrieges klar wird, dass man allzu leichtgläubig einem Verführer vertraut hat und nun die bitteren Früchte erntet? Am Ende werden alle, an Leib oder Seele verwundet, von vorn anfangen müssen. Doch bis dahin hat diese Generation noch etwas Bedenk– und Reifezeit. Wie wird sie diese Zeit nutzen?

Geschirr aus Sophienthal

Besonderen Mut beweisen damals in der schwierigen Zeit des neuen Anfangs zwei Auswärtige: Der 20-jährige ehemalige Betriebsassistent der Hutschenreuther Porzellanfabrik in SELB, FRANZ JOSEF CZECH, begibt sich im Dezember 1920 mit dem 19-jährigen „Porzelliner"-Sohn ALFRED THOMAS zu Fuß und mit der Bahn auf die Suche nach einem geeigneten Objekt, wo sie ihren gemeinsamen Traum von einer eigenen Fabrik für technisches Porzellan, dem damaligen Modeartikel, umsetzen können. In der ehemaligen Spiegelglasschleiferei „Ermer" in SOPHIENTHAL werden sie schließlich fündig.

Sie erwerben das zweistöckige Gebäude samt Wasserturbine und 500 m² Grund für 75.000 RM und bauen das Anwesen ab Januar 1921 schrittweise zu einer vollwertigen Porzellanfabrik aus. Gebäude für die Brennöfen und für die Dekormalerei werden errichtet und Werkswohnungen für die angesiedelten Fachleute geschaffen.

Einst Wahrzeichen des Porzellanortes Sophienthal: *Thomas-Porzellanfabrik*

Sie sollen die bereitstehenden einheimischen Arbeitskräfte anlernen.

Die Firma gibt sich die bald überall bekannte Fabrikmarke mit dem Namenszug „Thomas“ und dem Wappen mit der schrägliegenden Abwurfstange eines Sechserhirschen. Es erinnert an die Sophienthaler Gemeindejagd, die CZECH damals gepachtet hatte, und ziert nun die Unterseite des Geschirrs aus SOPHIENTHAL, das seitdem von dort in alle Welt ausgeht.

Erstes Wappen: *Thomas-Porzellan aus Sophienthal 1921*

FRANZ JOSEF CZECH lebt zunächst sehr bescheiden im Gasthof ROSENHAMMER und radelt täglich an seinen Arbeitsplatz. Ab dem Jahr 1922 findet er im Textilhaus RUMLER am Weidenberger Obermarkt zwei bescheidene Zimmer ohne jeden Komfort zur Miete; aber er kann mit bei der Familie des Schneidermeisters GEORG RUMLER sen. frühstücken. Er fährt weiterhin Fahrrad. Für ein Auto reicht es lange Zeit hindurch noch nicht.

CZECH ist aber „Herrenreiter“, sein Pferd ist in ROSENHAMMER untergebracht. Im Winter stellt er sich manchmal auch auf Skier und lässt sich von seinem Pferd ziehen, wie es bei der aus Norwegen kommenden Sportart Skikjöring heute noch der Fall ist. Später legt er sich aber ein flottes weißes Motorrad der Marke „Mars“ zu und flitzt damit durch die Gegend. Viele bewundern diesen jungen Mann wegen seiner Intelligenz; die Frauen himmeln ihn an, weil er zudem gut aussieht.

CZECH schließt auch von Anfang an Freundschaft mit dem damaligen Weidenberger Arzt Dr. SCHILFAHRT. Dessen erste Ehefrau MATHILDE wird zur Patin bei der Namensgebung einer Geschirrform, dem „Kaffeegeschirr Mathilde“.

Einer seiner ersten Geschirraufträge mitten in dieser dramatischen Zeit der drastischen Inflation geht mit 20.000 Porzellantassen nach Südamerika. Die erlösten 50 britischen Pfund legt CZECH auf einem Devisenkonto bei der Bank an und kann davon seinen Leuten angesichts des galoppierenden Wertverlustes der Mark monatelang die Gehälter zahlen. Doch machen Kapitalknappheit und Arbeitslosigkeit dem Werk zu schaffen.

Nach der Frau des Weidenberger Doktors benannt: *Geschirrform „Mathilde“ aus Sophienthal*

1926 muss schließlich der Konkurs angemeldet werden. Mit dem Nachfolger, der Rosenthal AG, findet sich ein renommiertes Werk, das zu Anfang des Jahres 1927 das gesamte Aktienpaket übernimmt und den Betrieb SOPHIENTHAL fortführt. Seitdem

Mit dem Wappen der Markgrafen: *Sophienthaler Geschirr unter Rosenthal-Regie*

kann man das Geschirr an dem neuen Thomas-Wappen erkennen, das bei jedem Stück auf dem Boden angebracht wird: ‚Sophienthal - FEIN BAYREUTH Germany' und das die schwarz-weiße Hohenzollern-Vierung zeigt.

Insgesamt etwa 110 bis 120 Personen finden in SOPHIENTHAL Arbeit, darunter auch Einwohner aus den Nachbarorten WEIDENBERG, MENGERSREUTH, KIRCHENPINGARTEN, MUCKENREUTH, WARMENSTEINACH und OBERWARMENSTEINACH, sowie einzelne Bayreuther. Etwa die Hälfte der Arbeitskräfte sind weiblich, unter ihnen auch viele Jugendliche. Sie alle sind froh, zur Zeit der großen Massenarbeitslosigkeit eine Beschäftigung zu finden. Doch viel Geld verdienen sie nicht. Enorme Absatzschwierigkeiten infolge der beginnenden weltweiten Wirtschaftskrise zwingen häufig zur Kurzarbeit, der ohnehin niedrige Verdienst schrumpft noch mehr. So bestehen in SOPHIENTHAL noch viele Jahre lang sehr armselige Verhältnisse.

Immerhin, als Weihnachtsgratifikation gibt es im Jahr 1934 Porzellan im Werte von drei bis vier RM, dies entsprach ungefähr dem Tagesverdienst eines Erwachsenen. Und zum Weihnachtsfest 1936 wird eine Barzuwendung in Höhe von drei bis zwölf RM gewährt – gestaffelt nach Alter, Familienstand und Anzahl der zu versorgenden Kinder. In diesem Jahr wird die Sophienthaler Fabrik endgültig von Rosenthal übernommen.

Für das Geschäftsjahr 1937 kann sogar erstmals eine Gewinnbeteiligung der Arbeitnehmer in Höhe von 1,6% bis 1,8% des Jahreslohnes als Arbeiterdividende gewährt werden, also knapp ein Wochenverdienst – ein später Erfolg der sozialen Einstellung der Besitzerfamilie ROSENTHAL. Diese wird allerdings seit der Machtübernahme der Nazis zunehmend angefeindet und auch von der Gestapo unter Druck gesetzt und muss dabei zusehen, wie ihr Werk zunehmend „arisiert", das heißt unter nicht-jüdische Leitung gestellt wird. Die Familie wird praktisch zwangsweise enteignet. 1937 stirbt PHILIPP ROSENTHAL, seine Frau und sein Sohn emigrieren nach England.

Endbrand mit 1.400°: *Scharfbrenner am Sophienthaler Rundofen*

In den Augen der Nazis gilt der nun zwangsarisierte Betrieb als „Vorzeigewerk". Immer wieder erhält das Sophienthaler Porzellanwerk Besuch durch Nazifunktionäre, die diesen 1936 erweiterten und modernisierten „Musterbetrieb des Nationalsozialismus“ besichtigen wollten. Wenn der Weidenberger Bürgermeister und Nazi-Ortsgruppenleiter GEORG RUMLER die „Amtswalter“, Ortsgruppenleiter, Kreisleiter und vergleichbare Amtsführer in der „Kreisschule Weidenberg der Kreisleitung BAYREUTH-ESCHENBACH der NSDAP“ im Alten Schloss zusammenruft und Kurse zur Aus- und Weiterbildung abhält, dürfen auch Besichtigungen im Musterbetrieb in SOPHIENTHAL nicht fehlen. Solche Besuche haben auch demonstrativen politischen Charakter, denn trotz KPD-Verbots gilt die Arbeiterschaft von SOPHIENTHAL unterschwellig immer noch als kommunistisch. In Gruppen von 20 bis 30 Personen rücken also die Nazi-Funktionäre unter Leitung des sichtlich stolzen Ortsgruppenleiters RUMLER hier draußen an und nehmen auch das eine oder andere „Erinnerungsstück“ zum eigenen Gebrauch mit.

Kurse für „Amtswalter“: *Ortsgruppenleiter GEORG RUMLER mit Lehrgangsteilnehmern*

Der Kriegsausbruch im Jahr 1939 erschwert den Betrieb der Sophienthaler Porzellanfabrik. Im Kriegsjahr 1943 wird die wöchentliche Arbeitszeit von 48 auf 54 Stunden heraufgesetzt, und ab Herbst 1944 forderte der Nazi-Bevollmächtigte für den totalen Arbeitseinsatz sogar die 60-Stunden-Woche. Neben Geschirrporzellan in einfachsten Dekorausführungen werden vor allem militärisch nutzbare technische Keramikteile gefertigt. Doch sind nun alle Männer im Alter von 18 bis 40 Jahren zum Kriegsdienst eingezogen. Elf Betriebsangehörige verlieren im Krieg ihr Leben. Mit Kriegsende wird der Betrieb in SOPHIENTHAL wegen Materialmangels eingestellt.

Mit 15 Mitarbeitern versucht die Betriebsleitung ab 1946 einen Neustart. Geschirr wird nach dem Krieg gebraucht. Auch finden nun viele Heimatvertriebene, die in WEIDENBERG und Umgebung untergekommen waren, nun nach dem Krieg in SOPHIENTHAL Arbeit. Es erfolgten weitere Einstellungen bis zum alten Endstand von 110 bis 120 Beschäftigten.

Gefertigt wird wieder Geschirrporzellan der Vorkriegsform „1940 - FEIN BAYREUTH“ aus dem Prospekt der Jahre 1938/39. Aber eine freie Belieferung des Handels oder der Kundschaft gab es noch lange nicht. Staatliche Stellen weisen die Erzeugnisse den Verbrauchergruppen zu. Ein Großteil der Sophienthaler Produktion geht in das Ruhrgebiet. Drei- bis viermal im Jahr gibt es für Betriebsangehörige Geschirr mit eigenen Belegschaftsdekoren zu kaufen – Porzellan ist in jenen Jahren ein gesuchter Tauschartikel für den schwarzen Markt.

Erst mit der Währungsreform am 20. Juni 1948 gibt es in den Geschäften wieder die Waren, auf die man jahrelang hatte verzichten müssen. Die Nachfrage ist groß, das Geschäft läuft gut, das „Wirtschaftswunder" beginnt. Die Fabrik kann zunächst modernisiert werden. Doch den technischen Wandel für eine rationellere Fertigung kann man in SOPHIENTHAL nicht mehr vollziehen. Nach einem Schwelbrand im Jahr 1957 im Kohlelager kommt für die Geschirrfertigung das Aus. Die Fertigung wird in das modernere Werk WALDERSHOF verlegt, einige Mitarbeiter folgen auch in das Thomas-Stammwerk nach MARKTREDWITZ. In SOPHIENTHAL verbleiben nur technische Artikel.

In den Jahren 1959/60 wird in SPEICHERSDORF die große Porzellanfabrik „Thomas am Kulm" errichtet; im März 1960 wird die Weißproduktion und im Juni 1961 die Dekorfertigung aufgenommen. Viele ehemalige Sophienthaler Porzelliner arbeiten nun dort mit. Hoffnungen, dem Industriestandort SOPHIENTHAL noch einmal neues Leben einzuhauchen, zerschlagen sich. 1975 muss dort die Arbeit endgültig eingestellt werden.

Läuft Sophienthal den Rang ab:
Die 1959/60 neuerbaute Porzellanfabrik Thomas am Kulm

Die Schattenseiten der Wohlstandswelt damals

Hohe Kindersterblichkeit

Nachdem der allgemeine Aufschwung seit der Jahrhundertwende auch WEIDENBERG erreicht hatte, änderten sich allmählich die sozialen Verhältnisse. Mehr Menschen bekamen Anteil am Wohlstand. Allerdings blieben die hygienischen Verhältnisse noch für lange Zeit mangelhaft. Als WC diente nicht selten der Misthaufen. Ein Bad war ein Luxus, den sich nur die Bessergestellten leisten konnten. Es fehlte an geeigneter Kleidung für schlechtes Wetter und Schuhwerk für den Winter. Viele Kinder waren die meiste Zeit barfuß in dünnen Kleidern und Hosen unterwegs.

Dieser Mangel an Hygiene und Kleidung hatte natürlich Auswirkungen auf die Gesundheit und Lebenserwartung der Menschen. Um die Jahrhundertwende ging jedenfalls die Einwohnerzahl in WEIDENBERG zunächst einmal um fast 10% zurück, und dies, obwohl die Geburtenrate allgemein recht hoch war. Sechs oder acht Kinder waren in manchen Familien noch für längere Zeit keine Seltenheit, doch raffte die erschreckende Kindersterblichkeit halbe Jahrgänge dahin.

Die medizinische Vorsorge und Betreuung steckte seinerzeit noch in den Kinderschuhen und wurde von vielen bäuerlichen Familien auch nicht ernst genommen. Hygiene am Kindbett galt auch unter Medizinern, trotz der bahnbrechenden Erkenntnisse von IGNAZ SEMMELWEIS über die Asepsis, als Zeitverschwendung und „spekulativer“ Unfug. So kam es vor, dass aus einzelnen Jahrgängen ein Viertel bis zur

Mangel hinter schmucker Fassade: *Weidenberger Obermarkt um 1905*

Hälfte aller Kinder sterben. Das wurde damals als Schicksal hingenommen. Die Übrigbleibenden sind um so zäher, so meinte man.

Mangelhafte Wohnverhältnisse

Bei der Volkszählung im Jahre 1895 leben in Weidenberg 1.465 Personen, darunter 726 männliche, 739 weibliche, 855 Ledige, 498 verheiratete, 112 verwitwete, 88 Katholiken, 1377 Protestanten, 1459 Bayern, fünf Reichsangehörige, ein Ausländer, in 319 Haushaltungen und 215 Wohngebäuden.

Das heißt, in jedem bewohnbaren Haus Weidenbergs wohnen um die Jahrhundertwende durchschnittlich fast sieben Personen, dazu allerhand Getier. Bei gezielt vorgenommenen amtlichen Wohnungsbesichtigungen muss die dafür beauftragte Kommission des Marktes bisweilen Beanstandungen vornehmen, z.B. wenn in einem Wohnzimmer Hühner herumlaufen. Auch zeigt sich, dass es in einem Sechstel aller Wohnungen keine extra Küche gibt. Einzelne haben stattdessen ein sg. „Kochzimmer".

Die Häuser sind oft winzig. In den meisten Fällen sind die Wohnräume weniger als 2,5 m hoch, in einem besonderen Fall sogar nur 1,7 m. Auch die zur Verfügung stehenden Wohnflächen sind oft unvorstellbar gering und bisweilen nicht größer als im Armenhaus.

So bewohnen in einzelnen Extremfällen vier Menschen einen einzigen Raum von 25 m^2 oder sechs Menschen zwei Räume von zusammen 31 m^2. Acht Personen müssen sich 60 m^2 teilen.

Ein Drittel aller Häuser hat 1919, in dem Jahr, als Pfarrer REDENBACHER nach WEIDENBERG kommt, nur ein einziges Zimmer. Nur ein Fünftel aller Häuser hat drei oder mehr Zimmer. Und die Statistik bis zum Jahr 1938 zeigt, dass sich diese Verhältnisse auch nur ganz langsam verschieben. Denn freier Raum in Gebäuden wird zunächst einmal für Gewerbe genutzt, die Lebensqualität der Bewohner steht lange Zeit hintenan.

An dieser Wohnungsnot ändert sich bis zum Ende des Zweiten Weltkriegs nichts, im Gegenteil, WEIDENBERG muss zusätzlich hunderte und tausende Fremde aufnehmen: von 1939-40 und noch einmal im Jahr 1944 werden Saarländern einquartiert, die vor einem befürchteten Angriff der Franzosen und vor der tatsächlichen Invasion der Alliierten aus ihrer Heimat ausgesiedelt werden. Ab dem Jahr 1944 strömen Bombenopfer aus ganz Deutschland und aus BAYREUTH hierher, dazu Kinder aus der „Kinderlandverschickung", die als die Zukunftsträger von Hitlers Weltherrschafts-Utopien in Sicherheit gebracht werden sollen. Ab 1945 treffen Flüchtlinge vor allem aus Schlesien ein, und ab 1946 Heimatvertriebene aus dem Sudetenland. Dieser Zustrom zwingt zunächst einmal dazu, noch enger zusammenzurücken.

Erst mit der Gründung der Bundesrepublik im Jahr 1949 wird sich die Lage entspannen. Als der allgemeine Wohlstand zu steigen beginnt, tritt auch bei den Wohnverhältnissen eine allmähliche nachhaltige Besserung ein.

Dieser Wohnraummangel war keine neue Erfahrung. Denn bereits seit der Mitte des Ersten Weltkrieges gab es in WEIDENBERG zunehmende Engpässe. Das lag vor allem daran, dass trotz sinkender Geburtenzahlen mit dem Ersten Weltkrieg die Zahl der eigenen Einwohner anstieg. Dank besserer medizinischer Versorgung überlebten nun mehr Kinder, und die Menschen wurden auch älter. Während weinige ihre Heimat verließen, um auswärts ihr Glück zu suchen, stießen damals aber auch neue Bewohner von auswärts im Marktort hinzu.

So kam es also bereits ab 1919 zeitweise zu einer solche Wohnungsnot, dass in der Bevölkerung schwere Konflikte drohten. Gewaltsame Auseinandersetzungen zwischen denen, die Wohnungen besaßen und denen, die eine Wohnung suchten, lagen in der Luft.

Ein „runder Tisch" gegen die Wohnungsnot

Um die einander widerstreitenden Interessen an einen Tisch zu bringen, ersannen die Weidenberger Marktväter eine modellhafte Einrichtung, sie riefen ein „Miet-Einigungsamt" ins Leben. Ein Ausschuss von je zwei Hausbesitzern und zwei Mietern sollte darüber entscheiden, welche Wohnungen oder einzelne Wohnräume vermietet werden durften oder sollten. Leerstand war sofort zu melden. So waren für 1921 noch 20 Einzelpersonen bzw. ganze Familien als wohnungssuchend gemeldet. Bis zum Hereinbrechen der Weltwirtschaftskrise mit Ende dieses Jahrzehnts um 1929/30 hatte sich zum Glück wenigstens die Wohnungssituation stabilisiert.

Im Sommer des Jahres 1939 erzwingt dann Hitlers aggressive Kriegspolitik ein erneutes Zusammenrücken der Weidenberger, nämlich durch den oben schon angedeuteten Zustrom von Saarländern. HITLER ging davon aus, dass mit seinem Überfall der Deutschen Wehrmacht auf Polen dessen Bundesgenosse Frankreich ins Saarland einfallen würde. Er ließ deshalb im Vorfeld des Rheins massive Verteidigungsstellungen errichten, den sog. Westwall. Die Bewohner der gefährdeten Regionen werden auf Zeit in vermeintlich sichere Gegenden Deutschlands umgesiedelt. Viele Saarländer werden so ungefragt nach WEIDENBERG evakuiert und geben insbesondere der katholischen Kirchengemeinde einen Vorgeschmack auf ihr zukünftiges Wachstum[71]. Sie verlassen aber den Ort nach der Beruhigung der Lage.

---

[71] Mehr zur Evakuierung der Saarländer und zu den übrigen Fremden in Weidenberg in der Folge 6 des Projektes „Myrten für Dornen „Untergehen und Aufstehen – Der Alltag unter

Doch spätestens mit dem alliierten Flächenbombardement seit 1942 wird es dann auch in WEIDENBERG richtig und dauerhaft eng. Da treffen zunächst durch die NS-„Kinderlandverschickung" Kinder und Jugendliche aus bombengefährdeten Großstädten ein und werden auf Familien verteilt, einzelne für immer[72]. Da werden Zimmer abgegeben für ausgebombte und evakuierte Menschen aus Großstädten wie KÖLN und HAMBURG[73]. Da sind insbesondere Gasthäuser, aber auch bäuerliche Anwesen überfüllt durch die Unterbringung von ausländischen Kriegsgefangenen und Zwangsarbeitern[74]. Nach dem alliierten Bombenangriff auf BAYREUTH in den Ostertagen 1945 werden Verwundete, Verletzte und Flüchtende in der örtlichen Schule am Obermarkt oder bei Bekannten untergebracht. Infolge dieser Zweckentfremdung der Schulräume fällt in WEIDENBERG zunehmend der Schulunterricht aus. In diesen chaotischen Zeiten gilt das als normal. Die meisten betroffenen Kinder begrüßen diese unerwarteten Ferien mit Freude.

Mit dem Ende des Krieges treffen zunehmend auch Flüchtlinge ein. Sie kommen zunächst vor allem aus Schlesien. Andere sind aus Ostpreußen und den Balkanländern geflüchtet. Und noch Jahre nach dem Krieg heißt es erneut Gastgeber sein, als Ströme von sudetendeutschen Heimatvertriebenen nach mancher Irrfahrt endlich in WEIDENBERG Zuflucht und eine neue Heimat finden. Sie bilden den Grundstock der stark angewachsenen römisch-katholischen und der neu entstandenen Alt-Katholischen Gemeinde, die nun dem bislang fast rein evangelischen Marktort eine neue konfessionelle Prägung geben.

Dass alle diese rd. 1.000 Wohnungsuchenden Aufnahme finden, wird durch die „Zwangsbewirtschaftung" möglich, die auch die Bessergestellten nicht verschont. Manchmal wiederstrebend müssen auch sie wenigstens einen gewissen Anteil an Wohnraum den Neuankömmlingen zur Verfügung stellen. So finden damals Menschen an allen nur denkbaren freien Plätzen Aufnahme, in Wirts- und Privathäusern, in Dachkammern und in Baracken.

Erst in den 50-er Jahren kann in WEIDENBERG in größerem Umfang daran gedacht werden, neue Wohnungen zu bauen. So sollen allen, die bleiben wollen, nach langem Mangel menschenwürdige Verhältnisse geboten werden.

Kriegsbedingungen und das Danach" im Kapitel 4: „Gäste und Fremdlinge – Evakuierte, Zwangsarbeiter, Flüchtlinge und Heimatvertriebene in Weidenberg 1939-1950".

72 Mehr dazu im Kapitel 3. „Ferien ohne Heimkehr – Gestrandet bei der Kinderlandverschickung" in der obengenannten Folge.

73 Mehr dazu im Kapitel 5. „Warten auf die Sieger – Die Amerikaner kommen" in der obengenannten Folge.

74 Mehr dazu im genannten Kapitel „Gäste und Fremdlinge".

Die „Gaasla" – einst Spottname für die Armut – sind lange Zeit eine bedrängende Realität

Seit der Wende zum 20. Jh. ist mit der nachgeholten „Gründerzeit" auch in Weidenberg der allgemeine Aufschwung allmählich spürbar. Doch kann der zielstrebige Erfolg nicht verdecken, dass er um den hohen Preis von viel Armut bei den Erfolgloseren erkauft ist. Die einen können dank ihrer Talente und finanziellen Möglichkeiten die Chancen nutzen, die die neue Zeit ihnen bietet. Viele andere haben nicht das Rüstzeug, den Mut oder die gesundheitlichen Kräfte, neue Wege zu beschreiten. So vergrößert sich die Kluft zwischen den Armen und den Reichen rasch.

In vielen Anwesen werden in Weidenberg Ziegen in großer Anzahl gehalten. Die Ziege ist seinerzeit das Symbol der verbreiteten Armut, und diese Armut betrifft den Marktort hart und noch für lange Zeit. Kein Wunder, dass die „Gaas" damals ein so auffallendes Merkmal der Weidenberger ist, dass es sich auch im Urteil anderer Gemeinden über WEIDENBERG festsetzt.

Erinnerung an einstige Armut: *„Gaas" mit dem Weidenberger Ortswappen aus Hohenzollernvierung und Weidenbaum auf dem Berg*

Um das Jahr 1923, am Höhepunkt der großen Geldentwertung, als man für ein Brötchen 1 Million Reichsmark und mehr hinlegen musste, berichtet z.B. die Chronik des Arbeiter-Turnvereins von einem solchen bitteren Armuts-Erlebnis. Da sind die Weidenberger Turner zu einem Turnfest nach BINDLACH eingeladen. Doch weil ihnen das Geld für die korrekte Sportkleidung fehlt, fallen sie beim anschließenden Festzug in ihrer bunten Ersatzkleidung natürlich auf.

Die Bindlacher Bürger, so heißt es, hätten mit Spott reagiert. Sie hätten ihre Ziegen vor die Häuser gestellt und höhnisch „Gaasla" geschrien. Das sei von vielen Weidenbergern damals keineswegs als lustig empfunden worden, sondern als erniedrigend, und diese Herabsetzung habe sich in die allgemeine Erinnerung nachhaltig eingeprägt.

Nach anderer Lesart verdankt sich die Verspottung der Weidenberger einer weiteren Beobachtung von Armut. So versuchten insbesondere arme Frauen, wie wir etwa vom Beispiel „Mehlmaich" aus LESSAU wissen, den Unterhalt für ihre Familie dadurch zu verbessern, dass sie daheim von den Bauern landwirtschaftliche Erzeugnisse aufkauften und sie auf dem Rücken in ihrem „Coburger Korb" nach Bayreuth auf den Markt oder in Haushalte brachten. So habe eine solche arme Frau in ihrer Rückentrage einmal zwei Zicklein von WEIDENBERG nach BAYREUTH gebracht, um sie auf dem Geißmarkt zu verkaufen. Dabei sei sie, erschöpft vom langen und be-

Symbol der verbreiteten Armut: *Ziegenhirtin um 1940 unterhalb der St. Michaelskirche*

schwerlichen Anmarschweg, so in Gedanken versunken und auch innerlich wohl schon so mit dem Verkauf ihrer Tiere beschäftigt gewesen, dass sie auf die Frage, wo sie denn her sei, mit „Gaasla" geantwortet habe. Das habe sich herumgesprochen. So seien die Weidenberger zu ihrem Necknamen gekommen.

Alle Versuche, diesen Spottnamen als älter zu belegen und von anderen Begründungen als von der Armut herzuleiten, müssen bislang als gescheitert betrachtet werden. Diese Bemühungen haben aber alle mit dem oben bereits geschilderten Phänomen zu tun, dass man sich in WEIDENBERG seiner tatsächlichen historischen Armut schämte und sie zu verdrängen oder zu verbergen suchte. Weil WEIDENBERG damit aber ein wesentliches Stück seiner Geschichte leugnen und auch die von Armut betroffenen Menschen missachten würde, sollen diese Kapitel hier so ausführlich die Hintergründe von Armut und Wohlstand im Marktort beleuchten; sie sollen dazu anregen, beides in seiner wechselseitigen Beziehung zu sehen und kritisch zu hinterfragen.

Kühe werden zum neuen Statussymbol

Noch im Jahr 1928 werden in WEIDENBERG 165 Ziegen gezählt, demgegenüber nun immerhin schon fast 600 Stück Rindvieh, aber nur 28 Pferde. Die Geißen sind also zu dieser Zeit nach der Inflation bereits im Schwinden, die Kühe werden für viele Jahrzehnte die neuen Wohlstandsanzeiger. Noch für lange Zeit, bis in die 60-er Jahre des 20.Jh. hinein, ist die Kuh für viele Weidenberger das neue Symbol für die Stellung in der Gesellschaft, als bei anderen deutschen Wohlstandsbürgern längst das Auto oder die Urlaubsreise in den Süden den Status anzeigen.

Auf der Stadelwiese um 1935: *Heuernte mit Ochsengespann*

Die Weidenberger wussten diese Tiere nicht nur als Milchquellen zu schätzen. Vielmehr wurden die Kühe hier, wie man hört, oftmals so eingesetzt, wie anderenorts die Pferde oder heute die Traktoren. Viele Bauern schätzten die sprichwörtliche Geduld und die Gutmütigkeit des Rindviehs und nahmen die ruhigere Gangart bewusst in Kauf. Manches Rind wurde sogar extra mit Hufeisen beschlagen, wie sonst die Pferde. Die Tiere mussten ackern, den Heuwagen ziehen, das Holz aus dem Wald zur Sägemühle schleppen und schwere Lasten bergauf-bergab ziehen. Obwohl ihr Fleisch am Ende nach so schwerer Arbeit oft zäh und fast ungenießbar war, so gab doch ihr Fell den vielen örtlichen Gerbereien das notwendige Material für Schuhe, Sohlen, Ranzen oder feinere Ledersachen.

In Wahrheit will also damals in WEIDENBERG niemand als so arm gelten, dass er sich nur eine Ziege leisten kann. Eine Kuh zumindest muss man haben, um etwas zu gelten. Auch in den anderen Bereichen des Lebens haben diese Menschen ihren Stolz und pflegen ihn.

Hochmut gegenüber der Armut

Fällt es schon schwer, materielle Armut einzugestehen, so gilt es seinerzeit als noch ehrenrühriger, anderen zur Last zu fallen, im schlimmsten Fall der Gemeinde, also der Allgemeinheit. Wird über Arme geredet, so vertreten die meisten den Standpunkt, dass jeder sich selbst mit seiner Hände Arbeit aus der Armut helfen sollte. Freilich finden sich zu allen Zeiten mitleidvolle Seelen, die aus ihrer christlichen Gesinnung heraus keine Angst zeigen vor Kontakt und Zuwendung zu den Armen und die bisweilen auch mit Lebensmitteln und Bewirtung helfen.

Doch Bessergestellte tun sich mit solchem Großmut bisweilen schwer. Gerade weil man selbst nicht arm sein will, neigen einzelne zu einem gewissen Hochmut gegenüber Armen und stellen gern ihre eigene vermeintliche Tüchtigkeit als Grund ihres Lebenserfolges heraus. Dabei leben oft gerade sie von der Ausbeutung der Armen.

Kinder – billig zur Arbeit benutzt: Das Weidenberger „Dienstkinderwesen"

Heute schaut man gern nach Asien oder Afrika, um die Schwellenländer für den Einsatz von Kindern in der Industrieproduktion zu brandmarken. In den Augen der Weidenberger Pfarrer damals ist es das vergleichbare und verbreitete „Dienstkinderwesen", das ihren Zorn erregt und das für sie ein besonderer Stein des Anstoßes ist. Der Mangel an billigen Dienstkräften hat in der Landwirtschaft zu diesem zweifelhaften Arrangement der Weidenberger mit der Armut geführt. Natürlich fehlt in den ärmeren Haushalten das Geld, erwachsene Dienstboten einzustellen und angemessen zu bezahlen. So müssen Kinder in der Regel in der eigenen häuslichen Landwirtschaft voll mitarbeiten.

Bei den nun zahlreicher werdenden Bessergestellten wären aber nun in der Regel genügend Mittel zur angemessenen Bezahlung von Angestellten vorhanden. Doch man investiert damals lieber in zukunftsträchtige Projekte, und, um Geld einzusparen, nutzt man die gebotene Chance und beteiligt sich an dem damals allgemein anerkannten System zur Ausbeutung der Ärmeren.

Nur eine kurze Kindheit: *Bauer LANGBUCHER mit Kindern am Weidenberger Obermarkt*

So ist es in Weidenberg damals üblich, sich als Dienstkräfte schulpflichtige Kinder zu halten, die manchmal gerade erst acht oder neun Jahre alt sind. Spätestens ab dem 11. oder 12. Lebensjahr sollen sie dann ebenso viel leisten wie erwachsene Dienstboten. Die ärmeren Familien sind froh, dass auf diese Weise ein Esser weniger am Tisch sitzt und dass wenigstens ein paar Pfennige in der Haushaltskasse bleiben. Und auch ihre Kinder sind bisweilen froh. Sie entkommen den unhygienischen Verhältnissen in den überbelegten kleinen Zimmern ihrer Familie und wohnen nun in einigermaßen zivilisierten Häusern. Sie bekommen meist anständig zu essen zu trinken, werden gekleidet. Ja, sogar die Feier der Konfirmation wird ihnen in der Gastfamilie ausgerichtet; das entlastet die Paten und die Armutsfamilien. Allerdings ist diese Verpflichtung in der Regel in den Lohn schon einbezogen, sodass diese vermeintliche gute Gabe in Wahrheit selbst erkauft ist.

Bisweilen entwickelt sich ein lebenslanger Familienanschluss. In einzelnen Fällen, über die beim Kapitel über das Armenhaus noch zu sprechen sein wird, kann das Dienstkinderwesen so auch zum Segen werden.

Die Hauptsorge der damaligen Pfarrer freilich ist, „dass die Kindererziehung darunter leiden muss", wie Pfarrer HANS SCHALLER in seiner mit Pfarrer OTTO HERATH in den Jahren 1913/14 verfassten Pfarrbeschreibung beklagt. Diese Kinder würden „auf diese Weise oft übermäßig stark ausgenützt, so dass ihre geistige Entwicklung und ihre Erfolge in der Schule darunter leiden müssen, und dass sie außerdem noch vor der Zeit reif werden." Dem steht natürlich der frühe Erwerb praktischer Fertigkeiten in Haushalt und Landwirtschaft gegenüber, die in vielen Familien seinerzeit und später auch von der Staatsführung der Nazis höher bewertet wurden, als die kognitiven Befähigungen.

Kritik am Dienstkinderwesen: *Pfarrer OTTO HERATH, Mitverfasser der Pfarrbeschreibung 1914/15*

Die Pfarrer kritisieren auch, dass die Unterbringung der Dienstkinder oft unzulänglich sei. Obwohl sich der Zustand der Häuser zu ihrer Zeit vielfach schon gebessert hat, sehen sie doch, dass jetzt mehr Raum für die „Ökonomie" beansprucht wird, sodass Mägde und Knechte, Dienstboten und erst recht Dienstkinder nur wenig Platz zum Schlafen, geschweige denn für ihre persönliche Bedürfnisse, vorfinden.

Auch wenn das Dienstkinderwesen damals offenbar weit verbreitet war, so wurde es wohl auch anderenorts als Problem angesehen; denn die Pfarrbeschreibung redet von Versuchen, „bei den staatlichen Behörden dagegen Abhilfe zu schaffen, ähnlich den gesetzlichen Bestimmungen für Kinder in gewerblichen Betrieben." Doch scheint sich das Modell dieser Kinderarbeit in den Köpfen mancher Entscheidungsträger damals festgesetzt zu haben; die Praxis ist bis weit in die Hitlerzeit hinein zu verfolgen und wird dann 1938 von dem Modell der sg. „Pflichtjahrmädchen" abgelöst, also einem Einsatz in fremden Haushalten, der für alle Mädchen nach Abschluss der Schulzeit verpflichtend wird.

Fast abergläubische Rituale umgeben das Dienstkinderwesen in Weidenberg. Unbewusst ist also jedem klar, dass hier ein tiefer Eingriff in das Leben der Kinder geschieht. *„Wenn ein Dienstkind in den Dienst eintritt, dann muss es schon am Vormittag, also beim zunehmenden Tag kommen, nicht erst am Nachmittag. Die Mutter muss hierbei mitkommen; sie bekommt außer dem Mittagessen mit Klößen noch Mehl, Eier und Brot mit"* – so lautet eine Regel.

Aberglaube ist immer ein Anzeichen von Angst und zugleich ein Ruf nach Segen. Und dieser sorgenvolle Ruf der Eltern ist immer verständlich und berechtigt, wenn Kinder das Haus verlassen und sich in fremde Vormundschaft begeben. Denn ihre Kinder sind damals durch keine Rechte geschützt. Doch ob der Aberglaube ein guter Ersatz ist und ihnen bei der Bewahrung ihrer Unversehrtheit und ihrer Menschenrechte wirklich hilft?

Nächstenhilfe in Sorge um den Nachruf

Nächstenliebe soll mithelfen, Armut auszugleichen, sie gilt zu jeder Zeit und an allen Orten als christliches Grundgebot. Und sie wird auch in WEIDENBERG als berechtigte Forderung verstanden, zumindest gegenüber solchen Menschen, die einem nahe stehen, das erkennen alle Weidenberger an. Und so kümmert sich jeder damals um die notwendige Hilfe bei Krankheit und Armut, die ja die teilweise noch fehlenden Sozialsysteme ersetzen muss.

Es herrscht da seinerzeit auch ein gewisser Druck der öffentlichen Meinung. Denn manchmal gibt es auch Augenblicke der Wahrheit, z.B. bei Beerdigungen. Wenn im Lebenslauf oder in der Grabrede nicht die besondere Pflege erwähnt wird, die man seinem Verstorbenen hat angedeihen lassen, gilt das als eine Art von Rüge, die im Gerücht schnell ihre Runde macht und peinlich ist. So strengt man sich bei der Armen– und Altenpflege manchmal auch ein bisschen an, um seinen guten Ruf in der Öffentlichkeit zu erhalten.

Ort der Wahrheit:
Friedhof Weidenberg mit Kapelle St. Stephan

Manche gibt es, die bilden sich damals sogar ein, dass es in WEIDENBERG überhaupt keine Armut gäbe, weil sich ja jeder genug um die Armen kümmere. Doch dieser Schein trügt gewaltig.

Viel versteckte Armut

Obwohl also seinerzeit niemand als arm gelten will und obwohl zugleich auch manches Gute getan wird, so gibt es doch viel tatsächliche Armut, vor der aber viele Menschen die Augen verschließen. Und das tun damals seltsamerweise auch die damaligen Weidenberger Pfarrer in ihrer Pfarrbeschreibung. Anstatt die damalige Armut wirklich beim Namen zu nennen und Abhilfe zu fordern, preisen sie lieber verklausulierend die Tugenden der Sparsamkeit und Genügsamkeit. Ja, was sollen Arme auch anderes machen, als sparsam und genügsam sein? Aber wenn das zum Prinzip gemacht und ihnen vorgehalten wird, dann ist das bitter und entwürdigend.

Trotz allgemeiner Anspruchslosigkeit fällt auf, dass der Aufwand für die Armenpflege in WEIDENBERG stets sehr hoch ist. Der Kantor und Lehrer JOHANN ERHARD REBLITZ hatte als Gemeindeschreiber Einblick in die Marktkasse. Er stellt in seiner Weidenberger Chronik fest, dass zu seiner Zeit einem Steuersoll von rd. 3.800 RM und 150 % Umlagen der sehr hohe Aufwand für die Armenfürsorge von 3.000 RM gegenüber steht.

Offenbar gibt es also immer viel versteckte oder verschämte Armut in und um WEIDENBERG, über die aber niemand gern reden will. Dieser hohe Aufwand hat einerseits mit den damaligen Verpflichtungen des Armenwesens durch den Gesetzgeber zu tun, andererseits aber auch mit der tatsächlich im Marktort herrschenden, aber nicht gern zugegebenen Not.

Das Armenwesen hat in Bayern eine lange und bedeutende Geschichte

Wer heute in eine Situation gerät, in der er seinen Lebensunterhalt nicht mehr aus eigener Tasche finanzieren kann, wer an Krankheit oder einer Behinderung leidet, hat ein Recht auf Unterstützung, sei es in Form von Arbeitslosenhilfe, Wohngeld, stationäre Pflege oder Krankenhilfe. „Sozialstaat" ist das Schlagwort für das selbstverständliche Anspruchsdenken, das wir heute für Notsituationen haben. Dass dieser Sozialstaat eine Errungenschaft aus einer langen Geschichte ist und dass er auch die Bereitschaft der Bürger zur Solidarität mit ihren Mitbürgern voraussetzt, bedenkt man selten.

So denkt wohl heute kaum noch jemand darüber nach, dass es Zeiten gegeben hat, in denen Bedürftigen nur ein Weg blieb: Der Gang zur Armenfürsorge. Und selbst diese kommunale Armenfürsorge war bereits eine tief greifende Neuerung, für die es zuvor nur eine einzige Alternative gab: Das Betteln.

Bis zum Werden des Königreiches Bayern in den napoleonischen Kriegen war für die vielen Armen vor allem in den ländlichen Bereichen tatsächlich durch Jahrhunderte das Betteln die einzige Möglichkeit, sich und ihre Angehörigen durchzubringen. Und in solche Armut konnte man insbesondere durch Krankheit, Naturkatastrophen, aber auch Überschuldung schnell verfallen. Es waren erst die Ideen der neuzeitlichen Aufklärung, die von Frankreich her auch nach Bayern, dem Verbündeten Napoleons, herüberdrangen und eine neue Sichtweise des Menschen ins allgemeine Gespräch brachten. Diese Ideen wollten die Herrschenden dazu anleiten, den Menschen als ein sozial bedürftiges und auch sozial berechtigtes Wesen wahrzunehmen.

Mit diesem Bündnis mit NAPOLEON, das für das wittelsbachisch regierte Herzogtum Bayern nicht nur die Monarchie, sondern insbesondere durch die Morgengabe ganz Frankens und durch die Säkularisation der geistlichen Fürstentümer reichen Lohn brachte, hatten sich die Regierenden für die Ideen der Aufklärung geöffnet. Und schon bald ging man in Bayern daran, gesetzliche Konsequenzen für dieses neue soziale Denken zu formulieren.

Religionsfeindlichkeit, aber auch Sozialwesen als Früchte der „Aufklärung"

Sicher wird man in der Rückschau heute nicht alles, was im Überschwang der französischen Revolution in Bayern beschlossen und getan wurde, als richtig betrachten und idealisieren dürfen. So ließ sich das junge bayerische Königtum unter seinem radikalen „Superminister" JOSEPH DE GARNERIN, dem berüchtigten Grafen MONTGELAS, durch die Aufklärung so sehr zur Vergötterung des Vernunftglaubens verleiten, dass es darüber jede Sensibilität für den einfachen Glauben des Volkes verlor.

Damals wurde aus der einseitigen Hochschätzung dieser „aufgeklärten Vernunft" heraus der religiöse Glaube als ein Relikt des unaufgeklärten Mittelalters gebrandmarkt; und seine Symbole beim einfachen Volk, wie Martern, Bildstöcke, Wegkreuze oder Kapellen, ließ man als „Aberglauben" systematisch vernichten, obwohl sie zum großen Teil Privateigentum der Bürger waren. Nur wenige solcher religiösen Flurzeichen überdauerten diesen unsinnigen Bildersturm, dessen Erinnerung aber seltsamerweise im offiziellen Geschichtsgedächtnis kaum Eingang gefunden hat. Die staatliche und die kirchlich-katholische Obrigkeit sahen sich beide damals durch die Aufklärung ins Recht gesetzt und beraubten die kleinen Leuten mit großer Energie und gesetzlichen Maßnahmen ihrer lieb gewordenen Kulturdenkmäler.

Man wird dieses damalige Handeln der Obrigkeit als Kulturverbrechen ersten Ranges werten müssen, in seiner maßlosen Überheblichkeit vergleichbar mit der missglückten „Kulturrevolution“ Mao Zedongs in China 1966-76 oder dem blindwütigen Kulturterror von Taliban und ISIS im Vorderen Orient im 21. Jh.

In diesen abstrusen Bilderstürmen in der Anfangszeit des Bayerischen Königtums wurden wie im Rausch Wunden geschlagen, die heute noch spürbar sind. Diese blindwütige Zerstörung der religiösen Symbole damals erzeugte allerdings in der katholischen Bevölkerung nicht nur eine bleibende und verinnerlichte Wut gegenüber dem Staat, die noch heute spürbar ist und von jedem Politiker bedacht sein will, der in Bayern heute etwas werden will. Sondern sie führte auch zu einer gewissen Skepsis der Katholiken gegenüber ihrer Kirchenleitung bis heute, die die bayerischen Katholiken auf ihre ganz eigene Weise zu widerständigen „Protestanten“ macht. Man kann eben nicht vergessen, dass es damals die eigenen Bischöfe waren, die, anstatt dem Kulturfrevel der politischen Obrigkeit entgegenzutreten, der Zerstörung des Kulturguts von Altbayern und der Oberpfalz hinauf bis in die Frankenpfalz tatenlos zusahen oder sogar noch Beifall spendeten. Die Geistlichkeit wollte halt damals um jeden Preis als „aufgeklärt“ gelten[75].

Vor dem aufklärerischen Bildersturm gerettet: *„Weiße Marter“ von 1718 in Kirchenpingarten-Frankenpfalz*

Auf der anderen Seite muss man aber auch die positiven Früchte der Aufklärung in Bayern würdigen. Zu ihnen gehörte im Bereich der Humanität, dass sich das königliche Management zur gleichen Zeit für die soziale Situation der Menschen nachhaltig öffnete. Es ist bis heute beispielgebend, wie sich das soziale Denken in Bayern aus den Ideen der Aufklärung damals erneuert hat. Dem Werden des zukünftigen Sozialstaates verpasste diese Erneuerung der Sozialsysteme seinerzeit einen riesigen positiven Schub.

Den Grund für diese Hinwendung zum sozialen Denken liefert das Menschenbild der Aufklärung. Es ist aus dem Geist von Christentum und Humanismus geboren und billigt jedem ein individuelles Menschenrecht zu, unabhängig vom Status oder der persönlichen Leistungsfähigkeit.

---

[75] Mehr dazu in meinem Buch „Wenn Holz und Steine reden – Marterlwege der Frankenpfalz“, S. 25.

5 6

Regierungs-Blatt

für das

Königreich Bayern.

Gesetz

vom 29. April 1869,

die öffentliche Armen- und Krankenpflege

im

Königreich Bayern

betreffend,

nebst zahlreichen Citaten aus den Kammerverhandlungen, sonstigen Bemerkungen und Inhaltsverzeichniß.

Mit Allerhöchster Genehmigung.

München, 1869.

Gg. Franz'sche Buch- und Kunsthandlung.

(Ed. Lotzbeck.)

Gesetzesverkündung im Regierungsblatt: *Neuregelung des Armenwesens*

So wird der Mensch auch nicht einseitig von seinem gesellschaftlichen oder ökonomischen Nutzen her als „Kostenfaktor“ betrachtet, wie es später im völkischen Denken der Hitlerzeit geschah und wie es auch im betriebswirtschaftlichen Denken der heutigen Zeit an der Tagesordnung ist, sondern jeder wird zunächst einmal in seiner Würde als individuelle Persönlichkeit, in seiner Freiheit und in seinem Lebensrecht wahrgenommen.

Jeder Mensch hat die Pflicht, die gemeinsamen Aufgaben mitzugestalten. Jeder Mensch hat das Recht auf ein Leben in Würde und Freiheit. Aus diesem Menschenbild ergeben sich die weit reichenden sozialen Folgerungen. Sie schlagen sich damals in Gesetzen nieder, deren Grundprinzipien bis heute gültig sind.

So legt Bayern mit einem umfassenden Armengesetz bereits im Jahr 1816 Grundlagen für die Unterstützung Bedürftiger bis heute. Es dauerte zwar noch bis in die zweite Hälfte des 19. Jahrhunderts, bis alles inhaltlich umgesetzt war. Und auch die Höhe der Unterstützungen ist mit heutigen Standards nicht zu vergleichen. Trotzdem ist schon der Grundansatz der Armengesetzgebung für die damalige Zeit revolutionär. Erstmals ist gesetzlich festgelegt, dass der einzelne Mensch – bei entsprechenden Voraussetzungen – überhaupt einen Anspruch auf Unterstützung hat.

Die Kommunen werden für die Armen in die Pflicht genommen

Immer sind es die Kommunen, die zunächst einmal für die Armenfürsorge in die Pflicht genommen werden, das ist die Kehrseite der Medaille. Das Gesetz kennt bewusst keine „Staatsfürsorge“. Das Gemeinde-Edikt von 1818 hat den Gemeinden vielmehr die weitgehende Selbstverwaltung übertragen. Damit haben sie aber auch die Pflicht übernommen, sich um ihre Armen selbst zu kümmern. Das hat, neben der finanziellen und organisatorischen Last, sicher auch sein Gutes, kennt doch die Gemeinde ihre Leute am besten und kann so auch den Gebrauch und Missbrauch selber steuern.

Seit 1869 regelt ein Gesetz über die öffentliche Armen- und Krankenpflege die Zahlungspflicht der Gemeinden genauer. Danach erstreckt sich die Unterstützungspflicht der Gemeinde zunächst auf die in ihr „heimatberechtigten“ hilfsbedürftigen

Personen. Das Heimatrecht wird erworben durch Geburt am Ort, Heirat oder mindestens dreijährige Anwesenheit.

Weil die Aufgaben der Armenpflege umfassend und anspruchsvoll sind, wird, um kompetente Entscheidungen zu erhalten, allen Gemeinden zur Pflicht gemacht, einen „Armenpflegschaftsrat" als ausführendes Organ zu berufen. Er steht in der Regel unter Vorsitz des Ortspfarrers als einer Person, der besonderes Vertrauen entgegengebracht wird. Das Gremium bestimmt darüber, wer welche Unterstützung erhält.

Die Hilfe soll den gesamten gewöhnlichen Bedarf der Menschen erfassen. So soll Personen, die ganz oder teilweise arbeitsunfähig sind, Nahrung, Kleidung, Wohnung, Heizung und Pflege zur Erhaltung des Lebens gewährt werden. Kranken sind ärztliche Hilfe, Pflege und Heilmittel zu verschaffen. Geisteskranke, bei denen daheim die Aufsicht und Pflege fehlt, sind in einer damals noch unreflektiert so bezeichneten „Irrenanstalt", der Vorläuferin der heutigen Psychiatrie, unterzubringen.

Im Todesfall von mittellosen Personen, auch von Fremden, ist für eine einfache Beerdigung zu sorgen, allerdings ohne die Gebühren für die Handlungen der Geistlichen.

An Kinder wird besonders gedacht, da schon damals ihre Benachteiligung wahrgenommen wird, wenn sie in armen Familien aufwachsen; ihnen muss die erforderliche Erziehung und Ausbildung verschafft werden.

Für Dienstboten, Hilfskräfte in Gewerbebetrieben, Lehrlinge, Fabrik- oder andere Lohnarbeiter ist im Fall der Erkrankung jene Gemeinde zuständig, in welcher sie zur Zeit der Erkrankung im Dienste oder in Arbeit stehen.

Auch die Hilfe für Fremde wird ausführlich und großzügig bedacht. Ihnen ist die notwendige Hilfe so lange angedeihen zu lassen, bis ihre Heimat und damit die unterstützungspflichtige Gemeinde amtlich festgestellt ist. Sonstigen Fremden, welche während ihres Aufenthaltes in der Gemeinde der öffentlichen Hilfe bedürfen, sind die unentbehrlichen Reisemittel oder die erforderliche unaufschiebbare Unterstützung zu gewähren.

So ist allein schon aus der Fülle dieser Unterstützungspflichten für die Gemeinden ersichtlich, wie außerordentlich stark die Armenkassen in Anspruch genommen werden.

Armsein heißt Ausgeschlossensein

Nun gleicht ja kein Fall von Armut dem anderen. Bei manchen Armen geht es einfach darum, die vorhandenen kargen Einkünfte soweit aufzustocken, dass es zum Leben reicht. So leben damals viele Personen in und um WEIDENBERG von einer bescheidenen Alters- oder Invalidenrente. Mancher hat eine kleine Unfallrente. Die

Unfallhäufigkeit ist in der Landwirtschaft recht groß. Da stürzt einer beim Heumachen vom hohen Heuwagen oder von der Tenne, ein anderer fällt beim Obstpflücken von der Leiter, einer wird durch wild gewordenes Vieh so schwer verletzt, dass seine Arbeitsleistung stark eingeschränkt ist.

Aber damit beginnt ja das Problem, das auch die fortschrittliche Sozialgesetzgebung nicht lösen kann. Die Rente oder die Aufstockung durch die Armenhilfe mildert zwar die materielle Not. Sie verhindert aber nicht den sozialen Abstieg. In der Landwirtschaft gilt der nur etwas, der anständig arbeiten kann. Wer nichts mehr leistet, hat bei seinen Mitmenschen kein Ansehen. Davor hat jeder Angst. Deshalb möchte niemand als hilflos und arm gelten.

Die Kirche könnte hierzu etwas sagen. Die Leuchtkraft ihres Glaubens strahlt ja am hellsten im Bild vom gekreuzigten Gott, der am Leben der Allerärmsten teilnimmt. Der Kirche also stünde es zu allererst zu, nicht nur die soziale, sondern auch die menschlich-liebevolle Solidarität mit den Armen einzufordern. Doch nur einzelne weitsichtige Pfarrer in Deutschland, wie JOHANN HINRICH WICHERN, erkennen in dieser Zeit die Not der Menschen, die sich so verschämt gibt, und versuchen, ihr mit Hilfsinitiativen wie der „Inneren Mission“ zu begegnen.

Hilfeschrei um Segen: *Himmelsbrief, seinerzeit in Weidenberg sehr verbreitet*

Viele Menschen hören die Hilfeschreie der Armen aber auch gar nicht, weil sie sich oft einer fremdartigen Ausdrucksweise bedienen. Was die Weidenberger Pfarrbeschreibung z.B. seitenweise unter „Aberglauben“ der Weidenberger abhandelt und oftmals hochmütig abkanzelt, offenbart in Wahrheit viel blanke Angst der Menschen davor, dass man in diese Armutskatastrophe geraten und damit aus dem Kreis der Normalbürger ausgeschlossen sein könnte.

Manchmal flüchten sich die Armen in eine bizarre Suche nach Methoden der Hilfe gegen solche Wechselfälle des Lebens. So sollen vor allem „Himmelsbriefe“ vor den Problemen des Lebens schützen. Sie sind damals in vielen Weidenberger Häusern verbreitet. Sie sind stets von Hand abgeschrieben und werden gern unter die Sparren des Daches gesteckt oder in Beutelchen auf dem Leib getragen. Diese Praxis wird von den damaligen Pfarrern nur kritisiert, aber nicht verstanden[76].

Vielgestaltige Armut

Dabei kann jedermann schnell in Armut fallen; die Fälle sind vielgestaltig. Zur Veranschaulichung seien hier die vier Fälle aus den Protokollen der Armenkasse von LANKENDORF angeführt, die auch die Chronik der „Weidenberger Hefte“ exemplarisch schildert.

So erhält dort eine 43-jährige ledige Mutter mit vier Kindern Unterstützung, nachdem sie auch von den Eltern her nichts hat und „durch ihre Kinder noch ärmer“ wurde. Sie ist zwar körperlich gesund, kann „aber nicht recht hören“. Sie arbeitet noch als Spinnerin, soviel sie vermag.

Auch eine 37-jährige Witwe mit drei noch unmündigen Kindern wird unterstützt, deren Eltern das Vermögen vergeudet haben. Sie ist in Taglohnarbeit, die jedoch ihre Bedürfnisse nicht deckt.

Ein siebenjähriges gesundes Waisenkind wird aufgeführt, dessen Eltern starben, ohne etwas zu hinterlassen.

Und ein 55-jähriger Mann ist unter den Unterstützten. Er ist verheiratet, immer kränklich, hat ein schlimmes Bein, ist durch Unglücksfälle in den Kriegszeiten um sein Vermögen gekommen und muss für drei Kinder sorgen. Bloß seine Frau erhält sich und ihn notdürftig.

Wie wenig spektakulär klingt das alles! Die vier Beispiele stehen für eine Armut, die sich im Gewand der Alltäglichkeit verhüllt und wohl auch kein überbordendes Mitleid erzeugt. Doch lässt sich umrisshaft die Vielfalt der Umstände erahnen, die damals dazu führen, dass jemand Unterstützung in Anspruch nehmen muss.

Ergänzend mag vermerkt werden, dass damals auch die Krankenpflege Bestandteil der Armenpflege ist. Sie ist kein gesonderter, quasi „technischer“ Bereich, der die körperliche Hinfälligkeit und die medizinischen Notwendigkeiten in den Vor-

---

[76] Vergl. dazu das Kapitel: „Die Weidenberger Himmelsbriefe – Ein vergessener stummer Schrei nach Segen“ in Folge 4 des Projektes „Myrten für Dornen“: „Christsein am Scheideweg“.

dergrund stellt; vielmehr betrachtet die Krankenpflege den Menschen unter dem Aspekt der sozialen Gerechtigkeit. Sie beurteilt die Ungleichheit als Folgeerscheinung und die Erkrankung als Ursache der Armutssituation.

Das Gesetz von 1869 enthält auch in diesem Punkt aus unserer heutigen Sicht bereits sehr fortschrittliche Regelungen. So erheben die Gemeinden von arbeitenden Personen in ihrem Gemeindebezirk regelmäßige Krankenkassenbeiträge von maximal 3 Kreuzern wöchentlich. Wer arbeitet, erwirbt damit ein Recht auf Gewährung der erforderlichen Krankenpflege, ärztliche Hilfe und Heilmittel, soweit die Krankenversorgung nicht länger als neunzig Tage dauert.

Eigene Initiative bleibt allerdings bei der Antragsstellung für alle Fälle von Not angesagt. Spätestens bis zum 14. September des jeweiligen Jahres muss der Bedürftige seinen Anspruch auf Unterstützung beim Armenpflegschaftsrat eingereicht und begründet haben. Missbrauch, wie er bei dieser Art damaliger Sozialhilfe möglich und auch anderenorts aufgedeckt wird, ist in WEIDENBERG bislang für diese Zeit allerdings nicht nachweisbar.

Freilich fällt auf, dass die Gemeinde seinerzeit einen hohen Anteil ihrer sozialen Aufwendungen für Bürger zahlen muss, die sich *außerhalb* von WEIDENBERG aufhalten. Nach dem Armenrecht werden diese Kosten ja den Herkunftsgemeinden angelastet. Ob hier immer alles mit rechten Dingen zugeht, ist für die Gemeinderäte und die Armenausschüsse damals sicher nicht leicht zu überprüfen.

Fantasievolle Quellen der Armensteuer

Wenn die Marktgemeinde WEIDENBERG und die umliegenden selbstständigen Gemeinden sich also damals um ihre Armen kümmern und dafür viel Geld aufwenden, dann tun sie das nicht aufgrund ihrer guten Herzen, sondern weil sie der Staat dazu verpflichtet hat. Das Ausmaß der erforderlichen Unterstützungen ist zeitweise so erheblich, dass dringend notwendige Reparaturen und kleinere Bauvorhaben im Gemeindebereich auf einen späteren Zeitpunkt verschoben werden müssen. Das dafür vorgesehene Geld fließt der Armenkasse zu.

Doch so viel Geld, wie der Sozialaufwand fordert, kann natürlich nicht allein aus diesen kargen Steuermitteln aufgebracht werden, sonst wären ja alle anderen notwendigen Zwecke, wie Wasser, Kanal, Straßenbau oder das Schulwesen, dauerhaft auf Eis gelegt. Woher soll also eine Gemeinde das Geld nehmen, wenn sie nicht ihre geringen Steuern aufbrauchen will? Zwar hat sie, wenn sie Arme von Auswärts versorgt, einen Ersatzanspruch an diejenige Gemeinde, die eigentlich zur Unterstützung der betreffenden Person verpflichtet ist. Aber oftmals wird dieser Anspruch erst nach einem langwierigen Schriftwechsel befriedigt. So sieht die staatliche Gesetzgebung damals eine Fülle kleinerer oder größerer Einnahmequellen vor, die helfen sollen, die Mittel für die Armenhilfe zusammenzubringen.

Der sg. „Lokal-Armenfond“ ist ein besonderer, festgelegter Teil des Gemeindevermögens, der für die Versorgung der Armen herangezogen wird. Kostensparender ist es natürlich, wenn Vermögen aus örtlichen Wohltätigkeitsstiftungen vorhanden ist. In ihnen lebt auch der Name des großmütigen Stifters oft über Jahrhunderte fort.

Die älteste Weidenberger soziale Stiftung

Der wohlhabende Weidenberger Drahtwerk-Besitzer Elias Schnorr hat bereits im Jahr 1735 mit damals 625 fl. (Gulden) eine Stiftung errichtet, „damit Knaben im Gesang, Schreiben und Rechnen gut unterrichtet würden“ (J. M. Einfalt). Die Schulen hatten seinerzeit bei weitem noch nicht das heutige Ausbildungsniveau. Stiftungsbedingung war, dass am Todestag des Stifters vor dem „Schnorr-Haus“ einige Choräle gesungen wurden. Schnorr besaß das ansehnlichste Haus im Untermarkt. Auf ihm ruhte die Stiftungssumme. Der Hügel, auf dem das Haus steht, wird auch heute noch im örtlichen Sprachgebrauch als „Schnorrhügel“ bezeichnet. Die traditionsreiche Einrichtung der Weidenberger CHORSCHÜLER hat in jener Stiftung ihren Ursprung.

Eine Villa als Stiftungskapital: *Schnorrhaus am Untermarkt*

Nicht nur das prächtige schlossartige Palais in der Linden erinnert an diesen hochherzigen Mäzen Elias Schnorr, sondern auch der Grabstein, der einst zur Gruft dieser Familie gehörte und der jetzt im Eingangsbereich der St. Michaelskirche steht. Schnorr lebte von 1684-1752, seine Ehefrau Maria 1686 bis 1738. Als weitere Berufe werden auf diesem Epitaph „Flößverwalter und Steuereinnehmer“ angegeben.

Für den Stifter der Weidenberger Chorschüler: *Schnorr'-sches Epitaph von 1752*

Weitere Mittel für die Versorgung bedürftiger Schüler mit Lebensmitteln gibt damals das JOHANN TEUPSER'sche Legat aus dem Jahre 1888. Der Stifter war der Sohn eines früheren Lehrers aus WEIDENBERG, der es als Kaufmann in BAMBERG zu einigem Vermögen gebracht hatte und der dort gestorben war. Aus dem Kapital von 1.500 RM konnten lange Zeit hindurch jährliche Zinsen für die Armenfürsorge ausgeschüttet werden.

Für arme Personen unterschiedlichen Alters ist seinerzeit ferner das GÄBELEIN'-sche Legat mit 150 fl. ausgestattet.

Zuflüsse erhält die Armenpflege damals auch aus Einnahmequellen, die der Gesetzgeber insbesondere in Form einer Art von zweckbestimmter „Vergnügungssteuer" vorgesehen hat. Viele dieser Abgaben zu Gunsten der Armenpflege lassen sich zwar in der besonderen Situation in WEIDENBERG nicht nutzen, seien aber doch der Vollständigkeit halber erwähnt. Denn es steckt viel logische und kreative Fantasie hinter manchen Abgaben, die zu erheben auch heute nachdenkenswert wäre.

So können aus feierlichen Hochzeiten in öffentlichen Wirtschaften Gebühren in die Armenkasse fließen. Auch für das Vergnügen aus Veranstaltung öffentlicher Festlichkeiten, Pferderennen, Musikproduktionen, Tanzunterhaltungen, Theatervorstellungen und Schaustellungen können Steuern erhoben werden. Es können Verlosungen stattfinden, oder es können gezielt Haus- oder Straßensammlungen durchgeführt werden, wie heute noch die Frühjahrs- und Herbstsammlungen des Diakonischen Werkes, der Caritas oder der Arbeiterwohlfahrt. Manche Kirchengemeinden veranstalteten noch lange nach dem Zweiten Weltkrieg jeden Monat eine solche Haussammlung für vergleichbare kirchliche und soziale Zwecke.

Auch Geldstrafen nach dem Polizeistrafgesetzbuch können für die Armenkasse bestimmt werden. Die Gesundheitspolizei kann Beanstandungen ausschreiben, z.B. bei Wohngebäuden, Nahrungsmitteln, oder mangelnder Aufsicht bei Hunden, für unterlassene Bedeckung von Gruben, Brunnen etc.

Auch die Straßenpolizei kann Strafen verhängen, die der Armenkasse zufließen: Sie kann die öffentliche Reinlichkeit oder die feuerpolizeilichen Maßnahmen beanstanden, die Marktordnung kritisieren, Kinderarbeit in Fabriken und Gewerben oder Missbrauch im Dienstbotenwesen melden, jagdpolizeiliche Bestimmungen anfechten, usw.

Verschämte Armut gerecht bewerten

So reichlich und fantasievoll diese Einnahmemöglichkeiten anmuten, nur weniges davon steht in der Alltagswelt tatsächlich dem Markt WEIDENBERG zur Verfügung, weniger noch den Dorfgemeinden. Auch die gelegentlichen Schenkungen und staatlichen Zuschüsse vermögen die zunehmenden Finanzlücken nicht dauerhaft zu schließen. So ist der Ausdruck „arme Gemeinde Weidenberg" damals kein Zweckausdruck, sondern er beschreibt das Phänomen, dass in der Gemeinde viele Menschen objektiv arm sind, ohne dass es die Mitbürger, Gemeinderäte und die Betroffenen selbst eingestehen wollen. Alles sei eben eine Frage der persönlichen Bereitschaft zur „Bescheidenheit" als einer christlichen Tugend, behaupten damals viele, und wischen so die Probleme vom Tisch.

Diese Verschämtheit, die manches Elend mit christlichen Vokabeln verbrämt, geht so weit, dass sogar die damaligen Pfarrer meinen, nur wenige ihrer Gemeindeglieder seien wirklich arm gewesen, obwohl sie doch nach den Kriterien des Bayerischen Königreiches und der anschließenden Weimarer Republik tatsächlich arm waren und dafür auch Hilfe in Anspruch nahmen.

In WEIDENBERG fehlt eben immer wieder das notwendige Geld. Und die Aufgabe, die geringen Mittel gerecht zu vergeben, ist für die honorigen Mitglieder des zuständigen Ausschusses unter Vorsitz des Inhabers der Ersten Pfarrstelle stets heikel.

Heute brodelt und erschallt die Polemik über sozial schwache Mitglieder der Gesellschaft oft im dumpfen Stammtischgerede. Damals mussten die an der Entscheidung Beteiligten noch am Wirtshaustisch für ihre Entscheidungen persönlich einstehen, ohne zugleich das Seelsorgegeheimnis zu verletzen.

Es tut heute vielleicht gut, wenn wir zur Kenntnis nehmen, wie dieser Ausschuss für die Armenhilfe seine Fälle ohne jede moralische Wertung unter größtmöglichem Bemühen um Gerechtigkeit entschied. Im Bild, das die Aufklärung von der Würde jedes Menschen zeichnet, spiegelt sich das christliche Menschenbild vom unendlichen Wert des einzelnen Lebens wider. Wenn heute in der Arbeitslosen- und Sozialhilfe oft nach rein formalen Kriterien geurteilt wird, kann man fragen, ob nicht das damalige System, in dem ausgewählte verantwortungsbewusste Bürger nach ihrem tatsächlichen Wissen und Empfinden über die Hilfe in konkreten Notlagen entschieden, nicht doch auf seine Weise „gerechter" war, zumindest „Menschen-gerechter".

Armut auch in der Nazizeit

Redenbachers Kollegen auf der I. Pfarrstelle, FRITZ SCHEIDING und THEODOR HOFFMANN, werden noch in den ersten beiden Jahren der Naziherrschaft 1933 bzw. 1934 auf der Liste von Ortsgruppenleiter GEORG RUMLER als Vorsitzende im Ortsfürsorgeausschuss geführt. Dann aber streicht dieser Nazifunktionär sie eigenmächtig und löst den Ausschuss auf. Das bedeutet aber leider nicht, dass es in WEIDENBERG in der Nazizeit ab 1934 keine Armen mehr gibt. Vielmehr zeigt sich, was nur Nichtkenner der Zeitumstände wundern kann, dass es unter der Hitler-Regierung genau so viele Arme gibt wie vorher.

So muss uns auch heute noch der Eintrag über ein Armenbegräbnis erschüttern, den Pfarrer REDENBACHER im Jahr 1936 im Beerdigungsbuch der Kirchengemeinde WEIDENBERG vornimmt:

Weigel, Barbara, ledig, ohne Beruf, Alter 73 Jahre 1 Monat, geboren am 14.11.1863 in Sophienthal-Mengersreuth, Todestag 17. od. 18.12.1936 in Mengersreuth, beerdigt am 20.12.36."

REDENBACHER fügt die bittere Bemerkung hinzu: *„Lebte einsam in dürftigsten Verhältnissen in einer Hütte an der Iskara bei Mengersreuth und war dort eines Morgens tot aufgefunden worden.*

Es gibt also auch in der Nazizeit arme Menschen, die man nicht weiter beachtet. Trotz der vollmundig erklärten „Volksgemeinschaft" kann es passieren, dass jemand einsam in einer primitiven Hütte erfriert. Freilich will man diese Armen gern aus dem öffentlichen Bewusstsein löschen, denn Armut und Einsamkeit verträgt sich eigentlich nicht mit den Idealen einer laut hinausposaunten sozialen Gesin-

Weidenberg in der Nazizeit: *Ende der Armut nach dem Bau der Neuen Straße?*

nung. Die Gemeinschaft der Volksgenossen bleibt aber in Wahrheit oft nur plakativ. Man duldet in der Hitlerzeit die Armen gleichsam widerwillig, tut aber nichts für sie.

Dies zeigt sich in WEIDENBERG insbesondere am Beispiel des **Armenhauses** der Gemeinde. Erbaut zu „Kaisers Zeiten“ bestand diese Einrichtung noch weit über die Zeit der Weimarer Republik hinaus. In der Nazizeit selbst und noch danach ist dieses Haus der Gemeinde stets Zufluchtsort für zahlreiche bedürftige und oft auch kranke Menschen. Es gilt offenbar, was schon JESUS für seine Zeit in der Bibel feststellt: „Ihr habt allezeit Arme unter euch“. Armut bleibt anscheinend in jedem politischen System eine zeitlose Herausforderung; ihr muss sich also offenbar jede Gesellschaft von neuem auf humane und barmherzige Weise stellen.

Die Nazis freilich polarisieren die Gesellschaft bewusst, sie versuchen Druck auf die Armen auszuüben. Sie spitzen das Prinzip, das in der Landwirtschaft schon seit jeher praktiziert wird, ideologisch zu: „Geltung hat, wer arbeiten kann“. So erneuern und radikalisieren sie auch eine Bezeichnung für nicht mehr Arbeitsfähige, die schon in der Weimarer Zeit diskutiert wird: „Ballastexistenzen“. Das klingt wie Abfall, den man entsorgen muss.

Den „logischen“ Schritt, solche „Ballastexistenzen“ auch wirklich auszurotten, praktizieren die Nazis dann ab dem Jahr 1939 zunächst mit Behinderten und psychisch Kranken, weiter mit Sinti und Roma, und schließlich mit Juden und all den anderen, denen sie das Recht auf Zugehörigkeit zur „Volksgemeinschaft“ absprechen. Von den Ausrottungsprogrammen der Nazis an Behinderten und Kranken sind auch Weidenberger betroffen, wie dann in den Kapiteln des Projektes „Myrten für Dornen“ über die Euthanasieopfer „ANNA MARGARETA – Gedenken des Unbegreiflichen“ und „MARTIN - Leben im Armenhaus, Sterben an Hungerkost“[77] ausführlich dargelegt wird.

In diesem vergifteten Klima einer gespaltenen „Volksgemeinschaft“ ist das Leben besonders schwer für solche Menschen, die für längere Zeit erkranken oder bei denen aus verschieden Gründen die Versicherungen nicht greifen. Gerade mit psychischen Leiden wie Depressionen oder Schizophrenie kann die Psychiatrie zur Zeit der Naziherrschaft damals überhaupt noch nicht angemessen umgehen. Solche Patienten werden zunächst gern in die „Irrenanstalt“ BAYREUTH eingewiesen. Die Angehörigen verbinden damit die Hoffnung auf Betreuung und Hilfe für ihren Patienten; vor allem aber wollen sie selbst entlastet sein und ihren Kranken daheim los sein.

[77] In Folge 5: „Spuren der Opfer – Anteilnahme und Verleugnung“.

Die Marktgemeinde muss mit ihrer Armenkasse für die entstehenden Kosten aufkommen. Entsprechend schief werden die Betroffenen in der eigenen Gemeinde angesehen. Solche Personen sind dann schnell stigmatisiert. Das war aber schon vor der Hitlerzeit so. Zur Zeit von Lehrer REBLITZ sind „zwei geisteskranke Weibspersonen auf Rechnung der Gemeinde im Irrenhause zu Bayreuth untergebracht." Von diesem Denken her ist es kein großer Schritt zur „T4"-Aktion der Nazis 30 Jahre später, die solche „Geisteskranken und Irren" mit Einverständnis großer Teile der Bevölkerung in Gaskammern oder mit Spritzen und mit Hungerkost entsorgt.

Mit den beiden oben genannten Personen „Anna Margareta" und „Martin" werden seinerzeit mindestens zwei Menschen aus der Gemeinde Weidenberg Opfer dieser Vernichtungspolitik der Nazis, Fälle, die der Öffentlichkeit bislang kaum bekannt geworden sind. Eines der beiden Opfer lebte aufgrund von krankheitsbedingter Armut mit seiner Familie im Armenhaus. Das andere kam aus „normalen" bäuerlichen Verhältnissen.

Es ist zu befürchten, dass es in WEIDENBERG und Umgebung darüber hinaus noch eine „Dunkelziffer" von Betroffenen gegeben hat[78], so wie auch aus anderen bayerischen Armenhäusern Menschen zu Opfern geworden sind, ohne dass bis heute eine systematische Erforschung dieser besonderen Verknüpfung von „Armenhaus und Euthanasie" stattgefunden hätte. Die Weidenberger Fälle wurden deshalb für dieses Projekt „Myrten für Dornen" erstmals sorgfältig recherchiert und werden in der genannten Folge „Spuren der Opfer" ausführlich beschrieben, um so vielleicht auch andere Forscher auf diese kaum bekannten Spuren zur weiteren Recherche setzen.

Doch wenden wir uns zunächst noch der Entstehung der Armenhäuser in WEIDENBERG und der großen Errungenschaft des Distriktkrankenhauses zu.

Das lange Warten aufs Armenhaus

Das Armenhaus hat viele Vorläufer

Häuser, in denen Arme wohnen, hat es zu allen Zeiten gegeben. Dies lässt sich auch aus den alten Weidenberger Häuserchroniken ableiten. Sie unterscheiden bei der Bezeichnung für Anwesen je nach Größe und damit auch Wohlhabenheit der Besitzer zwischen „Hof" für ein großes Gut, „Halbhof" für ein mittleres Gut, „Gütlein" und „halbes Gütlein" für ein kleines bzw. sehr kleines landwirtschaftliches Anwesen, und „Tropfhaus" bzw. „Tripfhaus" für ein Anwesen ohne Grundbesitz.

---

[78] Zeitzeugenberichte deuten z.B. auf Sophienthal.

Der fränkische Ausdruck „Tropfhaus“ beschreibt anschaulich, dass das Grundstück, also das zur Selbstversorgung nutzbare Grünland, nicht weiter reicht, als die vom Dachrand herabfallenden Regentropfen. Es bedeutet, dass die Bewohner für die Selbstversorgung mit Nahrung keine ausreichende Grundlage haben. In so einem „Tropfhaus“, so darf man schließen, wohnen also seinerzeit arme Leute.

Daneben tauchen in Weidenberg als Ausdrücke für Zufluchtstätten für Ärmere noch auf: „Gma-Haus“ bzw. „Gemeindehaus“, „Hirthaus“ bzw. „Gemeindehirthaus“ und „Armenhaus“ bzw. „Gemeindearmenhaus“.

Für Heimatforscher ist es reizvoll zu sehen, dass solche Armenhäuser vielerorts noch erhalten geblieben sind. So kann man sich eine gewisse Vorstellung vom Aussehen solcher Häuser machen und die bescheidenen Lebensverhältnissen derer einschätzen, die hier hausen mussten.

Armenhäuser in Lessau 1935:
Oberes Gemeindehaus (oben)
Porderleshütte (unten)

Allerdings haben sich heute viele solcher maroder Kleinodien anderenorts des Öfteren schon zu Nostalgieobjekten mit privater oder öffentlicher Nutzung gewandelt. Hier richtet ein betuchter Maler im ehemaligen Armenhaus sein rustikales Atelier ein, oder ein romantischer empfindsamer Privatmann sucht im Hirthaus ein ruhiges Refugium. Dort wandelt eine kleine Gemeinde die verfallende Bauruine des Armenhauses mit öffentlichen Mitteln aufwendig in ein Dorf-Gemeinschaftshaus um und schafft sich so ein Schmuckstück und einen geselligen und kulturellen Treffpunkt, um etwas gegen das fortschreitende Ausbluten des Dorfes zu tun.

Auch in und um WEIDENBERG sind etliche solcher alten Objekte bezeugt oder sogar erhalten, auch wenn ihnen ihre ursprüngliche Nutzung in der Regel nicht mehr anzusehen ist. Da ja jede selbstständige Gemeinde Armenhäuser haben *musste*, existierten solche Unterkünfte nicht nur in WEIDENBERG, sondern auch in LESSAU, UNTERSTEINACH und in SOPHIENTHAL. Das obere Gemeindehaus in LESSAU steht heute noch in der Gabel der Straßeneinmündungen von WEIDENBERG und LANKENDORF und ist jetzt in Privatbesitz. Es gehört vom Kirchensprengel her nach WEIDENBERG. Das ist für das Studium der alten Kirchenbücher wichtig.

Auch das untere Armenhaus in LESSAU, die längst verschwundene „Porderleshüttn", gehörte nach den Berichten der „Lessicher" zur Kirchengemeinde WEIDENBERG. Denn die kirchliche „Grenze" verläuft bis heute am Bach, der in der Ortsmitte die Straße unterquert. Alle Einwohner nördlich davon waren und sind heute noch Weidenberger Gemeindeglieder. Die südlich Wohnenden werden vom Pfarramt STOCKAU-NEUNKIRCHEN betreut.

Aus diesem Armenhaus „Porderleshüttn" stammt ja die Stifterin des Evangelischen Marterls auf der Bocksleite, MARGARETE SCHILLING, von der die erste Folge im Projekt „Myrten für Dornen" Buch erzählte und die sich kirchlich nach WEIDENBERG hielt. Ihre Taufe ist in den Weidenberger Kirchenbüchern für den 25. Juli 1889 eingetragen. Auch ihre drei älteren Geschwister KATHARINA, MARIA und der früh verstorbene GEORG KARL sind als Lessauer vermerkt, mitsamt ihren Eltern, der Mutter BARBARA, geb. KÖHLER vom Köhlerhof, geboren in THETA, und dem Vater, dem Schneider JOHANN SCHILLER, der ebenfalls früh verstorben ist.

Später wohnte in dieser zur Mühle gehörenden Porderleshüttn die „Mehlmaich", die Krämerin ZIEGLER mit ihren Kindern. An sie können sich viele Ältere aus LESSAU noch erinnern. Sie schleppte mit dem Huckelkorb auf dem Rücken Butter und Eier zum Verkauf nach BAYREUTH.

Die Begriffe für die Armenhäuser sind fließend. Das **„Tropfhaus"** ist Eigentum des jeweiligen Bewohners und hat in der Regel eine Wohnfläche von weniger als 30 m^2. In solchen Häusern wohnen seinerzeit Menschen mit geringen bzw. unregelmäßigen Einkünften, Tagelöhner, Kleinhandwerker oder Heimarbeiter. Sie müssen ihre oft großen Familien in dem einzigen kombinierten Wohn- und Schlafraum unterbringen. Daneben gibt es aber meist noch einen kleinen abgeteilten Raum für die obligatorische Ziege; freilich reicht das Gras am Haus kaum aus, um sie zu weiden. So muss man sich auch nach anderen raren Weideflächen umsehen.

Alte Armenhäuser in Weidenberg: *Das ehem. Tropfhaus" der MARGARETHA SANNER beim Alten Schloss*

Altes Armenhaus: *Das Hirthaus am Obermarkt hinter Haus-Nr. 77 am Dammweiher*

In der Weidenberger Häuserchronik des Obermarktes ist der Begriff „Tropfhaus" nur einmal nachweisbar, nämlich für das ehem. Haus Nr. 67, heute am Alten Schloss 14. Hier wohnte seinerzeit die arme Witwe MARGARETHA SANNER. Es wird heute als normales Wohnhaus genutzt.

Das **„Hirthaus"** ist seinerzeit immer Gemeindeeigentum und in der Regel ebenso winzig wie das Tropfhaus. Es dient, wie der Name sagt, der Unterbringung der Gemeindehirten. Ein solches „Gemeindehirthaus" benennt die Häuserchronik für den Oberen Markt unter der ehem. Nr. 77. Das unscheinbare Häuschen ist erhalten geblieben und fungiert heute als Verbindungsbau hinter dem großen Wohnhaus, in dem seit 1930 der Steinschleifbesitzer JOHANN SCHILLER, Am Dammweiher 3, wohnte.

Ein weiteres **„Gemeind-Hirtenhaus"** ist das am unteren Markt bereits vor 1800 nachweisbare Haus Nr. 161, heutige Bahnhofstr.15. Es stand rechts am Eingang der noch einseitig bebauten Bahnhofstraße. Um 1900 wird es vom Lehrer und Historiker JOHANN ERHARD REBLITZ mit einem Wert von 530 RM taxiert, aber dann schon 1908 für den dreifachen Preis von 1.650 RM an den Siebmacher JOHANN KRAUß verkauft. Die neuen Besitzer erneuern das nun privat genutzte Häuschen im gleichen Jahr, sowie nochmals 1933.

Zweistöckig: *Das ehemalige Gemeinde- Armenhaus gegenüber dem Alten Schloss*

Auch das eigentliche **„Armenhaus"** ist als Pflichtaufgabe im Gemeindeeigentum. Ein solches Haus kann klein oder groß sein und je nach sozialen Verhältnissen kostenfreies Wohnen, aber auch Wohnen gegen Mietentgelt ermöglichen.

Das kleine „Gemeind-Hirthaus" am Untermarkt: *Auf der ältesten Foto-Ansicht von Weidenberg rechts am Beginn der noch einseitig bebauten Bahnhofstraße*

Vier Armenhäuser zählt die Weidenberger Häuserchronik insgesamt auf, davon drei, die älter und erheblich kleiner sind als das spätere Armenhaus an der Au. Eines davon ist heute noch erhalten. Es ist das doppelstöckige Haus mit der heutigen Bezeichnung „Am-Alten-Schloss 2", die damalige Hausnummer 72. Es wird seinerzeit als **„Gemeinde-Armenhaus"** bezeichnet. Sein Wert ist um das Jahr 1900 mit 910 RM angegeben. In diesem Haus wohnt damals auch der Weidenberger Nachtwächter JOHANN FISCHER. Solange die Straßen mit Petroleumlampen beleuchtet wurden, musste er sich um die Wartung und Befüllung der Lampen kümmern; er musste die Lampendochte täglich bei hereinbrechender Dunkelheit anzünden und im Morgengrauen löschen. 1906 wird das Haus umgebaut und das ursprüngliche Fachwerk im Obergeschoss durch massives Sandsteinmauerwerk ersetzt, das heute verputzt ist.

Eine weitere Unterkunft für Arme und Bedürftige erwähnt HORST BÄR in „Seinerzeit 7/2012". So seien die Bergarbeiterhäuser nach den erfolglosen Kohlebohrungen bei Mengersreuth nach dem Jahr 1864 wieder abgebrochen worden und ihre Steine zum Bau eines Armenhäuschens bei der katholischen Kirche in ROSENHAMMER verwendet worden. Dieses Armenhaus ist später das Mesner- und dann Pfarrhaus geworden und im Jahr 2010 für den Pfarrhausneubau abgerissen worden. Ebenfalls seien die beiden „Auhäuschen", heute Hs.-Nr. 13 und 15, aus diesen Steinen erbaut worden.

Das baulich wohl interessanteste Haus zur Nutzung für Bedürftige stand aber als ehem. Nr.39 an der Ecke von Gundelgraben und Wolfskehle. HANS RABENSTEIN und

Von Hans Rabenstein verewigt: *Weidenbergs letztes Fachwerkhaus, das Armenhaus in der Wolfskehle*

HERIBERT KOKOT haben beide auf ihre Weise das Kleinod noch kurz vor seinem bedauerlichen Abriss als dankbares Zeichenmotiv verewigt.

Dazu ist in der Häuserchronik vermerkt, dass es seit 1871 „Armenhaus" war. Um 1900 ist aber als Eigentümerin die Witwe BARBARA HECKEL eingetragen. Das würde bedeuten, dass das Haus spätestens zu diesem Zeitpunkt in Privatbesitz übergegangen ist, auch wenn es später noch verschiedentlich für Vermietungen an Bedürftige herangezogen wurde.

Die Geschichte dieses Armenhäuschens in der Wolfskehle ist für das Wissen um die damaligen sozialen Aktivitäten in WEIDENBERG wichtig. Denn seine erste Nutzung für Bedürftige fällt mit der Gründung des einstigen Weidenberger Krankenhauses zusammen. Als WEIDENBERG damals im Jahr 1871 seine bedeutendste soziale Einrichtung, das Distriktskrankenhaus, einrichtete, wurde auch dieses Häuschen mit gekauft und sogleich zum Armenhaus bestimmt.

Als das Distriktskrankenhaus errichtet wurde

Schon lange war die alte Distriktskrankenanstalt als äußerst unzureichend erkannt worden. So hatte die Distriktsversammlung am 9. November 1870 beschlossen, das Grundstück Nr. 38 des damaligen Bürgermeisters JOHANN KRAUß, der von 1869-1871 amtierte, in der Wolfskehle samt Nebengebäuden und Hofraum für 5.900fl. käuflich zu erwerben und dort das Krankenhaus zu errichten. Dafür wurde das dort stehende, im Erdgeschoss aus Sandstein gemauerte und mit einem Fachwerk-Obergeschoss versehene Haus, das JOHANN ELIAS RHAU Ende des 17. Jh. erbaut hatte, nun massiv zweistöckig neu aufgebaut, mit einer Vielzahl von hellen Fenstern ausgestattet und für damalige Verhältnisse großzügig und ordentlich eingerichtet. Dieses Krankenhaus lag zentral und bestand dann gut 50 Jahre hindurch von 1871 bis 1920; es ist heute noch als Haus Nr. 2 in der Wolfskehle erhalten.

Weidenbergs Krankenhaus: *Das ehem. Distrikts-krankenhaus in der Wolfskehle*

Das bereits erwähnte gleichaltrige historische Gebäude Nr. 39 wurde, wie gesagt, damals gleich mit erworben. Es grenzte unmittelbar an die Nordseite des neuen Krankenhauses an. Mit seinem Sandsteinunterbau, den Fachwerkgiebeln und seinem unsymmetrischen „Frackdach" gehörte dieses Häuschen zu den historischen Kostbarkeiten des alten WEIDENBERG. Nach den wechselnden Besitzern war es auch als „Hirsch-Haus", „Schöpf-Haus" oder später „Kolb-Haus" bekannt. Das Haus sollte von nun an der „Unterbringung von Armen dienen für alle Zeiten und insolange, bis der Gemeinde Weidenberg die Erlangung eines besonderen Armenhauses möglich wird."

Dabei hatte jeder gehofft, dass endlich auch ein größeres Armenhaus gebaut werden könnte, wie es bei der großen Zahl an Bedürftigen in der Marktgemeinde eigentlich erforderlich gewesen wäre. Doch die Marktgemeinde WEIDENBERG war mit ihren sozialen Lasten überfordert und stets klamm. So fehlte für ein neues großzügigeres Armenhaus immer das Geld. Da nichts so dauerhaft ist wie ein Provisorium, fanden also in diesem win-

Armenhaus seit 1871: *„Kolbhaus" an der Wolfskehle um 1930; links das Hauseck des Distriktkrankenhauses*

zigen Häuschen unmittelbar neben dem Krankenhaus lange Zeit hindurch und sogar noch nach dem Zweiten Weltkrieg Flüchtlinge und Obdachlose Zuflucht; einzelne Bewohner richteten sich hier sogar eine Werkstatt mit ein, um am Erwerbsleben teilnehmen zu können.

Der letzte Besitzer soll HANS KOLB gewesen sein, der hier mit seinem Vieh hauste, dann aber wegen der Enge des Anwesens an die Waizenreuther Straße aussiedelte und dort einen Bauernhof errichtete. Anfang der 70er Jahre des 20. Jh. ist dieses baulich höchst originelle Gebäude leider abgerissen und der freigewordene Platz zu einer Grünfläche mit Parkstreifen umgestaltet worden. So erinnern nur die wenigen erhaltenen historischen Fotos und die genannten zeitgenössischen Zeichnungen an dieses bauliche Unikum.

Mit diesem Häuschen war freilich die Not an Wohnraum für Arme in WEIDENBERG noch lange nicht behoben. Für den erhofften Neubau eines geräumigen und moderneren Armenhauses hatte es bereits 1873 erste Planungen und sogar einen Zuschuss in Höhe von 2.000 fl. vom bayerischen König LUDWIG persönlich gegeben, nach heutigem Geldwert etwa 40.000 €. Auch das königliche Bezirksamt Bayreuth hatte im gleichen Jahr 600 fl beigesteuert und im darauffolgenden Jahr noch einmal 400 fl. Doch erst sechs Jahre später, 1879, überwindet sich die überforderte Marktgemeinde, wenn auch nicht zum eigentlich fälligen Neubau, so doch wenigstens zum Erwerb des alten, aber für damalige Verhältnisse geräumigen Hauses Nr. 25 unmittelbar westlich der Scherzenmühle. Hier wollte man also endlich das große Armenhausprojekt verwirklichen.

Das Armenhaus – umgebaut aus einer Ledergerberei – wird im Jahr 1881 endlich Wirklichkeit

Wenn in verschiedenen Beschreibungen, die dem Buch von JOACHIM KRÖLL über die „Geschichte des Marktes Weidenberg" folgen, für dieses Armenhaus fälschlich die Haus-Nr. 23 genannt wird, so liegt das an der schweren Lesbarkeit dieser historischen Hausnummern in den Uraufnahmeblättern der Bayer. Landesvermessung von 1850. „23" ist hier, wie man sich anhand der Karte überzeugen kann, ebenso gut lesbar wie „25". Nach der Logik der damaligen Hausnummerierung, die der Entstehungszeit folgt, kann es allerdings nur „25" heißen. Dies bestätigen auch alle Einträge in den Kirchenbüchern und Häuser-Chroniken.

Dieses Haus wurde um 1800 von KATHARINA BARBARA BÖHNER erbaut. Die Nähe zum Bach und zum Wald dürfte ausschlaggebend gewesen sein. Die Familie besitzt damals eine Lizenz für die Lohgerberei. Mit Eichenholzlohe gerben sie Rinderhäute zu strapazierfähigem, kräftigem Leder, das damals verwendet wird für Schuhsohlen, Stiefel oder Ranzen. Das Wasser zur Vorbereitung der Gerbung und zur Spülung

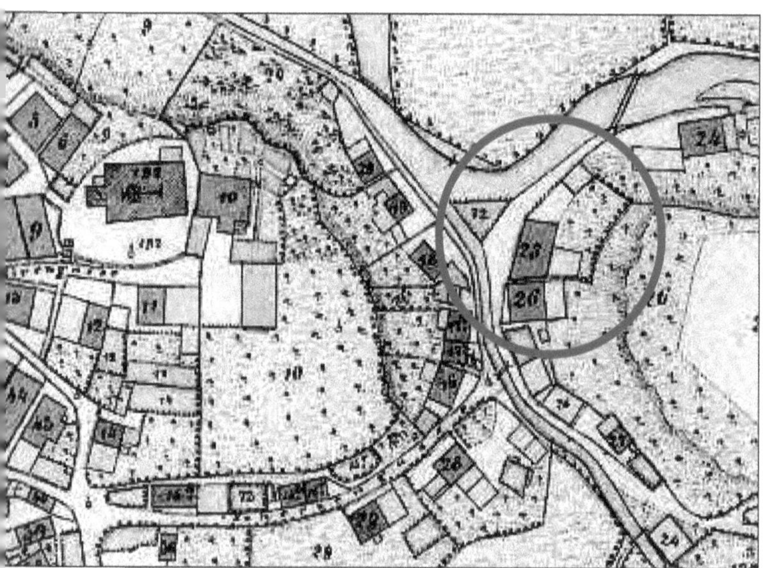

Barbara Böhners Ledergerberei: *Das zukünftige Weidenberger Armenhaus als Haus Nr. 25 auf den Uraufnahmeblättern aus dem Jahr 1850*

der gegerbten Häute entnehmen sie der Steinach. Die Gruben für den mindestens sechsmonatigen Gerbvorgang legen sie beim Haus an, wobei die Häute regelmäßig umgeschichtet werden müssen.

Vom Standpunkt der Umweltbelastung und Anwohnerbelästigung ist der Platz oberhalb der Steinach in Ortsnähe für eine Ledergerberei denkbar ungünstig gewählt. Der widerliche Gestank ist im Ort kaum zu ertragen. Und das Wasser wird durch die Fleisch- und Haarreste und die beim Lederwaschen ausgeschwemmten mineralischen Stoffe wie Alaun, Arsenik, Kalk und Salz stark verunreinigt; dieses trübe Bachwasser durchströmt mit seinen ekligen Lasten den ganzen Ort. So ist es für beide Seiten eine vorteilhafte Lösung, dass die Gemeinde der Familie die Übernahme von Haus und Grundstück anbietet. Das Haus ist geräumig und kann viele Personen aufnehmen.

Freilich hat das Gebäude seine großen Mängel. Wie bei vielen dieser alten Häuser ist damals lediglich das Erdgeschoss massiv aus Sandstein aufgeführt. Das Obergeschoss ist nach traditioneller Bauart mit Fachwerk und Brockenmauerwerk errichtet. Die alte Bausubstanz muss saniert und ein völlig neues Obergeschoss und ein neues Dach müssen aufgesetzt werden.

Problematisch sind für ein Haus an diesem Platz auch die regelmäßigen Überschwemmungen durch die vor allem im Frühjahr anschwellende Steinach. Die Wände werden immer wieder durchfeuchtet, und die Gebäudesubstanz wird arg in Mitleidenschaft gezogen.

So ist es kein Wunder, dass die steigenden Kosten für den Umbau 1879 einen weiteren Zuschuss des Bezirks erfordern, diesmal in der neuen Währung von 500 Reichsmark, die seit 1871 im ganzen deutschen Reich eingeführt ist und die in Bayern den alten Gulden ersetzt. Nach zwei weiteren Jahren, nachdem auch der

„St. Johannisverein" einen ganz namhaften Zuschuss gegeben hat, ist das ehrgeizige Projekt 1881 endlich geschafft, und die ersten der bereits ungeduldig wartenden Armen können einziehen.

Um 1900 wohnen in diesem Armenhaus mit der alten Haus-Nr. 25 in der Weidenberger Au an der Steinach 27 Bewohner in zwölf Haushalten.

Die Armutsidylle hat ihre Kehrseiten

Kaum jemand aus der bürgerlichen Gesellschaft Weidenbergs kann sich freilich das Leben im Armenhaus damals wirklich vorstellen. Der 1893 in Weidenberg geborene Pfarrer PAUL HÖHNE, dessen Vater der königliche Amtsgerichts-Sekretär und Mitgründer des Verschönerungsvereins ERNST HÖHNE, und dessen Mutter IDA eine Tochter des Weidenberger Pfarrers FRIEDRICH LAUBMANN ist, schildert in seinen Erinnerungen[79], mit welcher Scheu und ernsten Miene in seinem Elternhaus das Wort „arm" ausgesprochen wurde. Armut musste also in den Augen der Kinder der Bessergestellten etwas ganz Schlimmes sein.

Als andererseits der Doktor dem kleinen PAUL angesichts seiner Blutarmut empfiehlt, im Sommer barfuß zu laufen, da nennt seine Mutter dies zwar herablassend eine „Sportart für Armenhäusler", doch für das Kind aus bürgerlichem Haus ist es eine befreiende Erfahrung; denn das Alternativrezept lautete damals: „Täglich drei Esslöffel Lebertran", die zusammen mit einem Schluck schwarzen Kaffee hinunterzuspülen waren. Von dieser Qual erlöst den Knaben das Barfußgehen. Der damit verbundenen Abhärtung schreibt Pfarrer HÖHNE seine völlige Gesundung bis zum Erwachsenwerden zu.

Auch sonst vermittelte ihm die Begegnung mit Menschen vom Armenhaus manche bereichernde und unterhaltsame Erfahrung. Gern beobachtete PAUL das alltägliche Leben dort:

Im Bach wuschen die Frauen unter großem Geschnatter ihre Wäsche. Oft nahmen sie einfach den Sand aus dem Bach zur Reinigung. Seife war rar und teuer. Die Frauen waren teilweise ganz lustig kostümiert. Manche trugen Männerjacken, so wie lustige Leute an Fastnacht.

Fast jeder im Armenhaus hatte vor seinem Fenster im Sommer ein Vogelbauer aufgehängt. Darin hockte meist ein Kreuzschnabel, der war billiger als ein Kanarienvogel. Für die Kinder war es spannend zu beobachten, wie das Tier mit seinem seltsam gekreuzten Schnabel die Schuppen der Fichtenzapfens aufbog, um an die dazwischen liegenden Samen zu gelangen.

---

[79] Abgedruckt in „Seinerzeit" im amtlichen Mitteilungsblatt der Gemeinde 1976.

Kinderspiele an der hoch gehenden Steinach:
Das Armenhaus bei der Scherzenmühle um 1939

Die Unterhaltung dieser Menschen vom Armenhaus untereinander sei in ihrem Ton sorglos und unbeschwert gewesen, meinte PAUL HÖHNE. Er fragte sich aber, ob diese Sorglosigkeit die Ursache gewesen war, die diese Menschen ins Armenhaus gebracht hatte, oder ob umgekehrt diese Armen dem Leben gegenüber so unbeschwert erschienen, weil sie nicht von Sorgen um ihren Besitz beschwert waren. Doch wird eine eigene Folge in diesem Projekt „Myrten für Dornen" das tatsächliche Leben von Menschen in diesem Armenhaus beleuchten und dabei auch die schmerzhafte Seite dieser scheinbaren Idylle sichtbar machen; gewiss hätte auch damals niemand gern mit den Armenhäuslern getauscht[80].

Dieses andere, deprimierende Gesicht der Armut begegnete auch PAUL HÖHNE in seiner Kindheit. Einer der Armenhausbewohner, ein stark körperbehinderter, alleinstehender Mann, sei damals wochenweise reihum an die Häuser der Bessergestellten gekommen und habe sich mittags etwas zu essen geholt. Auf seinen Stock gestützt, habe er sich in die Küche neben den warmen Herd gesetzt, bis das Essen fertig war. Dann habe er die ihm gereichte Portion als Vorrat für den ganzen Tag in einem kleinen hölzernen Wärmekistchen mit einem Schiebedeckel heimgetragen.

---

[80] Vergl. das Kapitel: „MARTIN - LEBEN IM ARMENHAUS, STERBEN AN HUNGERKOST" – Spurensuche Opfer der Armut und der „wilden Euthanasie" aus Weidenberg in der Folge 5: „Spuren der Opfer".

PAUL hat diese Begegnung mit dem kümmerlichen Dasein eines Armenhäuslers als eine wichtige Lernerfahrung empfunden, die ihm etwas über die Kehrseite des Lebens erzählte.

Auch das scheinbar heitere Dasein des Drehorgelmannes, der von Zeit zu Zeit an die Haustür der bürgerlichen Familien kam, habe er als eher müde und trostlos empfunden. Nicht einmal die Kinder hätten für seine Darbietungen noch Interesse gezeigt.

Im Schloss lebt sich's in der Nazizeit billiger als im Armenhaus

Das Armenhaus ist nach damals gebräuchlichem Maßsystem 54 Fuß lang und 33 Fuß breit. Es hat also auf zwei Ebenen umgerechnet eine Bruttowohnfläche von rd. 350 m². Netto bleiben davon maximal 270 m² übrig, das sind also rd. 10 m² pro Person.

Wie wir oben schon gesehen haben, entspricht diese Wohnfläche zu dieser Zeit durchaus den Wohnverhältnissen vieler anderer armer Familien in WEIDENBERG. Und das wird auch noch lange so bleiben. Erst nach dem Zweiten Weltkrieg wird in Deutschland die Wohnfläche stetig wachsen und im Jahr 2012 schließlich durchschnittlich über 40 m² pro Person betragen. Auch eine Familie mit Anspruch auf Hartz IV kann heute einen Wohnraumbedarf von 20-40 m² pro Person geltend machen, also das zwei- bis vierfache der damaligen Zeit.

Bescheiden scheinen auf den ersten Blick auch die Mietkosten, die jemand, der eigene Einkünfte hat, damals im Armenhaus zahlt. Zum Vergleich: Für das Jahr 1941 weist der Markt WEIDENBERG als einzige Mieteinnahmen des Armenhauses von der damals dort wohnenden Familie GRIEßHAMMER eine Monatsmiete von 7 RM und von der Familie SCHMIDT 5 RM nach, vergleichsweise also etwa 0,40 RM/m², wobei zu bedenken ist, dass das Armenhaus keine Sanitäreinrichtungen, wie Bäder oder WCs besitzt. Als Abtritt dient der seitlich gelegene Misthaufen. Diese scheinbar kostengünstige Miete relativiert sich aber, wenn man vergleicht, was heute für Mieten bezahlt wird und was andere zu dieser Zeit für ihr Wohnen zahlen.

Gemessen am Durchschnittsentgelt würde die Miete im Armenhaus heute immerhin 5,20 €/m² kosten, das entspricht durchaus der ortsüblichen Vergleichsmiete in WEIDENBERG heute für Wohnraum mit ordentlichem Komfort! Noch krasser fällt der Vergleich mit der Miete aus, die Nazifunktionäre im Marktort damals zahlten: Nach der gleichen Weidenberger Einnahmeliste entrichtet zum selben Zeitpunkt 1941 der Lehrer, Parteifunktionär und erste Propagandist der NSDAP-Ortsgruppe Weidenberg, AUGUST KIEßLING, monatlich nur 20 RM als Miete. Er bewohnt mit seiner Familie die südostseitige, sich über die gesamte Hausbreite erstreckende

Billiges Wohnen: *Das „Alte Schloss", seit 1934 Wohnung und Treff der Nazifunktionäre*

Wohnung in der I. Etage des Altes Schlosses. Er muss also vergleichsweise nur etwa 0,10 RM/m^2 bzw. 1,30 $€/m^2$ nach heutigem Wert zahlen. Dabei sind Bad und WC inklusive![81]

Man muss also zum Thema „Soziale Gerechtigkeit für Volksgenossen im Nationalsozialismus" feststellen: Das Wohnen unter den primitiven Verhältnissen des Armenhauses kostet also damals im Verhältnis viermal so viel wie das Wohnen im gut ausgestatteten Schloss! Der Bürgermeister und Nazi-Ortsgruppenleiter GEORG RUMLER ist seinerzeit noch besser dran. Er genehmigt sich für das Bewohnen der gesamten II. Etage des Alten Schlosses sogar ein gänzlich mietfreies Wohnen!

Das Armenhaus – Heimat für unzählige Menschen

Fast 80 Jahre hindurch wird das alte Armenhaus unten an der Steinach nun die wichtigste Heimstätte der Armen in WEIDENBERG sein. Nicht nur Alte, Gebrechliche und Behinderte werden hier wohnen, sondern auch zahlreiche Kinder werden hier geboren werden. Sie werden hier aufwachsen und von ihrem ersten Lebenstag an eine Prägung ganz eigener Art für ihr ganzes Leben erfahren[82].

1958 wird dieses Armenhaus wegen Baufälligkeit abgebrochen. An seiner Stelle entsteht 1959 ein Dreifamilienhaus. Hier finden auch Angehörige der Lehrerschaft eine Dienstwohnung. So zieht hier der Lehrer JOHANNES SCHELLAKOWSKY ein. Er ist mit seiner Familie als Heimatvertriebener am Ende des Zweiten Weltkrieges aus Schlesien gekommen und kann nun seine Notwohnung verlassen.

---

[81] Abgedruckt in Folge 3 des Projekts „Myrten für Dornen": „Die Herrschaft der Nazis in Weidenberg. „Der Anstreicher und seine Lehrjungen" – Braune Herrschaft in Weidenberg seit 1929.

[82] Davon handelt das Kapitel „MARTIN - Leben im Armenhaus, Sterben an Hungerkost – Spurensuche nach einem Opfer der Armut und der „wilden Euthanasie" aus Weidenberg" in der Folge 5: „Spuren der Opfer".

Ihm folgt in der gleichen Wohnung der Lehrer ALFRED BEER, der 1962 Schellakowskys Nachfolge in der katholischen Bekenntnisschule antrat und heute in NEUSTADT a.d. Waldnaab wohnt. Zwei der drei Beer-Söhne wurden hier geboren.

Auch der Kaminkehrermeister HENNEBERGER aus BURK bei Forchheim wohnt hier und die Familie RABENSTEIN aus der nahen Scherzenmühle. Nach ihnen sehen wir unter den Bewohnern die Witwe HENNEBERGER, die Familie GÄNSRICH und die Lehrerin ARNSTEIN, geb. HELLMER. 1971 zieht die Familie BORDES ein und erwirbt 1997 das ganze Anwesen mit der heutigen Hausnummer Kantorsgasse 18.

Wohnhaus neben der Scherzenmühle: *Der Standort des einstigen Armenhauses*

LICHT UND SCHATTEN DER NEUEN ZEIT
– Alltagsleben in der Vorahnung der Katastrophe –

4. „ALS WEIDENBERG KURORT WERDEN WOLLTE“

Pfarrer Redenbacher und der
Verschönerungsverein Weidenberg

(Ein Durchgang durch die Geschichte der
Marktgemeinde Weidenberg 1903-2013)

VIERTES BUCH:

„Als Weidenberg Kurort werden wollte“

Pfarrer Redenbacher und der Verschönerungsverein Weidenberg

(Ein Durchgang durch die Geschichte der Marktgemeinde Weidenberg 1903-2013)

INHALT

Verschönerungs-Verein Weidenberg im Fichtelgebirge.

Ein Verein auf der Suche nach tragfähigen Zukunftsperspektiven für die Marktgemeinde

Der „Regenschirm" auf dem Kulm feierte im Jahr 2013 seinen 100. Geburtstag

Weithin als Landmarke sichtbar erhebt sich über WEIDENBERG der Höhenrücken des Kulm[83] mit seinem charakteristischen „Regenschirm", dem kleinen pilzförmigen Unterstelldach, und den dort aufgestellten Bänken. Von hier geht ein grandioser Blick nach allen Richtungen. Nach Norden und Osten hin erhebt sich über WEIDENBERG mit seiner Michaelskirche und dem Tal der Steinach dunkelgrün das waldreiche Fichtelgebirge in seiner vollen majestätischen Breite. Nach Westen und Süden hin öffnet sich der Blick zu den grünen Hügeln von Bocksleite, Schlehenberg und Pensen bis hinüber zum Birker Pfarrwald und dahinter zum Speinsharter Forst und zur markanten Höhe des Rauhen Kulm.

Aussichtspunkt Kulm: *Der „Regenschirm" des V. V. W. steht dort seit 1913 (Foto: 1969)*

Wenn die Christen aller Konfessionen aus der gesamten Umgebung von Steinachtal und Frankenpfalz hier jedes Jahr am Pfingstmontag zusammenströmen, um ihren ökumenischen Pfingstgottesdienst zu feiern,

[83] Der Weidenberger Kulm mit einer Höhe von „nur" 543 m ist nicht zu verwechseln mit dem nah gelegenen Rauhen Kulm bei Neustadt am Kulm in der Oberpfalz, der eine Höhe von 681 m ü. NHN aufweist, sowie mit weiteren etwa 16 Bergen und Hügeln in Deutschland mit gleicher Bezeichnung. Ob dieser Name auf slawische oder römische Wurzeln zurückgeht, ist umstritten. Ersteres ist aber für diese Landschaft im oberfränkisch-pfälzischen Grenzraum wahrscheinlicher, da sich hier historisch eine starke slawische Besiedlung nachweisen lässt, die sich auch in vielen weiteren geographischen Bezeichnungen in dieser Gegend niedergeschlagen hat.

dann dürfte ihnen die historische und kulturelle Bedeutung ihres Treffpunktes kaum bewusst sein: Dieser Aussichtsplatz mit „Regenschirm" und Bank konnte im Jahr 2013 seinen 100. Geburtstag feiern!

Die Aufstellung dieses Schutzdaches im Jahr 1913, also ein Jahr vor Ausbruch des Ersten Weltkrieges, war Ausdruck der seinerzeit optimistischen Grundstimmung in ganz Deutschland, die auch die einflussreichen Bürger der Marktgemeinde WEIDENBERG erfasst hatte; sie hatten sich 10 Jahre zuvor in dem Bemühen vereinigt, den Marktort zu einem Kurort zu machen.

Dieser Aussichtsplatz über dem Ort ist zugleich ein Zeugnis für die schöpferische Arbeit ihres inzwischen erloschenen rührigen Vereins voller Gemeinsinn, der damals wagte, sich solche verwegenen Überlegungen für die Zukunft Weidenbergs auf die Fahnen zu schreiben: des **„Verschönerungs-Vereins Weidenberg"** von 1903, der sich abgekürzt auch **„V.V.W."** nannte. Seiner Leitung gehörte damals die gesamte Hautevolee Weidenbergs an, vom Pfarrer über den Bürgermeister, Amtsrichter, Arzt und Apotheker bis zum Lehrer. In den besten Zeiten unterstützten weit mehr als 100 weitere Mitglieder den Verein bei den weit reichenden Überlegungen ihrer mutigen Vordenker.

Solche Gedankenspiele, wie man nach dem Niedergang des Bergbaus in dieser Gegend die Landschaft des Fichtelgebirges für den aufkeimenden Tourismus nutzbar machen könnte, entsprachen den Trends der damaligen Zeit an der Wende zum 20. Jahrhundert. Denn seinerzeit war nicht nur das „Kuren" bei den Bessergestellten „in". Sondern allenthalben wollten sich auch jüngere Leute in Deutschland, angeregt durch die Wandervogelbewegung, von der Bierdunst- und Stehkragen-Atmosphäre der Freizeitgestaltung ihrer Väter befreien und suchten beim Wandern in der Sommerfrische eine gesundheits- und naturbewusste Entspannung.

Impulsgeber für Fremdenverkehrspläne: *Neuer Bahnhof Weidenberg, Aufnahme 1898*

Auch andere Fichtelgebirgsgemeinden wie BAD BERNECK, BISCHOFSGRÜN oder WARMENSTEINACH setzen damals auf den neuen Trend. Die Erschließung durch die Eisenbahn ließ sie alle darauf hoffen, ihre Orte als „Sommerfrische" oder sogar für erste zaghafte Gehversuche im Wintersport vermarkten zu können. Bereits seit 1830 bot BERNECK eine „Molkenkur" an.

Doch der Weg zum Kurort ist weit und fordert einen langen Atem. Erst im Jahr 1930 gelingt es den vorgenannten Gemeinden des Hohen Fichtelgebirgs, dort die Kneipp-Ideen zu etablieren, und als Kurbad wird BERNECK gar erst nach dem Zweiten Weltkrieg, im Jahr 1950, anerkannt. Auch BISCHOFSGRÜN, das zur gleichen Zeit wie WEIDENBERG mit dem Wandertourismus beginnt, erreicht erst 1958 die Anerkennung als „Luftkurort" und darf sich gar erst seit dem Jahr 1992 „heilklimatischer Kurort" nennen.

Der Weidenberger Verschönerungsverein will diesen neuartigen Trend damals im Optimismus der prosperierenden Zeit um die Jahrhundertwende auch nach WEIDENBERG locken. Damit betritt dieser Verein an sich kein Neuland. Denn nachdem mit der Industrialisierung und der Verbürgerlichung der Gesellschaft die Frage nach Erholung und Urlaub für die Menschen immer wichtiger wurde, hatte es genau 30 Jahre zuvor, 1873, schon einmal Bemühungen um die Ortsverschönerung Weidenbergs und den Fremdenverkehr gegeben. Dieser erste Verschönerungs-Verein war aber um die Jahrhundertwende längst wieder eingeschlafen.

So treffen sich am Dienstag, dem 3.März 1903, 14 Männer zu einem Neuanfang und zur „konstituierenden Versammlung". Das Hauptziel des Vereins bestimmen sie dann kurz nach der Gründung in § 1 der neuen Satzung: Die *„Hebung und Förderung des Fremdenverkehrs"*. Alle „Störungen", die „den Bestrebungen der Ortsverschönerung entgegenwirken", sollen verhindert werden.

Die Honoratioren des Ortes übernehmen Verantwortung

Die Liste der gewählten Vorstands- und Ausschussmitglieder dieses eifrigen Kultur- und Fremdenverkehrsvereins im Gründungsprotokoll liest sich wie ein Who-is-who des damaligen bürgerlichen Weidenberg. Wir finden zu guten Taten für den Ort vereint: die Inhaber der I. und II. Pfarrstelle Pfarrer OTTO HERATH und Pfarrer PHILIPP SCHMIDT, den Bürgermeister MICHAEL SCHRECK, der von 1887 bis 1915 im

Anfang mit 14 Mitgliedern: *Kopf des Gründungsprotokolls des V. V. W. vom 3. März 1903*

Amt war, den Apotheker FRANZ NUSCH, den Doktor JOSEF SCHMITT; den approbierten Bader KARL HERMANN, den königlichen Amtsrichter LUDWIG CRONENBERG, den Gerichtssekretär ERNST HÖHNE, den Kaufmann HANS LOCHMÜLLER u.v.a.m.

Zum Ersten Gründungsvorsitzenden wird damals Pfarrer SCHMIDT gewählt, der seit 1902 auf der II. Pfarrstelle tätig war. Er verstarb dann leider allzu früh bereits am 13. März 1910 im Alter von erst 46 Jahren in Weidenberg. An seinem Lieblingsplatz, der „Karls-Ruhe“ an der Warmensteinacher Straße, an der Ecke zur heutigen Georg-Hagen-Straße, pflanzten seine Vereinskollegen seinerzeit eine Gedächtnis-Linde, die aber leider inzwischen verschwunden ist.

Von 1905–1919 findet sich auch der Lehrer und spätere Ehrenbürger der Marktgemeinde NIKOLAUS HÖFER als Schriftführer in der Vorstandschaft. Er hat von 1910-1913 auch den Vorsitz des V.V.W. Langjährige Verantwortung übernehmen ab 1910 auch der Kunstmühlenbesitzer PAUL SCHÖLLER als Kassier und dann vor allem der II. Pfarrer GEORG REDENBACHER, der praktisch von seinem Dienstantritt 1919 in WEIDENBERG bis zu seinem Tode 1951 mit nur einer kurzen Unterbrechung in der Vereinsführung tätig ist, davon 14 Jahre lang als Vorsitzender und weitere 17 Jahre hindurch als Schriftführer.

Erinnerung an das Gründungsjahr des V.V.W. 1903: *Wetterfahne auf der Bocksleite*

Sieht man die Liste der Vorstands- und Ausschussmitglieder im Verschönerungsverein durch die Jahrzehnte aufmerksam durch, zeigt sich also: Für die „High Society“ des damaligen Bürgertums ist es damals selbstverständlich, sich über ihre Tagesverpflichtungen hinaus ideell und auch praktisch für das Gemeinwohl Weidenbergs einzusetzen.

Die Wetterfahne auf der Bocksleite in der Nähe des Observatoriums, die damals beim Ausblick auf WEIDENBERG an der Ruhebank errichtet wurde, trägt, ins Blech eingeschnitten, die Jahreszahl 1903 und erinnert so noch heute an das Gründungsjahr des Weidenberger Verschönerungsvereins; sie ist aber durch Vandalismus leider stark beschädigt. Und die Aussicht droht durch das Versäumnis des Busch-

und Baumschnitts während der Jahre völlig zuzuwachsen[84].

Der zu Anfang bereits erwähnte „Regenschirm“ auf dem Kulm ist das zweite noch heute existierende Erinnerungszeichen des V.V.W. Damals wegen seiner Form meist „Pilz“ genannt und zum zehnten Jubiläum des jungen V.V.W. im Jahre 1913 errichtet, erinnert er an den ersten Höhepunkt und in gewisser Weise auch Abschluss der ersten Phase im umfangreichen Wirken dieses wohl rührigsten Vereins in der Weidenberger Geschichte.

Der Erste Weltkrieg ist dann der erste massive Einschnitt in die Vereinstätigkeit. Er fordert unter den Vereinsmitgliedern einen hohen Blutzoll. Doch nach Überwindung der ärgsten Nachkriegsnot führt der Verein mit alter Energie und neuem Schwung die Arbeit weiter. Fast sämtliche Bäume und Brunnen, die heute die Straßen des Marktes Weidenberg säumen, viele Plätze und Wege sind Zeugen für die frühen segensreichen Initiativen dieses Vereins.

Auch wenn dem V.V.W. trotz vieler Mühen die Verwirklichung seines größten Projektes letztlich versagt blieb, nämlich WEIDENBERG zum Kurort zu machen, so ist doch die Zielstrebigkeit, geduldige Zähigkeit und das gemeinsame Engagement der Vorstände bis heute beispielhaft und verdient, in den Weidenberger Geschichtsbüchern festgehalten zu werden.

Damals lautete die Existenzfrage, die diese Honoratioren in der Vereinsleitung stellten: Kann Weidenberg sich wandeln vom landwirtschaftlich geprägten und ein wenig verwahrlost wirkenden Ort der Armut hin zu einem attraktiven Urlaubsziel für Erholung suchende Fremde und zu mehr Lebensqualität auch für die Einheimischen selbst? Kann es einen Weg geben von der scheinbar selbstverständlichen Duldung der an den Straßen aufgereihten Dunghaufen hin zu einem landschaftlich reizvollen Kurort, der Lufthungrige aufatmen lässt?

Der Wandel vom Armutsort zur Mittelstandskommune harrt der Gestaltung

Dieser Verein hat sich damals mit „Manpower“ und Überzeugungseifer den Herausforderungen des Wandels gestellt, denen eine kleine Marktgemeinde wie WEIDENBERG sich zu allen Zeiten stellen muss. Sieht sich die Gemeinde heute im 21. Jahr- hundert vor allem mit den Konsequenzen eines „demografischen Wandels“ und der Flucht der Menschen in die Ballungsräume konfrontiert, so war es damals in Weidenberg zu Beginn des 20. Jahrhunderts der Übergang aus der überwiegend bäuerlichen Gesellschaft unter dem bedrückenden Armutssymbol der „Gaasla“ –

[84] Auf Betreiben von HANS SCHÖFFEL wurde die Bebuschung im Jahr 2017 ausgelichtet und die Aussicht teilweise wieder freigelegt.

Statuten

des

Verschönerungs-Vereins Weidenberg

(Eingetragener Verein)

Gegründet am 3. März 1903

Eingetr. in das Vereinsregister des Amtsgerichts Weidenberg 23. [illegible]

Bayreuth
Druck von Leonh. Tripß
1903

I. Name, Sitz und Zweck des Vereins.

§ 1.

Zweck des unter dem Namen „Verschönerungs-Verein Weidenberg" (anerkannter Verein) mit dem Sitze in Weidenberg gebildeten Vereins ist Hebung und Förderung des Fremdenverkehrs, Anregung, Ausführung und Unterhaltung solcher Unternehmungen, welche auf Verschönerung des Marktes Weidenberg und dessen nächster Umgebung gerichtet sind. Zweck des Vereins soll auch sein, nach Möglichkeit alle den Bestrebungen der Ortsverschönerung entgegenwirkenden Veranstaltungen und Störungen zu verhindern.

§ 2.

Der Verschönerungs-Verein behält sich vor, bei der Schaffung gewisser Einrichtungen, welche die bereits bestehenden Anlagen, Alleen und dergleichen berühren, jedoch aus Gemeindemitteln allein nicht bestritten werden können, mit der Gemeindebehörde ins Benehmen zu treten und mit derselben überhaupt bei allen auf Ortsverschönerung gerichteten Bestrebungen Hand in Hand zu gehen.

II. Mitgliedschaft, Ein- und Austritt, sowie Ausschließung von Mitgliedern.

§ 3.

Mitglied kann jede unbescholtene Person von Weidenberg und auswärts werden. Die Aufnahme erfolgt durch schriftliche oder mündliche Anmeldung bei einem Vorstandsmitgliede durch den Vorstand.

„Hebung und Förderung des Fremdenverkehrs“: *Statuten des Verschönerungsvereins, im Vereinsregister eingetragen 23.9.1903*

den allgegenwärtigen Ziegen der armen Leute – in eine bürgerliche Mittelstandskommune, welcher auf Gestaltung harrte.

Wenn sich seinerzeit der Verschönerungsverein WEIDENBERG, wie damals auch andere Fichtelgebirgsgemeinden, die Hebung des Fremdenverkehrs auf die Fahnen geschrieben hat, so deshalb, weil man hier, dem neuen Freizeittrend des Bürgertums nach der Jahrhundertwende folgend, die größten Chancen für eine Wertschöpfung vermutete.

Es sind weit reichende Visionen von einem nachhaltigen Strukturwandel, die das Denken in vielen Köpfen von Bürgern seinerzeit nach der vorletzten Jahrhundertwende beflügeln. Große Hoffnung lebt auf, die schicksalshafte Armut endgültig überwinden zu können. Und in dieses optimistische Nachdenken mischen sich damals auch die Pfarrer kräftig mit ein[85].

Der röm.-kath. Pfarrer LUDWIG WIESBECK, von 1892-1908 zuständig für die Kirchenpingärtner und Weidenberger Katholiken, der im Jahr 1901 das Kirchlein am ROSENHAMMER für die kleine Schar der damals 112 Weidenberger Katholiken erbaut hatte, kam selbst aus der Landwirtschaft. Er sieht damals den Primat beim Strukturwandel der Landwirtschaft im Umbau zu mehr Produktivität durch genossenschaftliche Strukturen.

WIESBECK beteiligt sich auch selbst an der Gründung einer solchen Genossenschaft für landwirtschaftliche Maschinen in WEIDENBERG, der Vorläuferin der heutigen Firma LIPPOLT. Und in KIRCHENPINGARTEN gründet er eine bäuerliche Genossenschaft mit Errichtung einer Schnapsfabrik zur umfassenderen Verwertung der

[85] Vergl. dazu auch das Kapitel „Arbeit, Wohlstand und Armut bei den „Gaasla – Soziales Leben, Beruf und Gewerbe in Weidenberg um die Wende zum 20. Jh.“ weiter oben in dieser Folge des Projektes „Myrten für Dornen“.

Kartoffeln. Die etwas rustikalen Umgangsformen seiner frankenpfälzer Schnapsbrenner werden aber in WEIDENBERG, wie wir weiter unten hören werden, bald zu einem Stein des Anstoßes und zu einem Konfliktherd für die Arbeit des jungen Verschönerungsvereins im Bahnhofsbereich.

Seelsorger und Impulsgeber:
Pfarrer LUDWIG WIESBECK

Auch die evangelischen Pfarrer PHILIPP KARL SCHMIDT und JOHANNES SCHALLER engagieren sich von Anfang an für ihre Gemeinde. Sie wollen ein Umdenken im Bereich von Bildung und Kultur und bemühen sich dabei zugleich auch um eine ästhetisch befriedigende äußerliche Lebensgestaltung, man würde heute sagen, um mehr „Bürgerlichkeit". Sie versprechen sich davon die Hebung des Lebensgefühls und auch des Lebensstandards für alle, und sie nehmen sich vor, die Bevölkerung entsprechend zu „erziehen" und auf ihrem Weg mitzunehmen.

Wer allerdings damals meint, dieser Weg „vom Kuhdorf zum Kurort" sei leicht zu begehen und jedem einsichtig zu machen, der unterschätzt die menschliche Trägheit und Bequemlichkeit. So gibt es zwar in den ersten Jahrzehnten dieses „Kulturvereins" viele Bemühungen um mehr Lebensqualität, die Aufsehen erregen, ohne dass aber zunächst ein nachhaltiger Wandel erkennbar wird.

Unermüdlich werden Bäume und Sträucher gepflanzt und blumengeschmückte Anlagen geschaffen, Bänke aufgestellt und Wege markiert und instand gesetzt. Viele Linden, Kastanien und Akazien, die heute noch das Gesicht des Marktes WEIDENBERG prägen und „Räume schaffen", sind damals gesetzt worden.

Besonders beachtlich ist die Anpflanzung der 80 Lindenbäumchen am Weg hinauf zur Bocksleite Richtung LANKENDORF; auch sie erfolgt schon einige Zeit vor dem Ersten Weltkrieg. Im Jahr 1906 wird beschlossen, an der Straße Richtung Waizenreuth Linden- und Ahornbäume zu pflanzen; dabei gelingt es endlich auch, den Schuttablagerungsplatz am Fuchs'schen Stadel zu schließen.

Im Aufstellen von Ruhebänken sieht der Verein eine zentrale Aufgabe. Nach dem Zweiten Weltkrieg wird dies sogar der Hauptschwerpunkt der Vereinsarbeit.

Immer spielen die grundlegenden praktischen Aktivitäten in der Vereinsarbeit die größte Rolle. Daneben wird aber immer auch viel pädagogisches Bemühen aufgewendet, um der Bevölkerung mehr Umweltbewusstsein nahezubringen. Immer wieder appelliert der Verein an die Mitverantwortung der Bürger für die Ausschmückung und Pflege ihres Ortes.

Gepflegte Anlagen, bequeme Ruhebänke: *Weidenberger Honoratioren genießen um 1925 die erfolgreiche Arbeit des Verschönerungsvereins*

Geleistet wird die praktische Arbeit des Vereins von dem regelmäßig tagenden, zunächst achtköpfigen Ausschuss. Um die alten Rivalitäten zwischen den Einwohnern von Obermarkt und Untermarkt-Linden zu respektieren, wird dieser Ausschuss später erweitert und gleichmäßig mit Vertretern der beiden Gemeindeteile besetzt.

Nach dem Bau von Bahnhof und Bahnhofsgaststätte liegt dem Verein das Bild dieses Ortszugangs am Herzen. So entsteht gegenüber dem Preißinger'schen Gasthause eine kleine Grünanlage, die seitdem Bestandteil im grundlegenden Pflegekonzept ist; und am einst kahlen Bahnhofsplatz werden, mit Zustimmung der Eisenbahnbetriebsleitung die Kastanien- und Lindenbäume gepflanzt, die dort heute noch kräftig grünen und blühen. Das Problem, woher man zur Pflege und Bewässerung der Anlagen am Bahnhof Wasser bekommt, kann damals mit der Eisenbahnbetriebsdirektion WEIDEN befriedigend geklärt werden: Die Bahn, die ja seinerzeit noch Wasser zum Betrieb ihrer Lokomotiven benötigt,

Verlockung für Fremdenverkehr: *Grußkarte mit Bahnhof vor 1912*

ist bereit, dem Verein auch Wasser zur Pflege der Anlagen zu überlassen.

Ärgerlich sind die Schäden, die an diesen öffentlichen Anlagen immer wieder hervorgerufen werden. Nicht immer ist die Jugend schuld. So findet sich ein bemerkenswerter Eintrag, dass die Bahnhofsanlage durch die oben erwähnte, vom katholischen Seelsorger von KIRCHENPINGARTEN und ROSENHAMMER LUDWIG WIESBECK angeregte Brennerei-Genossenschaft beschädigt worden sei. Die Kirchenpingärtner seien nun wiederholt aufgefordert worden, Schadensersatz zu leisten. Bei Nichtbefolgung will man sogar mit Gerichtsklage drohen.

Fromme Schnapsfabrik: *Kirchenpingarten um 1905 (im Kreis)*

Die Schnapsfabrik in KIRCHENPINGARTEN war nicht zu übersehen. Ihr Schlot war neben dem Kirchturm seinerzeit am Ort das höchste Bauwerk. Die hier arbeitenden Männer hatten offenbar grobe Fäuste und keinen Blick für die in WEIDENBERG in Bahnhofsnähe eben heranwachsende Kulturlandschaft. Denn offenbar haben sie bei der Anlieferung der mächtigen und schweren Spritfässer für die Bahnverladung das vom V.V.W. frisch angelegte Grün in Mitleiden-

Ärger für die Anlagen: *Die Schnapsbrenner von Kirchenpingarten*

schaft gezogen. Über den Ausgang des schweren Konflikts mit dem V.V.W. ist nichts bekannt.

Diese Genossenschaft ist aber nach Wiesbecks Weggang bald wieder eingegangen. Vielleicht war ihr Betrieb den frommen Frankenpfälzern, die ihren umtriebigen Pfarrer stets mit Misstrauen verfolgten, zu unheilig; vielleicht war es aber einfach auch die Not nach dem Ersten Weltkrieg, die die Verwertung der Kartoffel auf ihre Verwendung als Grundnahrungsmittel statt Schnaps beschränkte.

Am Bürgersteig verhoben

Ein Hauptpunkt der frühen Sitzungen des V.V.W. ist aber der Bau eines Bürgersteiges. Er soll vom Füßmann'schen Hause mit dem Kolonialladen an der Kreuzung der Warmensteinacher Straße bis zum Bahnhof führen, um dem „Empfangssalon" der Gemeinde vom Bahnhof ein kultiviertes Gesicht zu geben.

Man kann sich ja heute kaum noch vorstellen, dass solche Gehwege, der soziologischen Entwicklungen der Zeit entsprechend auch „Bürgersteige" genannt, damals in der Bauerngemeinde noch eine ausgesprochene Rarität waren. Ansonsten spielte sich alles Leben ja auf der kaum befestigten Fahrstraße ab. Mit Kuhmisthaufen übersät und mit Jauche getränkt, bot die damalige Bahnhofstraße seit der Eröffnung der Eisenbahnlinie ins Fichtelgebirge 1896 alles andere als einen appetitlichen Anblick und lud kaum zum Begehen ohne festes Schuhwerk ein. Überhaupt erst im Jahr 1924 wird diese Straße kanalisiert.

Bürgersteig für Gäste: *Bahnhofstraße um 1908 mit Gänsen*

Aber wenigstens sollten doch die erwarteten zukünftigen Besucher auf ihrem Weg in den Ort freundlich empfangen werden. Die Anlage eines befestigten Gehweges gehörte deshalb zu den Prioritäten in der frühen Arbeit des Verschönerungsvereins.

Doch ist die Begeisterung von potentiellen Geldgebern für dieses ambitionierte Projekt zunächst eher gering. Der Beratungspunkt zieht sich durch zahlreiche Sitzungen und erbringt viele ernüchternde Ergebnisse. So werden Anträge an die Marktgemeinde und an das königliche Bezirksamt zur Mitfinanzierung von den erhofften Zuschussgebern „wegen Mangel an Mitteln abschlägig" beschieden.

Dennoch treiben die tapferen Ortshonoratioren das Vorhaben weiter voran. Sie halten mit dem Bauunternehmer JOHANN POPP und dem Kaufmann HEINRICH HEISCHMANN, dem Vorgänger von Betonwerk-RIEß, Besprechungen ab und holen auch ein technisches Gutachten beim Distrikts-Techniker ein; denn sie wollen wenigstens „probeweise" ein Stück Bürgersteig von 40 Metern Länge schaffen, um Anhaltspunkte für die zu erwartenden Gesamtkosten gewinnen.

Weil aber schon die ersten Kosten das Vermögen der Vereinskasse weit überschreiten, beschließt man, beim Schneidermeister CHRISTIAN SCHWENK vom Obermarkt ein unverzinsliches Darlehen bis zu einem Höchstbetrag von 200 Mark (!) aufzunehmen. Um die Vereinsmittel zu vermehren, werden in den Gastwirtschaften nun auch Sammelbüchsen aufgestellt. Und bereits im Jahr 1904 richtet man beim Volks- und Wiesenfest auch einen „Glückshafen" ein, um mit dem Verkauf von Losen Einnahmen für das ambitionierte Bürgersteig-Projekt zu erzielen. So geht der Verschönerungsverein voll Tatkraft ans Werk.

Doch der Vorstand merkt bald erschrocken, dass seine finanziellen Möglichkeiten an Grenzen stoßen. Er muss von der Gemeinde Zuschüsse erbitten zur Abtragung der aufgelaufenen Schulden und muss schließlich auch den Unterhalt des Bürgersteiges der Gemeinde übertragen. So sind auch Einsparungen bei der Bauausführung unerlässlich: Der Bürgersteig für die Bahnhofsstraße erhält statt der ursprünglich geplanten Gehwegplatten schließlich einen Basaltgrus, also eine Schicht aus feinem Basaltsplit als Decke.

Man muss überhaupt von größeren Projekten Abstand nehmen und sich auf den Unterhalt des Bestehenden beschränken, ist die ernüchternde Schlussfolgerung der Vereinsleitung.

Die neuen Trends am Vorabend des Ersten Weltkrieges: Sicherung der Wege und Fremdenverkehrswerbung mit Fotokarten

Immer wieder wird in den Sitzungen des Vereins über die Verbesserung und Neueinrichtung von Spazier- und Wanderwegen gesprochen. Wandern ist nach der Jahrhundertwende vor allem bei jüngeren Leuten „in". Während die Väter vor allem dem Wirtschaftsbesuch als Freizeitgestaltung huldigen, sucht die Jugend in der Natur auf den Spuren der trendigen Jugendbewegung ein gesundheits- und naturbewusstes Leben.

Der Weidenberger Verschönerungsverein will diese Strömung auch nach WEIDENBERG locken. Deshalb legen die Mitglieder großen Wert auf eine gute Begehbarkeit der Wege. Sie heben in Knochenarbeit Gräben und Durchlässe aus, sorgen für gut erkennbare Farbmarkierung, z.B. bei den Wegen über die Amselleite Richtung GRUND und GÖRAU oder über die KÖNIGSHEIDE, und bringen auch im Ortsbereich Wegweiser an, z.B. im Obermarkt am Beginn der Bayreuther Straße oder am Reitweg. Als erster Wanderweg wird der Weg nach KEILSTEIN mit Anschluss zum Weg Richtung KÖNIGSHEIDE markiert. Eine eigene Markierung erhält der Weg nach KIRCHENLAIBACH.

Auch nachts sollen die Ortsstraßen sicher begehbar sein. Bereits seit dem Jahr 1879 haben in WEIDENBERG Straßenlaternen gebrannt, aber das eher dürftige Licht spendete anfangs der Petroleumdocht. Der Aufwand war hoch: Täglich musste der Nachtwächter abends die Dochte per Leiter von Hand entzünden und mit der Morgendämmerung löschen; er musste rechtzeitig Öl nachfüllen und die Dochte erneuern.

Neue Zeit: *Stromleitung und Petroleumlicht an der Lindenstraße 1907*

So setzt sich der Verein für eine bessere **Beleuchtung** ein. Besonders die Bahnhofsstraße und andere wichtiger Straßen und Plätze des Marktes sollen heller werden. Das neue elektrische Licht ist viel billiger und wartungsärmer; nur die Glühbirnen halten anfangs nicht sehr lange und müssen häufig erneuert werden.

Viele Bessergestellte rüsten ihre Anwesen nun um auf Elektrizität. Ein eigenes Elektrizitätswerk, angetrieben vom Wasser der Steinach, liefert den Strom. Doch es dauert noch bis 1911, bis auch die Straßenlaternen elektrifiziert werden können.

Am Übergang zur modernen Fotografie:
Älteste Foto-Ansicht von WEIDENBERG um 1870

In dieser Zeit regen sich auch neue Anstrengungen für den zukünftigen KURORT WEIDENBERG. Es ist der Kunstmaler AUGUST SCHUSTER, der sich auch bei der Renovierung des Deckengemäldes in der St. Michaelskirche beteiligt hat, der die Leitung des Weidenberger Verschönerungsvereins auffordert, in *„größeren Zeitungen kleine Artikel von der Sommerfrische Weidenberg"* zu veröffentlichen. Ein Zirkular an alle hiesigen Wirtschaften sollte ergehen, damit *„zur Hebung dieses Zweiges in entgegenkommender Weise mit den gewöhnlichsten Bedürfnissen gedient werde"*. SCHUSTER erklärt sich zur Anfertigung der Werbetafel am Bahnhof bereit, die schon länger im Gespräch ist.

Auch die Produktion und Verbreitung von **Ansichtskarten** soll helfen, den Ort Weidenberg und seine Vorzüge bekannt zu machen. Die ältesten Karten sind noch Lithographien, also Steindrucke. Aber die Erfindung und praktische Anwendung der Fotografie, die 1839 erstmals öffentlich vorgestellt worden war, konnte bis zur Jahrhundertwende entscheidend weiterentwickelt und für den Massenmarkt tauglich gemacht werden. Sie ermöglichte nun, im Bild authentisch festzuhalten, was bis dahin nur von Malern, Zeichnern und Grafikern als Abbild von Mensch und Natur mehr oder minder fantasievoll geschaffen werden musste.

In Ludewigs Verlag erschien:
Das Geheimniß
der
Daguerreotypie,
oder die Kunst:
Lichtbilder
durch die Camera obscura zu erzeugen.
Nebst einer Anweisung
zur Bereitung des photogenischen Papieres nach Talbot
und Daguerre.
Leipzig, 1839. Paul Baumgärtner, brosch.

Unaufhaltsame Fotografie:
Werbung bereits seit 1839

Von WEIDENBERG kennt man früheste fotografische Aufnahmen von Landschaften und Ortsbildern ab etwa 1870-1880, sie sind zunächst noch eine große Rarität. In Einzelfällen werden sie von Hand nachkoloriert. „Luftaufnahmen" von Weidenberg sind sogar bis 1926 nur als bemalte Fantasie-Zeichnungen vorhanden.

Nach dem Eisenbahnbau: *Ansicht von Weidenberger im Jahr 1895*

Die rasanten Fortschritte der Fototechnik mit der Wende zum 20. Jahrhundert macht auch der Vergleich der in diesem Buch abgedruckten Bilder von WEIDENBERG in den Jahren 1870, 1895, 1907 und 1910 deutlich. Die neuen Bild-Postkarten, die direkt im Ortsbild oder von den umliegenden Hügeln herab aufgenommen sind, sollen ein Kennenlernen von reizvollen Einzelheiten des Marktes ermöglichen und so für den Ort „Werbung“ machen.

Gleichzeitig spiegeln sich in diesen in vielen Häusern erhaltenen Fotografien die Marktgeschichte und das Zeitgeschehen. Die Straßen sind anfangs noch ganz ohne Autos, wie überhaupt der Eindruck entsteht, dass der heute typische Autoverkehr und die unendlichen Reihen parkender Fahrzeuge erst sehr spät in WEIDENBERG Einzug halten. Dafür tummeln sich Hühner oder Gänse auf den Straßen, wie auf den weiter oben gezeigten Bildern von Obermarkt oder Bahnhofstraße oder der Aufnahme unten an der Steinach. Ochsengespanne und Fahrräder sind lange Zeit hindurch bis in die 60-er Jahre des 20. Jh. die verbreiteten Beförderungsmittel in Weidenbergs Straßen.

Werbung mit Postkarten:
„An der Steinach“, Ansichtskarte vor 1907, gelaufen 1919

Wenn ein Fotograf erscheint, drängt sich rasch die ganze Nachbarschaft zusammen. Man will sich zeigen, möglichst in adretter Kleidung. In dem, was „man“ auf der Straße trägt, spiegelt sich die jeweilige Mode und ihre Zeit, ebenso im Aussehen der Uniformen. Die Damen auf dem Marktplatz 1912 vor der Schule und Apotheke, die wir auf der folgenden Seite sehen, sind offenbar in bürgerlicher Sonntagskleidung. Sie tragen die damals modischen langen Röcke zur weißen Bluse, dazu Handtäschchen und den üppig dekorierten Hut; der Herr trägt Anzug mit Weste und Hut und hält sein Spazierstöckchen wie ein „Dandy“ leicht in der Hand. Geduldig warten alle, bis der Fotograf sie in seinem „Kasten“ verewigt hat. Nicht selten sind auch vorbei watschelnde Gänse und streunende Hunde mit im Bild.

In späterer Zeit, als die Autos aufkommenden, kann man an den Fahrzeug-Typen recht gut die Zeit der Aufnahme ablesen. Denn wer mit der Zeit gehen will und genügend Geld hat oder es sich pumpen kann, fährt jeweils das neueste Automobil.

Das Geschäft mit der Fotografie gebiert neue Anbieter. Auch Berufsfremde springen auf diesen Zug auf und werden zu Fotografen oder errichten gleich ganze Verlage. So tragen viele Ansichtskarten der Zeit den Namen GEORG bzw. HEINRICH RUMLER, WEIDENBERG. Es handelt sich um den Vater des späteren Ortsgruppenleiters gleichen Namens. Er war Schneidermeister und besaß einen eigenen angesehenen Laden für Textilien am Obermarkt. Er hat damals seinen Betrieb vergrößert und fügte ihm nun einen Ansichtskarten-Verlag hinzu. Nach seinem Soldatentod als 54.jähriger Kriegsfreiwilliger im zweiten Kriegsjahr 1915 übernahm sein jüngerer Sohn JOHANN HEINRICH das Geschäft.

Auch andere Schneider, Spezerei– und Gemischtwarenhändler, wie FRITZ DRESS, ADAM FÜßMANN, HEINRICH SACK oder MICHAEL WILL, eröffneten damals Verlage mit Ansichtskarten. Wichtig ist ihnen, dass auf solchen Bildern möglichst auch der eigene Laden gut zu erkennen ist.

Noch ein weiter Weg bis zum Fremdenverkehrsort:
Ansichtskarte vom Obermarkt Weidenberg um 1910

Heute sind diese vielen damals zu Werbezwecken hergestellten Karten historisch wertvoll, weil sie ein anschauliches Bild von der Entwicklung Weidenbergs vom Zeitpunkt vor dem Bau der Eisenbahn im 19.Jh. bis in die 60-er Jahre des 20.Jh. geben. Die Veröffentlichung der Karten läuft zeitlich in etwa parallel mit dem Wirken des Verschönerungsvereins und spiegelt dessen hohe Zeit von den ersten Überlegungen für den „Kurort Weidenberg" zu Beginn des 20.Jh. bis in die Zeit des Berlin-Tourismus zur Zeit des „Eisernen Vorhangs" nach dem Zweiten Weltkrieg wider. Dann ebbt die Herausgabe neuer Ansichtskarten mit Weidenberger Motiven stark ab. Der „Fremdenverkehrsprospekt" und später die Internetwerbung treten in der Tourismuswerbung endgültig an die Stelle der Postkarten.

Akazien für den neuen Schulhof und „Gedächtnisbäume" für Verdiente

Ein wichtiges Jahr für die Marktgemeinde ist das Jahr 1910. Endlich ist es möglich, die provisorischen Schulverhältnisse zu verbessern. Das 1834 angekaufte Schulhaus am Obermarkt kann abgerissen und durch einen größeren, den Anforderungen der Zeit entsprechenden Neubau im damals modischen Jugendstil ersetzt werden. Nun will der Verschönerungsverein auch den Vorplatz ansprechend gestalten und wählt dafür Akazien aus. Dieser schnellwüchsige Laubbaum ist ein beliebter Straßenbaum, der sehr robust und regenerationsfähig ist. Die Blüten werden gern als Bienenweide für „Akazienhonig" genutzt. Man hatte für diese Baumart beim V.V.W. offenbar eine besondere Schwäche, denn auch der Wiesenfestplatz im Erlenwäldchen der Au wird damals immer wieder mit Akazien ausgebessert.

Akazien für den Schulhof: *Marktplatz mit Schule um 1912*

Allerdings handelt es sich nicht um eine echte Akazie, die nur in den Tropen gedeiht, sondern um die sg. Scheinakazie, die zu Anfang des 17. Jh. vom Hofgärtner der damaligen französischen Könige, JEAN ROBIN, aus Nordamerika nach Paris eingeführt wurde und deshalb als „Robinie" bis heute seinen Namen trägt. Diese Bäume sind aber auf einem „Schulhof", den der Platz vor der damaligen Weidenberger Schule bildet, nicht unproblematisch, denn der Baum kann sich über die Wurzelbrut sowie über die Bildung von fliegenden Samen stark ausbreiten, und die Pflanzenteile gelten als giftig.

Im gleichen Jahr 1910 verstirbt unerwartet und viel zu früh der umtriebige Gründungsvorstand des Verschönerungsvereins Pfarrer PHILIPP KARL SCHMIDT. Der erst 46-Jährige wird unter großer Anteilnahme der Gemeinde auf dem Weidenberger Friedhof St. Stephan beigesetzt. Der Verein denkt in Pietät und Liebe an ihn. Unter seiner *„umsichtigen, rastlosen und opferfreudigen Leitung“* habe der Verein seit seiner Gründung *„unstreitig manches Gute für unseren Ort geschaffen“*, vermerkt das Protokoll. Die damals gepflanzte und inzwischen abgeholzte **Linde** an der „Karls-Ruhe“ an der Warmensteinacher Straße ist das einzige Gedächtnis, das je für diesen verdienstvollen Mann errichtet wurde.

Auch für andere verdiente Mitglieder werden seinerzeit Gedächtnisbäume gepflanzt, so ein Bäumchen für einen Herrn MULZER „ohne besondere Zeremonien“ auf dem dreieckigen Plätzchen an der Straßengabelung KEMNATH- WARMENSTEINACH beim ROSENHAMMER. Spätere Angaben zeigen, dass dieser Baum für MULZER bereits 1938 wieder entfernt wurde.

Dann diskutiert der Verein im Herbst 1911 über die Bepflanzung der Allee von WEIDENBERG nach ROSENHAMMER. Es sollen Linden sein. Obwohl es sich um eine Distriktstraße handelt und deren Bepflanzung eigentlich Sache des Distrikts ist, plädiert auf einer außerordentlichen Generalversammlung der damalige Orts-Arzt Dr. SCHROEN für eine finanzielle Unterstützung des Projektes durch den V.V.W. Zu den Gesamtkosten von 450 Mark solle man 50 Mark zuschießen. Sie sollen bei einem **Konzert** eingenommen werden, für das der Verein Träger sein will. Sogar der

Baum-Allee nach Rosenhammer: *Weidenberg um 1930, mit Schuhmühle und Ziegelei Kießling*

Hauptverein des Fichtelgebirgsvereins, den man offensichtlich als eifrigen Unterstützer gewinnt, obwohl es damals noch keinen Ortsverein gibt, bewilligt zu diesem Zweck 25 Mark.

Im Gegenzug werden die Mitglieder des Verschönerungsvereins ersucht, *„baldigst dem* ***Fichtelgebirgs-Verein*** *beizutreten"*. Damit ist wohl der Beitritt zum Hauptverein gemeint, mit dem Hintergedanken, in Zukunft auch in WEIDENBERG eine solche eigene Ortsgruppe gründen zu können. Doch kann dieses Projekt dann erst nach dem Zweiten Weltkrieg 1955 umgesetzt werden, mit umso größerem Erfolg. Heute ist der FGV der weitaus größte Verein in der Marktgemeinde WEIDENBERG.

Daneben müssen auch die kleineren laufenden Projekte weiter betreut werden. Den Anstrich des Brunnenhäuschens bei der Metzgerei ESCHBACH überlässt man freilich der Marktgemeinde, und die Grasverwertung des Wiesenfestplatzes, die damals anscheinend sehr begehrt ist, überträgt man den Bewohnern des Auhäuschens.

Die **Bänke** bleiben ein zeitloses Thema. Das liegt in der Natur der Sache. Sie bestehen zu dieser Zeit durchwegs aus Nadelholz, das nur eine sehr begrenzte Lebensdauer von etwa drei bis fünf Jahren hat. Sekretär DIETEL dringt auf die baldigste Ausbesserung der zahlreichen lädierten Ruhebänke im Ort.

Einem aus historischen Gründen interessanten Protokoll von 1913 entnehmen wir, dass eine **Signalstange auf dem Kulm** durch einen Sturm umgeknickt sei und dass an deren Stelle nun der anfangs erwähnte **Pilz mit Blechüberdachung** errichtet werden soll. Der Kostenvoranschlag des Zimmerermeisters KETTEL lautet über 33,50 Mark. Im Jahr 2013 hätte dieser 1967 renovierte „Regenschirm" als Wahrzeichen Weidenbergs und des Verschönerungsvereins seinen 100. Geburtstag feiern können. Doch von diesem Ereignis hat niemand wirklich Notiz genommen, ein Zeichen für die Schnelllebigkeit und Vergesslichkeit unserer Zeit.

Im letzten Friedensjahr 1913 nimmt der Verein auch die Markierung des Fußgängerweges vom Bahnhof über den Aurangen nach ROSENHAMMER und des Wanderweges nach STOCKAU vor. Am Brunnen am Bahnhof soll auch wieder eine Reklametafel aufgestellt werden, die dritte wohl in der Vereinsgeschichte. „Studiosus" NÜSSEL, der spätere bekannte Weidenberger Lehrer und Ehrenbürger, nach dem man nach dem Zweiten Weltkrieg dann auch eine Straße benennt, macht den Entwurf und eine kostenlose Zeichnung, was als dankenswert anerkannt wird. Holz und Farbe würden auf 18 Mark kommen.

Dann überschlagen sich die Ereignisse. Die erste von zwei aufeinander folgenden Urkatastrophen des 20. Jahrhunderts nimmt ihren Lauf. Danach wird nichts mehr sein wie zuvor. Gleichwohl fürchten sich die meisten anfangs noch nicht, sondern sind freudig erregt.

Am 31. Juli 1914 ruft der Gemeindediener auf dem Weidenberger Marktplatz die Erklärung der Regierung über den Kriegszustand aus. Patriotische Gesänge ertönen in den Wirtshäusern und auf den Straßen. Am 2. August gibt der Gemeindediener per Handglocke die Mobilmachung bekannt. Wie fast überall in Deutschland und auch im verbündeten und verfeindeten Ausland, so eilen auch in Weidenberg die jungen Männer mit großer Begeisterung zu den Fahnen.

Als „August-Erlebnis“ wird dieser unbegreifliche kriegslüsterne Überschwang heute in der Geschichtswissenschaft diskutiert, wobei die einen von einer nachträglich „inszenierten Begeisterung“ sprechen, die das Versagen der Sozialdemokratie in ihrer Zustimmung zu diesem Krieg kaschieren soll, die anderen aber eine tatsächliche Begeisterung zumindest in Teilen des Bürgertums annehmen. Viele Deutsche damals hätten wohl erwartet, nun offene Rechnungen mit England begleichen zu können, weil es die Deutschen so abfällig behandelt hatte. Auch Frankreich, das als „Erzfeind“ seit jeher galt, sollte zahlen. Jedenfalls ist von Kritik am Kriegseintritt aus WEIDENBERG bislang nichts bekannt, anders als dann im Zweiten Weltkrieg; eher muss man eine selbstverständliche Akzeptanz feststellen. Aus der Familie der Witwe PONATER z.B. melden sich gleich drei Söhne freiwillig zum Militär! In diesem Krieg treten die Aktivitäten des Verschönerungsvereins naturgemäß in den Hintergrund.

Doch die anfängliche Kriegsbegeisterung verraucht rascher als erwartet. Die Folgen der sich anbahnenden Katastrophe sind für alle verheerend. Sie berühren auch den V.V.W. auf nachhaltige und tragische Weise. Im Kriegsjahr 1917 protokolliert man, dass *„durch den bösen Krieg“* die Geldmittel knapp seien und man sich aufs Nötigste beschränken müsse. Mit Bestürzung und Trauer nimmt die Vereinsleitung wahr, dass viele der so optimistisch losgezogenen WEIDENBERGER aus diesem Krieg nicht mehr lebend heimkehren.

Man *„gedenkt der teuren gefallenen Weidenberger im großen Krieg“*. Man müsse sich jetzt schon mit der Frage der Errichtung eines **Ehrendenkmals** oder **Heldenhains** befassen. 53 Männer aus WEIDENBERG haben im Ersten Weltkrieg ihr Leben verloren. Aus einzelnen Jahrgängen ist mehr als ein Drittel der jungen Leute gefallen!

Vier Jahre nach Kriegsende, 1923, wird dann das schon länger geplante Mahnmal an der Kirche errichtet. Es wird der Evang. Kirchenstiftung zur Betreuung übergeben. Dabei werden vor dem meiste deutsch-nationalen Publikum „vaterländische“ Reden gehalten.

Helden oder sinnlose Opfer?
Gedenkveranstaltung am Weidenberger Mahnmal an der Michaelskirche nach 1925

Den behelmten steinernen Krieger auf dem Sockel des Denkmals hat der Bayreuther Bildhauer MARTIN MÖSCH geschaffen. Er war bis dahin mit Arbeiten zur Gestaltung der öffentlichen, repräsentativen Gebäude von Regierung und Justiz in BAYREUTH hervorgetreten. Doch diese früheren Bauwerke unterscheiden sich durch ihren klassizistischen Stil von seinem neuen Projekt, das im Stil der „neuen Sachlichkeit" gestaltet ist.

Es zeigt einen knienden, nach Westen gewandten Soldaten. Er hat seinen Kopf gesenkt, seine Hände sind vor seiner Waffe gefaltet. Die Haltung erinnert an den Kniefall, den König LUDWIG I. im Jahr 1838 per Order beim Militär einführte und den die Protestanten einst verweigerten (s.o. S. 55). Ist der Krieger sprachlos, oder will er als Davongekommener aus den Erfahrungen lernen und anderen davon etwas weitersagen?

Weidenberger Fremdenverkehrsideen und die Sackgassen des „Dritten Reiches“

Idealismus und Wintersport in den Zeiten der Weltwirtschaftskrise

Im Weidenberger Verschönerungsverein möchten viele nach dem katastrophalen Kriegsende die Arbeit fortsetzen. Zum Mithelfen regen sich viele Hände. Aber es sind auch Menschen mit mutigen Visionen gefragt, die bereit sind, sich vorn hinzustellen.

Als Pfarrer GEORG REDENBACHER am 1. Januar 1919 seinen Dienst in WEIDENBERG antritt, weiß er, dass man von ihm die Mitwirkung im Verschönerungsverein erwartet. Er soll, in Nachfolge seines unmittelbaren Amtsvorgängers JOHANNES SCHALLER, sogleich den Vorsitz übernehmen. REDENBACHER ziert sich nicht. Er weiß, dass er einen verdienstvollen Verein mit lauter Honoratioren des Marktes vorfindet, die sich nicht nur die Verbesserung des äußeren Erscheinungsbildes des Ortes auf die Fahnen geschrieben haben, sondern erfüllt sind von den weitreichenden Visionen, die helfen sollen, die allgemeinen Lebensverhältnisse zu verbessern und WEIDENBERG längerfristig zu einem Kurort zu machen.

Verschönerungs-Verein Weidenberg.

MITGLIEDS-KARTE

für

Georg Redenbacher, Pfarrer

Die Vorstandschaft:

Eine Säule des V.V.W.: *Pfarrer GEORG REDENBACHER, Mitglied seit 1919*

So rafft sich der Verschönerungsverein nach dem Schrecken der demütigenden Kriegsniederlage noch in der Zeit des revolutionären und chaotischen politischen Neubeginns für Deutschland und Bayern bald auf und führt unter seinem neuen Vorstand mit alter Energie und neuem Schwung seine begonnene Arbeit weiter. Sponsoren und Werbung sollen diesen Schwung verstärken.

Bereits im März 1919 erklärt sich Lehrer SCHMIDT bereit, mit seiner Musikkapelle ein **Konzert** zu Gunsten des Verschönerungs-Vereins zu veranstalten. Als Forstmeister FRITZ GLASER 1920 zeitweilig, im Wechsel mit Pfarrer REDENBACHER, den Vereinsvorsitz übernimmt, soll ein **Vogelschutzverein** angegliedert werden.

Auch wird ein Mindestbeitrag von 2 Mark im Jahr festgelegt, ohne Grenze nach oben für „Opferwilligkeit“.

Früher Skisport im Fichtelgebirge: *Sonderzüge seit 1907*

Inzwischen hat auch der Wintersport in weiten Teilen Deutschlands Einzug gehalten. Vor allem unternehmungslustige Nürnberger haben bereits vor 1909 nicht nur das eigentliche Fichtelgebirge als Wintersportgebiet entdeckt, sondern auch das Vorland, so auch WEIDENBERG, mit Sonderzügen bereist. Die 1896 eröffnete Eisenbahnlinie erweist sich in der noch automobillosen Zeit als wichtigste Verbündete der Fremdenverkehrshoffnungen.

So lässt der Verschönerungsverein im Ober- und Untermarkt vorsorglich die Zahl der Fremdenzimmer ermitteln. Am Ort eröffnen einige Schreiner wie KONRAD WILL am Obermarkt oder Wagner wie ADAM SCHWENK am Untermarkt neben ihrem bisherigen Handwerk auch eine Produktion für Skier. Und zur Ausübung dieser neuen schicken Sportart mit dem eleganten Telemark-Bogen weist die Gemeinde Abfahrtshänge an der Bocksleite und am Rügersberger Hang aus, auf denen sich auch bald Einheimische tummeln.

Mit Telemark und Stoppschwung: *Weidenberger Jugend am Rügersberger Hang*

Die Zeitschrift des Fichtelgebirgsvereins „Das Fichtelgebirg“, Vorläuferin des „Siebenstern“, widmet sich in vielen Aufsätzen dem wachsenden Interesse am weißen Sport und preist dessen erzieherischen und gesundheitlichen Wert. Die *„schneegefilterte Winterwaldluft“* sei eine Heilquelle ersten Ranges.

Anfänger erhalten Tipps über das *„Abfahren“* mit Skiern, das eine Kunst der Balance sei, wobei man sich bemühen sollte, auf beiden Beinen zu stehen. In Bildern werden die einzelnen Phasen des neuen Stemmschwunges „Kristiania“ veranschaulicht und das leichte *„Hinüberschwingen des Körpergewichts von einem Bein auf das andere“* gelehrt.

Schispringen der Jugend:
Hang bei Kattersreuth

Vor allem junge Leute aus den bürgerlichen Weidenberger Familien machen sich damals diesen Modesport zu eigen. Sie schauen sich von den fortschrittlichen Nürnbergern die neuen Methoden ab oder probieren ihre selbst erdachten Techniken aus. Bei KATTERSREUTH baut sich die Dorfjugend sogar eine kleine Schanze und übt das Skispringen. In SOPHIENTHAL bildet sich ein eigener Skiverein, der mit den Dörfern MITTLERNHAMMER und MENGERSREUTH zusammenarbeitet, nachdem die Kinder dieser drei Orte damals gemeinsam in dieselbe Schule gehen.

Doch leider fällt naturgemäß im Fichtelgebirgsvorland mit seiner geringeren Meereshöhe weniger Schnee als im eigentlichen Fichtelgebirge, wo die weiße Pracht oft von Ende November bis weit in den März hinein liegen bleibt. So sind natürlich die Wintersportmöglichkeiten um WEIDENBERG jahreszeitlich bedingt zu stark begrenzt, als dass man sie zur Vermarktung für einen „Wintersportort“ überzeugend nutzen könnte. Deshalb müssen sich die Anreger des Fortschritts bei ihren Bemühungen, WEIDENBERG zum „heilklimatischen Kurort“ zu machen, vor allem auf die übrigen drei Jahreszeiten konzentrieren.

Aber der Weg zum Kurort, den auch andere Gemeinden wie BISCHOFSGRÜN damals beschreiten, ist weit und mit vielen Hindernissen gepflastert.

Mit Volksmusik im Kampf gegen die „Schmuddelatmosphäre“

Massive Rückschläge aus der eigenen Bevölkerung drohen dauernd und machen dem Verschönerungsverein WEIDENBERG von Anfang an das Leben schwer. So beklagt das Protokoll im Jahr 1924, dass *„Rohlinge Bänke und Anlagen beschädigen, die zur Anzeige gebracht werden sollten“.*

Weidenberger Unterhaltungsmusik nach dem Ersten Weltkrieg: *v.l. O. FREY, K. RUCKDESCHEL, FR. SCHÖFFEL, G. RUCKDESCHEL, H. HECKEL*

Noch schwerer wiegt der Vermerk, dass im Markt mehr Reinlichkeit vonnöten sei. Diese mangelnde „Reinlichkeit" der Weidenberger erweist sich als echtes Erziehungsproblem, denn viele Ortsbürger empfinden die frühere Schmuddelatmosphäre ihres bäuerlichen Marktes mit dem Kuhdung auf der Straße und der Jauche im Rinnstein nach wie vor als viel anheimelnder und teilen nicht die hehren Verschönerungsziele des Vereins.

Der gute Besuch ihrer Versammlungen beweist den Idealisten aber, dass das Interesse an einem schöneren WEIDENBERG steigt. So fassen sie Mut, im Sommer eine „lustige Unterhaltung" im ROSENHAMMER bei der bekannten Tanzlinde zu organisieren. Bei schlechtem Wetter soll die Veranstaltung jedoch im größten Saal des Ortes, im „Vogelsaal" am Obermarkt, stattfinden. Die „Weidenberger Musikkapelle", die zum ersten Mal in diesem Protokoll erwähnt wird, solle mitwirken.

Nach einem älteren Protokoll des Marktgemeinderates aus dem Jahr 1885 gab es schon zu dieser Zeit, also 40 Jahre zuvor, zwei Musikkapellen. Seit 1920 tritt nun Kantor OTTO FREY in die Fußtapfen seines Lehrerkollegen SCHMIDT und prägt seitdem die Musik in WEIDENBERG wesentlich.

Dieser begabte junge Musiker OTTO FREY spielt nicht nur sonntags in der Kirche die Orgel oder leitet die Beerdigungsgesänge der Chorschüler, sondern macht nebenbei auch noch ganz weltliche Musik, und zwar in zwei ganz verschiedenen Besetzungen mit Blechblas- und mit Streichinstrumenten. Nebenbei bessert er sein karges Lehrergehalt noch dadurch auf, dass er direkt am Zugang zur Kirche einen Krämerladen betreibt.

Als Stehgeiger leitet FREY ein Quintett für Volks- und Unterhaltungsmusik, bei dem die Schmiede KONRAD und GEORG RUCKDESCHEL die Klarinetten, der Bäckermeister und Gastwirt FRITZ SCHÖFFEL die „Schruppgeige" und „Sunnatempel" HANS HECKEL den Kontrabass spielen.

Für die Kerwa in Dörfern oder für Umzüge lassen sich die Musiker aber auch gern in ihrer Blechblasbesetzung anheuern. Da sehen wir bei z.B. Hochzeiten den vielseitigen Kantor FREY neben seinen beiden bewährten Klarinettisten am Tenorhorn aufspielen, während der Kontrabassist HANS HECKEL nun als Tubist fungiert; für das weitere Blech können die Gebrüder HANS und GEORG BAUER an der Trompete und am zweiten Tenorhorn angeworben werden. Im Laufe der Jahre kommen noch weitere Mitglieder der Familie BAUER hinzu: Der Schuhmachermeister WOLFGANG BAUER spielt Trompete und Tenorhorn, sein Bruder BERNHARD, von Beruf Maurer, spielt ebenfalls Tenorhorn, dazu Geige. Diese musikalische Familie wird dann in den 30-er Jahren und nach dem Zweiten Weltkrieg in WEIDENBERG in unterschiedlichen Besetzungen – z.B. als „Salonorchester" oder als „Weidenberger Musikanten" – bei den unterschiedlichsten musikalischen Gelegenheiten den Ton angeben.

Kerwamusik in Lessau 1926: *v.l. H. HECKEL, G. BAUER, O. FREY, G. RUCKDESCHEL, H. BAUER*

Der Verschönerungsverein gibt den aufkommenden Nazis einen Korb

In dieser Zeit der wieder erstarkenden Wirtschaft nach der überstandenen Inflationszeit in Deutschland gelingt es der Marktgemeinde WEIDENBERG endlich im Jahr 1926, die Wasserversorgung zu verbessern. Sie lässt zwei neue Hochbehälter errichten und das Netz der Wasserleitungen ausbauen. Ein Jahr später kann schließlich auch der lang gehegte Traum des V.V.W. erfüllt und die Bahnhofstraße gepflastert werden. Jetzt ist sie vorzeigbar. Um die Finanzierung kümmern sich Marktgemeinde und Distrikt gemeinsam. Der Verschönerungsverein ist froh über diesen Fortschritt, den er in idealistischer Gesinnung lange angestrebt, aber infolge einer zu geringen Eigenkapitaldecke nicht selbst hatte verwirklichen können.

Ein böses Omen: *Vom Orkan am 4. August 1928 verwüstete Röm.-Kath. St. Michaelskirche*

Dann, obwohl sich schon der nächste Abschwung, die „Weltwirtschaftskrise", abzeichnet, wagt der Verschönerungs-Verein die nächsten Schritte: WEIDENBERG soll nun endlich „Fremdenverkehrsgemeinde" werden. Ein professioneller Werbeprospekt soll den Markt ins rechte Licht setzen.

Aber es dauert doch einige Zeit, dieses Vorhaben umzusetzen, denn die Planungen fallen zusammen mit dem Höhepunkt dieser Wirtschaftskrise und den politischen Unruhen in Deutschland. Die Arbeitslosenzahlen steigen dramatisch, auch viele Weidenberger müssen bangen. Die Nationalsozialisten nutzen zielbewusst diese Chance und kommen auch in der Region um BAYREUTH empor. Die Menschen haben also zu dieser Zeit eigentlich ganz andere Sorgen und Prioritäten, als das Streben nach Tourismustauglichkeit. Andererseits könnte der Fremdenverkehr ja auch ein kleiner Strohhalm der Hoffnung sein.

Dann kommt es in WEIDENBERG zu einem fürchterlichen Unwetter, das von manchen mit Recht als böses Omen empfunden wird. Am 4.August 1928 richten Sturm und Hagelschlag im ganzen Ortsbereich gewaltige Verwüstungen an. Bäume werden entwurzelt, der Kirchturm der kleinen katholischen Kirche in ROSENHAMMER verliert seinen Helm. Viele mit Mühen errichtete Grünanlagen werden zerstört oder schwer beschädigt. Viel praktische Arbeit des VVW fließt nun in die Beseitigung der Schäden.

Genau in dieser Katastrophenzeit erreichen die Nazis auch in WEIDENBERG ihren Durchbruch; sie geben in ihrer massiven Propaganda vor, die allgemeine politische und wirtschaftliche Krise zu bewältigen, und manche Weidenberger, vor allem aus der jüngeren Generation, glauben ihnen das auch.

Im Februar 1929 gelingt es dem regionalen Zugpferd der Nationalsozialisten, dem Lehrer und Nazi-Propagandisten HANS SCHEMM, im Gasthaus VOGEL am Weidenberger Obermarkt eine Nazi-Ortsgruppe aus 17 Leuten zu gründen, die ersten von am Ende etwa 300 Parteigenossen in WEIDENBERG. Sie kommen vor allem aus dem neuen Mittelstand, in erster Linie aus dem Handwerk, sie sind aber auch Angestellte, Kaufleute und junge Lehrer.

Mit dem Siegel der Reichsleitung der NSDAP:
Georg Rumlers Parteiausweis mit Passbild 1930

Der vergötterte „Pate“ HANS SCHEMM bestimmt in dieser denkwürdigen Sitzung den Weidenberger Schneidersohn und angeblichen „Elektro-Ingenieur“ GEORG RUMLER, der in Wahrheit nach den Einträgen seines Arbeitsbuches bis dahin nur als selbstständiger Installateur tätig war, zum Ortsgruppenleiter. Diese neue Eigenschaft als der höchste Nazifunktionär am Ort steigert RUMLERS Selbstwertgefühl enorm, er bemüht sich seitdem äußerst zielstrebig, den Einfluss der Nazis in die Vereine und in das übrige Ortsgeschehen hineinzutragen.

Doch erlebt er im Sportverein, wo er sich als erstes um eine Führungsrolle entsprechend dem Nazi-Führerprinzip bemüht, zunächst eine Abfuhr. Auch der Verschönerungsverein will ihn nicht haben. So ist es lediglich der Motorsport, der sich an den örtlichen Zweiradhandel anlehnt, der dem Einfluss der Nazis erliegt. Die

Motorsportgruppe ist in WEIDENBERG die erste und praktisch einzige freiwillige Basisgruppe der Nazis.

Auch GEORG RUMLER nutzt die neuen Möglichkeiten, er macht beim Eigentümer und zugleich Fahrschullehrer des örtlichen Kraftfahrzeughandels HANS KIEßLING seinen Führerschein und kauft zunächst ein Motorrad. So kann er auch die Stätten seiner Propagandaauftritte zwischen BAYREUTH und ESCHENBACH leichter erreichen.

Es gelingt den Nazis dann bereits im Folgejahr 1930, den örtlichen Motorsport in Hitlers halbmilitärisches NSAK, das „nationalsozialistische Automobilkorps“, ein-

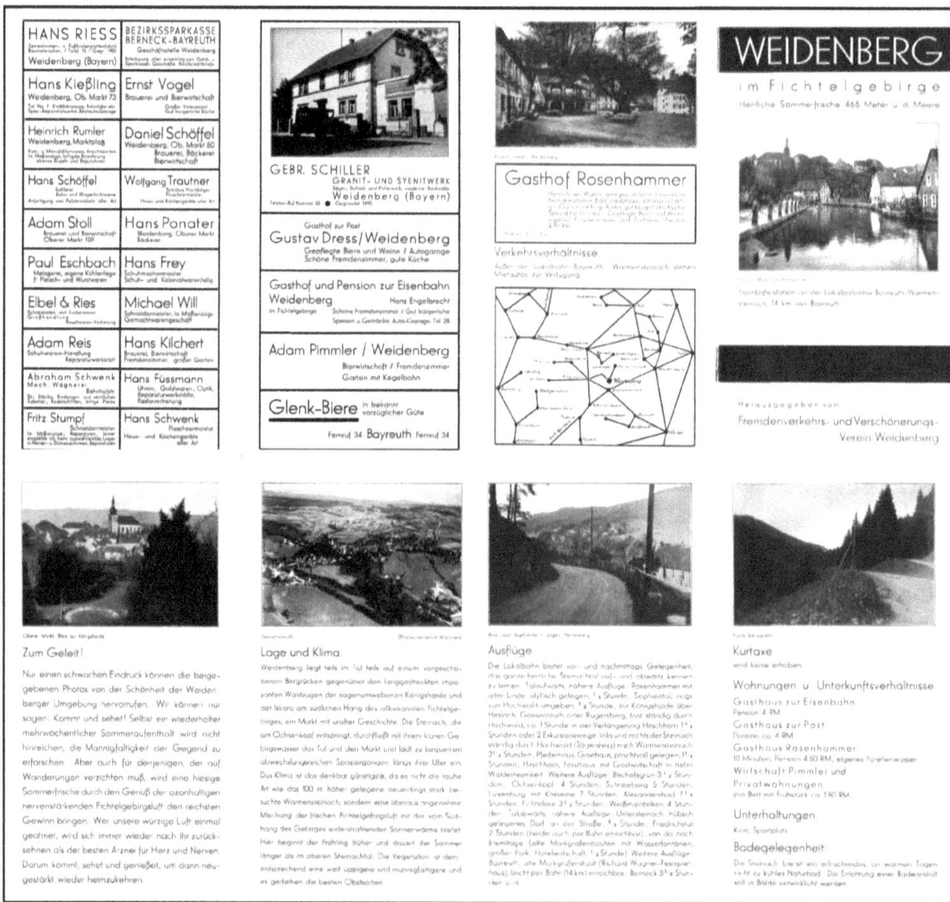

HANS RIESS
Weidenberg (Bayern)

BEZIRKSSPARKASSE BERNECK-BAYREUTH
Geschäftsstelle Weidenberg

Hans Kießling
Weidenberg, Ob. Markt 73

Ernst Vogel
Brauerei und Bierwirtschaft

Heinrich Rumler
Weidenberg, Marktplatz

Daniel Schöffel
Weidenberg, Ob. Markt 60
Brauerei, Bäckerei
Bierwirtschaft

Hans Schöffel

Wolfgang Trautner

Adam Stoll
Brauerei und Bierwirtschaft
Oberer Markt 109

Hans Ponater
Weidenberg, Oberer Markt
Bäckerei

Paul Eschbach
Metzgerei, eigene Kühlanlage f. Fleisch- und Wurstwaren

Hans Frey
Schuhmachermeister
Schuh- und Kolonialwarenhdlg.

Elbel & Ries

Michael Will
Schneidermeister, la Maßanzüge
Gemischtwarengeschäft

Adam Reis
Schuhwaren-Handlung
Reparaturwerkstatt

Hans Kilchert
Brauerei, Bierwirtschaft
Fremdenzimmer, großer Garten

Abraham Schwenk
Mech. Wagnerei
Bahnhofstr.

Hans Füssmann
Uhren, Goldwaren, Optik,
Reparaturwerkstätte,
Radiovertretung

Fritz Stumpf
Schneidermeister

Hans Schwenk
Flaschnermeister
Haus- und Küchengeräte aller Art

GEBR. SCHILLER
GRANIT- UND SYENITWERK
Weidenberg (Bayern)

Gasthof zur Post
Gustav Dress/Weidenberg
Gepflegte Biere und Weine / Autogarage
Schöne Fremdenzimmer, gute Küche

Gasthof und Pension zur Eisenbahn
Weidenberg — Hans Engelbrecht
im Fichtelgebirge — Schöne Fremdenzimmer / Gut bürgerliche Speisen u. Getränke. Auto-Garage. Tel. 28

Adam Pimmler / Weidenberg
Bierwirtschaft / Fremdenzimmer
Garten mit Kegelbahn

Glenk-Biere in bekannt vorzüglicher Güte
Fernruf 34 Bayreuth Fernruf 34

Gasthof Rosenhammer

Verkehrsverhältnisse

Außer der Lokalbahn Bayreuth – Warmensteinach stehen Mietautos zur Verfügung

WEIDENBERG
im Fichtelgebirge
Herrliche Sommerfrische 465 Meter u. d. Meere

Eisenbahnstation an der Lokalbahnlinie Bayreuth-Warmensteinach, 14 km von Bayreuth

Herausgegeben vom
Fremdenverkehrs- und Verschönerungs-Verein Weidenberg

Zum Geleit!

Nur einen schwachen Eindruck können die beigegebenen Photos von der Schönheit der Weidenberger Umgebung hervorrufen. Wir können nur sagen: Kommt und sehet! Selbst ein wiederholter mehrwöchentlicher Sommeraufenthalt wird nicht hinreichen, die Mannigfaltigkeit der Gegend zu erforschen. Aber auch für denjenigen, der auf Wanderungen verzichten muß, wird eine hiesige Sommerfrische durch den Genuß der ozonhaltigen nervenstärkenden Fichtelgebirgsluft den reichsten Gewinn bringen. Wer unsere würzige Luft einmal geatmet, wird sich immer wieder nach ihr zurücksehnen als der besten Arznei für Herz und Nerven. Darum kommt, sehet und genießet, um dann neugestärkt wieder heimzukehren.

Lage und Klima

Weidenberg liegt teils im Tal teils auf einem vorgeschobenen Bergrücken gegenüber den langgestreckten imposanten Waldzügen der sagenumwobenen Königshaide und der Iskara am südlichen Hang des altbekannten Fichtelgebirges, ein Markt mit uralter Geschichte. Die Steinach, die am Ochsenkopf entspringt, durchfließt mit ihrem klaren Gebirgswasser das Tal und den Markt und lädt zu bequemen abwechslungsreichen Spaziergängen längs ihrer Ufer ein. Das Klima ist das denkbar günstigste, da es nicht die rauhe Art wie das 100 m höher gelegene neuerdings stark besuchte Warmensteinach, sondern eine überaus angenehme Mischung der frischen Fichtelgebirgsluft mit der vom Südhang des Gebirges widerstrahlender Sonnenwärme bietet. Hier beginnt der Frühling früher und dauert der Sommer länger als im oberen Steinachtal. Die Vegetation ist dem entsprechend eine weit üppigere und mannigfaltigere und es gedeihen die besten Obstsorten.

Ausflüge

Die Lokalbahn bietet vor- und nachmittags Gelegenheit, das ganze herrliche Steinachtal auf- und abwärts kennen zu lernen. Talaufwärts, nähere Ausflüge: Rosenhammer mit alter Linde, idyllisch gelegen, ¼ Stunde; Sophiental, rings von Hochwald umgeben, ½ Stunde; zur Königshaide über Heslach, Grassenreuth oder Rugersberg, fast ständig durch Hochwald, ca. 1 Stunde in der Verlängerung Hirschhorn 1¾ Stunden oder 2 Exkursionswege links und rechts der Steinach ständig durch Hochwald (Jägersteig) nach Warmensteinach 2½ Stunden, Pfeiferhaus, Gasthaus, prachtvoll gelegen, 1½ Stunden; Hirschhorn, Forsthaus mit Gastwirtschaft in tiefer Waldeinsamkeit. Weitere Ausflüge: Bischofsgrün 3½ Stunden; Ochsenkopf 4 Stunden; Schneeberg 5 Stunden; Luisenburg mit Kösseine 7 Stunden; Alexandersbad 7½ Stunden; Fichtelsee 3½ Stunden; Weißmainfelsen 4 Stunden. Talabwärts, nähere Ausflüge: Untersteinach, hübsch gelegenes Dorf an der Straße, ¾ Stunde; Friedrichstal 2 Stunden (beide auch per Bahn erreichbar), von da nach Eremitage (alte Markgrafenbauten mit Wasserfontänen, großer Park, Hotelwirtschaft, ½ Stunde). Weitere Ausflüge: Bayreuth, alte Markgrafenstadt (Richard Wagner-Festspielhaus), leicht per Bahn (14 km) erreichbar; Bamock 3½ Stunden u. a.

Kurtaxe
wird keine erhoben

Wohnungen u. Unterkunftsverhältnisse

Gasthaus zur Eisenbahn
Pension 4 RM

Gasthaus zur Post
Pension ca. 4 RM

Gasthaus Rosenhammer
10 Minuten, Pension 4.50 RM., eigenes Forellenwasser

Wirtschaft Pimmler und Privatwohnungen
pro Bett mit Frühstück ca. 1.60 RM.

Unterhaltungen
Kino, Sportplatz

Badegelegenheit

Die Steinach bietet ein erfrischendes, an warmen Tagen nicht zu kühles Naturbad. Die Errichtung einer Badeanstalt soll in Bälde verwirklicht werden.

Werbung mit Klima und günstigen Preisen: *Weidenbergs erster Werbeprospekt des VVW 1929/30*

zugliedern, das dann 1931 in NSKK, „national-sozialistisches Kraftfahrerkorps" umbenannt wird und stramm auf Parteilinie ist.

Der erste Fremdenverkehrsprospekt in der Zeit der Weltwirtschaftskrise

Der V.V.W. bleibt von den Nazis zunächst unbehelligt. Er zeigt auch keinerlei Interesse für die Propaganda, die verkündet, nicht nur alles besser zu machen, sondern überhaupt einen neuen Menschen zu schaffen. Am 6. April 1930 fasst die Vereinsversammlung stattdessen den verbindlichen Beschluss, den lange geplanten **Werbeprospekt für Weidenberg als Fremdenverkehrsgemeinde** in Druck zu geben. Dieser Flyer, damals noch ganz im Schwarz-Weiß-Offset-Druck, soll etwa 240 RM kosten. Das ist für den Verein eine Menge Geld, etwa das 15-fache in Euro. Die aufzunehmenden Fotos finden allgemeinen Anklang.

26 örtliche Handwerker, Firmen und Gastwirte unterstützen die Werbung und dürfen sich selber im Prospekt in Kleinanzeigen darstellen, vom Autohändler über den Metzger und Sattler bis zum Granitwerk. Auch einzelne der neuen Nazis sind schon dabei, fallen aber noch nicht weiter auf. Vier Gastwirtschaften werden als Unterkunftsbetriebe besonders hervorgehoben, das Gasthaus zur Eisenbahn, zur Post, in Rosenhammer und die Wirtschaft Pimmler; hier kann man zu Preisen ab 4 RM – was damals sowohl „Reichsmark" als auch die gleichwertige „Rentenmark" bedeutet – Vollpension bekommen. Auch Zimmer mit Frühstück in Privatquartieren werden ab 1,50 RM pro Nacht angeboten. Um einen Vergleich mit den heutigen Euro-Preisen zu haben, muss man diese Zahlen auch hier etwa mit 10-15 multiplizieren.

Erfrischung für Touristen? *Die Jugend badet in der Steinach, um 1925*

In ihrem bebilderten Prospekt werben die Weidenberger mit Natur und Jahreszeiten, wie es sich für einen zukünftigen heilklimatischen Kurort an der „Riviera des Fichtelgebirges“ geziemt, und führen dabei einen kräftigen Seitenhieb auf die erfolgreichen Wintersportkollegen in Warmensteinach:

„Hier (in Weidenberg) beginnt der Frühling früher und dauert der Sommer länger als im oberen Steinachtal. Die Vegetation ist dementsprechend eine weit üppigere und mannigfaltigere und es gedeihen die besten Obstsorten.“

Gepriesen wird auch der *„Markt mit uralter Geschichte.“* Der Tourist wird verlockt zu Wanderungen in die unmittelbare Umgebung auf den frisch markierten Wegen des V.V.W oder ins Hohe Fichtelgebirge, aber auch zu ausführlicheren Ausflügen zu Fuß und per Bahn bis nach ALEXANDERSBAD oder BAYREUTH angeregt.

Kess klingt es aus heutiger Sicht, wenn im Fremdenverkehrsprospekt eine *„Badegelegenheit“* in der Steinach versprochen wird, die ein *„erfrischendes, an warmen Tagen nicht zu kühles Naturbad“* verspricht. Zugleich wird beschwichtigend in Aussicht gestellt, dass die *„Errichtung einer Badeanstalt“* in Bälde verwirklicht werden soll. – Allerdings werden bis zur tatsächlichen Durchführung dieses ehrgeizigsten Projektes der Vereinsgeschichte dann doch noch fast 30 Jahre vergehen, und dieses kommende „richtige Bad“ in den Auwiesen wird leider auch nicht von langer Dauer sein.

Von „Gleichschaltung“ oder Zwangsauflösung verschont

Inzwischen haben die Nazis durch die fatale Fehlentscheidung des immer noch hoch verehrten Reichspräsidenten PAUL V. HINDENBURG vom Januar 1933, der Hitler zum Reichskanzler machte, und bestärkt durch die Reichstagswahlen vom März 1933, die Macht in Deutschland fest übernommen. Sie haben keine Lust, die ihnen begegnende Vielfalt des gesellschaftlichen Lebens aus Zeit der Weimarer Republik zu tolerieren. Sie deuten solchen Pluralismus von Meinungen und Gedanken als „Zerrissenheit“, brandmarken jede demokratische Regung als Schwäche und fordern die Vereinheitlichung des Lebens unter ihrer Führung und die Zentralisierung der Leitungen auf allen Ebenen.

Mit den Gesetzen zur „Gleichschaltung“ und der Durchsetzung des „Führerprinzips“ beginnen sie, dem gesamten öffentlichen Leben und auch den Vereinen gewaltsam Zügel anzulegen. Statt demokratisch gewählter Vereinsleitungen sollen nun von der NSDAP eingesetzte linientreue „Führer“ die Vereine leiten, die auch ihre eigenen Stellvertreter gleich selbst bestimmen. Jeder Verein soll sich in die neuen gelenkten Strukturen der Nazi-Verbände einfügen. So wollen die Nazis zunehmend die Kontrolle über das Leben der Bürger auch in ihrer Freizeit gewinnen.

Betroffen sind nicht nur die bestehenden Jugendverbände, studentischen Einrichtungen oder Berufsgruppen, wie Lehrer oder Richter, sondern auch alle Vereine, die Teile von größeren Zusammenschlüssen sind, wie z.B. die Gartenbau- oder

Wandervereine. Sie alle müssen sich den Nazistrukturen unterwerfen oder sich auflösen und vertagen. Vielfach setzen seit dem Jahr 1935 die „Hoheitsträger" in den Gemeinden die neuen Vorstände „von Amts wegen" ein oder bestimmen sie per Gesetz.

Aber einige Einrichtungen erweisen sich als ziemlich widerstandsfähig: vor allem die katholische Kirche und einzelne evangelische Landeskirchen. Mit ihnen will Hitler deshalb erst nach dem erwarteten „Endsieg" abrechnen.

Erstaunlicherweise bleibt aber auch der Verschönerungsverein unbehelligt. Und diese Verschonung beschränkt sich damals offenbar nicht nur auf WEIDENBERG, sondern auf die meisten Verschönerungsvereine in ganz Deutschland. Viele Chroniken dieser Vereine vermerken in ihren Rückblicken auf diese Zeit das erstaunliche und in der Öffentlichkeit bislang wohl weitgehend unbekannte Phänomen, dass sie bei der Gleichschaltung unbellästigt geblieben seien, ohne freilich Gründe dafür zu benennen.

Kann es wohl sein, dass die Nazis diese Vereine einfach „vergessen" haben? Das ist eigentlich nicht sehr wahrscheinlich. Denn es handelte sich ja z.B. in WEIDENBERG durchaus nicht um einen Nischenverein ohne jeden Einfluss auf das öffentliche Leben, sondern im Gegenteil um einen Verein, der mit seinen Vorstellungen von „Bürgererziehung" zu Sauberkeit und Ordnung und ästhetischer Lebens- und Ortsgestaltung ideologisch in der vordersten Reihe der Nazi-Praxis hätte stehen können, also eine Art „Renommier-Projekt". Damals haben ja die Nazis auch die Fremdenverkehrsförderung bewusst verstaatlicht und sie den kommunalen „Verkehrsämtern" zugewiesen.

Auch eine Zwangseinweisung der Verschönerungsvereine in die Organisation „Kraft durch Freude" wäre vorstellbar gewesen. Diese Nazi-Organisation hatte ja die Aufgabe, die Freizeit der deutschen Bevölkerung gleichzuschalten, zu gestalten und zu überwachen. Doch nichts dergleichen findet man in den Protokollen des V.V.W., keine Gleichschaltung oder Auflösung, keine Lobreden auf das neue Regime, kein Anschein von großen Konzession an die neuen Herren.

Seit dem Jahr 1935 sieht man sich im Verschönerungsverein immerhin zu einem kleinen Kompromiss genötigt, nämlich die Versammlungen, der „neuen Zeit" entsprechend, *„mit einem Dank an den Führer und Reichskanzler"* ausklingen und *„ein dreifaches Sieg-Heil!"* erschallen zu lassen. Doch konnten auch die Nazikritiker im Verein mit diesem Kompromiss leben, weil sie sich das Ihre dabei dachten.

So gedenkt der Verein in seiner Versammlung 1933 seines 30jährigen Bestehens und erinnert sich an seine Ziele. Schließlich gehe es jenseits aller Partei- und Interessenpolitik um eine Hebung des Fremdenverkehrs. Dieses Ziel sollte also wohl die neuen Machthaber nicht stören.

So kommt es im Vorstand auch nicht zu spektakulären Umbesetzungen. Zunächst bleibt Pfarrer REDENBACHER Erster Vorsitzender, und sein Schriftführer bleibt Hauptlehrer DORNHEIM. Erst 1935 gibt es im Vorstand einen internen Wechsel. Kaminkehrermeister HEINRICH SEYß übernimmt den Vorsitz, und Pfarrer REDENBACHER wechselt zur Schriftführung, die er dann bis an sein Lebensende beibehält. Neu tritt der Granit-Fabrikant GEORG SCHILLER als Kassier dem Vorstand bei und bleibt in diesem Amt bis zum Jahr 1951.

Der „Kanalfurz" hat Respekt vor dem Verschönerungsverein

Fragt man nach möglichen Gründen, warum die Nazis die Verschönerungsvereine von ihrem Gleichschaltungswahn verschont haben, kommt eigentlich nur noch der Blick auf die Zusammensetzung ihrer Vorstände infrage. Hier war ja, wie oben schon gezeigt, die gesamte „Hautevolee" des Ortes versammelt, noch dazu häufig unter Leitung des Pfarrers, und diesen Herrschaften begegneten die Nazis doch mit einem gewissen Respekt.

Die „Hoheitsträger", wie der Weidenberger Ortsgruppenleiter und seine Vasallen bezeichnet wurden, waren selbst ja meist nur kleine Emporkömmlinge, ausgestattet mit entsprechenden Minderwertigkeitskomplexen. Sie fürchteten sich vor deutlichen Worten von der Kanzel, beim Doktor oder beim Apotheker, die vielleicht die hitlerfreundliche Stimmung in der Bevölkerung unterminieren konnten.

Diese allgemeine Stimmung im Volk war den Nazis bis zum Ende ihrer Herrschaft so wichtig, dass sie ihren Sicherheitsdienst damit beauftragten, davon tägliche Berichte zu fertigen. Von den Ergebnissen dieser Analysen ließen sie häufig ihr Handeln bestimmen. So wurde gefragt: Welchen Eindruck etwa hinterlassen die Reden Hitlers beim Volk? Wie reagieren Gastwirte und Gäste bei der Rundfunk-Übertragung solcher Reden? Was predigen die Pfarrer von den Kanzeln? Usw., usw.

So hat man fast den Eindruck, dass die örtliche Parteiführung dem Verschönerungsverein Weidenberg mit dem Pfarrer an seiner Spitze damals bewusst aus dem Wege geht. Als der Nazi-Bürgermeister und Ortsgruppenleiter GEORG RUMLER im Jahr 1934 mit dem Bau der Neuen Straße sein „Renommier-Projekt" umsetzt, hätte er ja an die Vereinsleitung herantreten und um Mitwirkung bei der landschaftlichen Ausgestaltung dieser wichtigen Verbindung vom Unter- zum Obermarkt bitten können; der Verschönerungsverein hätte sich nicht entzogen. Doch will RUMLER sich offenbar allein profilieren. Obwohl oder weil er schmächtig von Gestalt ist, lässt er seine politischen Muskeln umso kräftiger spielen. Er trotzt dem Grundstückseigentümer, seinem Dauerrivalen, dem Granitwerkbesitzer CHRISTIAN SCHILLER, unter Androhung der Enteignung die notwendigen Grundstücke ab und preist am Ende sein Bauwerk als Maßnahme der Nazis gegen die Arbeitslosigkeit.

Rumlers Renommier-Projekt: *Neue Straße mit Steinachwehr 1934*

Auch sonst erleben die Bürger ihren Ortsgruppenleiter immer wieder wie einen Feldherrn, der stolz bei allen von ihm angeregten Baumaßnehmen auftritt. Keinen Kanalbau lässt er dabei aus, weshalb ihm seine Mitbürger ironisch bald auch den Spitznamen „Kanal-Furz" geben.

Während Ortsgruppenleiter RUMLER um den Verschönerungsverein mit seiner noblen Vorstandschaft einen großen Bogen macht, ist er zugleich bemüht, bei Pfarrer GEORG REDENBACHER ein möglichst positives Image zu hinterlassen. Nach dem Krieg wird RUMLER bewusst auf sein selbst angestrebtes Persönlichkeitsbild zurückkommen, wenn er zur Entlastung in seinem unausweichlichen Spruchkammerverfahren den Pfarrer um ein positives Gutachten über seine Person bittet. Nachdem aber RUMLER im Jahr 1942 demonstrativ aus der Evang. Kirche ausgetreten ist, wollen lobende Worte über diesen Ex-Nazi dem Geistlichen nicht so recht über die Lippen gehen. So fertigt er seine Stellungnahme, die ja pastoral-versöhnlich sein soll, nur mit erkennbar süßsaurer Miene.

Außer dem Ortsgruppenleiter ist während der ganzen Nazizeit kaum ein anderer gebürtiger Weidenberger aus der Kirche ausgetreten. RUMLER mag den Kirchenaustritt für seine politische Pflicht gehalten haben; er wollte damit ein Zeichen für seine unverbrüchliche Treue zum Naziregime setzen. Seitdem ist er freilich auch bei der eigenen Verwandtschaft komplett unten durch. Was viele nicht wissen: Rumlers großes Vorbild HITLER bleibt ja bis zum letzten Lebenstag seiner Römisch-katholischen Kirche treu, ebenso wie der zweite Mann des Reiches HERMANN GÖRING der Evangelischen.

So ist der Weidenberger Verschönerungsverein von den Nazis geduldet und behält unter dem Deckmantel der „Ortsverschönerung" einen gewissen eigenen Handlungsspielraum. Mit diesen Verschönerungsvereinen im Dritten Reich erleben wir also das Phänomen von kleinen „konspirativen Nestern" innerhalb der gleichgeschalteten Gesellschaft, die aber diesen Spielraum nicht wirklich zu größerem Widerstand nutzen. Die Vorstandschaft vermeidet es, ihre Kompetenzen allzu sehr zu strapazieren, sie will den Status des Vereins nicht gefährden. Ihr Widerstand beschränkt sich deshalb auf kleine, von Betroffenen verstehbare Zeichen des Trostes und der Ermutigung, wie gleich noch zu zeigen sein wird.

Der Verein, der durch seine Leitung der Kirche nahesteht, verhält sich in dieser Hinsicht damals also den Großkirchen vergleichbar. Auch sie bemühen sich seinerzeit, innerhalb der Bevölkerungsmehrheit Ansehen zu behalten und auch bei Parteileuten Anteilnahme für die Sache des Glaubens zu wecken und vermeiden im Allgemeinen eine offene Konfrontation mit dem Regime. Ja, sie halten sogar eine Mitgliedschaft in der Nazi-Partei nicht für einen Sündenfall, ziehen dann aber beim ideologischen Programm der innerkirchlichen Nazi-Sekte „Deutschen Christen" eine umso schärfere Trennungslinie. Bei der ideologischen Vergottung Hitlers ist auch für die Kirchen der Punkt zum Widerstand erreicht.

So lebt man in WEIDENBERG in einem gewissen gegenseitigen Burgfrieden. Die Weidenberger Nazis vermeiden im Ort provozierende Aktionen. Sie zeigen sich zwar bei ihren Aufmärschen meist in Uniform und mit strammem Schritt. Beim traditionellen Wiesenfest aber gehen der Bürgermeister und die Gemeinderäte im zivilen Anzug, nicht in Uniform. Nur die SA-Leute tragen ihr typisches martialisches Braunhemd, Lederkoppel und Breecheshosen und gehen im Marschtritt.

Und nur die fanatischen Nazis hängen in der ersten Zeit Hakenkreuzfahnen an ihren Häusern aus. Die anderen Bürger flaggen noch jahrelang das alte Schwarz-Weiß-Rot des Kaiserreichs, die Farben der rechtskonservativen Kräfte. Zunehmend drücken aber nun die Lehrer, die meist dem Nationalsozialismus anhängen, den Schulkindern bei öffentlichen Vergnügen, wie dem Wiesenfest, Hakenkreuzfähnchen in die Hände und animieren sie zum Hitlerjubel.

Im Allgemeinen halten sich die Weidenberger Nazis mit Aggressionshandlungen zurück, bis auf einen Fall: Aufsehen erregend wird ihr Überfall im Jahr 1938 nach der sg. Hitlerwahl auf den katholischen Pfarrer von KIRCHENPINGARTEN in der

Frankenpfalz[86]. Diese Tat wird allen maßgeblich Beteiligten in ihren Spruchkammerverfahren nach dem Krieg dann auch als gewichtigster Anklagepunkt besonders zur Last gelegt. Die anderen Unrechtsaktionen, von denen die Folgen und Kapitel dieser Schriftenreihe „Myrten für Dornen“ berichten, bleiben verdeckt und ungesühnt.

Im Anzug mit Zylinder beim 1.Mai: *Lehrerschaft hinter der SA-Kolonne und vor HJ beim Festzug 1933*

---

[86] Vergl. das Kapitel 3 „Als Hitlers Gottheit infrage stand“ in der 3. Folge des Projektes ‚Myrten für Dornen‘: „Der Anstreicher und seine Lehrjungen – Braune Herrschaft in Weidenberg seit 1929“.

Zeichen setzen im Kirchenkampf

Der V.V.W. zeigt in der Nazizeit mutig Flagge

Von der „Gleichschaltung" überraschenderweise verschont, nutzt der Verschönerungsverein Weidenberg im „Dritten Reich" seinen unverhofften Spielraum. Keinem Nazi-Dachverband verpflichtet und keinem Nazi-Funktionär gegenüber rechenschaftspflichtig, geht er mutig auf Expansionskurs: Jeder Weidenberger Hausbesitzer soll Mitglied im V.V.W. werden!

Trotz Hitlers Waffengeklirr vertraut der Verein auf Frieden auch für die Zukunft und auf die freie Entfaltung der Persönlichkeit und schreibt sich Riesenprojekte für den Fremdenverkehr auf die Fahnen: Ein richtiger Park soll für Weidenbergs Erholungsgäste angelegt werden, und eine Badeanstalt soll in der Au entstehen, als Ersatz für das armselige Geplätscher in der Steinach!

Obwohl sich die Nazis im Jahr 1937 auch in WEIDENBERG am Höhepunkt ihrer Macht wähnen, spuckt ihnen der V.V.W. mit seinem eigensinnigen Pfarrer GEORG REDENBACHER im Vorstand doch kräftig in die Suppe. Bewegt von diesem unorthodoxen Pfarrer getraut sich der Verein, an Maßnahmen des Nazi-Ortsgruppenleiters RUMLER Kritik zu üben, hatte der doch beim Bau der Neuen Straße die Sitzbank und die Linde gegenüber dem Ausgang zum Steingartenweg aus eigener Machtvollkommenheit einfach entfernen lassen! Diese öffentlich geäußerte Kritik bleibt für den Verein folgenlos.

Im gleichen Jahr 1937 erreicht der „Kirchenkampf", die Auseinandersetzung der Kirchen mit dem Hitlerregime, auch in der Evangelischen Kirchengemeinde WEIDENBERG und im oberfränkischen Evangelischen Dekanat Bayreuth seinen Höhepunkt.

Ahnungslos hatte die in München sitzende Leitung der Evangelischen Landeskirche im Herbst 1933 Pfarrer THEODOR HOFFMANN von AUGSBURG-HAUNSTETTEN nach WEIDENBERG „strafversetzt", weil er zwei Jahre zuvor als Anhänger der Freikörperkultur beim Nacktbaden im Lech mit anderen Familien den alten kirchlichen Sittencodex verletzt hatte. Gekränktes Ehrgefühl treibt nun diesen eigentlich pietistisch und linkssozial eingestellten Pfarrer zur Rache und lässt ihn binnen kurzem zu einem wütenden Agitator für die innerkirchliche Nazisekte der „Deutschen Christen" D.C. werden[87]

---

[87] Vergl. dazu in der ersten Folge „Am Vorabend der Urkatastrophe(n)" die weiterführenden Informationen über Pfarrer THEODOR HOFFMANN im Kapitel 1: „Das evangelische Bekenntnismarterl der Margarete Schilling 1937 auf der Weidenberger Bocksleite", sowie in der

Hoffmann gelingt es, einige der Weidenberger „Frühnazis“ von 1929 und etliche evangelische und katholische Gemeindeglieder aus ganz Oberfranken für die sektiererische „D.C.-Glaubensbewegung“ zu mobilisieren; er wird im oberfränkischen Raum Führer der DC-Sekte mit eigenen Gottesdiensten in der Bayreuther Spitalkirche und mit eigenen Tauf-, Konfirmations- und Begräbnishandlungen. Mit sich steigerndem Fanatismus eifern die DC-Leute für eine hitlertreue Reichskirche gegen den bekenntnistreuen Landeskirchenrat und seinen Landesbischof Hans Meiser.

Hoffmanns Kollege auf der II. Pfarrstelle und Vorstandsmitglied im Verschönerungsverein Georg Redenbacher sieht sich in einem inneren Solidaritätskonflikt.

Es gibt damals auch in der Weidenberger Kirchengemeinde eine Anzahl hitlerkritisch und bekenntnistreu eingestellter Gemeindeglieder, die nach persönlichen Wegen für ihren Glauben suchen. Redenbacher will die Gemeinde nicht spalten und verzichtet deshalb auf einen Kampf von der Kanzel aus. Aber zusammen mit dem Verschönerungsverein, in dessen Vorstand er weiterhin seinen Einfluss ausübt, würde er gern ein aussagekräftiges Symbol für diesen geistlichen Widerstand schaffen, ohne sich und andere dabei in persönliche Gefahr zu bringen. Redenbacher ist in seinem Mut zum subtilen Widerstand von seinem Großvater, dem Pfarrer und Volksschriftsteller Wilhelm Redenbacher, geprägt, der seinerzeit genau 100 Jahre zuvor den Protestanten im königlichen Bayern beim „Kniebeugestreit“ Mut zum Widerstand und eigenen Profil gemacht hatte.

Symbol des „kleinen Widerstands“ 1937: *Das Evangelische Bekenntnis-Marterl der Margarete Schilling auf der Weidenberger Bocksleite*

Solcher „kleine“ Widerstand des Volkes bricht sich ja auch im Alltag der Nazizeit in Deutschland trotz Bedrohung durch Terror immer wieder an vielen Orten Bahn, sei es im Flüsterwitz, im verhunzten Hitlergruß, im Streit um das Kruzifix, im Widerstand gegen das Verbot der Sütterlinschrift u.v.a.m. Eine besondere Gelegenheit dazu ergibt sich nun in Weidenberg mit der Tat der Marga-

vierten Folge „Christsein am Scheideweg“ das Kapitel 1: „Das Trojanische Pferd der Nazis – Pfr. Theodor Hoffmann und die Deutschen Christen 1933-1942“.

Trost für vom Terrorregime Verstörte:
Psalmentext auf der Evangelischen Marter

rete Schilling, die in diesem Jahr 1937 am alten Kirchweg von Lessau nach Weidenberg an der Bocksleite ein Glaubenszeichen aufstellen will. Die vom Köhlerhof gebürtige Lessauerin bringt mit ihrem Ansinnen Pfarrer Redenbacher auf eine Idee.

Margarete Schilling (1889-1971), die seit dem Wegzug aus dem Lessauer Armenhaus, der „Porderleshüttn", mit ihrer Mutter und ihren Geschwistern in Bayreuth wohnt, hat die Nazibehörden mit ihrem Genehmigungsgesuch übertölpeln können, sie hat eine offizielle bezirksamtliche Erlaubnis zur „Aufstellung eines christlichen Gedenkkreuzes" am Lessauer Kirchweg auf einem Grundstück ihrer Vorfahren erwirkt. Nun bittet sie Pfarrer Redenbacher um geistliche Beratung für die Gestaltung des Kreuzes samt Stein und den Weidenberger Verschönerungsverein offiziell um die Bepflanzung der Anlage.

Hinter dieser Aktion steckt ein wohlüberlegter Coups des spitzbübischen Pfarrers Redenbacher. Er sieht eine gute Gelegenheit, dem Widerstand gegen Hitler ohne großes Getöse einen christlichen Ausdruck zu geben. Jede der vier Seiten des Steins soll gut lesbar das Gottvertrauen der Stifterin zum Ausdruck bringen und zugleich in die Not der Zeit hineinsprechen.

Mit Bedacht wählt Pfarrer Redenbacher aus seiner Lutherbibel sechs packende Bibelworte aus dem Alten Testament aus. Damit protestiert er gegen den Antisemitismus Hitlers und seiner Gefolgsleute aus den „Deutschen Christen", die diesen Teil der Bibel als „jüdisch" verachten. Steinmetz Georg Schiller, seit 1935 Kassier im Verschönerungsverein, meißelt die Worte aus den Psalmen und Profeten in den dunklen Granit.

Am kritischen Höhepunkt des Kampfes der Kirche um die Zukunft des Christseins in Deutschland verkündet dieses Marterl nun nach allen Himmelsrichtungen Gottes Plan für die Bedrückten und seine Allmacht gegenüber den vermeintlich Mächtigen:

„Weil die Elenden verstört werden und die Armen seufzen, will ich auf, spricht der Herr, ich will eine Hilfe schaffen“ (Psalm 12,6). — *„Ich bin bei dir, spricht der Herr, dass ich dir helfe“* (Jeremia 30, 11).

In die Anfechtung der Zeit hinein kündet es das Ende des Unrechtsregimes an:

„Es sollen Tannen für Hecken wachsen und ***Myrten für Dornen*** *und dem Herrn soll ein Name und ewiges Zeichen sein, das nicht ausgerottet werde“* (Jesaja 55, 13).

Dieser Beistand Gottes wird den bevorstehenden Zusammenbruch Deutschlands überdauern, denn:

„Es sollen wohl Berge weichen und Hügel hinfallen / aber meine Gnade soll nicht von dir weichen / und der Bund meines Friedens soll nicht hinfallen / spricht der Herr, dein Erbarmer“ (Jesaja 54, 10).

Stimme des Widerstands gegen den „Erlöser Hitler“: *Christus als der lebendige Erlöser, Anfang und Ende von allem*

Der für die Gläubigen wichtigste Vers freilich preist, in einer etwas freien Wiedergabe der bekannten Worte des Profeten Jesaja, Christus als den Mittler dieses göttlichen Friedenswerkes:

„Fürwahr, ER nahm unsere Krankheit und Schmerzen und Sünde und Not auf sich, auf daß wir Frieden haben, und durch seine Wunden sind wir geheilt“ (Jesaja 53, Vers 4).

Und im waagerechten Balken des aufgesetzten schmiedeeisernen Kreuzes ist nun für Jedermann in dieser umkämpften Zeit schon von weitem als sechstes Bibelwort zu lesen, dass Christus und nicht Hitler der Erlöser ist:

„Ich weiß, dass mein Erlöser lebt“ (Hiob 19, 25).

Mit den Buchstaben A und O, die in den senkrechten Kreuzbalken eingefügt sind, ist JESUS nach der Offenbarung des Johannes zugleich als Anfang und Ende aller Geschichte bezeichnet. Zielpunkt dieses Bekenntnisses war die unfassbare Vergottung, die man Hitler zunehmend in dieser Zeit entgegenbrachte und die auch schon erfolgreich den Jüngsten eingeschärft wurde. Es gehört ja zu den bittersten Erkenntnissen über die Weidenberger Geschichte in dieser Zeit, dass die Kinder, die ja nahtlos im Hitlersystem aufwuchsen, erfolgreich im Sinn des Nationalsozialismus indoktriniert und sozialisiert wurden. Wenn sie geschlossen den NSV-Kindergarten im Alten Schloss besuchten und dort für Hitler täglich beteten, dann war HITLER für sie der ehrfürchtig verehrte Gott, wie sie auch heute noch einhellig bezeugen. Ihnen zu vermitteln, dass eine solche Hitlerverehrung Götzendienst ist, und sich auch selbst im christlichen Glauben Mut zu machen, war der starke Beweggrund für die Schaffung der wohl weltweit einmaligen Marter auf der Weidenberger Bocksleite.

Der bekannte Lobvers aus Margarete Schillings Lieblingslied im Evangelischen Gesangbuch, *„Lobe den Herrn, den mächtigen König der Ehren"* schließt die intensive Andacht dieser Marter ab.

Man muss die treffsichere Bibelkenntnis von GEORG REDENBACHER bewundern. Jeder im Verschönerungsverein kannte nun diese subversiven Zitate. Zwar getraute sich keiner, öffentlich über den geheimen Sinn zu sprechen, denn alle wussten, dass die Gestapo kurzen Prozess machen könnte. Aber es waren Verse, die leidende und bekennende Christen in dieser Zeit oft gebetet haben. Und so war jeder von Herzen dankbar für solche klaren Worte.

Auch die örtlichen Nazis haben sicher sehr genau gewusst, was dieser Stein zum Ausdruck bringen sollte. Klarer kann man fast nicht sagen, was vom christlichen Standpunkt aus in dieser verstörenden Zeit zu sagen ist.

So war in diesem „konspirativen Nest" in Weidenberg ein Widerstandssymbol entstanden, das wohl weltweit nicht seinesgleichen hat. Das Zeichen hat vielen damals Mut gemacht, zu ihrer christlichen Überzeugung zu stehen. Juden, die man hätte schützen können, gab es damals in Weidenberg zwar keine. Aber die Menschen waren motiviert, anderen vom Naziregime Bedrückten im Ort menschlich beizustehen, wie es die Zitate auf diesem Stein ihnen nahelegten. Und das taten sie auch, wie die entsprechenden Kapitel in den weiteren Folgen meiner historischen Untersuchung belegen.

Dass diese Marter am Höhepunkt des Kirchenkampfes aufgestellt werden konnte und in der folgenden Zeit unangetastet stehen blieb, zeigt, dass zumindest in WEIDENBERG die Nazis Respekt hatten vor der Kirche und vor Pfarrer REDENBACHER.

Und ein wunderbarer Aussichtspunkt auf WEIDENBERG und das hohe Fichtelgebirge war diese Stelle beim Abstieg des alten Lessauer Kirchweges nach St. Stephan und St. Michael damals allemal. Der Platz entsprach dem Anliegen des Verschönerungsvereins, die landschaftlichen Schönheiten Weidenbergs Einheimischen und Fremden gleichermaßen nahe zu bringen.

Das Zeichen steht heute noch. Aber man muss sehr bedauern, dass es den alten Lessauer Kirchsteig dort entlang nicht mehr gibt. So muss man sich den Weg durch die Wiese bahnen und das Zeichen erst suchen.

Zeichen setzen trotz Einschüchterung durch die Nazis

Freilich war die Einwohnerschaft Weidenbergs durch den Terror der Nazis, von dem man immer wieder gerüchtweise hörte und der auch eigene Mitbürger betraf, damals bereits stark eingeschüchtert. „Ab nach Dachau" war auch hier ein schockierendes, geflügeltes Wort.

Im Ort wurden die bekannten SA-Mitglieder immer frecher und begannen, nicht linientreue Ortsbürger anzupöbeln und zu tyrannisieren. Im folgenden Jahr 1938 unternahmen sie dann, nach dem Hitlerreferendum zur Eingliederung Österreichs, mit einer großen Kolonne, begleitet von vielen Neugierigen, einen Überfall auf die katholischen Pfarrer von Kirchenpingarten in der benachbarten Frankenpfalz.

Sie unterstellten den Geistlichen, ihre Gemeinde von der Kanzel aus zur Abgabe von Neinstimmen gegen das Referendum aufgewiegelt zu haben. Mit aggressiven Tritten gegen die Pfarrhaustür, blutrünstigen Hetzparolen und peniblen Verhören versetzten sie Pfarrer MICHAEL GEIGER in Todesangst. Die Nazis waren zu dieser Zeit wirklich auf dem Höhepunkt ihrer Macht[88].

Manches Mitglied des Verschönerungsvereins, das seine Mitgliedsbeiträge bisher immer pünktlich gezahlt hatte, machte sich nun plötzlich Sorgen um die Konsequenzen und hielt sich zurück. Von heute auf morgen schien die Einwohnerschaft kein Interesse für die Verschönerung des Ortes mehr zu haben. Der Stimmungsumschwung ging sogar so weit, dass die Vereinsführung die freiwillige Auflösung des Vereins erwog, wie es ja andere Vereine auch schon längst vorher getan hatten. Man wollte in diesem Fall das Vereinsvermögen der Gemeinde übergeben. Der damals amtierende Vorsitzende SEYß wurde in dieser kritischen Zeit nach Kulmbach versetzt. Trotzdem schrieb er vor seinem Weggang tröstend unter das Protokoll: *„Möge der Verein blühen und gedeihen!"*

Sollte man also trotz des wachsenden Drucks der Nazis im Ort mit der Vereinsarbeit weitermachen? Der Verein reagiert auf seine Weise: Bei der Generalversammlung am 30. April 1938 wird Hauptlehrer MICHAEL DORNHEIM zum neuem Vorstand gewählt. Da DORNHEIM inzwischen, wie praktisch alle Volksschullehrer damals bei der NSDAP ist, hofft man so, den Druck vom Verein wegzubringen. Einstimmig lehnen die Anwesenden dann eine Auflösung des V.V.W. ab.

Der Verein wird nun umso aktiver. Als deutliches Zeichen, wie sehr man hinter der mutigen Aktion seines Vereinsmitgliedes Pfarrer GEORG REDENBACHER steht,

---

[88] Vergl. das Kapitel: „Als Hitlers Gottheit infrage stand – Der Widerstand der Frankenpfälzer und der Überfall der Weidenberger Nazis nach den Hitlerwahlen 1938" in der dritten Folge: „Der Anstreicher und seine Lehrjungen ..."

Heute ein verwaister Platz am Steinachwehr und Aurangensteig: *Von der einstigen Gedenkstätte für Pfarrer REDENBACHER ist jetzt nichts mehr zu sehen*

beginnt man, um ihn zu ehren, mit der Errichtung einer Anlage in der Au unmittelbar an der Steinach, dem Lieblingsplatz von REDENBACHER, an dem er auch gern angelt. Der Verein pflanzt Bäume und stellt Ruhebänke auf. Es ist die Stelle, an der dann nach dem Krieg im Gedenken an diesen hochverehrten Pfarrer der „Redenbacherbrunnen“ errichtet wird. Leider sind von dieser idyllischen Anlage heute keine Spuren mehr im Gelände vorhanden.

Im Ganzen kann man zu dieser Zeit im gesamten Gemeindegebiet 33 Ruhebänke registrieren. Auch die Mitgliederwerbung zeigt nach dieser klaren Aktion ein erfreuliches Ergebnis: Von zuletzt 42 schießt ihre Zahl sofort fast auf das dreifache hoch: 113. Die Menschen erkennen es spontan an, wenn jemand in dieser Zeit zu seiner Sache steht und fühlen sich dadurch auch selbst ermutigt.

Als weiteren Kompromiss, um aus dem Störfeuer des Nazis zu kommen und örtliche Solidarität zu schaffen, bestätigt das Protokoll, dass ab 1. Juli 1938 *„der Fremdenverkehrs- und Verschönerungs-Verein Weidenberg dem Fichtelgebirgsverein beigetreten ist“*. Er ist also jetzt korporatives Mitglied beim Hauptverein, mit 5 RM Jahresbeitrag, und damit ist er für WEIDENBERG zu dieser Zeit so etwas wie ein Ersatz für den noch fehlenden FGV-Ortsverein.

Gleichzeitig verfolgt der Vorstand unermüdlich auch weiterhin seine pädagogischen Ziele: Er will die Bürger zu mehr Reinlichkeit zu bewegen. Das Protokoll klagt *„über den geradezu schreienden Missstand“*, dass die zur Zierde gereichenden Hecken innerhalb der Ortschaft als Schmutzablagerungsplätze benützt würden und dass *„ein großer Teil unserer Mitbürger Mangel an Ordnungssinn und Sauberkeit habe.“*

Der Zweite Weltkrieg unterbricht die Vereinsaktivitäten

Inzwischen werden die Zeichen für einen erneuten, heraufziehenden Krieg unübersehbar. Anders als zu Beginn des Ersten Weltkrieges ist diesmal aber niemand begeistert, im Gegenteil, die Menschen sind besorgt und ahnen ein Ereignis von apokalyptischem Ausmaß voraus. Laufend werden Männer zu ihren Einheiten gerufen.

Im August 1939, wenige Tage vor Kriegsausbruch, tagt der Verschönerungsverein für viele Jahre zum letzten Mal. Bis zum letzten Augenblick sind die Mitglieder für die Verbesserung des Ortsbildes tätig.

So zeigt sich die Vorstandschaft zufrieden, dass der Aurangen-Steig, der hinter der Redenbacher-Anlage abzweigt, nun angelegt sei. Sobald es möglich ist, soll er verlängert und verbessert werden. Damit ist auch Weidenbergs nächstgelegenes Wäldchen am Hang entlang der Steinach durch einen Fußpfad erschlossen. Der Pfad ist aber wegen seiner Steilheit schwer zu unterhalten.

Die Folgen des Zweiten Weltkriegs treffen die Bevölkerung Weidenbergs weitaus drastischer als die des Ersten. Zwar bleibt der Ort von Bomben glücklicherweise verschont und kann seine kostbare Bausubstanz aus dem Rokoko erhalten. Aber doch ist fast vom ersten bis zum letzten Kriegstag durchschnittlich alle zwei Wochen der Verlust von Mitbürgern zu beklagen; die einen, 177 Männer, verlieren als Soldaten im Feld ihr Leben, die anderen als Opfer des Naziterrors im eigenen Land.

So kommen zu den, die auf den Kriegsschauplätzen in allen Teilen Europas fallen, mindestens zwei weitere erwachsene Ortsbürger hinzu, die bei den „Euthanasie“-Aktionen der Nazis seit 1939 umkommen, und ein Opfer, das der Willkürjustiz von Gestapo und Volksgerichtshof zum Opfer fällt.

Erschrecken über die Opfer der Kriege: *Mahnmal von 1923 (rechts im Hintergrund) und Mahnmauer 1959 an der Kirche*

Die Namen der Mehrzahl der Toten werden 1959 ringsum in die Sandsteinmauer an der Kirche eingemeißelt. Dabei wird auch solcher Toten gedacht, deren Angehörige in großer Zahl als Flüchtlinge und Heimatvertriebene nach WEIDENBERG kommen und dort nach dem Krieg neue Wurzeln schlagen; die Einwohnerzahl steigt binnen weniger Jahre fast aufs Doppelte.

Nur für die drei Opfer von Euthanasie und Terrorjustiz[89] gibt es bislang kein öffentliches Gedenken, obwohl die Marktgemeinde mehrfach daran erinnert worden ist.

Auch der Verschönerungsverein hat viele Gefallene zu beklagen. Aus manchen Jahrgängen ist ja im Zweiten Weltkrieg die Hälfte der Männer umgekommen. Dennoch wagt der Verein, sobald die Wohnungssituation im Markt einigermaßen geordnet ist, einen erneuten Anfang des Vereinslebens.

Ein neuer Anlauf nach dem Kriege für die „Fremdenverkehrsgemeinde"

Abschied von der „Säule des Vereins" und neue pädagogische Impulse

Blick in eine andere Welt: *Georg Redenbachers letzte Konfirmation im Jahr 1949*

Ins Gasthaus zum Goldenen Lamm lädt der Vorstand des Verschönerungsvereins WEIDENBERG am 22. Januar 1950 zur ersten Generalversammlung nach dem Krieg ein. Dabei wird zunächst die frühere Vorstandschaft trotz der Nazi-Verstrickungen einzelner Mitglieder wiedergewählt. Ihr gehören an: Hauptlehrer MICHAEL DORNHEIM, Pfarrer GEORG REDENBACHER, Fabrikant GEORG SCHILLER, sowie 10 Beisitzer. Doch ein Jahr später muss der Erste Vorsitzende DORNHEIM Weidenberg aus beruflichen Gründen verlassen.

Als schmerzlichsten Einschnitt in der Geschichte des Verschönerungs-Vereins empfinden aber viele den Tod von Pfarrer GEORG REDENBACHER am 23.Februar dieses Jahres 1951. Praktisch während seiner gesamten 30-jährigen Dienstzeit in WEIDENBERG hat er im Vorstand des Vereins Ideen gebend und verantwortlich handelnd mitgewirkt. Die Trauerfeier ist überwältigend. Wohl niemand in WEIDEN-

---

[89] Vergl. dazu die fünfte Folge „Spuren der Opfer – Anteilnahme und Verleugnung" in diesem Projekt „Myrten für Dornen".

BERG schließt sich bei diesem Abschied auf dem stillen Friedhof von ST. STEPHAN aus. Viele ehrliche Tränen fließen.

Aus diesem Anlass wird am 21. April 1951 erneut zu einer Generalversammlung eingeladen. Die Anwesenden gedenken dankbar der Verdienste von REDENBACHER.

Bei der Neuwahl wird der seinerzeitige Hauptlehrer und spätere Schulrektor ALBRECHT SAUERMANN zum Ersten Vorsitzenden gewählt. Auch er war in den Nationalsozialismus verstrickt, dem er sich als Lehrer in NENTSCHAU 1935 aus Überzeugung angeschlossen hatte. Bereits 1933 war er freiwillig der dortigen SA beigetreten, um auf diesem Wege in die Partei aufgenommen zu werden. Er galt als „politisch zuverlässig", also als linientreu; er war auch im entscheidenden Jahr 1937 der Sekte der hitlertreuen „Deutschen Christen" beigetreten.

Leitung mit pädagogischem Pfiff: *ALBRECHT SAUERMANN*

Gleichwohl hat ihm die Spruchkammer 1947 dann als Hoffnungsaspekt zugebilligt, *„dass sich der Betroffene am Wiederaufbau des neuen demokratischen Staates beteiligen wird"* und hatte ihn als *„Mitläufer"* mit einer Sühne von 1.000 RM gnädig davonkommen lassen.

Seine Wahl als Vorstand des Verschönerungsvereins erweist sich wegen seiner Leitungskompetenz als ein wahrer Glücksfall, denn SAUERMANN kann in den nun folgenden 15 Jahren seiner Amtsführung nicht nur seine Zielstrebigkeit, sondern auch sein ganzes pädagogisches Geschick in diese Arbeit einbringen. Und viel geduldige Standfestigkeit ist gegenüber der Zähigkeit der Menschen, die gern am Hergebrachten und Schmuddeligen festhalten, auch notwendig.

Um der eigentümlichen, geschichtlich gewachsenen Teilung der Bevölkerung Weidenbergs in rivalisierende Ober– und Untermärkter entgegenzukommen, werden nun getrennt für den Obermarkt und den Untermarkt jeweils 8 bzw. 11 Ausschussmitglieder bestimmt, darunter der damalige Bürgermeister GEORG HAGEN.

Zu den Arbeitssitzungen trifft man sich, zur „Förderung der Wirtshauskultur", abwechselnd in den verschiedenen Gaststätten Weidenbergs: bei KOLB am Untermarkt, im Schulhaus, bei THOMAS WILL am Obermarkt, bei DREß, bei SCHÖFFEL im Goldenen Lamm, im Kino-Café GEBHARDT, bei KILCHERT, VOGEL, ROTHE in Rosenhammer und HAGEN am Obermarkt, im Schützenhaus, bei TEMPERT am Obermarkt oder bei GEORG ENGELBRECHT am Untermarkt.

Kein Müllabladeplatz:
Sorgenkind Buchert mit Steinachufer

Mit großem Elan geht der Vorstand an die Nachholarbeit, denn während der Kriegsjahre hatte man vieles liegenlassen müssen, sei es, weil Mitarbeiter fehlten, sei es, weil das Geld knapp war.

So werden 1951 in einer Ausschuss-Sitzung Anträge an die Gemeinde gestellt: Es sollen Schuttablageplätze eingerichtet und Stege erneuert werden; der Buchert, der bewaldete Abhang zwischen der Steinach und dem Kirchenplateau, soll gegen Verunreinigung besser überwacht werden. Es wird beschlossen, neue Bänke aufzustellen. Dabei soll auch erforscht werden, wo die vereinseigenen Bänke geblieben sind, die seit Kriegsende „verschwunden", sprich: wohl verheizt oder in Privatbesitz überführt worden sind.

Sauermanns pädagogische Erfahrung spiegelt sich in den damaligen Projekten wider. Wie kann man die Bevölkerung wirklich zum Mitmachen motivieren, durch Bitten oder Moralpredigten? Nein, eigentlich nur durch Stärkung der eigenen Mitverantwortung und durch motivierenden Wettbewerb. Jeder will ja gut sein und etwas vorzeigen, jeder möchte mit dem von ihm persönlich Geschaffenen bewundert werden!

Ein Blumenschmuckwettbewerb soll deshalb ausgeschrieben werden. Durch einen solchen Wettbewerb werden die Menschen stärker zur Beteiligung angespornt, sie beginnen, ihr Werk mit dem anderer zu vergleichen und strengen sich an. Der Ort gewinnt spürbar an Farbe und ästhetischer Ordnung. Solche Blumenschmuckwettbewerbe werden nun zur weithin akzeptierten „pädagogischen Methode" dieses Vereins, die uns die Handschrift des versierten Lehrers SAUERMANN verrät. Jeder einzelne Blumenkasten, jeder Geranienstock zählt; und am Ende addiert sich alles bald zu einem ansehnlichen Ortsbild.

Auch die Markierungen und Wegweiser sollen erneuert werden. Schließlich setzt der Verein ja, wie er es schon im ersten Werbeprospekt der 20-er Jahre formuliert hatte, weiterhin auf Touristen. Sie sollen kommen und bleiben, sie sollen die gesunde Luft an der „Riviera des Fichtelgebirges“ genießen und die herrliche Landschaft erwandern.

Die Gefahr besteht, dass sich der rührige Vorstand selbst überfordert. Die Situation ähnelt der Lage des überlasteten Moses in der Bibel, dem man dann zur Hilfe in seinem Amt verantwortliche Mitarbeiter mit klar umschriebenen Aufgaben an die Seite gestellt hat. So werden auch die Ausschussmitglieder nun stärker einbezogen; ihnen wird jeweils einer von zehn Bereichen im Ortsbereich zugewiesen. Sie sollen ihr Gebiet zukünftig persönlich beaufsichtigen und betreuen. Als solche Bereiche werden eingeteilt:

1. Stephansgässchen mit Seybothenreuther Straße, 2. Kulm, 3. Au und Aurangen, 4. die Treppe und der Buchert, 5.der Bereich der „Karlsruhe“ mit Rosenhammer und Waizenreuth, 6. die Anlagen am Bahnhof, 7. Altung, Grund und Bocksleite, 8. Hohe Leite, 9. Östlicher Rügersberger Hang, 10. Westlicher Heßlacher Weg.

Die Mitglieder der Ausschüsse sollen ihr Gebiet sorgfältig beobachten und danach der Vorstandschaft Verbesserungsvorschläge machen.

Bänke, Wege und Anlagen

So wie in der frühen Zeit der Verein seinen Schwerpunkt beim Baumpflanzen hatte, so kann man nun die Nachkriegszeit als die große Zeit des Bankaufstellens beschreiben. Rd. 30 neue Bänke werden als wesentliche erste Maßnahme errichtet. Im Ortsbereich sind sie aus Eisen gefertigt, im Außenbereich auch aus Holz. Die Stifter bringen selbst ihre Namen auf den Bänken an. Weitere Bänke kommen in der folgenden Zeit immer wieder hinzu. Allerdings ist die Hoffnung, dass die während des Krieges und der Notzeiten „ausgeliehenen“ Bänke zurückgegeben werden, vergeblich. Die wiederholte höfliche Aufforderung des Vereins an die Bevölkerung findet nur geringes Echo; viele Bänke sind sicher längst für Koch– oder Heizzwecke verschürt worden.

Das gesamte Wegenetz im Gemeindebereich wird nun mit Buchstaben-Codes von A — E und Gebietsziffern durchstrukturiert und soll entsprechend markiert werden. Großen Wert legt die Versammlung darauf, alte Wege zu erhalten.

In Absprache mit dem Hauptverein des Fichtelgebirgsvereins werden die entsprechenden Markierungssymbole vereinbart:

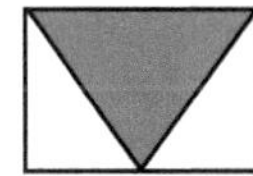

Das *blaue Dreieck auf weißem Grund* soll den bereits vom FGV in der Vergangenheit markierten Weg von der KÖNIGSHEIDE nach ROSENHAMMER bezeichnen.

Der *offene blaue Kreis auf weißem Feld* steht für den Weg auf Gemeindegebiet nach STOCKAU.

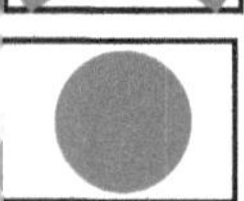

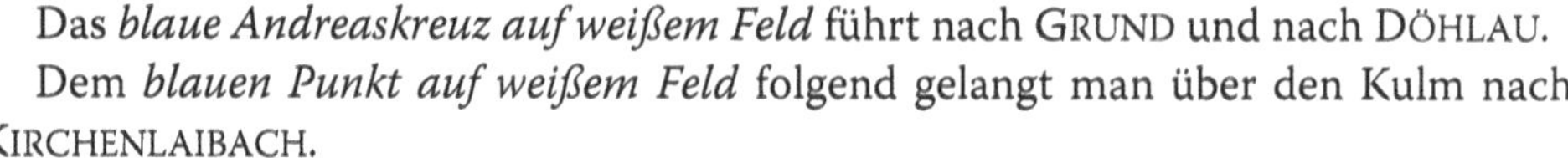

Das *blaue Andreaskreuz auf weißem Feld* führt nach GRUND und nach DÖHLAU. Dem *blauen Punkt auf weißem Feld* folgend gelangt man über den Kulm nach KIRCHENLAIBACH.

Und *die blaue Pfeilspitze auf weißem Feld* weist über ALTENREUTH nach MUCKENREUTH. Die Umsetzung dieser Markierungsarbeiten ist aufwendig und zieht sich über mehrere Jahre hin.

Als nachhaltiger Denkanstoß erweist sich die Anregung des Hauptvereins, auch in WEIDENBERG eine **Ortsgruppe des Fichtelgebirgsvereins** zu gründen, wie sie hier schon einmal für wenige Jahre vor der Wende zum 20. Jahrhundert bestanden hat. Es sind die Kräfte um Lehrer SAUERMANN, die sich für den Beitritt starkmachen und sich davon eine Förderung des heimatlich-kulturellen Gedankens versprechen. Andere möchten endlich offensiv den Ausbau des Fremdenverkehrs voranbringen. Da aber der Verschönerungsverein in seiner Praxis schon immer viele Berührungspunkte mit der inhaltlichen Arbeit des Fichtelgebirgsvereins hatte, wie etwa die Landschaftspflege, das Wandern oder das Markieren der Wege, erklären die Anwesenden ihre prinzipielle Bereitschaft, den Aufbau einer FGV-Ortsgruppe zu unterstützen, bestehen aber darauf, dass die örtlichen Belange der Ortsverschönerung weiterhin wahrgenommen werden. SAUERMANN nimmt unverzüglich Kontakt mit dem Hauptverein des FGV auf und teilt ihm die Gesprächsbereitschaft des Verschönerungsvereins mit.

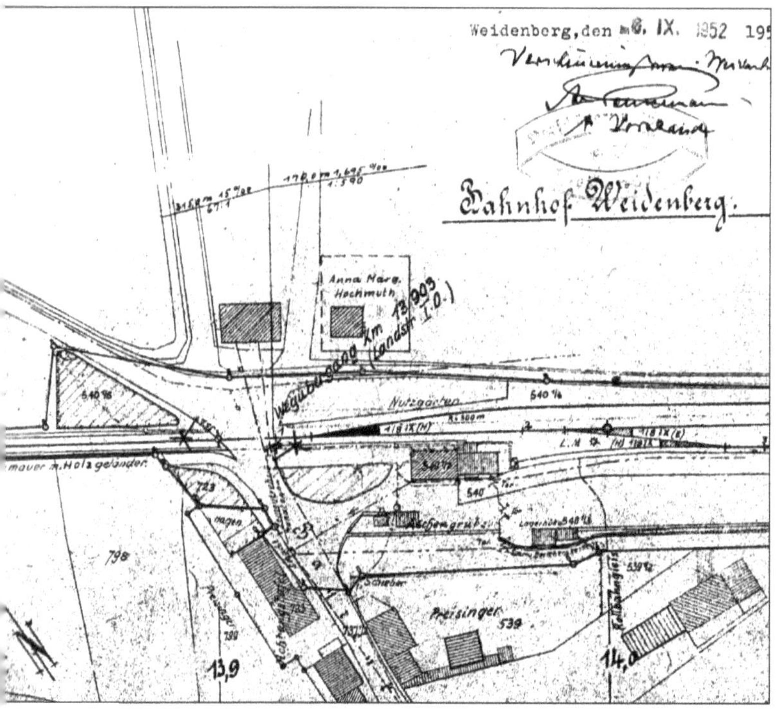

Auf Vereinskosten zu pflegen: *Anlagen des V.V.W. am Bahnhof*

Am **Bahnhof** soll wieder eine große Orientierungstafel mit der Angabe aller Gasthäuser und Geschäfte aufgestellt werden, ein ehrgeiziges Unterfangen, das, wie schon bei früheren Versuchen, einige Mühen verursacht. Erst nach drei Jahren kann das Projekt abgeschlossen werden.

In einem „Gestattungsvertrag“ mit detaillierter Planzeichnung billigt das Betriebsamt BAYREUTH der Deutschen Bundesbahn am 6. September 1952 *„den Fortbestand und die Anlegung einer weiteren Grünanlage am Bahnhof Weidenberg.“* Die markierten Flächen hat der Verein auf eigene Kosten zu pflegen. Dabei dürfen die Anpflanzungen wegen der Sicht am Bahnübergang die Höhe von 1m nicht überschreiten.

Immer wieder geht es auch um Ordnung und Sauberkeit im Ortsbild. Es soll mehr auf die Säuberung der Straßen und das Beschneiden der Hecken durch die Hausbesitzer geachtet werden. Die Gemeinde soll sich auch um alte und schadhafte Zäune im Ortsbild kümmern. Auch soll wildes Plakatieren unterbunden werden.

Auch in der eigenen Vereinsarbeit zieht der Vorstand die Zügel nun straffer. Nachdem eine Zeit lang die Beitragserhebung versäumt worden ist, wird der Unterkassier ausgewechselt, um die Kassenlage wieder zu ordnen.

Die Aktivitäten unter der beherzten Leitung von Hauptlehrer SAUERMANN scheinen in der Bevölkerung auf Resonanz zu stoßen, denn im Jahr 1952 wird ein Anstieg der Mitgliederzahl um 40 % auf 150 gemeldet. Trotzdem wird die mangelnde Mitarbeit und Einsicht der Bevölkerung beklagt. An Kritikern fehle es nicht, wohl aber an Mitarbeitern, so dass die Tätigkeit des neuen Vorstandes keine wahre Freude bereite, sagt das Protokoll.

Lehrer Sauermann gründet den örtlichen Fichtelgebirgsverein neu

Bei der Generalversammlung im Mai 1955 legt Vorstand Hauptlehrer SAUERMANN einen umfangreichen Tätigkeitsbericht vor. Bei dieser Gelegenheit kann er auch die zwischenzeitlich erfolgte Neugründung des örtlichen Fichtelgebirgsvereins melden, die im April 1955 erfolgt ist. Da er zu dessen Vorsitzenden gewählt wurde, will er zugleich die Führung beim Verschönerungs-Verein niederlegen. *„Nach einmütigem Drängen und Bitten der anwesenden 25 Mitglieder“* zieht er seinen Rücktritt zurück, unter der Bedingung, dass ihm geeignete Mitarbeiter zur Seite gestellt werden.

Ein Dauerthema bleibt die Dickfälligkeit mancher Einwohner, die dem Verein die Ortsverschönerung schwer machen. Klage wird bei dieser Versammlung besonders gegen die Rücksichtslosigkeit mancher Bauern geführt, die, nachdem die Straßen am Samstag gekehrt sind, Heu, Stroh, Jauche, Erde usw. ausfahren und die Straßen wieder verunreinigen.

„VVW"-Symbol über Weidenberg:
Wetterfahne des Verschönerungsvereins von 1903/1956

Als sein Symbol stellt der Verschönerungsverein in diesem Jahr auch die **Wetterfahne** an der Bocksleite neu auf, eine Maßnahme, die eigentlich schon für das fünfzigste Vereinsjubiläum 1953 geplant war. Dabei wird auf dem drehbaren Blechschild neben der Jahreszahl der Vereinsgründung 1903 nun auch das Jahr der Wiederaufstellung 1955 ergänzt.

1956 wird eine Mitgliederzahl von rund 125 gemeldet, von denen sich etwa ein Fünftel bei der Mitgliederversammlung zeigen. Für das kommende Jahr nimmt sich die Vereinsleitung die Aufstellung weiterer 21 Bänke vor, die an ausgesuchten Plätzen zum Ausruhen einladen sollen. Auch wird die Errichtung weiterer Grün- und Blumenanlagen am Revier im Untermarkt gegenüber von Fikentscher und im Straßendreieck am ROSENHAMMER beschlossen. Insgesamt, so stellt 1957 das Protokoll fest, stehen nun etwa 100 Ruhebänke im gesamten Betreuungsbereich bereit; davon wurden 33 mit einem haltbaren Lackanstrich versehen.

Ein weiterer Blumenschmuckwettbewerb soll die Bevölkerung dazu „erziehen", dem Schmuck des Ortes noch mehr Aufmerksamkeit zuzuwenden. Der Vandalismus einzelner aus der Bevölkerung, der auch vor der Zerstörung von Neuanlagen nicht Halt macht, löst viel Ärger aus und wird angeprangert; er ist also nicht ein Kind der jüngsten Neuzeit, sondern eine frustrierende Begleiterscheinung der Bemühungen um ein schöneres WEIDENBERG von Anfang an durch alle Jahre. Immer wieder führt das Protokoll Klage über die mangelnde Bereitschaft, den Verein in seinem Bemühen um saubere Straßen, Wege, Hecken und Anlagen zu unterstützen. Insbesondere die Jugend soll hier stärker ins Gebet genommen werden.

Hinsichtlich der Vorstellungen, wie man den Fremdenverkehr weiter ankurbeln kann, deuten sich Konflikte zwischen Händlern, Wirten, Bevölkerung und Marktgemeinderat an. Die Erwartungen sind zu unterschiedlich. Der Verein sieht sich überfordert, wenn man ihn als Motor für das Gesamtprojekt betrachtet. Er könne nur helfen, die Voraussetzungen im Ort entsprechend den Zielen des Vereins zur

Attraktion für den Fremdenverkehr: *Schwimmbad in den Auwiesen*

Ortsverschönerung zu verbessern, die Umsetzung müsse von denen geleistet werden, die geschäftlich davon profitieren.

Eine Entlastung war freilich schon dadurch gegeben, dass die Gemeindekanzlei seit Juli 1951 die Geschäfte des Fremdenverkehrsbüros übernommen hatte. Doch ein eigener **Fremdenverkehrs-Verein** wird in Weidenberg dann erst im Februar 1961 ins Leben gerufen.

Ende der 50-er Jahre kann dann endlich auch in den Auwiesen das lang ersehnte **Schwimmbad** in Betrieb genommen werden. Jugend und Gäste müssen nicht länger am Wehr der Steinach plantschen. Das rechteckige kleine Becken ist 25 m lang und hat an seinem Kopfende ein Sprungbrett von etwa 1,5 m Höhe. Ein Teil des Beckens ist für Nichtschimmer abgegrenzt. Am nördlichen Rand erstrecken sich die Wiesen, auf denen sich die Sonnenanbeter bräunen und die Sportlichen Ball spielen können.

Ein Brunnen für Pfarrer Redenbacher

Bereits im Jahr 1938, kurz nach dem Höhepunkt des Kirchenkampfes, also noch mitten in der Nazizeit, hatte der Verschönerungsverein im Auwald an der Steinach Bäume gepflanzt und Bänke aufgestellt, um Pfarrer GEORG REDENBACHER für sein mutiges Wirken als Seelsorger und als Vereinsvorstand in diesen umkämpften Jahren zu danken. Ein Steg führte dort über die Warme Steinach.

Sechs Jahre nach seinem Tod, im Jahr 1957, wird in Eigenarbeit der Mitglieder diese Anlage vollendet und mit einer rustikalen Brunnenstele ergänzt. Mit diesem Werk an Redenbachers einstigem Lieblingsplatz soll der langjährigen Verdienste des 1951 verstorbenen Geistlichen gedacht werden, der wohl bei der Bevölkerung der beliebteste Pfarrer war, der je in WEIDENBERG gewirkt hat.

RUDOLF POSSELT mauert Brunnenstele und –trog am diesseitigen Steinachufer am Zugang zum Aurangen-Pfad. Stilistisch lehnt er sich dabei an die verbreiteten Torsäulen aus grob behauenem Kalkstein in manchen Weidenberger Vorgärten an.

„Redenbacherbrunnen" - inzwischen verschwunden und vergessen:
Auwald mit Dornheimsteg (Aufnahme vor 1960)

Um beständig fließendes Wasser heranzuführen, fasst er auch die Quelle am Aurangen am jenseitigen Hang der Warmen Steinach. Die Brunnenstube bekommt ein eisernes Türchen, das GEORG VOGEL stiftet.

In einer Leitung durch das Bett der Steinach soll das Wasser herangeführt werden. Sie soll das frische und gute Wasser nun zum Brünnlein leiten, sodass die Verweilenden es auch verkosten und genießen können. Viele freiwillige Helfer legen die Rohre durch den Bach. Der beschauliche Platz unter den Bäumen wird mit einer kleinen Gartenanlage hervorgehoben: Ein runder Tisch ist von kleinen Sitzbänken umgeben. Die stämmige Stele ist gut 1 m hoch. Aus einem Röhrchen läuft das Wasser in die schlichte, mit roh behauenen Feldsteinen umrahmte ebenerdige Brunnenfassung. Diesem Brunnen gibt der Verein auf einem Schildchen den Namen „**Redenbacherbrunnen**".

Wie Zeitzeugin ROSWITHA FÜNFSTÜCK erzählte, hatte das Wasser eine anerkannt gute Qualität; die Bevölkerung schätzte es als Trinkwasser und schickte oft die Kinder zum Redenbacherbrunnen, um Wasser für die Familie zu holen.

Redenbachers Angehörige, und damit ist seinerzeit besonders die Tochter LYDIA NIEDERWALD und ihre Familie gemeint, haben nach Aufzeichnung des Protokolls zu dieser Ehrung ihres Vaters damals ihr freudiges Einverständnis gegeben. Insgesamt war ja Pfarrer REDENBACHER 32 Jahre lang, von 1919 bis 1951, für den Verschönerungsverein tätig gewesen und hat sich in dieser Zeit nicht nur um die Kirchengemeinde, sondern auch um den MARKT WEIDENBERG verdient gemacht. Diese Verdienste waren der Hauptgrund, warum der Verein seinerzeit diesen Brunnen errichtet und ihm den Namen dieses Pfarrers gegeben hat.

Gezeichnet von Hans Rabenstein:
Redenbacherbrunnen 1973

In den achtziger Jahren, als der V.V.W. bereits am Niedergang war, gab es nach einer Hochflut der Warmen Steinach gegenüber dieser Stelle einen Hangrutsch, in dessen Folge das Flüsschen durch das Amt für Wasserwirtschaft vertieft und begradigt wurde. Dabei wurden damals bedauerlicherweise auch der Brunnen und seine Quelle ersatzlos beseitigt.

So bleiben als einzige Erinnerungen an den Redenbacherbrunnen nur Fotos, wie das umseitige Diapositiv, das seinerzeit ERWIN RÖSLER am 17. Januar 1960 im Rahmen des Blumenschmuckwettbewerbs gezeigt hat, sowie die Zeichnung, die der begabte Beobachter alter Weidenberger Kulturdenkmäler HANS RABENSTEIN 1973 vom Redenbacherbrunnen angefertigt hat.

Bereits im Jahr 1959 hatte HANS RABENSTEIN auch eine Landkarte gezeichnet, auf der er wichtige örtliche Gegebenheiten Weidenbergs und seiner Umgebung festgehalten hat. Hier hat er auch den genauen Standort des Brunnens und manches andere Wahrzeichen aus der Tätigkeit des Verschönerungsvereins, wie etwa die „Karls-Ruhe“, verewigt. Der Komplettabdruck der Karte in diesem Kapitel macht diese Wahrzeichen sichtbar.

Mit dem Verlust des Redenbacherbrunnens fehlt im Ort jedes Erinnerungssymbol für diesen verdienstvollen Pfarrer. Zwei Lehrern, die auch eine Zeit lang im Vorstand des Verschönerungsvereins tätig waren, hat die Marktgemeinde zur Erinnerung Straßen gewidmet; von dem viel länger tätigen und für die Ortsgeschichte so bedeutsamen Pfarrer REDENBACHER kündigt seltsamerweise bis jetzt keine Straße, kein Platz.

Die Planung für die neue Weidenberger „Mitte“ um das Bahnhofsareal am Weidenberger Untermarkt hätte die Chance eröffnet, dies nachzuholen und des beliebten Seelsorgers und engagierten Vereinsvorstandes zu gedenken. Dazu hat auch dieses vorliegende Kapitel über die Arbeit des Verschönerungsverein, das bereits im Mitteilungsblatt in der Rubrik „Seinerzeit“ veröffentlicht und auch als Büchlein dem Bürgermeister rechtzeitig überreicht wurde, eine Anregung sein sollen.

Man hätte als Zentrum dieser neuen Ortsmitte eine Brunnenanlage mit einer Redenbacher-Skulptur errichten und dem umgebenden Platz, der ja ein zukünftiger Treffpunkt der Bürger werden soll, den Namen dieses Seelsorgers geben können.

Eine Mitfinanzierung hätten sich Angehörige der Familie und andere Sponsoren vorstellen können.

Bei der Gestaltung des Denkmals hätte man sich z.B. inspirieren lassen können von der originellen Figur des Mantelkramers, mit der etwa die Gemeinde Marktschorgast ihren Marktplatz verschönt hat; so hätte man versuchen können, Redenbachers Originalität an diesem Weidenberger Brunnen-Denkmal herauszuarbeiten, etwa, indem man die Anekdote über seinen Gang zum Fischwasser lebendig werden ließ[90]. Doch zu dem allen fehlten wohl im Marktgemeinderat der gute Wille und die Beziehung zur eigenen Geschichte. Auf der Rabensteinkarte S. 356f ist der alte Redenbacherbrunnen mit einem Kreis gekennzeichnet.

Jauche und Vandalismus kontra Fremdenverkehr

Zur gleichen Zeit 1957, als der Redenbacher-Brunnen errichtet wird, erlebt auch das Projekt „Au-Park" aus der Vorkriegszeit seine Neubelebung. Denn mit aller Macht will der Verein nun tatsächlich seine uralte Vision vom „Kurort Weidenberg" voranbringen:

„Mit Rücksicht auf die Entwicklung des Ortes zum ***Fremdenverkehrsort*** *müsste die Gemeinde und der Verein bestrebt sein, eine* ***Parkanlage*** *zu schaffen, die im Lauf der Zeit die Voraussetzung für einen* ***Kurort*** *bildet,"* so lautet der denkwürdige Protokolleintrag der Generalversammlung vom 12. Nov. 1957. Dieses Ansinnen wird bei der folgenden Vereinssitzung auch dem Marktgemeinderat vorgetragen.

Obermarkt-Brunnen: *Blumenschmuck Wettbewerb 1959/60*

Die anwesenden Gemeinderatsmitglieder sagen zu, diese Anregungen im Marktgemeinderat zur Sprache zu bringen, ein Höhepunkt unter der konsequenten Führung des tüchtigen Lehrers SAUERMANN im V.V.W.! An der folgenden Sitzung des Vereins nimmt der Gemeinderat dann tatsächlich geschlossen teil.

Einem möglichen Fremdenverkehr abträglich erscheint seinerzeit allerdings immer noch das Dauerübel der Jauchegruben im Ort, aus denen regelmäßig ätzend-schwarze und stinkende Jauche auf die Straßen austritt und so den Idealen der Ortsverschönerung spot-

[90] Vergl. dazu das Kapitel „Geschichten vom Pfarrer Redenbacher" im Projekt „Myrten für Dornen"

tet und Hohn spricht. Unter Umständen soll auch die Polizei mal nach dem Rechten sehen.

An der Bahnhofstraße muss seinerzeit auch wieder einmal der Gehweg neu hergerichtet werden. Dabei werden die Anlagen am Bahnhof immer als ein besonderes Aushängeschild für die Gemeinde betrachtet. Nach einem Gedankenaustausch im Jahr 1959 mit dem Kreisfachberater soll das Grün damals der Zeit entsprechend neu gestaltet werden.

Blumenschmuckwettbewerb 1960:
Haus Koppmeier, Bayreuther Gasse

„Berühmt“ und berüchtigt war seinerzeit auch die Reklameglassäule bei der Lindenkreuzung. Immer wieder wurde sie Opfer von Mutwilligen, die das Glas zerschlugen, sodass dieses Objekt meist mehr Ruine als Zierde war. Die Uhr oben auf der Säule ging in der Regel verkehrt oder gar nicht. Die Herrichtung dieser Säule wird in diesem Jahr 1957 gefordert.

Diese Zeit bis in die frühen 60-er Jahre hinein stellt den absoluten Höhepunkt des Engagements in der Arbeit des Weidenberger Verschönerungsvereins dar und dokumentiert zugleich seine letzte große Blüte. Seltene Bäume, wie Hängebirken oder die Platane „Pawlownia“, benannt nach der berühmten russischen Tänzerin Anna Pawlowa (1881-1931), bilden Highlights an den Straßen und Plätzen. Das ganze Jahr über prangt damals der Blumenschmuck in den Anlagen, deren Pflege dem Verein stets ein besonderes Anliegen ist.

Der große Bestand Weidenbergs an historischen Gebäuden und kleinen Gärtchen wird von der Bevölkerung liebevoll geschmückt und im Rahmen von Wettbewerben und Diavorträgen ins rechte Licht gerückt. Künstler wie Heribert Kokot schaffen originelle Wegweiser und Hinweisschilder zur Belebung des Ortsbildes. Leider sind diese Zeichen inzwischen alle verschwunden.

Als großartige Geste und Erfolg der wiederholten Werbung um die Jugend wird empfunden, dass der Vorstand des Burschenvereines des Untermarktes seine Vereinsmitglieder zu Arbeiten bei der Ortsverschönerung zur Verfügung stellen will.

„Brotzeit", Ortsverschönerung mit Kindern: *Am Scherzenbach vor 1960*

Zu Ehren von Oberlehrer MICHAEL DORNHEIM, der 17 Jahre in der Vereinsleitung tätig war, gibt man dem inzwischen ausgebauten Aurangen-Weg seinen Namen. Vom „Redenbacherbrunnen" zum „Dornheim-Weg" soll zukünftig ein Eisensteg über die Steinach geführt werden und das Gedächtnis dieser beiden engagierten Vereinsmitglieder wachhalten.

Immer wieder finden sich in den Protokollen Berichte, dass weiterhin Bänke und Brunnen aufgestellt und instand gehalten werden. Die zahlreichen Bänke zu streichen, bleibt eine der mühseligsten Handarbeiten für den Verein. Die Holzbänke werden deshalb zunehmend durch Bänke aus festem Material ersetzt.

In keinem Bericht ist freilich die Rede davon, ob jemals auf diesen Bänken irgendjemand gesessen hat, außer vielleicht Jugendliche, die sie gern für ihre Treffpunkte nutzten. Hatte der arbeitende Weidenberger überhaupt Zeit zur Entspannung und Muße? Oder ging es bei den Bänken eher um eine symbolische Herbeibeschwörung des ersehnten

Kaum noch bekannt:
NIKOLAUS-HÖFER-Anlage bei Scherzenmühle und ehem. Armenhaus

Fremdenverkehrs? So sollen am Obermarkt beim Marktbrunnen und am Untermarkt beim Gasthof Post auch Wander- und Orientierungstafeln für die erwarteten Gäste aufgestellt werden.

Im Jahr 1963 erfährt der ehemalige Hauptlehrer NIKOLAUS HÖFER eine nachträgliche Ehrung. Von 1905-1920 war er in der Vereinsführung tätig, davon 13 Jahre Schriftführer und drei Jahre hindurch Vorsitzender. Der im Jahr 1937 geschaffenen und inzwischen erneuerten Anlage in der Scherzen am Zusammenfluss von Schafhofbach und Steinach verleiht man in Würdigung der Verdienste Höfers seinen Namen. Doch dürfte diese Bezeichnung „Höfer-Anlage" inzwischen wohl allgemein vergessen sein. So ist Adam Kießlings seinerzeitige Anregung nicht von der Hand zu weisen, dass überall dauerhafte Namensschilder an den jeweiligen Plätzen angebracht werden sollten, die für die Nachwelt beschreiben, weshalb sie so heißen.

Keine Ziele mehr für die Weiterarbeit

Kleine Hochstapelei des FVV mit dem Kirchengemälde vom Ortsmaler

as Jahr 1966 bringt für die zukünftige Arbeit des Verschönerungsvereins einen tiefen Einschnitt. Bereits seit 1961 arbeitet ja in Weidenberg ein eigenständiger Fremdenverkehrs-Verein. Dessen Tätigkeit entwickelt aber nun ihre Eigendynamik und wird damit zur direkten Konkurrenz des V.V.W.

Der erste bunte Prospekt 1966 „**Erholungsort Weidenberg** im Fichtelgebirge" nimmt die einstigen, weitsichtigen Visionen des Verschönerungs-Vereins auf; er trägt aber nun die Handschrift des Marktes Weidenberg *„in Zusammenarbeit mit der Fremdenverkehrsgemeinschaft e. V."*

Damit ist dem Verschönerungsverein zugleich ein vitales Ziel seiner bisherigen Arbeit abhandengekommen. Er war es ja, der Weidenberg einst zum „Kurort" machen wollte. Kurort ist der Marktort zwar nie geworden, aber auch das im Prospekt jetzt an seiner Stelle erscheinende Wort *„Erholungsort"* steht lediglich auf dem Papier. Es sollte wohl eine Steigerung gegenüber den ersten Zielen des Verschönerungsvereins zum Ausdruck bringen, der in seinem Werbeprospekt von 1930 WEIDENBERG bisher nur als *„Herrliche Sommerfrische 465 Meter ü. d. Meere"* anzupreisen gewagt hatte.

Der Prospekt wirbt mit Schwimmbad und Kegelbahn, Bahnanschluss und ruhiger Beschaulichkeit, Ärzten, Apotheke und modernen Geschäften und einem Ortsbild, *„das nicht durch rauchende Fabrikschornsteine beeinträchtigt ist"*. Er preist den Wald und die Naturidylle, die mit Wanderungen zur Bocksleite, Kulm und dem stillen Hochmoor der *„sagenumwobenen Königsheide"* erschlossen werden können.

Werbung mit Schwimmbad und Beschaulichkeit: *Farbprospekt 1966 für den Fremdenverkehr*

Der Flyer sieht auch Gelegenheiten zu Unterhaltung bei Tanz, Theater und Kino *„mit wöchentlich mehrmals wechselndem Programm"*. Er weist den Kulturbeflissenen auch auf die Markgrafen-Architektur vieler Gebäude hin.

Als ein besonderes Kuriosum erfindet der Prospekttexter aber nun die *„prächtige Malerei des heimischen Kunstmalers Schuster"* in der St.Michaelskirche auf dem Gurtstein. Zwar hat es diesen Maler JOHANN AUGUST SCHUSTER wirklich gegeben, und sein Name findet sich auch tatsächlich als Handwerker-Autogramm am nördlichen Rand des großen Deckengemäldes von der Geburt Christi in dieser Kirche, und zwar in einem fensterartigen Ausblick zum Kreuzeshügel von Golgatha: *„Restauriert im Jahre 1806 v. Joh. Aug. Schuster, Weidenberg"*. Aber SCHUSTER hat sich dort mit seinem Namenszeichen nur deshalb verewigt, weil er, wie er dort vermerkt, im Jahre 1806 die erste Restaurierung des wertvollen Rokoko-Gemäldes begleiten durfte.

Dieses Deckengemälde war rd. 30 Jahre zuvor vom Bayreuther Hofmaler WILHELM ERNST WUNDER auf Weisung des Markgrafen ALEXANDER geschaffen worden. Diese Autorenschaft Wunders war in WEIDENBERG eigentlich schon immer bekannt; doch hat die Marktgemeinde gemeint, dem Orts-Image durch Nennung des Ortsbürgers SCHUSTER mehr Glanz verleihen zu können[91].

Dieser JOHANN AUGUST SCHUSTER ist wohl der Urgroßvater des oben genannten AUGUST SCHUSTER, der dann beim Verschönerungsverein vor dem Ersten Weltkrieg für die Fremdenverkehrswerbung in Zeitungen eingetreten war.

Mit den Aktivitäten der Marktgemeinde für den „Erholungsort Weidenberg“ ist für den Verschönerungs-Verein ein Kernziel seiner Satzung überflüssig geworden. Was in der Vereinsarbeit nun übrig bleibt, wird weitgehend zum Selbstläufer und reißt niemanden mehr so recht vom Stuhl.

Restaurationsvermerk 1806 „Joh. Aug. Schuster, Weidenberg“ *am Deckengemälde von W. E. WUNDER in der Evang. Kirche St. Michael*

Der Verschönerungsverein gerät in die Krise

Anfangs wird freilich dieser programmierte Niedergang noch von niemandem wirklich recht zur Kenntnis genommen. Bei der Generalversammlung 1967 gibt Schulrektor a. D. ALBRECHT SAUERMANN bekannt, dass er sein Amt nach 16 Jahren Verantwortung nun endgültig niederlegen will. Bürgermeister OTTO FLEISCHMANN ist erschienen und bedauert, dass so wenige Mitglieder und vor allem Jugendliche zur Versammlung gekommen sind. Er findet es notwendig, den Verein auch in Zukunft zu erhalten. Als Nachfolger von Rektor SAUERMANN wird OTTO WAIGEL, ROSENHAMMER, gewählt. Ihn unterstützt als Stellvertreter der langjährige Aktive ADOLF BRÄUNLING und als Kassier weiterhin KARL SCHLEGEL und als Schriftführer KARL SCHAMEL. SAUERMANN bleibt aber als

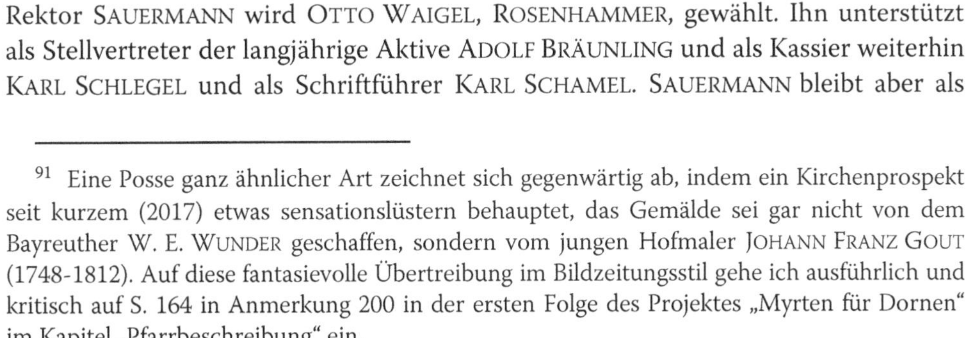

[91] Eine Posse ganz ähnlicher Art zeichnet sich gegenwärtig ab, indem ein Kirchenprospekt seit kurzem (2017) etwas sensationslüstern behauptet, das Gemälde sei gar nicht von dem Bayreuther W. E. WUNDER geschaffen, sondern vom jungen Hofmaler JOHANN FRANZ GOUT (1748-1812). Auf diese fantasievolle Übertreibung im Bildzeitungsstil gehe ich ausführlich und kritisch auf S. 164 in Anmerkung 200 in der ersten Folge des Projektes „Myrten für Dornen“ im Kapitel „Pfarrbeschreibung“ ein.

„graue Eminenz“ noch eine Zeit lang ein wichtiger Integrations- und Motivationsfaktor im Verein.

ADOLF BRÄUNLING ruft an diesem Abend die Leistungen des Vereins seit 1951, dem Jahr der Amtseinsetzung dieses nun teilweise wechselnden Vorstandes, ins Gedächtnis: Er sieht ein Hauptgewicht in der Aufstellung von etwa 80 Bänken, davon die meisten inzwischen massiv. Weiter erinnert er an die erfolgreiche Wiedererrichtung der Wetterfahne auf der Bocksleite 1955, die seit ihrer Erstaufstellung 1903 ein Symbol des Vereins war.

Von ähnlicher Symbolik sei der „Regenschirm“ auf dem Kulm, der anlässlich des 10. Gründungsjubiläums 1913 aufgestellt worden war und der nun instand gesetzt werden müsse. BRÄUNLING erinnert auch daran, dass nahezu alle Blumen- und Grünanlagen und Wege im Gemeindebereich, sowie die Stege aus Holz am Scherzenbach und aus Eisen zum Dornheimer Weg, der Vereinsinitiative zu verdanken sind.

Die Vereinsleitung betont selbstzufrieden: *„Alle Anwesenden bekunden ihre Genugtuung darüber, dass es gelungen ist, durch Gemeinsinn und Verantwortung gegenüber den Männern, die den Verein gegründet und durch wechselnde Jahre erhalten haben, ihm auch einen Weg in die Gegenwart und Zukunft zu eröffnen, wobei sich alle im Klaren sind, dass die uneigennützige Bereitschaft und Mitarbeit nicht der Masse, sondern einzelner Weniger die Voraussetzung für den Bestand und die Wirksamkeit des Vereines sein wird.“*

Mit guten Vorsätzen vor allem hinsichtlich der Bänke, für deren Aufstellung man sich die Hilfe des Burschenvereins erhofft, sieht der Vorstand des V.V.W. hoffnungsvoll der Zukunft entgegen. Eine Ortsbegehung soll bald weitere dringliche Arbeiten klären. Die beiden angesprochenen Landmarken des Vereins können tatsächlich in diesem Jahr 1967 wieder aufgestellt bzw. renoviert werden und erinnern auch heute noch (2018) an das Wirken des Verschönerungsvereins Weidenberg:

Von Vandalen mutwillig zerschossen:
Wetterfahne des V.V.W. an der Bocksleite

Die Wetterfahne an der Bocksleite nördlich des Observatoriums mit den Buchstaben V.V.W. markiert den höchsten Punkt der Bocksleite; von der dort aufgestellten Bank hatte man seinerzeit noch einen freien Aus-

Ökumenischer Pfingstgottesdienst am Kulm 2011: *Die Menschen lagern sich um den „Pilz"*

blick auf ganz Weidenberg und das Hohe Fichtelgebirge. Diese fantastische Aussicht droht aber leider immer wieder zuzuwachsen und muss deshalb besonders gepflegt werden. Leider haben auch mutwillige Kleinkaliberschützen das Blech der Wetterfahne mehrfach durchlöchert. Auch fehlt ein Weg durch die Wiese zu diesem Platz.

Auch der „Pilz" am Weidenberger Kulm und die Bänke an diesem wunderbaren Aussichtsplatz werden im Jahr 1967 wieder hergerichtet. Der markante Platz ist seit vielen Jahren am Pfingstmontag ein beliebter gottesdienstlicher Treffpunkt der drei Weidenberger Konfessionen, der Römisch-Katholischen, der Alt-Katholischen und der Evangelischen Gemeinde.

Viele Klagen über Vandalismusschäden und Bürgerkritik

Im Jahr 1969 verstirbt der rührige erste Nachkriegs-Vorsitzende und Nachfolger Redenbachers, Rektor a. D. ALBRECHT SAUERMANN, der sich um die Wiedergründung des Vereins nach dem Krieg und seine Aufwärtsentwicklung so verdient gemacht hat. Seiner wird in der Jahresversammlung 1970 besonders dankbar gedacht. Die Mitgliederzahl erreicht in dieser Zeit mit 178 nochmals einen trügerischen Höchststand. Zum Nachfolger Sauermanns wird erneut Gerbermeister OTTO WEIGEL aus Rosenhammer gewählt.

Doch der demoralisierende Vandalismus, der vor den ehrenamtlich geschaffenen Bänken, Anlagen und Landschaftszeichen nicht halt macht, nimmt zu. So seien wenige Tage nach der Anpflanzung die neuen Pflanzen am Aufgang vom alten Sportplatz zur Flur ausgerissen gewesen und die Arbeit damit fast umsonst.

Laut erklingt das Klagelied über manche Bürger, vor allem auch jüngere, die nur kritisieren und fordern wollen, aber nicht bereit sind mitzuarbeiten. Die Lust der Bevölkerung, sich wie früher an der Ortsverschönerung zu beteiligen, ist einer unübersehbaren und erschreckenden Gleichgültigkeit gewichen. Durch Zusammenarbeit mit dem neuen Fremdenverkehrsverein, dessen Träger die Marktgemeinde ist, verspricht man sich eine gegenseitige Ermutigung und Hilfe.

Ein schwieriges Thema ist auch die Erhaltung der Brunnen. Der Redenbacherbrunnen, der durch das nahe Wasser der Warmen Steinach Schäden erlitten hat, soll dringend einer Reparatur unterzogen werden.

Im Neubaugebiet am Lindig-Anger entstehen Anlagen mit Brunnen bei den Häusern WEHNER- ZAPF und am Haus Dr. MÜLLER und SCHNORR. Dass solche ambitionierten Projekte die Gefahr heraufbeschwören, dass sich der Verein finanziell überfordert, liegt auf der Hand. Doch steht die Marktgemeinde im Hintergrund hilfreich bereit: Sie leistet wichtige Vorarbeiten, beteiligt sich überdurchschnittlich an den Kosten und beauftragt ihre fest angestellten Arbeitskräfte zur Mitarbeit. Diese Hilfe wird in allen Generalversammlungen des Verschönerungs-Vereins auch immer wieder gewürdigt.

In den folgenden Jahren sinken aber die Mitgliederzahlen nun kontinuierlich ab. Vielleicht macht sich hier, neben dem Fehlen von großen Visionen, auch der Vorstandswechsel bemerkbar. Der Pädagoge SAUERMANN hatte es halt geschickt verstanden, Ziele zu setzen und eine breite Gruppe von Mitgliedern zur Mitarbeit zu motivieren. Er hatte auch eine effektive Organisationsstruktur geschaffen, die jedem Beteiligten einen befriedigenden Platz für seine Mitverantwortung

Erinnerung an „bessere Zeiten“: *Blumenschmuckwettbewerb* 1960

gab. So ein geschickter Vermittler fehlt dem Verein nun fühlbar.

Nur noch Erinnerung: *Jugend– und Kinderaktion am Scherzenbach vor 1960 mit Kinderschaufel und Bollerwagen*

Auch die Mitgliederbeiträge reichen trotz Anhebung auf 2 DM und ab 1970 sogar auf 3 DM im Jahr bei einem Stand von nunmehr nur noch 126 Mitgliedern erklärlicherweise nur für einen Bruchteil der mannigfachen Aufgaben. So appelliert der Verein immer wieder an die freiwillige und tatkräftige Mitarbeit von Idealisten, die mitdenken, spenden und auch viele Stunden ihrer Zeit opfern. Oft berichten die Protokolle auch unter Namensnennung von der Bereitschaft zu solch aktiver Mitarbeit, von welcher der Verein seit eh und je lebt.

Nachdem man immer wieder mitteilen muss, dass der Erhalt der Grünanlagen Sorgen bereitet, weil sich niemand für das Abmähen des Grases und die Pflege der Blumenbeete findet, so zeigt man sich doppelt dankbar, wenn solche Arbeiten auch von Anliegern freiwillig übernommen werden.

Immer wieder appelliert der Vorstand in Anbetracht von mutwilligen Zerstörungen von Bänken und Anlagen auch an Eltern und Lehrer, die Jugend anzuhalten und in die Pflicht zu nehmen, dass sie die Anlagen erhalten und schonen. Ja, immer wieder keimt auch die Vorstellung auf, man könnte Jugendliche zur freiwilligen Mitarbeit gewinnen, wie dies schon einmal in der Ära SAUERMANN in den 50-er Jahren möglich war. Doch scheint der veränderte Zeitgeist der 60-er und 70-er Jahre solche Erwartungen fast aussichtslos zu machen; die Jugend fordert ihr Recht auf Selbstverwirklichung und lässt sich nicht mehr so leicht von anderen anstellen.

Zugleich wird ein Verlust der Motivation unter den Vereinsmitgliedern spürbar. In dem Maß, in dem die Marktgemeinde die notwendigen Arbeiten für die Ortsverschönerung nun selbst übernimmt, sinkt zugleich das Engagement im Weidenberger Verschönerungsverein.

Die Kraft des Verschönerungsvereins versiegt

Noch bei der Hauptversammlung, die dann im März 1981 aus Anlass des Todes von OTTO WEIGEL zur Nachwahl einberufen wird, wird die Zahl von 126 Mitgliedern genannt. Sie sei aber rückläufig, da ältere Mitglieder gestorben und eine Werbung neuer Mitglieder völlig versäumt worden sei, heißt es.

Als Pflegeaufgaben für den Verein werden die bereits bekannten Anlagen benannt: am Bahnhof, an der Steinach, am Ortsausgangs des Obermarktes, einige Stege, der Dornheimweg, der Weg in der Au entlang der Steinach, und der Steingartenweg. Die Objekte, die der Verein betreuen will, sind weiterhin noch die gleichen, der „Redenbacherbrunnen", der „Regenschirm" auf dem Kulm und die Wetterfahne auf der Bocksleite. Sie trägt das Vereinszeichen V.V.W. und erinnert an das Gründungsjahr 1903 und die Wiedererrichtung 1955.

Es ist abzusehen: Wenn der Verein einmal nicht mehr existiert, werden auch diese geschichtsträchtigen Objekte verwahrlosen und bald vergessen sein. Dennoch will der Verein weiter seine Hauptarbeit betreiben und 15 neue Ruhebänke aufstellen, die wievielten seit den Anfängen 1903?

Bürgermeister WOLFGANG FÜNFSTÜCK unterstreicht in dieser wichtigen Sitzung im Jahr 1981 noch einmal die Bedeutung des Vereins, der mithelfe, die Aufgaben der Gemeinde zu erfüllen. Die Gemeinde ihrerseits sei bereit, Vorschläge des Vereins umzusetzen. Aus Jugendlichen, so hofft man einmal mehr und ungebrochen optimistisch, könne man einen Stamm freiwilliger Helfer gewinnen, doch gleicht dieses Lied wohl eher dem Pfeifen im Wald oder dem Rufen in der Wüste.

Für Pflanzungen und Gehölze will man die Verbindung zum Gartenbauverein suchen. Anlieger sollen weiterhin überzeugt werden, sowohl durch finanzielle Beiträge als auch durch eigenes Tun an der Ortsverschönerung mitzuwirken. Die Bilder blühender Landschaften im Markt WEIDENBERG aus den 50-er und 60-er Jahren stehen allen noch lebendig vor Augen.

In dieser Zeit der frühen 80-er Jahre lebt die Gemeinde WEIDENBERG, wie auch die anderen Fichtelgebirgsgemeinden, noch von der trügerischen Vorstellung, dass die deutsche Teilung ewig bleibt und somit der Zustrom an Wochenend- und Feriengästen aus BERLIN, von dem der Fremdenverkehr der Marktgemeinde nach dem Krieg profitiert hat, anhalten wird. Doch die steigende Unruhe der Menschen unter der Ostblockherrschaft hebt am Ende der achtziger Jahre nicht nur die alten kommunistischen Herrschaftssysteme aus den Angeln, sondern reißt auch die großen Träume vom Kurort WEIDENBERG endgültig mit sich.

Letzter Vorsitzender des Verschönerungsvereins: *ALBERT JOBST*

Der Verein steht nun vor seiner letzten Phase, die alten Visionen sind endgültig dahin. Der Verein bekommt eine neue Führungsmannschaft. So übernimmt Architekt ALBERT JOBST als Erster Vorsitzender des Verschönerungsvereins mit seinen Mitstreitern WILLI SCHWENK, SIEGMUND MUTHER und RAINER DUMBACH 1981 ein schweres Erbe und die undankbare Aufgabe, mit weniger Kräften die alten Schwerpunkte des Bankaufstellens und der Anlagenpflege weiter zu betreiben und zugleich durch neue Akzente Optimismus zu verbreiten. Es wird der vorletzte Vorstand sein, der sich der Leitung dieses einst so bedeutenden geschichtsträchtigen Verschönerungsvereins annimmt.

Die neuen Schwerpunkte sollen den besonderen Eigenheiten der Weidenberger Kultur, Landschaft und Geschichte Rechnung tragen. So unternimmt der neue Vorstand Anläufe zur Rettung des Redenbacherbrunnens, der durch den rutschenden Hang an der Steinach gefährdet ist, und er bemüht sich auch um die Gestaltung des Aurangens mit der Fußgängerbrücke über die Steinach, auch wenn an die Umsetzung der alten Idee vom Kurpark nun niemand mehr zu denken wagt.

Ein besonderes Augenmerk will man aber auf das „**Franzosen- bzw. Schwedengrab**“ am Waizenreuther Weg richten, das hergerichtet und ein wichtiger Gedenkort der örtlichen Ökumene werden soll. Auch den Fremdenverkehr behält der neue Vereinsvorstand im Auge: In den Au-Erlen soll ein natürliches Wassertretbecken für Kneipp-Kuren errichtet werden, wie es auch andere Fichtelgebirgsgemeinden damals anlegen.

Zur Bündelung der Kräfte strebt der Verein unter Albert Jobsts Leitung auch eine Zusammenarbeit mit dem noch recht jungen Verschönerungs-Verein von SOPHIENTHAL an, um auch in den Ortsteilen gemeinsame Projekte zu verwirklichen. Dieser 1959 neu gegründete Verein hat den Trend der BERLIN-Gäste, die gern ihre von Mauern und Stacheldraht des DDR-Regimes eingeschlossene Stadt an Wochenenden oder in den Ferien verlassen und ins Fichtelgebirge fahren, genutzt und in seinem 24jährigen Bestehen viel zur Gestaltung und Förderung des Fremdenverkehrs getan.

Die Sophienthaler haben unter der Leitung von ERWIN BERGER und HANS KÖDEL ihre Jahresversammlung 1982, also sieben Jahre vor der alles verändernden „Wende“, mit optimistischen Rück- und Ausblicken gehalten; sie hegten die Erwartung, dass der Wochenend-Tourismus der Berliner, von dem die Sophienthaler profitierten, noch ewig so weitergeht. So wurden in diesem kleinen ehemaligen Industrieort immer wieder Blumenkästen ausgewechselt oder neu aufgestellt, desgleichen die 45 Ruhebänke gepflegt oder neue dazu aufgestellt. Und der „Fichtenbrunnen" wurde verschönt; an diesem Platz soll weiter alljährlich das „Brunnenfest" abgehalten werden.

Ein erfolgreiches Ortsfest war in SOPHIENTHAL bereits 1980 von den Weidenberger Musikanten mitgestaltet worden. So wird die allgemeine Entwicklung in diesem Ortsteil Weidenbergs auch im V.V.W. als erfreulich gewürdigt.

Doch das Aussprechen dieses Lobes und die Suche nach überörtlicher Zusammenarbeit bedeuten aus Weidenberger Sicht nicht mehr als die letzten Zuckungen eines ausgemergelten Körpers. In Wahrheit hat der Weidenberger Verschönerungsverein keine Kraft mehr. Es sind immer die gleichen, die die Arbeiten tun und die allmählich dabei müde werden. Die Mitgliederzahlen gehen nun drastisch zurück.

Die Einladung zur Mitgliederversammlung 1996 ist das letzte öffentliche Lebenszeichen des Verschönerungsvereins. Offiziell sind noch einmal Wahlen angesetzt. ALBERT JOBST bleibt erster Vorsitzender. Als zweiter Vorsitzender wird der amtierende Bürgermeister WOLFGANG FÜNFSTÜCK gewählt. Er formuliert seine Einsicht, dass dieser Verein nun seine Altersgrenze erreicht hat und dass Wiederbelebungsversuche wenig Aussicht auf Erfolg haben.

Allerdings kommt es nie zu einer offiziellen Vereinsauflösung. Vielmehr ist es das Registergericht Bayreuth, das am 7.November 2008 vom Amts wegen den Eintrag vollzieht, dass der Verein *„infolge Wegfalls sämtlicher Mitglieder"* erloschen ist. Damit ist einer der traditionsreichsten und wirkungsvollsten Vereine Weidenbergs endgültig Geschichte. Er hätte im Jahr 2018 das 115. Jahr seines Bestehens feiern können.

Jeder muss sich klar machen: Was der Verein an großartigen Ideen in der Vergangenheit geboren und mit der ihm eigenen Tatkraft der Honoratioren und Helfer umgesetzt hat, das ist durch den Bauhof einer Gemeinde nicht einfach zu ersetzen. Letztlich geht es immer um eine große Vision vom Ganzen, die es vermag, eine skeptische Bevölkerung mitzureißen. Aber vielleicht ist die Zeit für solch einen uneigennützigen Gemeinsinn bei Leitenden und Mittuenden ohnehin endgültig vorbei. Heute erwartet man alles vom Staat, vom Bürgermeister, von den Gemeinderäten und von der Verwaltung, und man vergisst allzu schnell, dass das Lebensgefühl in einem Gemeinwesen in erster Linie vom Engagement möglichst vieler Mitbürger lebt.

Dass solche Leidenschaft für das Gemeinwesen freilich nicht vom Himmel fällt, sondern mühsam in vielen Jahren erarbeitet und durch mutige und weitsichtige Leute vermittelt werden muss, die bereit sind, sich an die Spitze zu stellen oder mit eigenen Händen mitzuarbeiten, das lehrt die spannende Geschichte vom Weidenberger Verschönerungsverein.

Noch lange nicht alle, die sich aus der ehemaligen Vorstandsriege um Weidenberg verdient gemacht haben, haben inzwischen ihr verdientes „Denkzeichen" bekommen. Dabei wäre vielleicht auch, trotz seiner Verstrickungen in der Nazizeit, an den Rektor ALBRECHT SAUERMANN zu denken, ohne den eine Wiederbelebung und Ausweitung der Arbeit des Verschönerungsvereins nach dem Krieg so nicht stattgefunden hätte. In seiner Amtszeit haben sich zunehmend viele Bürger gern mit den Zielen der Ortsverschönerung identifiziert und den Sprung vom jauchegetränkten Kuhdorf zum möglichen Kurort innerlich mit vollzogen.

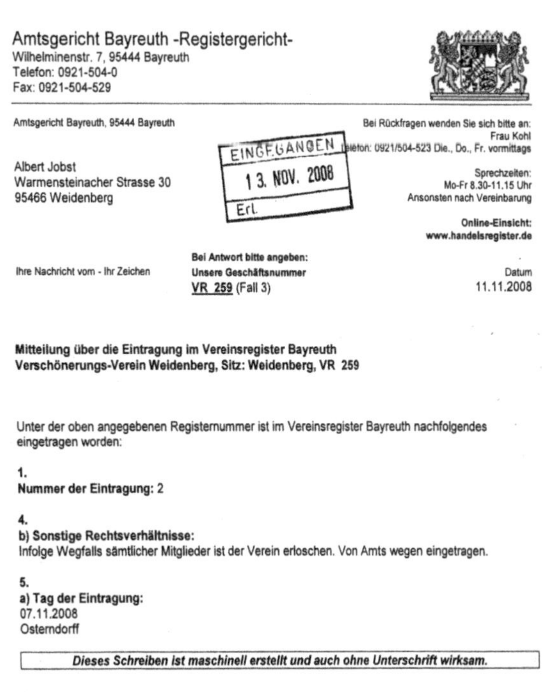

Amtsgericht Bayreuth -Registergericht-
Wilhelminenstr. 7, 95444 Bayreuth
Telefon: 0921-504-0
Fax: 0921-504-529

Amtsgericht Bayreuth, 95444 Bayreuth

Albert Jobst
Warmensteinacher Strasse 30
95466 Weidenberg

EINGEGANGEN
13. NOV. 2008
Erl.

Bei Rückfragen wenden Sie sich bitte an:
Frau Kohl
Telefon: 0921/504-523 Die., Do., Fr. vormittags

Sprechzeiten:
Mo-Fr 8.30-11.15 Uhr
Ansonsten nach Vereinbarung

Online-Einsicht:
www.handelsregister.de

Ihre Nachricht vom - Ihr Zeichen

Bei Antwort bitte angeben:
Unsere Geschäftsnummer
VR 259 (Fall 3)

Datum
11.11.2008

Mitteilung über die Eintragung im Vereinsregister Bayreuth
Verschönerungs-Verein Weidenberg, Sitz: Weidenberg, VR 259

Unter der oben angegebenen Registernummer ist im Vereinsregister Bayreuth nachfolgendes eingetragen worden:

1.
Nummer der Eintragung: 2

4.
b) Sonstige Rechtsverhältnisse:
Infolge Wegfalls sämtlicher Mitglieder ist der Verein erloschen. Von Amts wegen eingetragen.

5.
a) Tag der Eintragung:
07.11.2008
Osterndorff

Dieses Schreiben ist maschinell erstellt und auch ohne Unterschrift wirksam.

Mitteilung vom Registergericht:
Der Verschönerungsverein Weidenberg ist am 7. Nov. 2008 erloschen

Und natürlich wäre Pfarrer GEORG REDENBACHER zu würdigen, der den Verein rühmenswert heil durch die Nazizeit gesteuert hat, dessen Gedenk-Brunnen aber leider längst vergessen ist.

Die Erinnerung ist auch wachzuhalten an seinen Amtsvorgänger, den allzu früh verstorbene Vereinsgründer, Pfarrer PHILIPP KARL SCHMIDT, dessen Denkmal an der „Karls-Ruhe" auch einer Wiedererstehung harrt.

Langlebiger als solche Denkmale sind freilich oft Straßennamen. Vielleicht ließen sich in Weidenberg Straßen oder Plätze finden, die man nach diesen einmalig engagierten Männern umbenennen könnte. Dabei ist an den Vorschlag zu erinnern, der weiter oben in diesem Kapitel zur Gestaltung der neuen Ortsmitte gemacht wurde.

Vielleicht könnte man auch bei den Pfingstgottesdiensten der christlichen Gemeinden oben am Kulm daran erinnern, dass es wichtige Pfarrer dieser Gemeinden waren, die sich die Impulse für ein lebens- und liebenswertes Gemeinwesen WEIDENBERG zueigen gemacht und anderen mitgeteilt haben.

Die wenigen Objekte, die unmittelbar an den Verschönerungsverein heute erinnern, sind weiterhin noch die gleichen, wie gut seit 100 bzw. 115 Jahren: der „Regenschirm“ bzw. „Pilz“ auf dem Kulm und die Wetterfahne auf der Bocksleite, die, arg lädiert, immer noch das Vereinszeichen „V.V.W.“ trägt und an das Gründungsjahr 1903 und die Wiedererrichtung 1955 erinnert. Doch nachdem der dazu gehörende Verein nicht mehr existiert, ist es wichtig, dass sich andere finden, die diese geschichtsträchtigen Objekte vor der Verwahrlosung und vor dem Vergessen bewahren.

Auf der folgenden Seite:

Die **Karte von Weidenberg und Umgebung**, die HANS RABENSTEIN um das Jahr 1960 mit großer Sorgfalt gezeichnet hat, zeigt alle wichtigen Punkte, die damals Bedeutung hatten, bzw. deren Pflege dem Verschönerungsverein Weidenberg einst am Herzen lagen. Es ist sicher reizvoll, ihre Spuren heute im Gelände zu suchen. Probieren Sie's:

Jeweils von links oben – Nordwest – nach rechts unten – Südost:

(auf Blatt 1):

- Fußweg zur Amselleite
- Wanderweg an der Steinach
- Fußweg nach Görschnitz
- Altkatholische Kirche
- Bahnhofsvorplatz und Bahnhofstraße
- Evang. Kirche St. Michael
- Alte fränkische Heerstraße
- Wetterfahne des V.V.W.
- Kirche und Friedhof St. Stephan
- Lessauer Kirchsteig mit Historischem Steinkreuz und Evang. Marter
- Ziegelhütte am Galgenberg
- Pilz auf dem Kulm

(auf Blatt 2):

- Eisenbahn nach Warmensteinach
- Kino an der Warmensteinacher Straße
- Karls-Ruhe
- Katholische Kirche Rosenhammer
- Freibad
- Redenbacher Brunnen (im Kreis)
- Aurangen
- Fußweg zu den Kehrweihern

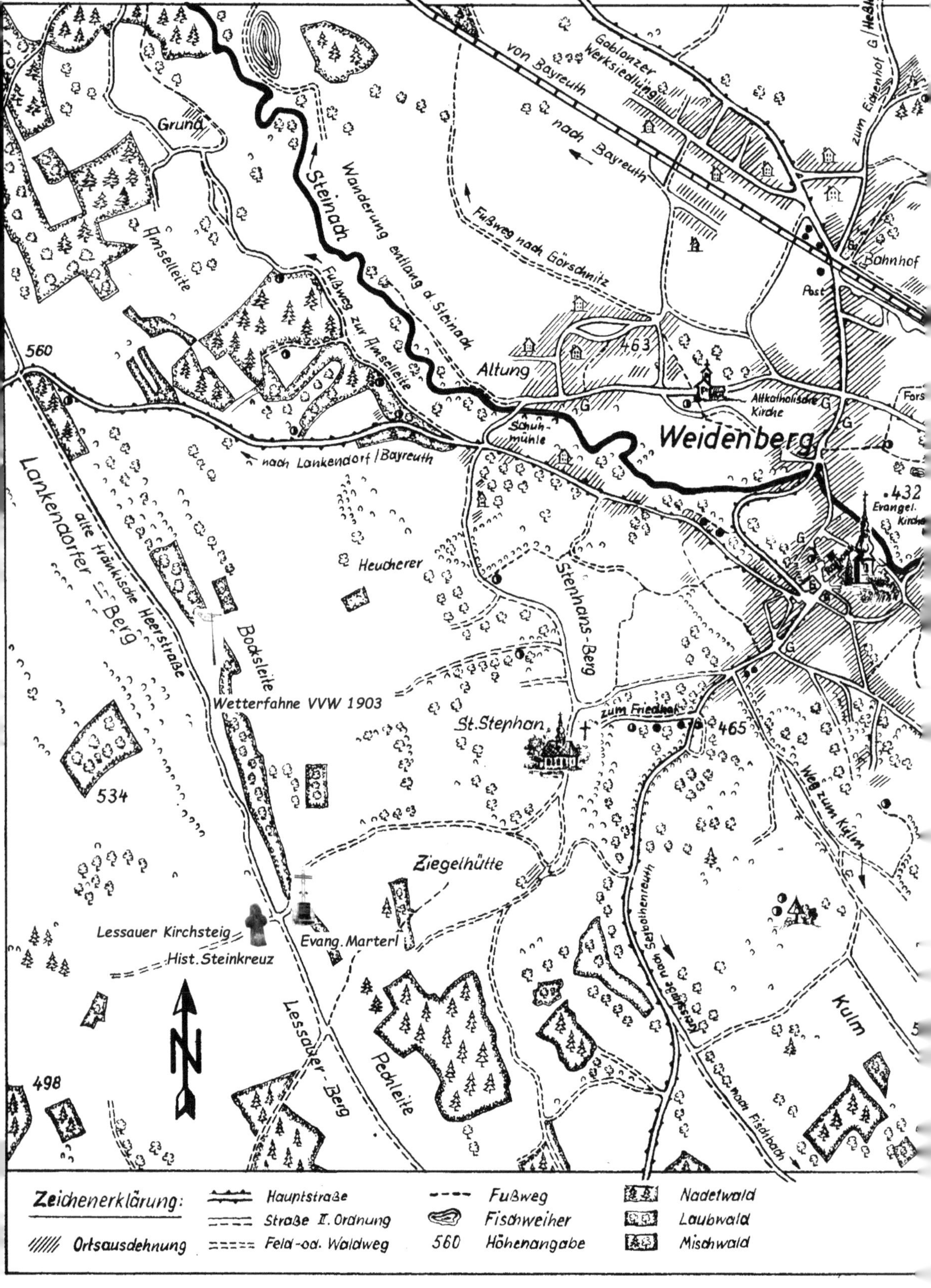
Gablonzer Werksiedlung
von Bayreuth
nach Bayreuth
zum Eichenhof G. / Heßla
Grund
Steinach
Wanderung entlang d. Steinach
Fußweg nach Görschnitz
Bahnhof
Post
Amselleite
Fußweg zur Amselleite
560
463
Altung
Altkatholische Kirche
Schuhmühle
Weidenberg
nach Lankendorf / Bayreuth
.432
Evangel. Kirche
Lankendorfer Berg
alte fränkische Heerstraße
Heucherer
Stephans-Berg
Bocksleite
Wetterfahne VVW 1903
St. Stephan
zum Friedhof
465
534
Weg zum Kulm
Ziegelhütte
Lessauer Kirchsteig
Hist. Steinkreuz
Evang. Marterl
Kreisstraße nach Seybothenreuth
Kulm
Lessauer-Berg
Pechleite
498
nach Fischbach
Zeichenerklärung:
Hauptstraße
Straße II. Ordnung
Feld- od. Waldweg
Fußweg
Fischweiher
560 Höhenangabe
Nadelwald
Laubwald
Mischwald
Ortsausdehnung

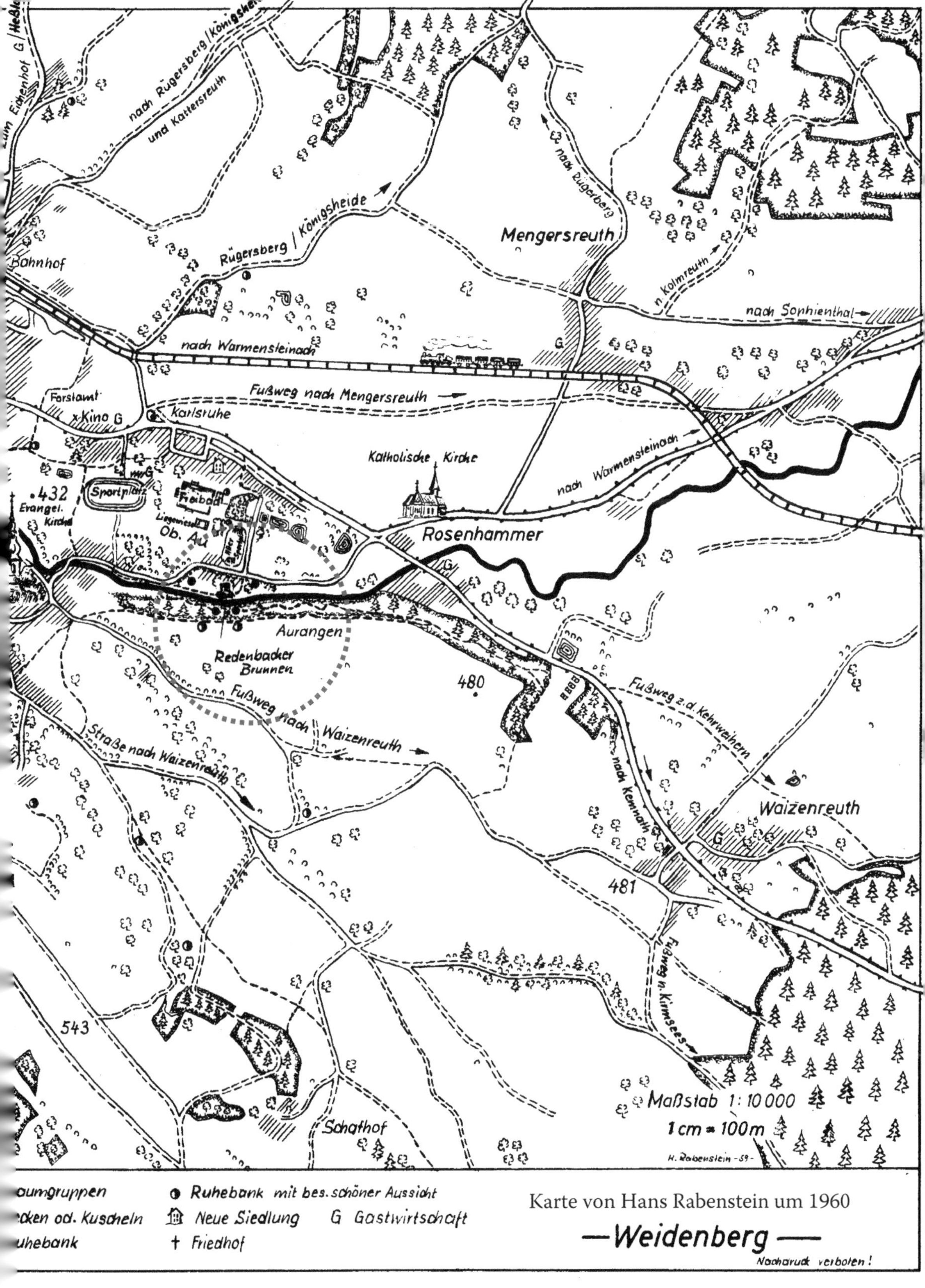

Karte von Hans Rabenstein um 1960

ANHANG:

Über den Verfasser und seine Bücher

Der Autor JÜRGEN JOACHIM TAEGERT, geboren im Kriegsjahr 1941, ist evangelischer Pfarrer im Ruhestand und Verfasser zahlreicher Publikationen, die sich in bewusst ökumenischer Perspektive mit der Verbindung von Geschichte, Kultur, Landschaft und menschlichem Geschick befassen und die zugleich helfen wollen, das Schweigen zwischen den Generationen aufzubrechen.

Die durchgängig verwendete Methode ist die „Geschichtsaneignung von unten", die der möglichst sachlichen und nachvollziehbaren Darstellung des einzelnen Lebensschicksals Vorrang einräumt vor einer allgemeinen Zeitanalyse. Die gründlich recherchierten Lebensbilder der vorgestellten Personen werden dabei stets im Kontext der jeweiligen Zeitgeschichte betrachtet.

Mit dem vorliegenden Projekt „**MYRTEN FÜR DORNEN**" setzt der Verfasser seine Arbeiten zur Erforschung der sperrigen Hitlerzeit fort, die sich bis heute jeder Einordnung in den „normalen" Gang von Geschichte widersetzt und vielerorts immer noch tabuisiert wird. Dieses auf sechs Folgen angelegte Geschichtsprojekt hat seinen historischen Schwerpunkt in der Beschreibung der ereignisreichen 30 Jahre von 1919-1949, in denen Pfarrer GEORG REDENBACHER in WEIDENBERG wirkte, greift aber bei der Betrachtung der geschichtlichen und soziokulturellen Entwicklungslinien weit darüber hinaus und zurück bis in die Anfangszeit der Weidenberger Kirchen und früheren Lebensverhältnisse. Das Projekt will mithelfen, die blinden Stellen der Geschichtsbetrachtung für den Bereich der Marktgemeinde WEIDENBERG aufzuarbeiten.

Eine konkrete Ergänzung zu diesem Projekt ist das Buch **„WO KÖNIG UND HERZOG EINFACHE LEUTE SIND** – ***SPURENSUCHE FRANKENPFALZ*“** des gleichen Verfassers, das wichtige und lesenswerte Abschnitte über die Weidenberger Geschichte enthält (ISBN 978-3-9371-1788-1, erschienen 2009 bei Bodmer/Pressath).

Zum Verständnis der Entwicklungen, die zur Herrschaft Hitlers geführt haben, und zur Betrachtung der Lebensumstände dieser Zeit dient der Doppelband **„DIE KIMA UND IHR LUTZ I“ – „DAS SCHWEIGEN DURCHBRECHEN** – *WIE HITLER BÜRGER-*

LICHE BERUFSANFÄNGER EINFING" (ISBN 978-3-7412-3990-8) und **„... II – „AUF DICH TRAUT MEINE SEELE** – *Die Eisenbahnlogistik für Hitlers Feldzüge des Schreckens und das Los der Kriegskinder*" (ISBN 978-3-7412-7927-0).

Im Zentrum der autobiographischen Betrachtungen stehen als exemplarische Beispiele die Eltern und Großeltern des Verfassers. Sie haben das „Zweite Reich" bis zum Ausklang der Kaiserzeit miterlebt und sind zu Zeitzeugen des Aufstiegs und Falls des „Dritten Reiches" geworden. Mit ihrem Lebensschicksal sind sie auf vielfältige Weise in diese Zeit verflochten. Ihre Erfahrungen und Entscheidungen bilden den Weg eines „normalen" bürgerlichen Lebens als Berufsanfänger in dieser Zeit ab und geben Antwort auf die immer noch beunruhigende Frage, wieso Deutschland damals der unheilvollen Hitlerherrschaft anheimfallen konnte. – Viele Aspekte über das alltägliche Willkürhandeln der Nazis und den „kleinen Widerstand" der Menschen in der Hitlerzeit, die in diesen Bändchen von „Die Kima und ihr Lutz" nur angerissen werden können, werden im Projekt „Myrten für Dornen" vertieft

Der weiter Rückverfolgung dieser geschichtlichen Linien dienen die beiden Bändchen **„VOM TROPFHÄUSLER ZUM KÖSTER UND SCHAULMEISTER** – *Der mühsame Weg in die Bürgergesellschaft des 18. Jh.*" (ISBN 978-3-7412-4009-6) und **„WENN DIE ERDACHSE SCHWANKT** – *Universale Bildung und deutsche Revolution im 19. Jh.*" (ISBN 978-3-7412-4012-6). Mit diesem Projekt beginnt der Verfasser seine Arbeiten zur Beschreibung des Geschicks einer bürgerlichen Familie, die im 30-jährigen Krieg als „Tropfhäusler" am unteren Rand der Gesellschaft begann. Ihr Weg führte über das Handwerk und das Küster- und Lehreramt in die Mitte der einstigen bürgerlichen Gesellschaft im damaligen Preußen.

Betrachtungen über die Zeit des letzten Deutschen Kaiserreichs 1870-1918 unter dem besonderen Aspekt der Marine bietet das Büchlein **„AUF SIEBEN WELTMEEREN** – *Erinnerungen eines kaiserlichen Admirals*" (ISBN 978-3-7347-3930-9). Es enthält und kommentiert mit vielen Bildern der Zeit die Erinnerungen, die der Großonkel des Autors Admiral WILHELM TÄGERT nach dem letzten Krieg niedergeschrieben hat.

Ebenfalls dem Geschick der Menschen in der Zeit vom Ersten bis nach dem Ende des Zweiten Weltkrieges ist die im März 2016 vorgestellte Veröffentlichung des Autors gewidmet: **„IN ÄNGSTEN – UND SIEHE WIR LEBEN** – *Ein Buch voller Wunder in einer Welt voller Schrecken*" (ISBN 978-3-7392-2741-2). Der Autor hat hier die Lebenserinnerungen seines Schwiegervater, des Pfarrers HUGO KARL SCHMIDT, herausgegeben und sie vor dem Hintergrund der Zeitgeschichte kommentiert und mit umfangreichem Bildmaterial aus erster Hand ergänzt. Beleuchtet wird in diesem hervorragend aufgemachten, interessanten Buch das Leben und der Glaube von sogenannten Volksdeutschen, die zu Beginn des 19. Jh. aus Schwaben ausgewandert sind und nun in Polen als „Wolhyniendeutsche" unter wechselnden Herrschaften versuchen, ihren Lutherischen Glauben und ihr Deutschtum zu bewahren, bis das mühsam Aufgebaute durch Hitlers Herrschaft gewaltsam eingerissen wird.

Eine weitere wichtige Veröffentlichungen des Verfassers ist „**Wild und fromm** – *Ein Beitrag zur Emanzipation der Jungen heute*" (ISBN 978-3-88778-362-4), ein autobiographisches Buch zur Geschichte der Christlichen Pfadfinderarbeit, zur frühen Nachkriegsgeschichte im Weserbergland und zur Frage der Emanzipation der Jungen heute.

Als Ergänzung zur oben schon genannten Geschichte der Frankenpfalz und zum Verständnis der religiösen Kleindenkmäler, die für diese und andere Gegenden Frankens und Bayers typisch sind, dient der Bilderband **„Wenn Holz und Steine reden ...** – *Martern, Bildstöcke, Wegkreuze, Seelsorgerliche Zeichen der Religion von unten*" (ISBN 978-3-9371-1789-8, erschienen 2010 im Verlag Bodner-Pressath), ein Buch mit einem Geleitwort der oberfränkischen Regionalbischöfin Dr. Dorothee Greiner.

Abschließend sei noch ein ganz besonderes Reisetagebuch für alle, die Natur und Glauben lieben genannt: der farbbildreiche Band „**KORFU - Mediterrane Landschaft und byzantinisches Christentum** – *Wandern, Entdecken und Baden auf der griechischen Insel Korfu*" (ISBN 978-3-7347-3409-0).

Literatur- und Quellenliste „Myrten für Dornen“ Folge 2:

LITERATURVERZEICHNIS:

DÖTTERL, MATTHIAS (posth.) und TAEGERT, JÜRGEN-JOACHIM, Wo König und Herzog einfache Leute sind, Spurensuche Frankenpfalz im Fichtelgebirge, Geschichte, Schlösser, Sprache, Kultur, Kirchenpingarten 2009

GEBESSLER, AUGUST, Stadt und Landkreis Bayreuth, Deutscher Kunstverlag München 1959

EINFALT, JOHANNES MICHAEL, Die Geschichte von Weidenberg und Umgebung im Zusammenhang mit der Geschichte Oberfrankens, Bayreuth 1896– Vollständig eingelesen und kommentiert in Folge 1 des Projektes „Myrten für Dornen“

KIEẞLING, ADAM, Weidenberg in alten Ansichten, Europäische Bibliothek Zaltbommel-Niederlande 1984

KRÖLL, JOACHIM, Geschichte des Marktes Weidenberg, Marktgemeinde Weidenberg 1967

REBLITZ, JOHANN ERHARD, Beschreibung der Marktgemeinde Weidenberg, Weidenberg 1900, Druck von Lorenz Ellwanger– Vollständig eingelesen und kommentiert in Folge 1 des Projektes „Myrten für Dornen“

SCHWEIKERT, CHRISTINE, Brenck, Leben und Werk einer fränkischen Bildschnitzerfamilie im 17. Jahrhundert,2002

QUELLEN *in hektografierter oder kopierter Form oder als Vorträge:*

WEIDENBERGER HEFTE Nr. 1 – 12 1985-1988, Herausgeber: Markt Weidenberg, Rathausplatz 1, 8588 Weidenberg Tel.: (09278) 666. Bearbeitung: MÜLLER-SPERTINA, ACHIM, Sophienthal. – Insbesondere: Nr. 11-1987, S.24ff MÜLLER-SPERTINA, A., Das Armenwesen im Weidenberger Raum im 19. Jahrhundert

SEINERZEIT, in Amtliches Mitteilungsblatt der Gemeinde Weidenberg:

KIEẞLING, ADAM, Alte Gewerbe, SZ 19 / 1984

ders., Das Weidenberger Amtsgericht, SZ 14/-91 – 2/92

ders., Rosenhammer - aus der Geschichte des Weidenberger Ortsteils, SZ 11-13 / 1991 ders., 80 Jahre Verschönerungsverein Weidenberg, Eine Chronik zum Geburtstag 1983, Nr. 3-5 / 1983

SZECH, FRANZ JOSEF und MAYER, LUDWIG, Thomas & Co., Porzellanfabrik Sophienthal - das Schicksal einer Fabrik, SZ 11 / 1992 – 5 / 1993

ARCHIVE:

BUNDEARCHIV: Unterlagen zur Nazimitgliedschaft von Einzelpersonen und zu Opfern der Naziherrschaft

LANDESKIRCHLICHES ARCHIV Nürnberg: Personalakten von ehemaligen Weidenberger Pfarrern und Akten zum historischen Kirchbau in Weidenberg ab 1710

STAATSARCHIV BAMBERG: Akten zu den Entnazifizierungsverhandlungen 1946-59

STAATSARCHIV COBURG: Akten, Meldebögen und Listen zu den Entnazifizierungsverhandlungen 1946-59

UNGEDRUCKTE PRIMÄRQUELLEN:

KIEßLING, ADAM, Häuserchroniken des Ober- und Untermarktes, um 1982

HERATH, OTTO und SCHALLER, HANS, Allgemeine Pfarrbeschreibung der evangelisch-lutherischen Pfarrei Weidenberg, 1913-1914 – Vollständig eingelesen und kommentiert in Folge 1 des Projektes „Myrten für Dornen“

LISTEN der Pfarrer der Ersten und Zweiten Pfarrstelle 1927-1989, Ergänzungsband zur Pfarrbeschreibung, Evangelisch-Lutherische Kirchengemeinde Weidenberg 1989 – Vollständig eingelesen, kommentiert und bis in die Gegenwart ergänzt in Folge 1 des Projektes „Myrten für Dornen“

BILDERSAMMLUNGEN, DOKUMENTE, URKUNDEN:

BÄR, HORST; DENNERT, ALFRED; BAUER, HEINZ; BRAUN, DR. URSULA, GEB. KÖNIG; DÜRR, HELMUT; DUMBACH, BERNHARD; EDLER, KARL; EISMANN, BERND U. BENJAMIN; FISCHER, WERNER; FÖRSCH, GEORG; FÜßMANN, WERNER; FÜNFSTÜCK, WOLFGANG; GAEVERT, BERNHARD; GEBHARDT, JOHANN; GLUCHE FRIEDA; HÄFFNER, ELFRUN; HARTUNG, WERNER; HARTZ, NORBERT; HAUG, FRITZ; HEINLEIN, GÜNTER; HÜBNER, HELMA, GEB. RUMLER; HÜBSCH, SUSANNE; JOBST, ALBERT UND ANNI, GEB. RUMLER; KAULFUß, PETER; KIEßLING, DIETER; KIEßLING GUNTER; KILLINGER, JOHANNES; KOHLER, PETER; KRETSCHMER, MATHILDE; KÜFNER, BETTI; KREUTZER, LISETTE; LINDNER, HANS; LOCHMÜLLER, GRETE; MARQUART, GEORG; MÖNCH, MARIANNE, GEB. SCHÜTZ;

Mücke, Botho; Müller, Katja; Müller, Dr. Hans Günther; Ordnung, Helga; Pöhlmann, Horst; Paulini, Karin; Pöhlmann, Otto; Pilz, Otto; Popp, Dr. Wolfgang; Preißinger, Gerlinde; Prüske, Irmtraud; Rabenstein, Hans und Betty; Ruckriegel, Henriette, geb. Rumler; Sack, Norbert; Schiller, Norman; Schimek, Tim; Schmidt, Brigitte, geb. Lindner; Schmidt, Edeltraut; Schmidt, Werner; Schöffel, Hans und Helga; Schütz, Marianne; Stiller, Michael; Staufenbiel, Dr. Gabriele Ruth; Wannemacher, Martin und Esther; Will, Bernd; Will, Hansi; Will, Kunigunde, geb. Rhau; Wittauer Johann und Anna, geb. Lautner; Wolf, Albine; Zimmermann, Michael.

GESAMTPLAN für die sechs Folgen des Projektes „Myrten für Dornen“ über die Weidenberger Kirchen- und Ortsgeschichte zur Veröffentlichung 2018/19:

Folge Nr.	*Überschriften der jeweiligen Folge:*	*Die Bücher und Inhalte der jeweiligen Folge:*
1	**„AM VORABEND DER URKATASTROPHE(N)“ – Quellen zur Weidenberger Geschichte** ISBN 978-3-9472-4715-8	**1. „Tannen für Hecken und Myrten für Dornen“** – Das evangelische Bekenntnismarterl der Margarete Schilling 1937 auf der Weidenberger Bocksleite **2. „Die Pfarrbeschreibung 1913/14“** – eingelesen, kommentiert und fortgeführt bis in die Gegenwart **3. „Die Geschichte von Weidenberg und Umgebung“** 1896 von Pfarrer Johannes Michael Einfalt 4. **„Beschreibung der Marktgemeinde Weidenberg“** 1900 von Lehrer Joh. Erhard Reblitz **5. Der „weitberühmte Marck Weidenberg“** samt Umgebung 1692 von Magister Johann Will **6. „Der stumme Schrei zum Himmel“** – Die Steinkreuze um Weidenberg und in der Frankenpfalz **7. „Kulturattaché und Geschichtsgewissen“** – Eine Erinnerung an Adam Kießling
2	**„LICHT UND SCHATTEN DER NEUEN ZEIT“ – Alltags-Erleben und Kirche in Weidenberg in der Vorahnung der Katastrophe**	**1. „Wo sind denn die Ritter?“** – Georg Redenbacher (1880–1951), ein Original von Pfarrer, schrullig, kauzig, leutselig, souverän 2. **„Beim Marktbrand *nicht* mit verbrannt“** – Geschichte der Kirchen Weidenbergs, der Gemeinde und ihrer Pfarrer anhand der Epitaphien und neuer Recherchen

2	ISBN 978-3-9472-4716-5	3. **ARBEIT, WOHLSTAND UND ARMUT BEI DEN „GAASLA“** – Soziales Leben, Beruf und Gewerbe in Weidenberg bis 1919 4. **„ALS WEIDENBERG KURORT WERDEN WOLLTE“** – Pfarrer Redenbacher und der Verschönerungsverein Weidenberg (ein Durchgang durch die Geschichte der Marktgemeinde Weidenberg 1903-2013)
3	**„DER ANSTREICHER UND SEINE LEHRJUNGEN“ –** **Braune Herrschaft in Weidenberg seit 1929** ISBN 978-3-9472-4717-2	1. **„SEIT 1933 SIND WIR ALLE NICHT MEHR NORMAL“** – Georg Rumler und der Aufstieg der Nazis in Weidenberg von 1929 bis zu ihrem Durchbruch 1933 2. **„BEI MIR IST NIEMAND ZU SCHADEN GEKOMMEN“** – Die Herrschaft der Nazis in Weidenberg und ihre Gegner **3. „PHYSICUS UND PHARMAZEUT“** – Weidenberger Gesundheitswesen bis in die erste Hälfte des 20. Jahrhunderts
4	**CHRISTSEIN AM SCHEIDEWEG** **– Weidenberg im Kirchenkampf** ISBN 978-3-9472-4718-9	1. **„BLOß KEINE ATHEISTEN …“** – Zehn Wunder bei der Entwicklung der Protestantischen Landeskirche in Bayern und im Kirchenkampf im Dritten Reich 2. **„DAS TROJANISCHE PFERD DER NAZIS“** – Pfr. Theodor Hoffmann und die Deutschen Christen 1933-1942 3. **„DAS BEKENNTNISMARTERL VON 1937“** der Margarete Schilling im Kirchenkampf und andere Geschichten vom Pfarrer Redenbacher 4. **„ALS HITLERS GOTTHEIT INFRAGE STAND“** – Der Widerstand der Frankenpfälzer und der Überfall der Weidenberger Nazis nach den Hitlerwahlen 1938 5. **„DIE WEIDENBERGER HIMMELSBRIEFE“** – Ein vergessener stummer Schrei nach Segen

5	**„SPUREN DER OPFER"** **– Anteilnahme und Verleugnung** ISBN 978-3-9472-4719-6	1. „ANNA MARGARETA – GEDENKEN DES UNBEGREIFLICHEN" – Spurensuche nach einem Opfer des NS-Euthanasie-„T4-Programms" aus der Kirchengemeinde Weidenberg 2. „MARTIN – LEBEN IM ARMENHAUS, STERBEN AN HUNGERKOST" – Spurensuche Opfer der Armut und der „wilden Euthanasie" aus Weidenberg 3. „JENSEITS DER ROTEN LINIE" – Ein Weidenberger in den Klauen von Gestapo und Volksgerichtshof: Die Akte Dennert-Weidenberg 1930-1944
6	**„UNTERGEHEN UND AUFSTEHEN"** **– Der Alltag unter Kriegsbedingungen und das Danach** ISBN 978-3-9472-4720-2	1. „HASENJAGEN, ABER GELERNT HABEN WIR NICHTS" – Schule und Konfirmation im Dritten Reich und der kleine Widerstand im Alltag 2. „BDM-MÄDCHEN MARIANNE UND HITLER-JUNGE HANS" – Hitlers Griff nach der Jugend 3. „FERIEN OHNE HEIMKEHR" – Gestrandet bei der Kinderlandverschickung 4. „GÄSTE UND FREMDLINGE" – Evakuierte, Zwangsarbeiter, Flüchtlinge und Heimatvertriebene in Weidenberg 1939-1950 5. „WARTEN AUF DIE SIEGER – Die Amerikaner kommen 6. „MIT OST-SPIONEN UND ALTEN SEILSCHAFTEN ZUM NEUEN AUFBRUCH?" – Die Entnazifizierung 1946-48 und der holperige Neustart der Parteien-Demokratie in Weidenberg 7. „EIS VON DER OMA, KINO VOM OPA" – Die Weidenberger „Rosenau- Lichtspiele" im Wandel der Zeiten 1926-1971

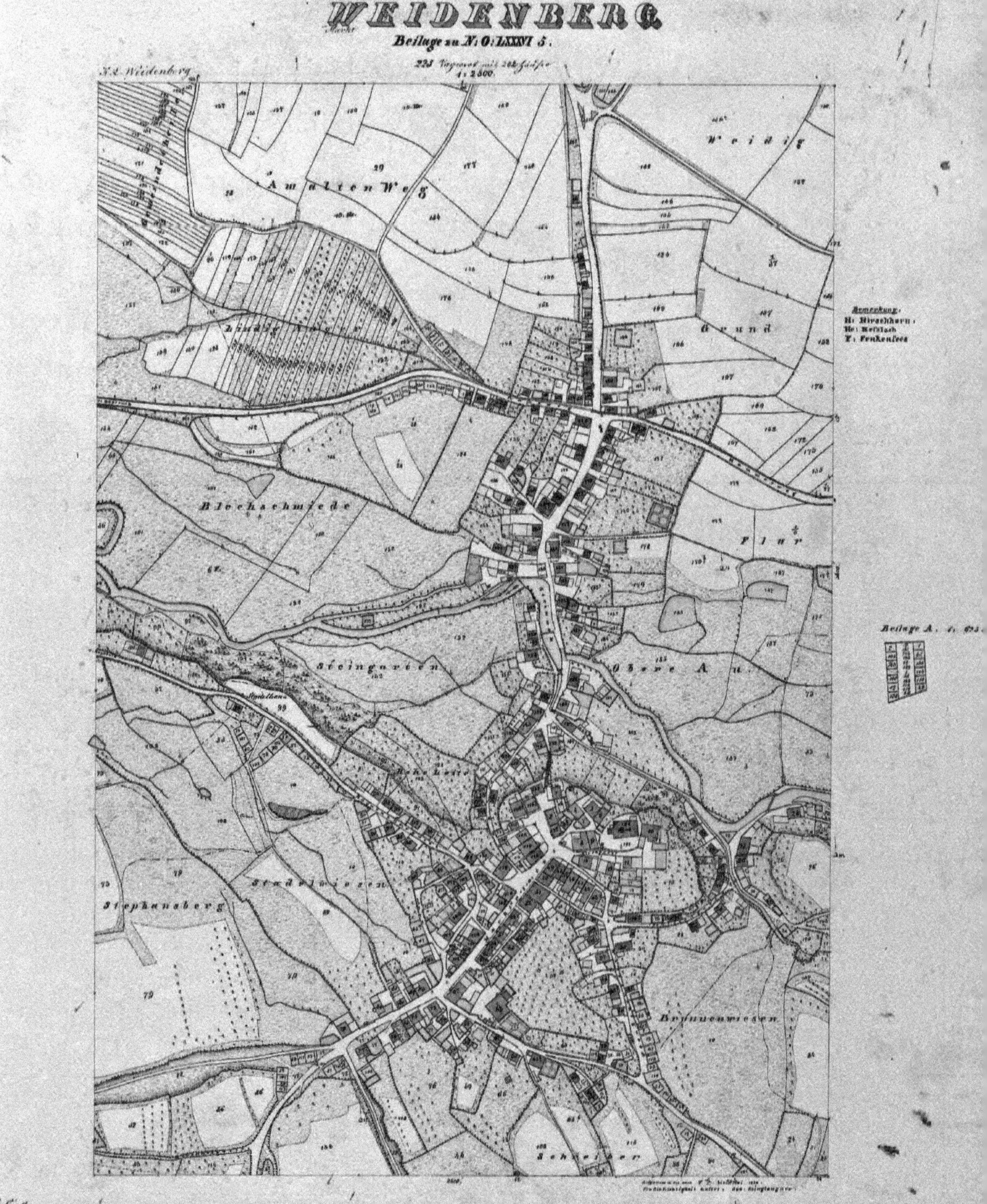

Ortsansicht Weidenberg auf dem Bayer. Uraufnahmeblatt 1850

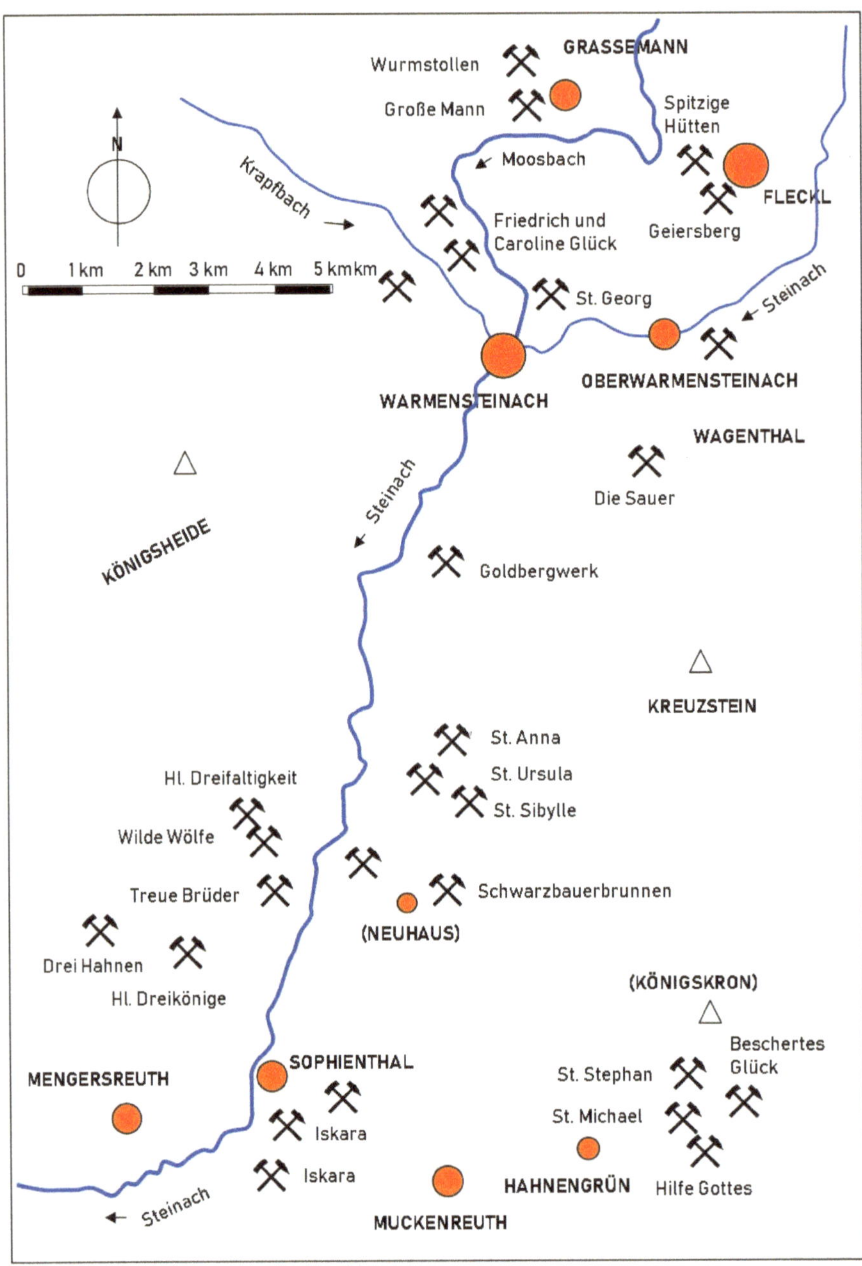

Historischer Erzbergbau an der Steinach im 18. Jh.